LEYENDAS URBANAS

ANTONIO ORTÍ Y JOSEP SAMPERE

LEYENDAS URBANAS

Prólogo de
Jan Harold Brunvand

mr · ediciones

Primera edición en esta presentación: marzo de 2006

Edición ampliada y actualizada

© 2000, 2006, Antonio Ortí
© 2000, 2006, Josep Sampere
© Jan Harold Brunvand, por el prólogo
© 2000, 2006, Ediciones Martínez Roca, S.A.
Paseo de Recoletos, 4. 28001 Madrid
www.mrediciones.com
ISBN: 84-270-3235-8
Depósito legal: M. 7.135-2006
Fotocomposición: J.A. Diseño Editorial, S.L.
Impresión: Brosmac, S.L.

Impreso en España-Printed in Spain

Ediciones anteriores en otra presentación:
Primera edición: febrero de 2000
Sexta impresión: octubre de 2000

ÍNDICE

SIGNOS DE LOS TIEMPOS

IMPREVISTOS IMPENSABLES

ZOOLOGÍA FANTÁSTICA

FANTASÍAS SEXUALES

GASTRONOMÍA PERVERSA

CASOS CERRADOS

LAS MIL CARAS DEL MONSTRUO

LOS AÑOS DE LA HIPOCONDRÍA

PASAJEROS CLANDESTINOS

EL OTRO LADO

A los amigos de nuestros amigos,
que siempre serán amigos nuestros.

Me han contado varias veces el caso de una mendiga. Tenía un niño, al cual, para hacerle llorar, ponía una venda en un ojo y en la venda media nuez vacía, y dentro de la nuez una araña.

Pío Baroja

Todas las cosas interesantes ocurren, sin duda, en la sombra. Nada sabemos de la verdadera historia de los hombres.

L. F. Céline

—En algunas grandes ciudades sucede en el Metro: entra más gente de la que sale. Nueva York, Tokio, Moscú... —permaneció unos instantes silencioso para luego seguir—: Se colocan aparatos especiales con células fotoeléctricas y lo último en tecnología punta, sensores muy delicados. No hay sitios por donde escapar. Si has entrado en el suburbano y tu presencia fue detectada por la máquina, tu presencia debe aparecer más tarde. Pues no. Entran mil, salen novecientos noventa y siete.

—Increíble —habían exclamado como si acabasen de tener idéntica idea.

Javier García Sánchez
Los otros

AGRADECIMIENTOS

Esta obra no hubiera podido realizarse sin la ayuda entusiasta de las más de cuatro mil personas que recibieron nuestro cuestionario y nos regalaron unos minutos de su tiempo para recordar las leyendas urbanas que aparecen en sus páginas. Este libro está dedicado a todas ellas.

También queremos agradecer su colaboración a los profesores que desde el principio confiaron en nuestro proyecto, brindándonos sus aulas y coordinando la recogida de cuestionarios.

En este apartado figuran por derecho propio Amparo Moreno, catedrática de Historia General de la Comunicación de la Universidad Autónoma de Barcelona; María Jesús Casals Carro, profesora del Departamento de Periodismo de la Universidad Complutense de Madrid; Natividad Abril, profesora de la Facultad de Ciencias Sociales y de la Comunicación de la Universidad del País Vasco (Bilbao); Manuel Antonio Martínez Nicolás, profesor de la Facultad de Ciencias de la Información de la Universidad de Santiago de Compostela; Inmaculada Sánchez y Juan Antonio García Galindo, profesores de Periodismo de la Universidad de Málaga; Pilar Rodríguez López, profesora del Departamento de Didáctica de las Ciencias Sociales en la Facultad de Educación de la Universidad de Extremadura, así como las profesoras valencianas Milá Belinchón y Lola Ortí.

Asimismo, es de justicia agradecer la gentileza de una serie de especialistas de diferentes ámbitos, caso del antropólogo Manuel Delgado, que nos animó a investigar la suerte que corrían los ciudadanos chinos una vez muertos; Victoria Cirlot y Alain Verjat, que nos inculcaron su pasión por la mitología clásica; Joan Perucho, que nos deleitó con su bagaje folklórico; Màrius Serra, al que debemos la explicación de algunos enigmas de este libro; Joan Prat, que nos ilustró sobre las raíces del miedo; a los escritores Bienve Moya y Juan García Atienza; al cineasta Pere Portabella; al historiador Josep Maria Perceval; a Edgar Vega, que nos adelantó su tesis doctoral sobre el imaginario urbano; a José Vázquez, portavoz del Cuerpo Superior de Policía de Barcelona; a Josep Maria Pujol, que nos hizo sentirnos menos solos en un campo inexplorado; a Josep Carles Rius, que nos permitió publicar en el *Magazine* de *La Vanguardia* el reportaje que dio pie a este libro; a Silvia Ventosa, cuya tesis sobre las corseteras nos fue de enorme utilidad; al profesor Jan Harold Brunvand, sumo sacerdote del folklore universal, por su constante apoyo en este trabajo, por remitirnos amablemente su última obra y por el prólogo con que nos obsequió. A Matías Morey, Luis R. González Manso y Ricardo Campo, quienes nos cedieron varios expedientes de los archivos de la *Fundación Anomalía* y contribuyeron a la causa con valiosas aportaciones. A Jordi Ardanuy, que nos dio a conocer su brillante estudio sobre las avionetas antinubes; a Joan Fitó, por los numerosos servicios prestados; a Ricard Fusté y Miquel Segura, que hicieron lo que pudieron. A Joel Soriano, por el famoso pleito del McDonald's, y a Teresa Mas, por estar siempre ojo avizor. A Epi Cid, por lo que él ya sabe. A Alberto Luque, que se acordó de cierta compañía de seguros. A Lidia Ramos, que escuchó impasible algunos desvaríos fisiológicos. A Magda Sampere, por leerse enteros los periódicos, y a Oriol Puig, por su versión enciclopédica de la leyenda del submarinista calcinado. A Joana Martí y Joan Sampere, por fijarse en ciertas botellas misteriosas. A Joaquim Font, jefe del departamento de química de la Escuela Industrial de Igualada, por sus valiosas apreciaciones en materia de aditivos, y a Paco Barquino, por presentarnos a la mujer pálida. Sin olvidar a Zenaida Osorio y a tantos otros a los que pedimos disculpas anticipadas si no los citamos aquí.

Y muy especialmente a Núria Rossell, espejo de bibliotecarias, por encontrar agujas en un pajar y bordar con ellas las costuras invisibles de este tapiz de caprichos goyescos. Y no menos especialmente a Birgit Cortada. Gracias a las dos por «aguantarnos» durante la larga gestación de este trabajo.

Nuestra eterna gratitud a todos y a todas.

PRÓLOGO A LA SÉPTIMA EDICIÓN

—Las campañas antitabaco las iniciaron los nazis —afirmará furibundo el fumador.

—Eso es una leyenda urbana —replicará el no fumador, con malos humos.

Semejante dictamen, con toda seguridad, dará pie a un suculento diálogo: se mencionarán las tres K ocultas en los paquetes de Marlboro, se sacará del olvido al obrero leproso de la fábrica de Chesterfield y será revelado el ingrediente especial de los cigarrillos Camel: estiércol de camello.

Nosotros, entre tanto, escucharemos con satisfacción. Si de algo podemos jactarnos, paciente lector, es de haber puesto de moda el término «leyenda urbana» (en España). Todo comenzó con este libro. Publicado originariamente en el año 2000 (fecha idónea para hablar de leyendas), fue (y sigue siendo) la primera antología de folklore contemporáneo hispano editada por estos lares. (Véase el prólogo de Jan Harold Brunvand.)

Su éxito aún nos llena de asombro: ni completando el álbum de la «Pandilla Basura» (sus cromos llevan LSD) esperábamos acumular seis ediciones en cinco meses y vender cerca de 50.000 ejemplares en dos años, ni recibir cartas de lectores a diario (una de ellas de Francisco Javier Cortázar, antropólogo mexicano que dice saber cuál es el ingrediente principal de los famosos tacos; otra del polifacético artista venezolano Enrique Enríquez; una tercera del director de cine Guillermo del Toro). Tampoco podíamos sospechar que apareceríamos en tesis y trabajos escolares nacionales y extranjeros o que, tras agotarse nuestra obra, un buen número de bibliotecas públicas se vieran obligadas a colgar el cartel de «perdido» («robado», para entendernos). Jamás hubiéramos supuesto que íbamos a conceder casi doscientas entrevistas (como la familia Vidal, fuimos teletransportados incluso a Uruguay), ni que presentaríamos la primera traducción española de un libro de Brunvand (quien tuvo la gentileza de incluirnos en su *Encyclopedia of Urban Legends*), ni que la ONCE editaría nuestro libro en casetes y un invidente nos haría llegar leyendas por este sistema. Por eso, hasta nos pareció normal que la revista *Pizza Mondo* dedicara sus dos primeras páginas a *Leyendas urbanas en España*, si bien recomendó a sus parroquianos, con buen criterio, pasar de puntillas por «las leyendas gastronómicas».

Cinco años después no somos más ricos, pero sí un poco menos ingenuos. Nos atrevemos a afirmar que este libro ha llegado a ser una pequeña «Biblia» del género. Nada nuevo, por otra parte. Lo mismo sucedió con estudios precursores publicados en otros países. Que el lector huya de las páginas de Internet donde las leyendas urbanas cohabitan con horóscopos, afrodisíacos y vuelos baratos. Como diría el anuncio de una bebida muy propensa al rumor: pruebe el sabor de lo genuino.

El lector tiene en las manos la nueva edición de *Leyendas urbanas en España*. Se trata de una versión aumentada (y corregida) por medio de nuevos testimonios al término de cada capítulo. Éstos contienen las historias, datos y observaciones que nos han ido suministrando nuestros lectores a lo largo de los últimos cinco años. También encontrará allí algunos textos de procedencias diversas. La bibliografía, a su vez, ha sido enriquecida con varios títulos recientes, como *Mentiras verdaderas*, del argentino Jorge Halperín.

En cinco años han cambiado (y empeorado) muchas cosas. Como suele ocurrir en tiempos de malestar social o graves crisis colectivas, las leyendas han proliferado más que nunca. Pocas, sin embargo, han sido estrictamente «nuevas». Los estudiosos saben muy bien que, en materia de folklore, las novedades «absolutas» son siempre relativas: el molde de la tradición es lo bastante flexible para adaptarse a cualquier cambio y asimilarlo.

Los atentados de Nueva York resucitaron la figura del «terrorista compasivo», que perdona la vida al cliente de un supermercado cuando éste le hace un favor: «El sábado no venga porque pasará algo grave». Diez años atrás era un miembro de ETA; posteriormente un terrorista árabe. Sea como fuere, la historia refleja el miedo colectivo y propone una forma mágica de exorcizarlo.

El temor al ántrax añadió un nuevo peligro a la lista de las «trampas ocultas en objetos cotidianos» (véase el capítulo *Calcomanías con LSD*); se barajaron, como es bien sabido, infinidad de teorías de la conspiración acerca de los autores y las consecuencias del atentado («4.000 judíos no fueron a trabajar el 11 de septiembre»); la numerología renació de sus cenizas, «revelando» toda suerte de presagios inquietantes y coincidencias extrañas («911 días separan los atentados de Nueva York de los de Madrid»). Nuevos «hechizos escondidos» que venían a sumarse a las letras satánicas y los mensajes subliminales. (Véase el capítulo *Satanás, rey del rock and roll.*)

Por otra parte, la funesta guerra de Irak sigue siendo un caldo de cultivo de anécdotas «patrióticas» difundidas únicamente en los Estados Unidos, como la historia de la viejecita que se lió a paraguazos con un pacifista, o la del camarero que echó de su bar a unos clientes por decir pestes de los soldados norteamericanos. (El lector interesado puede consultar la excelente página estadounidense www.snopes.com. En ella encontrará un análisis exhaustivo de todas estas historias.)

Internet ha transformado la circulación de leyendas urbanas en un fenómeno de proporciones epidémicas. Jorge Halperín da cuenta de ello en un artículo publicado en la revista *Insider*: «Internet provocó una verdadera revolución en el género ancestral del folklore urbano. No es que lo haya sacudido de un inexistente letargo, sino que las narraciones creadas y basadas en la transmisión oral (...) llegan ahora, a través de la red, por primera vez al campo de lo escrito. (...) Este género universal nunca entró por la puerta grande de los medios masivos —en los que sí se cuelan millones de rumores políticos—, pero la Red le ofrece ahora un campo propicio. Esta suerte de relanzamiento tecnológico del género es una paradoja porque se diría que el boca a boca, que fue siempre la fuente de propagación de estas historias, es necesario para su vigencia, toda vez que permite el margen de distorsiones a que cada narrador las somete (como en el juego del teléfono descompuesto). Lo escrito, en cambio, se cristaliza para siempre e incluso, al hacerse público en la red, viola el carácter secreto y conspirativo, formidable impulso para la diseminación de las leyendas urbanas».

Atrapadas en «cadenas» pésimamente traducidas, las leyendas de siempre son pescadas al por mayor en el ciberespacio. Se hagan circular o no, apenas tendrán otro destino que el callejón sin salida de la memoria de los ordenadores, a la espera de su borrado definitivo. Podríamos decir que la tradición oral ha ido callando, enmudecida por el ruido de fondo de la llamada «sociedad de la información».

Otro factor decisivo para el relanzamiento electrónico del género ha sido la existencia de programas de edición digital cada vez más perfectos. Éstos han permitido que cualquier bromista ingenioso sea capaz de difundir a escala mundial ilustraciones hiperrealistas de lo que los folkloristas norteamericanos denominan *tall tales* (cuentos exagerados). Gatos bonsáis y tiburones gigantes, hortalizas descomunales, accidentes imposibles... El pez (gigante) de la tradición, una vez más, se muerde la cola: las viñetas de «monstruos y prodigios» medievales desfilan ahora por la pantalla del ordenador.

En estos tiempos repletos de «comités de sabios», ciertos periodistas ya no hablan de leyendas urbanas sino de «factoides» (relegándolas a los «tabloides», como si no fueran otra cosa que carnaza para la prensa sensacionalista). Los informáticos las califican de «hoaxes», burdo anglicismo que no significa más que «bulo» o «patraña» y suele llevar implícita una intención dañina o difamatoria. Alguien debiera recordarles que son rarísimas las leyendas urdidas conscientemente por autores de «libelos». Cosa muy distinta es que ciertos individuos se aprovechen de ellas para sus fines particulares. El mismo «libelo de sangre», conjunto de infundios antisemitas con el que se pretendía justificar el exterminio de los judíos, se alimentaba de una tradición muy antigua, «renovada» constantemente por la religión y la política. Los verdaderos libelistas de hoy manejan estadísticas y «hechos demostrados». Trabajan en el campo de la (des)información y justifican su sueldo inventando enfermedades y demonizando ideas y productos.

Los posmodernos, por su parte, prefieren la nueva ciencia del «meme», especie de gen o virus psíquico, sumamente contagioso, que tanto puede contener el esbozo de una religión como la idea de un microondas con un perro dentro. En resumidas cuentas, lo que pretenden es equiparar el folklore con la gripe, lo que les autoriza a manejarlo con guantes y mascarillas para no infectarse de su esencial «vulgaridad».

Nosotros, autores ya un tanto veteranos y crepusculares, seguiremos hablando de «folklore» (¡y a mucha honra!), por más que la academia nos haya desleído el vocablo con una «c» que huele a cloro. (Véase la introducción.)

Desearíamos terminar con un breve manifiesto político-subversivo. La violencia se está volviendo cada vez más aleatoria y absurda. Nadie comprende aún el motivo por el que murieron (y siguen muriendo) tantas personas en atentados y guerras irracionales. (Lo que no significa, naturalmente, que haya guerras racionales.) El psicópata criminal es el hombre de moda, armado hasta los dientes y conectado con Dios mediante un teléfono más rojo (sangre) que nunca. En su biblioteca no hay libros de leyendas urbanas, sólo obras dictadas por Él. Así, poco a poco, se nos ha ido sometiendo a una «tiranía suave», según la memorable definición de J. G. Ballard. Aceptamos como si tal cosa los registros, las cámaras de seguridad y toda clase de intromisiones en nuestra vida íntima. Nuestra pasividad va en aumento. Ya no protestamos por nada. Compramos en las farmacias presuntas panaceas rejuvenecedoras («porque tú lo vales») y miramos veinte canales televisivos al mismo tiempo (por nuestro «derecho a la información»). Nos tragamos las peores películas de la historia del cine. Nos creemos las paparruchas (que no leyendas urbanas) más escandalosas de la historia. Por ejemplo, que hemos venido al mundo para contratar una hipoteca estratosférica, alquilar un apartamento en verano y, con suerte, adquirir un todoterreno.

El ruido de fondo (también llamado silencio) se impone y se nos impone. Reina el aburrimiento, del que sólo salimos momentáneamente cuando estalla alguna bomba, un huracán devasta una península o una «patera» (a los pobres de solemnidad ni siquiera se les permite ir en «barca») se lleva al fondo del mar a 87 africanos famélicos (89 en realidad). Llegará un momento en que ya no habrá nada que contar, salvo a los muertos. Las leyendas urbanas se habrán extinguido, junto con los libros, los discos, el cine y todo aquello que alimentaba nuestro imaginario y nuestra imaginación.

Desde este prólogo, paciente lector, te daremos un consejo (aunque si has llegado hasta aquí es que no te hace falta): procura leer. LEER MUCHO. Leer infatigablemente. No dejes nunca de leer. Lee libros que te vuelvan menos crédulo, que alimenten tus obsesiones personales e intransferibles, que te digan la verdad mintiendo pero que nunca te mientan diciéndote la «Verdad».

Te invitamos, además, a convertirte en estudioso de las leyendas urbanas. Escúchalas con atención, colecciónalas, cuéntalas, analízalas a fondo, propágalas. No te empeñes, simplemente, en desmentirlas y desmontarlas. No subestimes jamás su poder comunicativo, su capacidad de transmitir la vox pópuli, de romper el hielo y fomentar el diálogo, de generar debates interesantes y acalorados, de alimentar el escepticismo saludable y combatir la rigidez intelectual, de estimular todas las zonas del cerebro (de las más callosas a las más tiernas), de provocar emociones intensas, de suministrar imágenes inolvidables, de resucitar símbolos, mitos y conceptos antiguos, de enfrentarse a los poderosos y de perpetuar creencias discutibles pero también «políticamente incorrectas». Alguien dijo que el folklore era, ni más ni menos, «comunicación artística en grupos pequeños». El futuro (si existe) tendrá que ser de los grupos pequeños, porque los grandes ya dominan el presente.

El escritor británico M. John Harrison (*El curso del corazón, El mono de hielo, Luz*) se descolgó en cierta ocasión con la siguiente epifanía: «Me encantan las leyendas urbanas, las anécdotas, las historietas, las reminiscencias, las memorias... todo lo que implique una visión directa del mundo, que permita transmitir tus experiencias sin intermediarios, hacerlas *nuevas* y únicas, totalmente personales, como si fueras el primero en sentirlas, lejos del adocenamiento y la vulgaridad prefabricada a que las someten la publicidad y el consumismo».

A modo de conclusión, un ejercicio: averiguar si es verdad que las campañas antitabaco las iniciaron los nazis.

PRÓLOGO

Doy mi más calurosa bienvenida a esta obra, la primera antología de leyendas urbanas procedentes de España. Desde la aparición en 1981 de mi primer libro dedicado a las leyendas urbanas estadounidenses, The Vanishing Hitchhiker, *un buen número de publicaciones ha venido confirmando la existencia, en Europa y otros continentes, de dichas leyendas contemporáneas. Hasta ahora, sin embargo, nadie había demostrado al resto del mundo la presencia —que algunos intuían— de leyendas similares en España. Esta obra de Antonio Ortí y Josep Sampere aporta pruebas convincentes de que en España no sólo existen leyendas urbanas, sino que muchas de ellas poseen un estilo o un contenido marcadamente hispano, y que éstas —como las que circulan por otros países— se hallan profundamente arraigadas en la cultura popular, la prensa, la literatura, el cine, la radio, los textos transmitidos en fotocopia e Internet.*

Ortí y Sampere han realizado un trabajo notable, no sólo al recoger múltiples ejemplos de leyendas urbanas difundidas en España, sino al relacionarlas con la tradición internacional del género. Este libro, pues, constituye una excelente introducción a las leyendas urbanas de su país así como un óptimo estudio de los antecedentes internacionales de los relatos autóctonos, tanto en los medios de difusión populares como en las obras de los especialistas en la materia. Los autores citan otras colecciones de leyendas urbanas y aportan numerosos paralelismos con la tradición medieval o clásica, extraídos de la narrativa folklórica extranjera y de los catálogos de «motivos» elaborados por estudiosos de todo el mundo.

Muchas de las leyendas recogidas en esta obra resultarán familiares a los folkloristas y, sin duda, a un gran número de lectores de otras tierras profanos en la materia. Aparecidos itinerantes, Muertos quitados de encima, Animales resucitados, Tarántulas en el tronco del Brasil, El submarinista calcinado *y otras muchas son indudablemente internacionales. Ahora bien, algunas de estas historias contadas por doquier contienen rasgos netamente españoles, como la que trata de la «celebridad servicial», que resulta ser el mismísimo rey Juan Carlos I, o del «animal fantasmagórico» que no es una pantera u otro felino, como en la mayoría de los casos, sino un buitre gigante.*

Ciertas leyendas de esta antología se conocen más en Europa —o solamente allí— que en Estados Unidos. Tal cosa ocurre, por ejemplo, con las que tratan de «víboras caídas del cielo», «hipnorateros» italianos o secuestros en probadores.

A mi entender, los elementos más fascinantes que emanan de esta antología de Ortí y Sampere son determinadas historias que han empezado a surgir recientemente y que pudieran tener un carácter internacional. Aunque tengo constancia de otras leyendas que describen percances ocurridos en bodas, nunca me había tropezado con La corbata del novio y la sierra mecánica. *Tampoco estaba al corriente de las historias tituladas* Las lascivas del Viagra *o* La mujer pálida y el ladrón *hasta que esta obra señaló su reciente aparición como posibles leyendas internacionales que nadie había recopilado anteriormente. Es interesante comprobar que la primera ha absorbido un motivo de los relatos sobre la mujer que contagia voluntariamente el sida mientras que la última tiene parientes próximos en la narrativa tradicional. Con todo, aún está por ver si dichas historias son leyendas urbanas genuinas que alcanzarán con el tiempo difusión internacional, más allá del ámbito de la prensa o los cotilleos de Internet. Sea como sea, no cabe duda de que esta primera —y excelente— antología del género en España animará a otras personas, tanto en el propio país como en el extranjero, a recopilar y estudiar leyendas urbanas, y que tales preguntas, probablemente, se verán contestadas en futuros estudios o antologías.*

Así lo espero.

PROFESSOR EMERITUS JAN HAROLD BRUNVAND
Department of English
University of Utah (Salt Lake City)

INTRODUCCIÓN

En noviembre de 1998, los autores de estas líneas emprendíamos una investigación que ya se había llevado a cabo en numerosos países pero que, inexplicablemente, estaba aún por hacer en el nuestro. El objetivo que perseguíamos no era otro que demostrar que en la sociedad española contemporánea seguía existiendo algo así como un «folklore moderno», es decir, un repertorio de tradiciones y creencias populares, formado a imagen y semejanza de las de antaño, pero adaptado sutilmente a las exigencias de nuestra época.

Los especímenes que más nos interesaba recoger durante esta dificultosa travesía por las aguas inestables del folklore se inscribían en una familia de relatos denominados a veces «migratorios», por la rapidez con que cambiaban de residencia, o en ocasiones «rumores», debido a su origen inescrutable, contenido chocante y ardua verificación. Nos referimos a las así llamadas «leyendas urbanas». Estos relatos, como los chistes o algunos cuentos de terror, y a diferencia de los rumores, simples noticias «improvisadas» e informes, se apoyan en una trama urdida meticulosamente en función del desenlace, que se condensa en una viñeta violentamente gráfica, a veces redondeada por un pequeño epílogo. En circunstancias ideales, suelen contarse como si fueran «sucesos verdaderos», o en su defecto, como *noticias ambiguas* que muy bien podrían haber ocurrido alguna vez. He aquí su diferencia esencial respecto a los cuentos literarios y la razón de su éxito perdurable. Ello exige que los personajes sean meros arquetipos anónimos («un hombre», «una mujer», «una pareja») aunque situados siempre en escenarios bien concretos (ciudad tal, calle cual), para reforzar el realismo de un argumento que depende íntegramente del grado de verosimilitud de los detalles. La acción se sitúa en un pasado impreciso pero inmediato, y el narrador suele aludir a fuentes de información «fiables» para conferir una aparente solidez a los puntos débiles de su historia. La más socorrida de dichas fuentes es el quimérico «amigo de un amigo», inevitable protagonista de la historia y último eslabón de una cadena sin fin.

Los contornos de estas historias son imprecisos, como los de los mitos, y su lógica, vinculada a la del inconsciente y sus equivalencias, próxima a la del sueño —reflexionan Véronique Campion-Vincent y Jean-Bruno Renard en el epílogo de su obra *Légendes urbaines: rumeurs d'aujourd'hui*—. Lo que cuentan estos relatos combina nuestros miedos y deseos. Estos últimos se suelen ver satisfechos gracias a los resultados imprevisibles de la justicia inmanente, que ajusta las cuentas a los malhechores mutilándolos. En ellas abundan los miedos, múltiples y contradictorios: miedo a la técnica y al salvajismo, a la violencia urbana, a las drogas, a los poderes ocultos y a los complots, las ideas angustiosas relacionadas con la salud y los niños. Las leyendas contemporáneas dan nombre a estos miedos difusos y los encierran en un caparazón literario. Nombrar y designar son prácticas saludables, pues permiten definir el peligro además de exorcizarlo mediante actos simbólicos.

Las leyendas urbanas se hallan tan arraigadas entre nosotros que sus motivos básicos, como los de un cuento tradicional («el lobo devora a la abuela», «Cenicienta pierde el zapato», «los cuarenta ladrones se esconden en las tinajas»), permiten identificarlas en el acto. Hagamos la prueba: una autoestopista desaparece; a un joven le roban un riñón; una mujer blanca da a luz a un bebé negro; una chica es sorprendida en cierta situación embarazosa; el rey viaja de incógnito y ayuda a los conductores que han sufrido avería o es recogido mientras hace autoestop; un buzo aparece en un bosque quemado; una pareja queda «enganchada» haciendo el amor; un maníaco golpea la ventanilla de un coche con una cabeza cortada; alguien encuentra un diente de ratón en una hamburguesa... Estamos seguros de que esta rápida enumeración habrá suscitado recuerdos —entrañables o no— a más de un lector. Nos hallamos, pues, ante un fenómeno que goza de una existencia múltiple y universal, lo mismo que otros géneros del folklore como las fábulas, los cuentos de hadas y los mitos.

Puede que alguien haya fruncido el ceño al toparse por tercera vez con el término «folklore», anglicismo de apariencia vetusta, cargado de connotaciones populacheras y utilizado muchas veces con cierto retintín, cuando no en un sentido abiertamente burlón. Antes de seguir, por tanto, convendría abrir un paréntesis momentáneo para despejar un pertinaz interrogante: ¿de qué hablamos cuando hablamos de folklore?

El estudio del «saber del pueblo», que así suele traducirse el vocablo, nació oficialmente a mediados del siglo XIX, con el objetivo de preservar los «tesoros populares» del pasado —composiciones poéticas, cantos, refranes, mitos, leyendas, tradiciones literarias— ante el avance de la industria y la técnica, dos fuerzas corrosivas que amenazaban con disolver el medio rural y sus habitantes. A los hombres y mujeres que vivían en el campo se les veía como privilegiados depositarios de este idealizado patrimonio, gracias a su alejamiento del mundanal ruido y de la contaminante sociedad urbana, por lo que era preciso extraerles hasta la última gota de su sabiduría silvestre antes de que el progreso la desecara para siempre. Partiendo de tales premisas, el filólogo y anticuario inglés W. J. Thoms acuñó el término «folklore» —corría el mes de agosto de 1846— en una carta a la prestigiosa revista *The Athenaeum*. La denominación vigente hasta entonces era la de «antigüedades populares», preciados vestigios del pasado (ruinas, costumbres insólitas, creencias extravagantes) a cuya denodada búsqueda se venían librando generaciones de anticuarios desde los albores del siglo XVII. Al subrayar en su carta la importancia de «conservar las escasas huellas existentes» de una cultura rural moribunda, W. J. Thoms obraba movido por una mezcla de nostalgia romántica y nacionalismo, sentimiento parecido al que animara a otros ilustres precursores de los estudios folklóricos. Entre ellos figuraban Johann Gottfried Herder, quien publicó en 1773, junto con Goethe, una colección pionera de «canciones populares», así como Jacob y Wilhelm

Grimm, compiladores de un gran número de versiones de narrativa oral impresas bajo el título de *Cuentos infantiles y del hogar* (1812-1822).

Como apunta Gillian Bennet en su obra *Traditions of Belief*, la idea popular sobre la naturaleza del folklore se vio decisivamente moldeada por cuatro teorías surgidas en las últimas décadas del siglo XIX y que condensaban el pensamiento de otras tantas escuelas: la primera, herencia de los anticuarios, reducía el folklore a lo «pintoresco», «arcaico» y «curioso»; la segunda, inspirada en las hipótesis del mitólogo alemán Max Müller, sostenía que las costumbres, creencias y cuentos de los pueblos eran vestigios de mitos inmemoriales; la tercera, debida al estudioso británico Andrew Lang y los «evolucionistas culturales», afirmaba que eran supervivencias del pasado más primitivo de un país; y la última, nacida de las elucubraciones de James Frazer, atribuía su origen a los cultos paganos de fertilidad.

A pesar de su imponente fachada, estas teorías monumentales se apoyaban en una base muy endeble, puesto que sus artífices jamás recopilaron personalmente los textos cuyo origen remoto pretendían explicar con ellas. Sus más acérrimos detractores, los «difusionistas», contribuyeron a desacreditarlas definitivamente en las primeras décadas del siglo XX, empleando para ello un método austeramente científico: la recogida, comparación y clasificación de ingentes cantidades de variantes para estudiar la historia y difusión geográfica de un poema o una leyenda concretos. Sus laboriosos procedimientos dieron lugar a la llamada «escuela finesa», de enorme influencia en la posterior evolución del folklore e impulsora de los utilísimos «índices tipológicos y de motivos», a los que los autores del presente trabajo han recurrido en más de una ocasión. Estas imprescindibles obras de referencia, deudoras todas ellas de los trabajos precursores de Antti Aarne y Stith Thompson, son un intento de reducir los relatos tradicionales de todo el mundo a sus temas o «motivos» esenciales. Con ello se pretende ahorrar al estudioso del folklore o la literatura el esfuerzo sobrehumano de leerse los miles de volúmenes de narrativa tradicional publicados en todos los rincones del planeta, para lo cual necesitaría una vida entera e incluso más.

Algunos especialistas, como el antropólogo norteamericano William Bascom, opinaban que el método «histórico-geográfico» pecaba de aridez y omitía algunas de las cuestiones más fascinantes del folklore. Así pues, los folkloristas se fueron alejando de la puntillosa inspección de la historia de miles de variantes de un mismo texto y optaron por analizar su función y psicología. Se trataba, en suma, de responder a dos preguntas fundamentales: ¿para qué servía el folklore? ¿Qué clase de mecanismo psicológico encerraban un cuento o una creencia determinados para que reaparecieran periódicamente en la tradición popular?

Este cambio de rumbo en el estudio del folklore se vería fortalecido por un método que ha resultado ser el más experimental y solvente hasta la fecha: el análisis del «contexto». Ello vendría a significar, como lo señalaba Alan Dundes por primera vez en un ensayo de 1964, que al recoger textos folklóricos era indispensable describir detalladamente la situación particular en que se utilizaban a fin de poder interpretarlos como es debido.

Examinado bajo esta nueva luz, el concepto de «folklore» se alteraba radicalmente. Estudios posteriores fueron poniendo de manifiesto la importancia del contexto, así como del «estilo» y la «presentación» en toda muestra de la cultura tradicional, por lo que se llegó a la conclusión de que el contenido y el significado de ésta variaban continuamente, de tal modo que su origen jamás podría llegar a dilucidarse.

Así pues, los folkloristas de nuestros días ya no creen, como los de antaño, que exista un «saber» popular inmutable, petrificado y al borde siempre de la extinción, sino más bien una serie de procesos de carácter comunicativo, como los que intervienen en cualquier relación humana, y por tanto sujetos a las mismas leyes evolutivas. A su entender, el folklore podría definirse como una sucesión de creencias, actividades y modos de hacer o decir las cosas que se adquieren «por contagio» mediante el trato informal con los demás. Algo así como una especie de «cultura» espontánea que no se aprende en la escuela. El mismo Alan Dundes lo expresaba elocuentemente en el título de un ensayo publicado en 1977: *Who Are the Folk?* Es decir, ¿quiénes son el pueblo? Según Dundes, el término «pueblo» puede referirse a cualquier grupo de personas que tengan al menos un rasgo cultural en común: sea la profesión, la religión o la lengua. Lo importante del caso es que un grupo formado por cualquier motivo habrá de tener algunas tradiciones que pueda llamar propias. Así pues, la respuesta más lógica parecía condensarse en una frase sencilla pero profunda: «El pueblo somos nosotros».

De todo ello se desprende que no es preciso irse en busca de campesinos nonagenarios para sonsacarles alguna conseja inmemorial sobre las andanzas de «La descarnada». No hay más que acudir a un moderno dispensario y hablar con alguna ATS, como lo demuestra el testimonio de Ernestina García:

> En distintos hospitales de Málaga se cuenta la historia de una mujer vieja vestida de negro que se aparece a los enfermos que van a morir. Éstos, cuando la ven, suelen chillar de miedo. También ha sido vista por algunas enfermeras, a veces, en el ascensor. Me lo contó mi hermana, que es ATS.

Los alumnos y profesores de las autoescuelas también han hecho circular una leyenda que refleja la perniciosa desidia que atribuyen las malas lenguas a ciertos examinadores. Nos la cuenta Jordi Barrera:

> Un examinador, sentado en el asiento trasero, se pasó todo el examen de conducir leyendo el periódico, de tal manera que tapaba la visión al examinado. Finalmente, haciendo oídos sordos a sus quejas, le suspendió sin piedad.

En el mundo castrense, la proverbial agresividad de ciertos militares ha cuajado en un relato particularmente siniestro. Nos lo remite Félix René Juberías:

> Existe un teniente que en su uniforme está obligado a lucir tres cruces negras. Se cuenta que había sido comandante pero lo degradaron «por matar de una patada en los testículos a un soldado». Se cuenta que cada cruz negra que lleva en el uniforme significa que se ha matado a un soldado y está obligado a llevarla en todo momento para que todos lo sepan.

Fuera de los ámbitos gremiales, la legendaria astucia del pueblo gitano ha inspirado una estratagema picaresca (y apócrifa) que, curiosamente, parecen haber hecho suya algunos futbolistas. Teresa Mas nos la detalla con las siguientes palabras:

> Los gitanos, ante un accidente de tráfico provocado por ellos o ante un control policial, intentan evitar toda responsabilidad mediante la siguiente artimaña: el conductor del vehículo se coloca precipitadamente en el asiento del copiloto o en el de atrás. Cuando la policía se acerca y pregunta por el conductor, todos los gitanos afirman que éste ha salido corriendo. Algunos futbolistas famosos, ebrios a la salida de una discoteca, también se han valido de este método.

Una simple inscripción en un vaso de plástico de ciertas cadenas de restaurantes es capaz de inspirar toda una «etimología» fabulosa entre sus clientes, siempre que se trate, naturalmente, de establecimientos con una larga tradición legendaria en su haber. Joel Soriano nos lo demuestra con un ejemplo que le contó un amigo canadiense:

> Un cliente de un restaurante McDonald's sufrió quemaduras al caérsele encima el café. Atribuyendo el percance a la mala fabricación de los vasos, no dudó en demandarles y recibió una indemnización de varios miles de dólares. A partir de aquel incidente, todos los vasos para bebidas calientes de los McDonald's llevan una inscripción advirtiendo de las altas temperaturas del líquido que contienen.

Los ejemplos anteriores constituyen una pequeña muestra de los casi mil relatos que habíamos logrado recoger al término de nuestra investigación.

Desde el primer momento tuvimos claro que un estudio fundado en un concepto tan inaprensible como las «leyendas urbanas» debía basarse en un trabajo sobre el terreno de cierta envergadura. Nos parecía éste el modo más objetivo de documentar un fenómeno que sólo conocíamos «de oídas» (nunca mejor dicho), puesto que no existía ningún estudio publicado que describiera sus manifestaciones en nuestro país.

A tal efecto redactamos un cuestionario abierto en el que solicitábamos, ni más ni menos, cualquier relato que tuviera el menor asomo de «leyenda urbana». Para no influir demasiado en las respuestas de nuestros futuros corresponsales, y confiando en su perspicacia, nos limitamos a incluir en él una breve declaración de intenciones y tres ejemplos paradigmáticos del género: el fantasma que hace autoestop; el joven a quien extirpan un riñón sin su consentimiento, y la desconocida que deja escrito en un espejo que ha contagiado el sida al hombre con quien acaba de acostarse. Acto seguido remitimos unas cuatro mil copias de dicho cuestionario a varias universidades españolas y, simultáneamente, distribuimos algunos centenares más entre personas próximas a nosotros, rogándoles que a su vez hicieran lo propio con quien les pareciera oportuno. Lo primero obedecía a razones estratégicas: algunos profesores y profesoras amigos nuestros se prestaron a colaborar en el proyecto y nos pusieron en contacto con colegas suyos de diversas facultades del territorio español, quienes a su vez nos ofrecieron de buena gana su inestimable ayuda. Gracias a todos ellos fue posible coordinar sin sobresaltos la distribución de los cuestionarios entre un gran número de estudiantes y su posterior recogida una vez cumplimentados.

La razón principal que nos indujo a pensar en los estudiantes como informadores idóneos fue su condición de grupo homogéneo, comunicativo, bien relacionado e inquieto intelectualmente, y por ello proclive al intercambio de toda clase de información (y desinformación). Por encima de todo, sin embargo, confiábamos en la competencia de sus profesores y profesoras. A todos sin excepción les debemos los buenos resultados obtenidos, ya que fueron ellos quienes lograron la entusiástica participación de los alumnos en nuestro proyecto, e incluso nos ofrecieron sus aulas para dar alguna que otra charla. Sus nombres ocupan un lugar preferente en la lista de agradecimientos.

Creemos que el predominio de informadores del mundo universitario no imprime ningún sesgo especial en el contenido de las versiones recogidas. La ubicuidad de las leyendas urbanas nos lleva a pensar que, de haber optado por otros grupos sociales, habríamos obtenido relatos semejantes. Asimismo, tampoco creemos que nuestro interés por realizar un sondeo a escala nacional haya redundado en una mayor diversidad temática ni en la posibilidad de llegar a conclusiones sociológicas respecto a la distribución territorial de las tradiciones legendarias. Si nos decidimos por este planteamiento fue más que nada para comprobar personalmente un rasgo apasionante del folklore: la capacidad de adaptación de las leyendas universales. Un ejemplo emblemático, entre otros muchos que analizamos en las páginas de este libro, sería la historia del fantasma que hace autoestop: a pesar de tratarse de una leyenda internacional, cada municipio dispone de una autoestopista autóctona, cuyas apariciones se vinculan siempre a una «curva de la muerte» de las cercanías.

A fin de complementar el material recopilado mediante los cuestionarios, creímos conveniente entrevistar a una serie de personas versadas en diferentes materias: antropólogos, historiadores, filósofos, medievalistas, cirujanos, químicos, policías, etc. Con ello pretendíamos confirmar la circulación de ciertas leyendas por España, obtener algún dato respecto a su verosimilitud o, simplemente, conocer su opinión particular acerca del significado o la persistencia de algunas de ellas. El lector también encontrará sus nombres en la lista de agradecimientos, y sus impresiones reproducidas en los lugares pertinentes.

Al cabo de diez meses de intenso trabajo sobre el terreno, abundantes lecturas y encendidos debates, dimos por terminada la recopilación de textos.

Se imponía entonces realizar una selección de las casi mil versiones que teníamos entre manos. El criterio que adoptamos fue el siguiente: dar preponderancia a las leyendas que hubieran identificado previamente otros investigadores y que, por tanto, figurasen ya en recopilaciones extranjeras publicadas en los últimos veinte años. Nos proponíamos demostrar así que la mayoría de leyendas aparentemente «españolas» no eran sino variantes de otras que llevaban largo tiempo circulando por todo el mundo; nos interesaba también analizar sus similitudes o diferencias, tratar de seguir su trayectoria en nuestro país y compararlas con relatos formalmente distintos pero que contuvieran motivos parecidos. Una vez clasificadas las leyendas «internacionales», nos quedaron dos relatos que, como señala Jan Brunvand en su prólogo, ningún investigador extranjero había recopilado anteriormente. En vista de su estructura modélica, que analizamos en los capítulos correspondientes, se trataba de verdaderas leyendas urbanas con quince años largos de rodaje por nuestro país, de donde acaso fueran oriundas y reacias a emigrar. Ello —hemos de decirlo— nos produjo una modesta satisfacción. Así pues, arrogándonos el derecho de todo descubridor, procedimos a bautizarlas como *La mujer pálida y el ladrón* y *La corbata del novio y la sierra mecánica*.

Concluida la selección, no tuvimos más remedio que dejar de lado un surtido relativamente amplio de leyendas que no encajaban exactamente en nuestra clasificación. Entre ellas (algo más de un veinte por ciento), figuraban numerosas historias relativas a fenómenos paranormales, a lo sobrenatural o bien a la casuística ovni. En suma, otra serie de relatos de indudable valor para el estudioso del folklore, cuyo gran interés habría requerido darles el tratamiento que merecían, pero que por la consabida falta de espacio-tiempo, y en beneficio de la uniformidad temática, tuvimos que omitir. El lector encontrará, eso sí, tres capítulos que se ocupan de leyendas propiamente «fantásticas». Dos de ellas son de obligada inclusión por su larga y afamada trayectoria: *Aparecidos itinerantes* y *Teletransportados adonde Vidal*. La tercera es una pequeña rareza —la guinda de esta antología— titulada *El rey de los gatos*.

El último dilema que se nos presentó concernía al modo de reproducir los textos. Teníamos dos opciones: «embellecerlos» literariamente para que sonaran «mejor», o publicarlos tal cual, respetando el estilo de nuestros informadores. La primera posibilidad no nos interesaba en absoluto, puesto que habría implicado uniformizar, con pretensiones dudosamente artísticas, unos relatos cuya vitalidad (como la de todo «folklore» que se precie) reside precisamente en el uso personal e intransferible que le da cada uno. Así pues, decidimos ejercer el papel de «médiums» y transcribir literalmente las versiones que nos habían llegado, limitándonos a pulir la sintaxis cuando fuera necesario, al objeto de facilitar la lectura, y a corregir, eso sí, las faltas de ortografía.

A estas alturas tal vez convendría embarcarse en algunas digresiones teóricas en torno a la naturaleza de las «leyendas urbanas», concepto de origen anglosajón que hemos venido manejando alegremente a riesgo de provocar extrañeza a más de un lector «castizo». En efecto, si nos atenemos a la definición de «leyenda» que da María Moliner, o sea, la «narración de sucesos fabulosos que se transmite por tradición como si fuesen históricos», casi todos los relatos compilados en este libro palidecerán de golpe, reducidos a meras anécdotas futiles. Esta tendencia reduccionista, dicho sea de paso, parece ser la norma por la que se rigen los medios de comunicación nacionales cuando sacan a relucir el asunto. En tales ocasiones, más bien escasas y circunstanciales, siempre hemos oído tildar las leyendas urbanas, con ostentosa indiferencia o notable sarcasmo, de «bulos», «patrañas», «monsergas» o «rumores», a menos que se difundieran como sucesos verídicos, con lo que entonces pasaban a ser «noticias chocantes» o «insólitas». Esta desgana intelectual sólo puede atribuirse, como apunta el antropólogo L. Díaz Viana, a la inexplicable «mala fortuna» que parece perseguir al estudio del folklore en España, cosa que no ocurre en Estados Unidos, por ejemplo, donde es asignatura en varias universidades desde los años sesenta. Ello ha redundado en su falta de reconocimiento académico y en un alarmante vacío en cuanto a bibliografía se refiere. Mientras que en casi todo el mundo existen abundantes obras que analizan el fenómeno de las leyendas urbanas, así como especialistas de distintos campos y asociaciones dedicados a su estudio permanente (véase bibliografía), en España tan sólo hemos localizado, tras remover cielo y tierra, al profesor Josep Maria Pujol, autor de un índice tipológico de narrativa tradicional catalana, quien, junto con algunos colaboradores, está realizando una investigación similar a la nuestra, y dos míseras referencias que despachan el tema en pocas líneas. (Agradeceremos cualquier rectificación que puedan hacernos los lectores.)

La primera se encuentra en un estudio clásico de Julio Caro Baroja: *Ensayos sobre la cultura popular española*. El eminente antropólogo roza de pasada el tema en tres párrafos titulados *Bulo y arquetipo*. El capítulo se inicia con una breve definición que bien podría aplicarse a las leyendas urbanas: *Esta clase de relatos cortos, que a veces no se expresan más que con un «se dice»*. Acto seguido, tras indicar que «bulo» significa *noticia falsa propagada con algún fin*, añade: *Pero fácil es demostrar que la circulación del «bulo» se hace a base de utilizar «arquetipos» o «temas» que, de modo periódico, se ajustan a circunstancias varias, con signo o fin incluso contrario.* El ejemplo que sigue lo encontrará también el lector en el capítulo *Calcomanías con LSD: Aún recordamos muchos cómo en tiempos de la República corrió por varias capitales de España la noticia de que gente de Religión había dado unos caramelos envenenados a unos niños, no recuerdo bien con qué malévolos fines. El caso es que el «bulo» del veneno es igual a sí mismo desde antiguo, aunque cambien los acusados o el designio del mismo.*

Nada que objetar. El lector encontrará dos ejemplos concretos de este lúcido dictamen en los capítulos titulados *Secuestradas en el probador* y *Sobre el riñón que nos falta,* donde se analizan una serie de relatos que parecen haber absorbido algunos motivos de antiguas «leyendas negras». Lamentablemente, Caro Baroja se detiene en este punto, por lo que sus valoraciones sólo afectarían a un número muy limitado de leyendas urbanas.

Una descripción algo más extensa, en la que ya se alude sin circunloquios a las «leyendas contemporáneas o urbanas», aparece en fecha tan tardía como 1997 en la compilación *La casa encantada: Estudios sobre cuentos, mitos y leyendas de España y Portugal,* editada con motivo del seminario interuniversitario de estudios sobre la tradición y coordinada por los doctores Eloy Martos Núñez y Vitor Manuel de Sousa Trinidade. Sin embargo, la visión que se da del asunto resulta un tanto esquemática y atropellada:

> La ciudad genera otro cúmulo de leyendas y consejas, que van a tener un nuevo cauce de expresión: la prensa local, las hojas volantes, los romances de ciego... Es decir, los rumores orales pasan al papel mediante la prensa local, sucesos, crímenes, misterios... Se producen así nuevos temas: despersonalización, carácter anónimo, el hombre que acecha (delincuente, avatar del siniestro «hombre del saco»), el mal en forma de azar (leyenda urbana difundida en Madrid: la chica que hace el amor con un chico al que encuentra en una discoteca, van al hotel, y al día siguiente desaparece dejando este mensaje en el espejo: «Bienvenido al club del sida»). (...) Los acci-

dentes son un nuevo foco de generación de leyendas (el fantasma de la autopista [sic], la mujer que cambió el billete del avión que luego se estrella...).
La ciudad es un laberinto, un espacio mítico, donde se superponen planos y
actividades. (...) Es, a veces, un símbolo del mal, del caos. Lo contrario a leyendas hospitalarias, y más cerca de visiones apocalípticas (catástrofes).

Este tono deshilvanado e impreciso genera cierta confusión, por lo
que es de agradecer que los autores incluyan algunos ejemplos, pues de
lo contrario sería más bien difícil saber de lo que están hablando. Por
otra parte, resulta imperdonable que lo den todo por sentado y no se
molesten en citar la procedencia de ninguna de sus afirmaciones.

Para zanjar el tema, al cabo de media página, enumeran lo que ellos
entienden por «leyendas urbanas modernas», con resultados más escla-
recedores pero igualmente expeditivos. En su opinión, podrían considerarse como tales las que

están vinculadas a una ciudad y/o al modo de vida urbano. (...) Damos
cabida a las que tienen que ver con la delincuencia organizada, actividades
crípticas (burdeles, sectas...), los accidentes, incidencias de viajes, fenómenos
paranormales... Incluimos las que puedan referirse a pueblos (Niñas de
Alcàsser), pero revelan problemas y formas de vida urbanas. Excluimos las
advocaciones tradicionales (Virgen de la Paloma), pero sí se podrían incluir
sus prolongaciones y adaptaciones al nuevo marco (milagros, exvotos...). En
especial, las relacionadas con ovnis, sucesos paranormales, visiones, etc.

Hemos de señalar que aún no existe una definición universalmente admitida de lo que se entiende por «leyenda urbana». Describir
satisfactoriamente las características de un género tan ambiguo y res-
baladizo ha sido uno de los principales empeños de la Sociedad Internacional para el Estudio de la Leyenda Contemporánea (ISCLR). Con
su fundación, en 1987, culminaban una serie de conferencias destina-
das a analizar el asunto que se venían celebrando anualmente, desde
1982, en la facultad de filología y tradición cultural inglesa de la Universidad de Sheffield (Gran Bretaña). Aunque no se llegara a una con-
ciliación definitiva de las diferentes maneras de abordar el fenómeno,

estos cinco años de debates cuajaron en un buen número de valiosos trabajos que lo examinaban desde múltiples perspectivas: psicológica, lingüística, histórica, periodística, etcétera.

Así pues, guiándonos por algunas de las intuiciones de los miembros de la ISCLR y tomando lo más aprovechable de los apuntes reproducidos más arriba, intentaremos analizar las «constantes» de las leyendas urbanas.

Antes que nada, ¿podemos llamarlas «leyendas» sin forzar el sentido que tiene esta palabra en castellano? Revisemos la definición de María Moliner: «Narración de sucesos fabulosos que se transmite por tradición como si fuesen históricos [o sea, "sucedidos realmente"]».

A simple vista, el adjetivo «fabulosos» sería apto para algunos «sucesos» que desafían claramente la razón (el fantasma de la autoestopista, el viaje inexplicable del matrimonio Vidal); en cambio, no resultaría muy adecuado para calificar otros que entran en el ámbito de las experiencias «factibles», por muy singulares o grotescas que parezcan (una pareja queda enganchada haciendo el amor, alguien encuentra un diente de ratón en una hamburguesa). Sin embargo, a poco que examinemos desapasionadamente estos relatos en teoría «posibles», empezaremos a percibir en ellos inconsistencias que terminarán revelando su carácter igualmente «fabuloso». Veremos que contienen, en palabras de la folklorista Linda Dégh, «ilusiones que generalmente se dan por ciertas». Ilusiones tales como que un buzo sea absorbido por un avión apagafuegos o que un animal estalle en el interior de un horno microondas; coincidencias increíbles, accidentes absurdos, confusiones inimaginables, delitos rocambolescos y ejemplos asombrosos de «justicia poética». Ilusiones tanto más creíbles cuanto mayor sea la confianza que nos merezca el narrador o la fuente de donde procedan (medios de comunicación, etc.), y cuanto más apasionado sea el debate público que generen (robo de órganos, drogas ocultas en objetos «inocentes», conspiraciones estatales...).

Admitiendo como legítimo llamar «leyendas» a estos relatos, ¿hasta qué punto les conviene el remoquete de «urbanas»? Si bien es verdad que muchas de ellas «están vinculadas a una ciudad y/o al modo de vida urbano» (grandes almacenes, cadenas de restaurantes, «despersonalización», sectas y delincuencia organizada), tomar este adjetivo en un sentido absoluto y excluyente sería lo mismo que «amurallar» la ciudad y negar la existencia de los medios de comunicación —o de la comunicación en toda su amplitud— en un mundo rural cada vez más supeditado al urbano: donde puedan llegar noticias «verdaderas», fácil será que penetren otras «falsas». Podríamos decir que estas leyendas se hallan en un estado migratorio permanente. Ahora bien, ¿cuál es el punto de partida y el de llegada de este flujo ininterrumpido? En la práctica, como se desprende de los relatos de nuestros informadores, vemos que un gran número de variantes se sitúan en pueblos, zonas residenciales, urbanizaciones, etc., por lo que su grado de «urbanidad» resulta discutible.

Popularizado por las obras de Jan Brunvand, el término «leyendas urbanas» tiene sus partidarios y sus detractores. La ISCLR lo utiliza en combinación con el de «leyendas contemporáneas», quizá más altisonante pero más ajustado a la realidad. Nosotros preferimos alternarlos.

Hechas estas precisiones, pasemos a otros razonamientos más sustanciosos. Como argumentaba Bruno Bettelheim en *Psicoanálisis de los cuentos de hadas*, la función de la narrativa «maravillosa» ha sido tradicionalmente la de «entretener y educar». Otro tanto podría decirse de las leyendas urbanas. Si nos atenemos a este principio, advertiremos que la postura del escéptico, interesado solamente en remachar la falsedad de las mismas, resulta cuando menos reduccionista. Aplicar a las leyendas contemporáneas adjetivos tan rotundos como «bulos» o «patrañas» implica no ver más allá de su envoltura, de su carácter de puro entretenimiento, y por tanto cerrarse en banda a toda especulación relativa a su significado psicológico y social. El folklorista, en cambio, procura evitar las actitudes extremas representadas por el escepticismo militante y la credulidad incondicional. Para ello debe rehuir a toda costa cualquier idea preconcebida y registrar con la máxima objetividad posible las diversas manifestaciones del folklore, llámense leyendas urbanas, fenómenos paranormales o experiencias de «abducciones» extraterrestres. Su método se fundamenta en la hipótesis de que estos relatos sirven a su narrador para comunicar preocupaciones psicosociales latentes, difícilmente expresables por otros medios, y que los «temas» y «motivos» empleados para ello no han surgido de la nada, sino que han sido tomados «inconscientemente» de la tradición y recombinados para conferirles un nuevo significado.

Sin embargo, antes de arriesgarse a explorar los múltiples significados de una leyenda urbana, los folkloristas deben acometer una empresa quijotesca que Bill Ellis define como la «búsqueda imposible del texto literal». Ello significa que para poder estudiar *a fondo* una leyenda urbana es preciso oírla de boca de una persona que *ignore* que lo es, y por tanto actúe espontáneamente convencida de que está narrando un suceso verídico. Sólo así, estudiada «en su contexto», observando atentamente la involuntaria «puesta en escena» del narrador, conociendo detalles de su vida, podrán obtenerse los datos imprescindibles para llegar a conclusiones fiables acerca de su significado. En pocas palabras: mientras cuenta la leyenda, el narrador estará *explicándola*.

Desgraciadamente, este momento privilegiado se da raras veces y los folkloristas no tienen más remedio que dedicarse a reconstruir ese texto «ideal» pidiendo a sucesivos narradores que lo «reciten». Así pues, en palabras de Bill Ellis, casi siempre deben conformarse con escuchar a «personas que se interpretan interpretando una leyenda».

Cuando una leyenda urbana ha perdido su capacidad de sorprender, por agotamiento del público entre el cual ha circulado (como un cuento fantástico del que ya conocemos el final), sobreviene un período de atonía hasta que aparece otra para sustituirla. Durante este intervalo, sin embargo, la leyenda antigua no muere en el acto, sino que suele transformarse en una serie de variantes a causa de la persistente recreación colectiva que ha sufrido poco antes, y luego entra en una fase de declive durante la cual adopta formas «menores». En el capítulo titulado *Sorpresa, sorpresa* describimos un proceso de este tipo, relacionado con un pequeño escándalo que conmocionó brevemente el país y que sin duda recordará el lector. Nos referimos a la supuesta secuencia zoofílica, protagonizada por una adolescente y un perro ficticios, emitida por cierta cadena de televisión. Antes de llegar a su clímax social (ese momento privilegiado en que una leyenda se convierte en la «noticia del día» e innumerables «textos literales» corren de boca en boca), el relato de «la muchacha sorprendida en directo» llevaba algún tiempo circulando de manera «subterránea» hasta que diversos medios de comunicación se hicieron eco de él y lo convirtieron en un seudoacontecimiento, en un suceso virtual. Acto seguido, agotada su novedad, la leyenda entró en declive y reapareció en forma de chiste, de «metonimia» (un simple comentario evocaba el episodio entero) o de parodia, como la publicada en el número 1.137 (10 a 16 de marzo de 1999) de la revista de humor *El Jueves*, donde, dicho sea de paso, también se parodiaban otras leyendas.

El proceso descrito puede aplicarse a casi todas las leyendas urbanas, y en él desempeñan un papel decisivo los medios de información, no sólo los difusores de noticias, sino también los nuevos dispositivos de envío de datos —fax y correo electrónico—, así como el cine, la literatura y otros canales de transmisión de «productos culturales», grandes fagocitadores de material legendario. Disponemos, pues, de una red de medios de comunicación conectados inextricablemente unos con otros y por ello interdependientes. Asimismo, vivimos en una sociedad dividida y subdividida en grupos «unidos por cualquier rasgo cultural en común», entre los cuales, según la teoría de Linda Dégh, circula toda clase de información a través de un cúmulo de «conductos» cuyo «cuerpo» nunca permanece estable, sino que va ramificándose cada vez que un individuo comunica algo a otro, alcanzando de este modo a más personas del mismo grupo (por ejemplo, alumnos) y a las de fuera de él (por ejemplo, padres). Si la información comunicada tiene algún valor —claramente perceptible o sólo intuido—, ésta no dejará nunca de circular, avanzando en progresión geométrica de un conducto a otro hasta distancias insospechadas. Entretanto, irá sufriendo por el camino toda clase de añadidos, pérdidas, desgastes, retoques y mutaciones debidos al «estilo personal» de cada «comunicador», a las inevitables jugarretas de su memoria y a las exigencias de cada momento histórico. El mismo símil de los conductos cabría aplicarlo a los medios de comunicación: los periodistas, cineastas y escritores disponen de conductos aún más poderosos para encauzar una información que, ordenadores y teletipos aparte, siempre se origina en un cerebro humano, hostigado por preocupaciones semejantes y expuesto a creer lo que Bill Ellis denomina «mentiras nobles». Eso serían, en cierto modo, las leyendas urbanas: cuentos ejemplares de nuestro tiempo, relatos que narran la «historia secreta» de la humanidad, vinculada estrechamente a una tradición que jamás morirá, porque, como el río de Heráclito, siempre es y no es la misma.

Cabría sugerir entonces que las leyendas urbanas, más que relatos perfectamente «acabados», son procesos ininterrumpidos nacidos de la fusión perpetua y el movimiento continuo de este abrumador laberinto de conductos y subconductos, por el que corren las voces del mundo y se propagan sus ecos. Son las chispas que saltan a causa del roce de esta maquinaria gigantesca y mal ajustada, pero sumamente eficaz en su propósito de unir a la humanidad en un fin común e inconsciente: perpetuar la tradición y expresar a través de ella sus temores y anhelos más urgentes.

Lo que encontrará el lector en este trabajo no será el súbito fogonazo que provocan las leyendas contemporáneas al venir al mundo, sino la tenue estela que han dejado antes de extinguirse: una compilación de sinopsis o bosquejos de relatos que en algún momento provocaron emociones intensas en sus oyentes —risas, asombro, repulsión, angustia, miedo, congoja, lástima, incredulidad—, pero que han terminado sus días atrapadas en un bucle temporal —las páginas de este libro— del que ya no podrán emigrar para crecer y multiplicarse. Encontrará una colección de fotogramas cortados que insinúan su relación con el resto de una escena que nunca sabremos cómo empezaba ni concluía. Encontrará, en suma, el primer inventario de leyendas urbanas que se realiza en este país para dar testimonio de su existencia.

No por ello, sin embargo, nos hemos limitado a clasificar estos relatos por un mero afán de coleccionismo, como los insectos de una vitrina de entomólogo, sino que intentamos reconstruir algunos de sus posibles significados y funciones examinando sus motivos «estables», sus antecedentes históricos, sus huellas en la literatura y el cine, y las teorías de otros investigadores.

Esta labor «arqueológica» nos ha llevado a intuir que algunas leyendas urbanas, como la que titulamos *La mujer pálida y el ladrón,* ilustran las maneras insólitas en que un malhechor es castigado sin que la víctima tenga que ensuciarse las manos (aunque sí la cara). Hemos recogido algunos ejemplos, más próximos al rumor que a la leyenda, que ejemplifican lo que Sandy Hobbs denomina «estar en el ajo»: la acupuntura crea hábito y el Inserso organiza accidentes de autocar para que no se desborde el número de pensionistas. Hemos detectado una admiración inconfesa hacia los rateros habilidosos y traducido el código secreto de los maleantes. Hemos imaginado que en el mundo legendario los deseos más íntimos pueden dejar estigmas permanentes, y que la enfermedad o la angustia son capaces de adoptar la forma de un animal que vive en las entrañas. Hemos supuesto que ciertos relatos sobre percances sexuales constituían humillantes castigos de rancia raigambre puritana y que la carne humana comida involuntariamente prevenía contra la infracción del último tabú. Hemos visto la manzana de Blancanieves convertida en la cabeza de Bart Simpson. Hemos barruntado que las hadas y los fantasmas siguen viviendo en los espacios entre sombras que conectan las ciudades y que los asesinos cortan cabezas con fines instructivos. Hemos teorizado sobre el precio que deben pagar quienes no se fijan en lo que comen, y quienes pulsan los botones que no deben del teléfono. Hemos creído que todos merecíamos cinco minutos de rey en la vida y que algunos aparatos modernos encarnaban el miedo a lo desconocido. Hemos seguido los pasos evanescentes del matrimonio Vidal, y hemos llegado a pensar que su viaje transdimensional era una fabulosa metáfora del poder arrebatador de la pasión.

Y mientras nos dedicábamos a la edificante tarea de recopilar estas «mentiras nobles», teníamos muy presentes las palabras que leyó el reverendo Watson el día 8 de febrero de 1877 ante los respetables miembros de la Sociedad Gaélica de Inverness:

(...) puesto que el estudio de las leyendas ocupa un lugar entre las disciplinas científicas, no cabe duda de que una empresa semejante no puede sino resultar enriquecedora, siempre que se emprenda con prudencia y buen tino. La energía intelectual invertida en ella contribuye a robustecer el entendimiento del estudiante, mientras que las nuevas e interesantes verdades que va descubriendo engrandecen su caudal de conocimientos.

Nada desearíamos con más ahínco que esta obra robusteciera el entendimiento —y el espíritu crítico— de nuestros lectores, o, como mínimo, despertara su interés por el estudio de las leyendas urbanas. De ser así, tal como hicieron en su día nuestros amables corresponsales, genuinos coautores de este trabajo, les invitamos a remitirnos cualquier relato que tenga el menor asomo de leyenda urbana, o tantas variantes como quieran de las que podrán leer a continuación y todas las sugerencias que deseen. Al final de esta introducción incluimos la dirección correspondiente.

Que los lectores no rompan la cadena y nos permitan seguir cultivando, merced a su generosa cooperación y en los años venideros, el enriquecedor estudio de las leyendas de nuestro tiempo.

ANTONIO ORTÍ y JOSEP SAMPERE
leyurban@gmail.com
Aptdo. 9210 Barcelona

SIGNOS
DE LOS TIEMPOS

SOBRE EL RIÑÓN QUE NOS FALTA

—He oído decir que hay tíos del Caribe que de vez en cuando roban cadáveres y los utilizan en rituales religiosos.

—Seiscientos noventa y cinco dólares y cincuenta centavos. He aquí el precio de venta actual de un homo sapiens *difunto en el mercado negro de trasplante de órganos. Y eso sin contar con la riqueza mineral. Pulverizas un fémur y te salen un par de kilos de fertilizante de fosfato de calcio de primera calidad.*

—¿De verdad cree que podrían venderlo en pedazos?

—Pero si solamente las córneas ya se venden a más de sesenta dólares el gramo, agentes.

—¡Venga, si tenía el cuerpo infestado de cáncer!

—Hombre, siempre queda el mercado del Tercer Mundo.

Hill Street Blues
Episodio titulado:
«Los ladrones de cadáveres mutantes del Tercer Mundo»

Esta leyenda trata de las glándulas secretorias de la orina, voluminosas en los mamíferos, de color rojo oscuro y situadas a uno y otro lado de la columna vertebral. A los que sean aprensivos les recomendamos no seguir adelante: van a asistir a un desfile de riñones, hígados, ojos y vísceras capaz de hacer palidecer al más experto matarife. Con semejante despliegue de casquería pretendemos aclarar si los baños de sangre de Elisabeth Báthory en el siglo XVI han germinado en una poderosa «organomafia», explotada en régimen industrial y con franquicias en todo el mundo.

A modo preliminar les aconsejamos que un galeno certifique si sus dos riñones estan allí donde deberían. En caso de verse sorprendidos con que sólo tienen uno, esta historia les interesará a buen seguro:

> Un chico visita con sus padres Nueva York. Mientras viajan en el autobús, el hijo entabla conversación con una joven. Como tienen que bajar, ella le invita a mantener un encuentro más pausado esa misma noche. Él accede de buen grado y quedan en verse a las ocho. Un tiempo después, aparece aturdido en una bañera llena de hielo de un hotel. No recuerda nada. Tanto es así que con mucha dificultad alcanza el teléfono y llama a sus padres. No sabe dónde está. Al otro lado del hilo, sus padres le dicen: «¿Qué ves por la ventana?». Y él comienza a dar pistas: «Hay un edificio con un cartel luminoso, una parada de taxis, etc.». Al final, lo encuentran y descubren que le han robado un riñón.

Ésta es la versión más contada en España del robo del riñón. Por no extendernos en una prolija toponimia, diremos que innumerables colaboradores nos han hecho llegar la referida historia, aportándonos detalles muy precisos que refuerzan su verosimilitud.

Teresa Mas, desde Igualada (Barcelona), por ejemplo, nos indica que le sucedió al hijo de los propietarios de cierta pastelería de la ciudad. Martina Fernández Bañobre se refiere a una «noche loca» de un amigo de León en un país desconocido, cuyo despertar debió de coincidir, imaginamos, con una sentida añoranza por la antigua Legio y su paisaje típicamente meseteño:

> La historia contaba que un chico había viajado a un país desconocido y se había adentrado en un bar sin compañía alguna. Allí una mujer hermosa le invitó a una copa. Eso es lo último que recordaba; al día siguiente amaneció en una bañera llena de hielo y en el suelo habían escrito con su propia sangre que llamara a un número de teléfono. Así lo hizo y descubrió que le habían extirpado un riñón.

Nos hallamos, de nuevo, frente a hermosas mujeres que, como en el capítulo titulado «Bienvenidos al mundo del sida», recurren a su opulenta lozanía para seducir a leoneses montaraces, sólo que aquí, en lugar de contentarse con el fluido vital que destilan sus venas, su botín es más sólido. Las vampiresas modernas, podría decirse, ya no se contentan con la bebida, sino que ahora reclaman un «menú» completo.

De ello da fe Purificación Feria (Barcelona), que narra la odisea iniciática que acompaña a veces a los viajes de fin de curso:

> Un grupo de estudiantes se fue de viaje a Nueva York. Llegaron muy tarde y no habían cenado. Uno de ellos decidió salir del hotel a tomar un bocadillo. Sus compañeros le recomendaron que no lo hiciera, dado el elevado índice de peligrosidad de ese barrio. Pero él no hizo caso de las advertencias y salió solo en busca de un bar donde poder cenar. Una vez conseguido, se sentó en un banco a comerse el entrepan (sic). Allí fue asaltado por unos desconocidos que lo durmieron con alguna sustancia narcotizante.
>
> Se despertó en el mismo lugar de donde se lo habían llevado, sintiendo un fuerte dolor en la espalda. Al palpar ese punto, descubrió un inesperado esparadrapo. Tras acudir al hospital descubrió que había sido objeto de una operación quirúrgica, antes de que una radiografía revelara que le habían extirpado el riñón.

Si emuláramos la lógica desarrollada por Ernesto Sábato en *Ensayo sobre la ceguera* tendríamos elementos suficientes —la sangre, el bocadillo, etc.— para concluir que la Cruz Roja debería ser objeto de una minuciosa investigación. Pero, a falta de sus habilidades, nos contentamos con sugerir que las leyendas sobre robos de riñones y demás órganos vitales nos acercan a los recelos que despierta la medicina moderna y su énfasis por encontrar piezas de repuesto que nos acerquen a la inmortalidad.

Antes de proseguir, bueno será que oigamos cómo se narra la leyenda del robo de riñones en la ciudad de los rascacielos, cuna de este tipo de avatares y cuyos 10.300 kilómetros de aceras cobijan un buen número de cicatrices. Nos lo cuenta Juan Fernando Cobo, traduciendo un texto anónimo que circulaba por Internet:

La siguiente historia apareció en un diario del estado de Texas. Un joven decidió un sábado por la noche asistir a una fiesta. Se estaba divirtiendo bastante, se tomó unas cervezas y una muchacha que conoció allí y a la que parecía gustarle le invitó a ir a otra fiesta. Rápidamente aceptó y marchó con ella. Fueron a un apartamento, donde continuaron tomando cerveza y aparentemente le dieron droga (no sabe cuál).

Lo siguiente que recuerda es que despertó totalmente desnudo en una bañera llena de cubitos de hielo. Todavía sentía los efectos de la droga y de la cerveza. Miró a su alrededor y estaba solo. Luego, se miró el pecho y descubrió que tenía escrito con pintura roja este mensaje: «Llame al 911 o usted morirá». Vio un teléfono cercano a la bañera, así que llamó inmediatamente. Le explicó a la operadora la situación en la que se encontraba. La operadora le aconsejó que saliera de la bañera y que se mirara en el espejo. Se observó aparentemente normal, así que la operadora le dijo que revisara la espalda. Al hacerlo, se apercibió de que tenía dos ranuras de nueve pulgadas en la parte baja del abdomen. La operadora le dijo que se metiera nuevamente en la bañera y que mandaría un equipo de emergencia.

Desgraciadamente, después de que lo examinaron a fondo en el hospital, reparó en lo que le había pasado: le habían robado los riñones. Cada riñón tiene un valor en el mercado de 10.000 dólares —él no sabía esto—. (...) Actualmente, esta persona se halla en el hospital conectada a un sistema que lo mantiene vivo. La Universidad de Texas y el Centro Médico de la Universidad de Baylor realizan gestiones para encontrar donantes.

No nos detendremos aquí en el refrán «dos mejor que uno», por considerarlo muy genérico. En cambio, sí criticaremos a los educadores norteamericanos por no adiestrar a sus vástagos en un refrán muy conocido en España: «Cuesta un riñón» o, lo que es lo mismo —como luego se verá—, «un ojo de la cara».

Tampoco obviaremos otro hecho insoslayable: nuestra víctima tejana, en lugar de llamar a sus congéneres, como hacen los españoles en tan infaustas circunstancias, telefonea a la operadora que, como se ha visto, conoce mejor que nadie la casuística de estos casos.

Pero en uno y otro lado del Atlántico se coincide en un aspecto de vital importancia: existe un complot, una mafia ramificada en los cinco continentes (esta leyenda, junto con la de la autoestopista, es de las más universales), que trafica con los órganos y de cuyas andanzas van a tener ustedes cumplida cuenta en este capítulo.

La fábula sobre el trasiego de órganos surge en 1987 cuando Leonardo Villeda, ex secretario general del Comité Hondureño de Bienestar Social, alerta que hay un contrabando criminal de niños del Tercer Mundo para que ciertas piezas de su cuerpo sean traspasadas a ciudadanos pudientes. A pesar de que Villeda no tarda en rectificar, el revuelo internacional es notorio. Por no cansarles con la infinidad de libros, documentales televisivos y artículos que alentarán este caso, intentaremos resumirles lo que concluye Véronique Campion-Vincent en *La légende des vols d'organes* (*La leyenda de los robos de órganos*):

> Las leyendas negras desempeñan un papel relevante a la hora de movilizar a la gente frente a nuevos problemas sociales. Su función es expresar sentimientos intensos en conflictos ideológicos.

Por «conflicto» se entiende en este caso que los niños del Tercer Mundo son objeto de vejaciones de todo tipo. A su vez, la medicina moderna ha evolucionado de tal modo que algunos expertos pronostican que con la nanotecnología se reparará el cuerpo desde el interior, sin necesidad de abrir las entrañas.

Pero antes de que esto suceda, nos encontramos con que, por un lado, multitud de «pacientes ricos» deben aguardar largas listas de espera para conseguir el riñón, la córnea o el corazón que les mejorará la vida, mientras que, de otra parte, miles, millones de personas, pasean su pobreza por África, América Latina y Asia, sin más equipaje que lo puesto.

Sólo nos falta ya un trovador. Como muy acertadamente observa Véronique Campion-Vincent, los medios de comunicación son muy sensibles al interés espontáneo que las leyendas negras despiertan en el público y las explotan con un objetivo muy preciso: vender más ejemplares. Posteriormente, la gente las escucha y las enriquece con elementos simbólicos.

De otro modo no se entiende que la barahúnda de horrores que narra esta leyenda —niños de Latinoamérica, Rusia, África, India o Extremo

Oriente, descuartizados y enviados troceados al Primer Mundo— goce de una salud en estos momentos que ya quisiéramos para nosotros.

Rafael Matesanz, presidente de la Comisión de Trasplantes del Consejo de Europa, se pronunciaba en 1996 en estos términos:

> Jamás un gobierno, organismo internacional, organización no gubernamental o medio de comunicación ha logrado presentar una sola prueba creíble que confirme alguna de las denuncias y testimonios referentes a la existencia de tráfico de órganos.

Por su parte, la Asociación Nacional de Informadores de la Salud argumenta así la imposibilidad de orquestar una práctica de tal calibre, en un comunicado en el que participaron grandes expertos en materia de trasplantes:

> Desde que comienza un proceso de donación hasta que se llevan a cabo los correspondientes dos, tres o cuatro trasplantes de órganos sólidos, van a transcurrir 20 o 24 horas de trabajo ininterrumpido en los hospitales implicados, y van a participar no menos de 80 o 100 personas, dependiendo del número y complejidad de los órganos que se vayan a trasplantar (...) Recordemos que un corazón sólo puede permanecer fuera del cuerpo del donante o del receptor entre 2 y 3 horas (6 o 7 en el caso del hígado). No habría que ubicar los cadáveres en el lugar de la denuncia de la desaparición si no se realizan allí los trasplantes. Habría que trasladar profesionales entrenados y dotarles de una infraestructura suficiente, todo lo cual sería difícilmente ocultable o, al menos, debería ser tan visible como los cadáveres.

Por si fuera poco, los inmaduros órganos de los infantes sólo resultan viables entre los niños y son incapaces de hacer la función de las vísceras de una persona adulta.

En resumidas cuentas, desde que en 1986 surge esta leyenda en Europa, para emigrar cinco años después a Norteamérica, lo único que se ha podido constatar es que, en China, a los condenados a muerte se les extirpan ciertos órganos vitales, con los que pagan una doble condena: ser eliminados por la vía rápida y encabezar la vanguardia en materia

de reciclaje. También que ha surgido un nuevo «turismo de órganos» hacia países donde la donación recompensada es práctica habitual.

> Por un lado —señala el periodista Enrique Coperías—, para la mayoría de los países del Tercer Mundo, la posibilidad de mantener un elevado número de enfermos renales sometidos a costosas diálisis es simple y llanamente impensable. La consecuencia es que a los pacientes sólo les quedan dos opciones: la muerte o recibir un riñón sano. Éste puede proceder de un familiar o de un desconocido que cede su víscera a cambio de una fuerte suma de dinero. De este modo, se salvan dos vidas: la del receptor y la del donante, que siempre es una persona que sobrevive en una situación de extrema pobreza.

Está confirmado que los enfermos renales italianos acuden a la India a trasplantarse un riñón y que los centroeuropeos, principalmente los alemanes, prefieren viajar a Rusia, Filipinas y Latinoamérica. Tampoco es un secreto que los japoneses burlan las religiones sintoísta y budista, que prohíben el trasplante de vísceras, para visitar quirófanos en China. Por su parte, los pacientes estadounidenses se desplazan a las clínicas urológicas emplazadas en la frontera de Texas con México, para recibir un riñón chicano por un puñado de dólares. A su vez, en Bombay (India) un riñón de un donante vivo se puede adquirir por 400.000 pesetas, y por algo más de un millón en Bangalore y Madrás. En algunos pueblos cercanos a estas ciudades, más de la mitad de la población sólo posee un riñón.

Esto es lo que se sabe. Pero de ahí a afirmar que los niños sudamericanos adoptados en Estados Unidos y Europa terminan siendo desmenuzados por sus mentores en aras a una aplicación errónea del derecho paterno, media un abismo.

A pesar de ser una apreciación muy vaga, suecos, alemanes, holandeses y franceses reaccionan frente a esta leyenda de forma distinta a españoles e italianos. Si en los nórdicos prevalece el componente «humanitario», llámese niños huérfanos de países lejanos martirizados por capricho de millonarios y de mafias ominosas, en los países latinos no hace falta irse tan lejos. Justo a la vuelta de la esquina puede haber una cicatriz sospechosa, como la que nos envía desde Barcelona Francisco Bostrom:

Aproximadamente en 1993, en una discoteca de Madrid cercana a la Puerta del Sol, un chico de pelo corto fue raptado en la madrugada, lo metieron en una «Combi», y horas después fue devuelto al mismo sitio, medio muerto, con la particularidad de que le habían extraído un riñón.

Desde un punto de vista estrictamente policial, hay un cabo mal resuelto por los narradores: ¿por qué criminales sin escrúpulos vuelven a coser a las víctimas y tienen el detalle de transportarlas hasta su lugar de origen?

Cuando se habla de folklore, preguntas de este tipo son bizantinas, si bien apuntaremos que los damnificados acostumbran a sufrir un *missing time*, un espacio en blanco, nefasto para sus riñones.

Ahora, de lo que no hay duda es de que en España tenemos mano fina para este tipo de manejos, tanto es así que, por más que se lea, nadie encontrará métodos tan sofisticados en ninguna parte. Oigan, si no, a Andrea (Barcelona) en el siguiente relato:

En Sant Pol de Mar un chico se fue de marcha con sus amigos a Mataró. Allí conoció a una chica muy guapa y se fue con ella. Al día siguiente su madre, al salir a comprar, se lo encontró tirado en la calle. Le habían quitado un riñón, pero no tenía cicatriz alguna.

Belén Luque, una informadora de Santa Margarida de Montbui (Barcelona), nos hace llegar otro buen ejemplo de refinamiento, aunque nos hace dudar si el verdugo es un hombre celoso de las apariencias o un simple chapucero:

Un hombre ingresa en un hospital para someterse a una intervención quirúrgica de apendicitis. La operación se realiza con normalidad, no hay ninguna complicación y días más tarde es dado de alta. Al cabo de unos meses, al someterse a una revisión rutinaria, descubre que le han robado un riñón.

Aunque no lo hemos dicho, España es uno de los lugares que más protege a los niños. Prueba de ello es la rica tradición de personajes creados para ahuyentar a los críos —coco, hombre del saco,

sacamantecas, etc.— y que acostumbran a citar estudiosos de todo el mundo.

Si el nombre de «ogro» nos viene de los húngaros —«Ogur»— que aterrorizaron a Europa en la Alta Edad Media, la génesis del hombre del saco nos la explica el gran folklorista catalán Joan Amades en su artículo *Los ogros infantiles*:

En términos generales, el pueblo siente recelo hacia los adelantos y mejoras de carácter mecánico, rodeándolos de leyendas y de creencias que tienden más bien a desacreditarlos y a hacerlos odiosos. Más de una vez hemos oído que los ejes de las ruedas de los carros y demás vehículos, que los pernos de las muelas de toda suerte de molinos y que incluso las jarcias del velamen de las naves debían engrasarse muy a menudo para ayudar a sus movimientos, empleando para ello saín obligadamente humano, pues que no servía para el caso el de animal. La grasa debía ser fresca y tierna.

La industria, para procurarse el saín necesario, debía acudir al degüello de infelices criaturas, de las que debían sacrificarse en buen número y a diario para satisfacer las necesidades industriales. A fin de procurarse víctimas, rondaban por las calles unos hombres con un saco al hombro, que sonaban una tonadilla que atraía a cuantos niños la oían, los cuales se sentían como hechizados a su son y, sin darse cuenta, iban tras el músico, quien los conducía hasta un paraje despoblado, donde aprovechaba un momento para retorcerles el pescuezo, metiéndolos en un saco y llevándolos luego al desollador, quien le pagaba a buen precio su carga. Éste descuartizaba al infeliz para obtener el máximo producto industrial de su cuerpo. No todos los embaucadores de niños se servían de la música para atraerles; los había que mostraban un teatrillo o unas vistas de colores y otra suerte de espejuelos.

La introducción del ferrocarril y de la tracción urbana eléctrica, al igual que la gran expansión industrial, robustecieron sensiblemente este personaje, el cual era actualísimo en Barcelona cuando nosotros éramos niños y del que nos habían hablado insistentemente en los términos referidos, pintados en tonos terroríficos y espeluznantes.

Un episodio al que se referiría después Bernardo Atxaga en *Obabakoak*:

El ferrocarril llegó aquí a mediados del siglo XIX y supuso un cambio enorme, un cambio que ahora no podemos ni imaginar. Daos cuenta de que lo único que se conocía entonces era el caballo, todos los viajes y todos los transportes se hacían a caballo. Pues bien, están todos con su cuadrúpedo en casa cuando, de pronto, va y hace su aparición un artefacto que alcanza los cien kilómetros por hora. (...) Éste era el ambiente que reinaba cuando alguien tuvo la feliz ocurrencia de plantearse esta pregunta: ¿por qué anda tan rápido? Respuesta: porque engrasan sus ruedas con un aceite especial. ¿Sí? ¿Y cómo consiguen ese aceite tan especial? ¿Cómo? Pues muy sencillo, derritiendo niños pequeños. Atrapan a los niños que andan sueltos por aquí y se los llevan a Inglaterra. Allí los derriten en unas calderas enormes.

Cualquier lector atento observará semejanzas entre la leyenda del hombre del saco y la del robo del riñón. En ambos casos una innovación técnica provoca una escalada vampírica, tanto más poderosa a medida que uno se aleja de las vías del progreso. Allí, en los arrabales de la ciencia, las clases más desfavorecidas se preguntan si muy pronto no servirán de carne de cañón.

Otro tanto podría decirse del sacamantecas —nombre por el que se conoce en Galicia al hombre que despanzurra a sus víctimas—, también llamado «sacaúntos» —en Asturias y Cantabria—, «saginer» —en Valencia— o simplemente «pimienta» en ambas orillas del río Nansa, apodo que le viene de cebar previamente a los niños a los que saca el «untu».

Gerald Brenan en *Al sur de Granada* nos informa de su modo de proceder:

Un mantequero es un monstruo feroz, formado externamente como un hombre normal, que vive en deshabitados parajes salvajes y se alimenta de grasa humana o manteca. Al ser capturado lanza un alarido gimoteante y agudo y, salvo cuando acaba de darse un banquete, está delgado y macilento.

Pese a que los sacamantecas alcanzaron su cenit en la posguerra española, no deja de sorprender que en el año 2000 muchos jóvenes sigan haciéndole un hueco en sus corazones. Natalia Aparisi, una valenciana de 26 años, nos da cuenta de una de sus últimas correrías:

Hace poco me contaron que una chica que estaba sirviendo en una casa se encontraba cada vez más débil, y es que por las noches antes de dormir se tomaba un vaso de leche, en el que sus patrones le introducían un somnífero, y cuando estaba dormida le sacaban grandes cantidades de sangre para sus hijos.

Desde la otra punta de España, Miguel Ángel Gallardo García, de 21 años y natural de Badajoz, nos informa que ahora utiliza una furgoneta roja, si bien en otras versiones —como la que nos envía desde Monóvar (Alicante) María Pilar Arnás— emplea una limusina negra:

De pequeña oí hablar a las niñas muy nerviosas sobre el tema. Trataba del rapto y posterior mutilación de órganos de las niñas de corta edad. El hombre que las raptaba era totalmente desconocido y la única pista que se tenía era que las esperaba con una furgoneta de color rojo en los sitios que las niñas de entre ocho y trece años solían frecuentar.

A nuestro entender, el que los sacamantecas gocen de muy buena salud en la imaginación popular y su reciente reconversión en ladrones de riñones es consecuencia lógica del progreso científico y de la aparición de nuevas enfermedades. Tal vez por ello y por ese mínimo tamaño imprescindible que requieren las empresas de hoy en día para ser rentables, ha dejado de actuar solo y comienza a internacionalizar sus actividades.

Alfonso Sastre, autor de obras teatrales como *El doctor Frankenstein en Hortaleza* y *Delirium*, nos ofrece en *Necrópolis* algunas pistas sobre el destino final de las «exportaciones»:

Era una pequeña sociedad de cirujanos sin escrúpulos, como luego se demostró, que se habían avenido —mediante un contrato con una gran corporación norteamericana que actuaba públicamente como una organización no gubernamental y benéfica— a hacer aquel trabajo de extirpación de órganos destinados a futuras operaciones. Eran portadores, claro está, de equipos sofisticados para que la operación fuera un éxito; y lo fue, porque se llevaron un total de veintitantas vísceras para futuros trasplantes. Al pie de la Morgue los esperaba una furgoneta frigorífica y nunca más se supo.

El hecho de que, por norma general, los desriñonados y descorazonados miren con el rabillo del ojo —siempre y cuando no les falte también— a Estados Unidos no es fortuito. Aunque la referencia geográfica es muy precisa, se trata de una metáfora para designar el lugar donde más avanza la medicina y donde más ricos se supone que hay. Decir Estados Unidos es nombrar también a Francia, Suecia y Gran Bretaña, países en los que el sector público cede terreno ante la medicina privada y donde los pobres, cada vez más abandonados a su suerte, son utilizados como cobayas.

Al respecto, mientras los sacamantecas perpetran sus desmanes en zonas rurales, el pueblo interpreta que trabajan por cuenta propia. Sólo al llegar a la ciudad pasan a trabajar al servicio de los ricos, a los que procuran sangre fresca para combatir la tuberculosis o, antes todavía, para un reverdecer tardío. Ramón Gómez de la Serna se refiere a los «ladrones de glándulas», discípulos aventajados de los salteadores de riñones, en su libro *Cinelandia*:

> Los ladrones de glándulas, voraces, impasibles, sin idea ninguna del deber como hijos de su medio y de su siglo, repetían en su hambre de glándulas la exaltación que de las glándulas ha hecho nuestra época, sobre todo de las glándulas de más dolorosa extirpación.
>
> Para los ladrones de glándulas todo hombre es rico y poderoso y lleva sobre sí el secreto de su fortuna. Hasta el más pobre, si tiene cierta juventud, posee el capital fabuloso de sus glándulas, ni metálicas ni diamantinas, blancas, crudas, con carnal morbidez apretadísima. (...)
>
> En secretos rincones y gracias a una rápida gestión de los ladrones de glándulas, otros seres vetustos eran repuestos en su juventud y pagaban a precio de oro el trastrueque.

Pero aunque trabaje solo, al servicio de los ricos o de poderosas mafias, la esencia de esta leyenda no difiere: desde tiempos ancestrales la medicina se ha valido de los pobres para practicar la tiranía social. Huelga recordar que los raptos de niños en el siglo XVIII se atribuían a nobles enfermos que recurrían a su secuestro por razones médicas: el rey leproso precisaba baños de sangre o un príncipe mutilado requería un brazo nuevo que incompetentes cirujanos trataban de injertarle cada día de un joven recién secuestrado.

Nada desde entonces ha cambiado. Si acaso, que hoy los despotas parecen fijarse más en nuestras glándulas que en la sangre, pero tal vez ello obedezca a que después de siglos chupándonosla ya debemos de estar secos. Por lo demás el tema es el mismo: la masacre de inocentes a manos de tiranos, de siervos esclavizados por nobles, del pueblo llano sometido a unas organizaciones médico-técnicas que conciben a los seres humildes como meras piezas de recambio para los mandamases.

No es descabellado afirmar que esa máxima bien intencionada que argumenta que «la ciencia es neutra» no ha calado en la periferia del poder. Por eso nos aventuramos a vaticinar que no tardará en llegar el día en que los todopoderosos, tras arrebatarnos la sangre, los riñones y los ojos, pretendan también nuestros cerebros, la única pieza que les falta para completar ese rompecabezas sin alma que encumbra la medicina actual y donde cualquier tipo de inmortalidad pasa, hoy como ayer, por el sacrificio de los pobres.

Antonio Ortí

NUEVOS TESTIMONIOS

«El Desguace Post-Mortem»: ¿realmente en China se «recicla» a los condenados a muerte? ¿Me estoy volviendo demasiado escéptico, o no suena también a leyenda urbana? Me permito señalar que los chinos a) son amarillos b) son comunistas y c) son objeto de otras leyendas igualmente gore, como ustedes señalan en su libro.

Lo del comunismo viene a que recuerdo cierta historia sospechosamente similar: que en Cuba se extraía la sangre a los condenados a muerte antes de ejecutarlos. Lo leí en el libro *El gazapo nacional*, del difunto humorista Evaristo Acevedo (que durante muchos años llevó la sección «La cárcel de papel» en la revista *La Codorniz*). El libro es una antología de los mejores gazapos de la prensa nacional; en uno de ellos citaba esta historia de un importante periódico. Por desgracia el libro es antiguo y no lo tengo ya, de modo que no recuerdo qué diario era.

Pero lo que estaba claro es que el autor, Evaristo Acevedo, no se creía la historia y la consideraba puro disparate. El libro fue publicado en torno a 1968, así que la noticia citada debía ser anterior. En todo caso, y esto lo recuerdo con claridad, fue anterior al primer trasplante de corazón por el doctor Barnard. Por supuesto que ya se practicaba el trasplante de córnea, pero el dramatismo de presentar al régimen castrista como vampiro tenía mucha más fuerza.

Por otro lado, la idea de extraer los órganos a los condenados a muerte aparece por vez primera en el relato de ciencia ficción *El hombre rompecabezas* de Larry Niven (1967 aprox.); puede leerse en la antología *Visiones peligrosas* de Harlan Ellison, publicada en España por Martínez Roca.

Javier Redal
Valencia

Del diario mexicano *La Jornada*, 22/9/05:

El reportaje, publicado por *The Guardian* el pasado 13 de febrero, dio rápidamente la vuelta al mundo:

«Una empresa china de cosméticos usa piel tomada de los cadáveres de convictos ejecutados para producir productos de belleza que se venden en Europa». Tal es el origen, a decir de un agente de la compañía, del colágeno para labios y tratamientos dérmicos contra las arrugas, productos que han sido exportados a Estados Unidos y diversas naciones europeas, entre ellas Gran Bretaña. Esgrimiendo «razones legales», el rotativo londinense se negó a identificar la empresa en cuestión, cuyo representante también reconoció que ésta busca desarrollar rellenos quirúrgicos con tejidos procedentes de fetos abortados. Cuando fue abordado de manera formal por *The Guardian*, el agente negó que su empresa usara piel de prisioneros ejecutados. Sin embargo, admitió el hecho en varias conversaciones con un reportero que se hizo pasar por empresario de Hong Kong. En esas pláticas el representante afirmó que el «material» extraído de los sentenciados y de los nonatos era comprado por compañías de biotecnología de la provincia norteña de Heilongjiang, e insinuó que el uso de la piel y otros tejidos de los ejecutados no era infrecuente. «En China se considera normal y me impactó que los países occidentales pudieran hacer tanto escándalo al respecto.»

Más detalles: «Los clientes extranjeros se sorprenden de que China pueda manufacturar colágeno humano por menos del 5 por ciento de lo que cuesta en Occidente»; la piel de cadáver solía ser incluso más barata, pero «en estos tiempos hay que pagarle cierta tarifa a la corte».

La preocupación europea por este posible tráfico no provino de consideraciones éticas, sino de inquietudes sanitarias, luego que el Ministerio de Salud de Londres mencionó la necesidad de establecer regulaciones adicionales para controlar los tratamientos con colágeno. «Los procedimientos cosméticos son un sector de rápido crecimiento en los servicios de salud privados (y) debemos garantizar una protección efectiva de los pacientes», dijo el señor Liam Donaldson, titular de la dependencia. En efecto, la popularidad de esa clase de tratamientos se ha disparado en años recientes, y hoy en día se realizan en Inglaterra unas 150.000 inyecciones o implantes al año. El mejoramiento de labios es uno de los tratamientos más populares y tiene un costo promedio de 300 dólares. Algunos implantes y rellenos se fabrican con tejidos de gato o cerdo, y otros con material proveniente de humanos. El Ministerio de Salud sostiene que puede haber riesgo de infección por virus de transmisión sanguínea, incluida la variante de Creutzfeld-Jakob (conocida por sus siglas en inglés CJD), condición neurodegenerativa infrecuente y fatal, clasificada como encefalopatía contagiosa espongiforme y que forma parte de los padecimientos englobados bajo el título general de «mal de las vacas locas». La nota de *The Guardian* recoge, por otra parte, rumores que circulan en la comunidad de cirujanos plásticos en torno al aprovechamiento de otras partes de los cuerpos de los ejecutados en China —manos y córneas, entre ellas— para trasplantarlas en el organismo de visitantes extranjeros provistos de los dólares suficientes. Las autoridades de Pekín, por su parte, aseguran que los restos sólo se aprovechan si se cuenta con autorización previa de los condenados y de sus familiares.

Francisco Javier Cortázar Rodríguez
Dpto. de Estudios Socio-Urbanos, Universidad de Guadalajara, México

Trasplantes ilegales y delincuentes varios

Con cierta frecuencia asistimos a las denuncias de supuestas prácticas de tráfico de órganos y tejidos humanos para trasplantes que son recogidas en los medios de comunicación. En los dos primeros meses de este año (2004) hemos podido leer dos grandes reportajes sobre este particular en el diario *El Mundo*, ambos aparecidos en domingo (4 de enero y 15 de febrero). El primero recogía la pretensión de un ciudadano español de vender uno de sus riñones a través de la red. El segundo, la denuncia, por parte de unas religiosas españolas que trabajan en Mozambique, de la desaparición y asesinato de más de un centenar de chavales de entre doce y quince años, supuestamente para extraer sus órganos y traficar con ellos en el extranjero.

La Asociación Nacional de Informadores de la Salud (ANIS) hace un llamamiento a la responsabilidad de los medios de comunicación social (...) y recuerda a nuestros compañeros la importancia de contrastar sus informaciones con expertos en el campo de los trasplantes, de forma muy especial cuando afectan en gran medida a la percepción social que se tiene de esta terapéutica, crean alarma social y pueden poner en peligro el esfuerzo diario de numerosos profesionales empeñados en mejorar la salud de nuestros conciudadanos (...).

Bajo el epígrafe «Obtención criminal de órganos para trasplantes» se agrupan diferentes fábulas y leyendas que se repiten cambiando lugares y personajes, pero cuyo fondo permanece: secuestro y asesinato de personas para extraer órganos destinados a trasplantes (...).

En ningún caso se ha podido demostrar que la obtención criminal de órganos para trasplantes sea una realidad. Y ello no porque el ser humano no sea capaz de las mayores barbaridades, sino porque técnicamente es imposible y las denuncias son incompatibles con lo que es un procedimiento de trasplantes real (...).

En Mozambique, en la provincia de Nanpula (lugar de denuncia de uno de los casos), la prevalencia calculada de sida es del 45%, la de tuberculosis, del 38% (informe ONU-sida) (...), el 20% de la mortalidad hospitalaria se relaciona con la malaria, y así podríamos continuar con numerosas enfermedades infecciosas. ¿Quién aceptaría un riesgo de transmisión de sida de esa magnitud? Nadie en su sano juicio (...), mucho menos supuestos pacientes ricos del mundo occidental dispuestos a pagar una millonada por el riñón (...). Es así mismo muy complicado asumir que puedan darse *in situ* las condiciones adecuadas para una correcta extracción del órgano o que se disponga de personal mínimamente entrenado para ello. Probablemente habría que reclutar un equipo completo de *científicos delincuentes*.

Asociación Nacional de Informadores de la Salud (16/04/2004)

Nota de los autores: con un completo comunicado de cuatro páginas, en el que colaboraron expertos españoles en este campo, el organismo citado más arriba salió al paso de sendos reportajes publicados en el diario *El Mundo*, que despertaron el interés de numerosas cadenas de radio y de los habituales del sensacionalismo. En los mismos se explicaba con pelos y señales cómo adquirir un riñón de extranjis. Como buenos amantes de las leyendas urbanas, no descartamos ninguna hipótesis: por ejemplo, que existan ya escuadrones de *científicos delincuentes*.

En el número correspondiente a marzo de 2005 de la revista *Heavy Metal* (especializada en tebeos, comics o como prefieran llamarlos) hay una historia firmada conjuntamente por Milo Manara y Jodorowsky, llamada «Borgia: blod for the Pope». En ella, un viejo Papa a punto de morir es tratado por sus médicos mediante la transfusión sanguínea de dos jóvenes efebos que, después de transmitir su liquido vital al Papa, mueren y son tratados como poco más que desechos inservibles. El Papa, por supuesto, recobra su salud e incluso da saltos de alegría.

También en el libro de J. M. Martín Medem (*Niños de repuesto. Tráfico de menores y comercio de órganos*, Ed. Complutense, Madrid, 1994) hay una enorme veta moralista pues el periodista denuncia sin ton ni son las aberrantes «prácticas» de los países ricos para explotar la tierna carne fresca del Tercer Mundo. Lo más lamentable del caso es la nula investigación realizada por Martín Medem, al reconocer que su método de trabajo consistió en la recolección de los despachos de prensa de las grandes agencias de noticias, pero sin acudir nunca a los lugares citados ni entrevistar a los protagonistas. Lo cual le lleva a escribir cosas como la siguiente:

«En 1991, dos magistrados italianos tuvieron que archivar sus investigaciones sobre *los niños del carnaval* porque no consiguieron las pruebas necesarias para el proceso. La historia —contada por la agencia Reuters y publicada el 14 de mayo de 1991 por el diario mexicano *Excelsior*— tenía un pie en Brasil y otro en Italia. Centenares de niños de familias muy pobres, nacidos nueve meses después de los amores coyunturales del carnaval brasileño, eran exportados para parejas italianas que los recibían en Nápoles. Contaba aquel reportaje que «los bebés alcanzaban los mismos precios que un automóvil —entre 15.000 y 23.000 dólares— en el siempre hambriento mercado internacional e ilegal de las adopciones» (p. 25).

Es notable cómo hay una condena moral oculta por parte del autor contra las «bajas pasiones» de los pobres de Brasil, quienes no pueden refrenar sus instintos y se entregan a los placeres de la carne en pleno carnaval y olvidan toda precaución, pero su castigo llega nueve meses después al dar a luz a «centenares de niños», todos de familias muy pobres. Es notable cómo este autor reproduce los prejuicios en torno a la pobreza y el desenfreno carnal: pobreza (que parece tomar como sinónimo de ignorancia) + excesos = gran número de hijos. Al no citar datos más precisos, el autor nos hace sobreentender que la historia está condenada a repetirse, pues cada año habrá siempre centenares de niños nacidos nueve meses después del carnaval.

FRANCISCO JAVIER CORTÁZAR RODRÍGUEZ

Recuerdo haber leído en el sitio argentino «Rompecadenas» algunas variantes del robo de órganos; se trata también de viajes de fin de curso a Bariloche, entre otros destinos; en ellos siempre se advierte a los estudiantes no salir de noche por los casos frecuentes de robo de órganos.

En el diario mexicano *La Jornada* del 20 de agosto de 2005 apareció la siguiente noticia:

Parientes ricos pagaban hasta 10.000 dólares por un riñón a brasileños de escasos recursos. Johannesburgo, 19 de agosto. Nueve sudafricanos, entre quienes están algunos médicos prominentes, fueron acusados por lesiones y fraude en confabulación para trasplantar órganos ilegales, operación mediante la cual enfermos ricos compraban riñones que pertenecían a pacientes pobres de origen brasileño.

Los nueve acusados se presentaron en la corte en la ciudad costera de Durban y fueron liberados bajo fianza, dijo la superintendente de la policía, Phindile Radebe. Cuatro de ellos habían sido arrestados a inicios de 2004 y el resto fue apresado el martes por la mañana, agregó.

«Ellos enfrentan 110 cargos por lesiones, 110 por fraude y 110 bajo el Acta Human Tissue», dijo Radebe. Agregó que el camino judicial del caso se detuvo hasta el próximo 16 de septiembre.

La sudafricana Acta Human Tissue prohíbe el comercio de órganos humanos, pero funcionarios dijeron que esos casos son difíciles de probar, aunque cada vez es mayor el tráfico de órganos por la falta de donantes de riñones en países ricos.

Los fiscales estatales alegan que los médicos trabajaban para una mafia que llevaba a brasileños de escasos recursos económicos a hospitales sudafricanos bien equipados para que vendieran sus riñones a extranjeros, principalmente de origen israelí. Los brasileños recibían cerca de 10.000 dólares por riñón.

Los médicos acusados el martes han sido relacionados con 110 trasplantes sospechosos practicados en un hospital, y la policía dijo que la investigación podría extenderse hacia otros hospitales a medida que se encuentren más evidencias.

«En esta etapa (de la investigación) creemos que estamos todavía en la punta del iceberg» dijo Bala Naidoo, portavoz de la policía de Durban.

Los letrados de los médicos negaron el martes en la corte que sus defendidos tengan algo a lo que responder.

Guillian Williams, una de las abogadas de la defensa, dijo que no les fue entregada la acusación oficial, y negó que sus clientes hayan estado involucrados en los trasplantes ilegales o estuvieran al tanto del tema.

«Los acusados niegan todos los cargos que pesan sobre ellos, particularmente que hayan estado involucrados en una mafia, (...) ellos creen que la acusación por lesiones es totalmente ridícula», argumentó la abogada.

Los medios locales informaron que los cargos de fraude surgieron de documentos que aseveraban que los donantes brasileños y los pacientes israelíes que recibieron los riñones eran parientes y que no medió un intercambio de dinero.

Los trasplantes serán juzgados bajo la figura legal de lesiones.

(Lo paradójico es que la nota apareció bajo el epígrafe de «Ciencias» antes que en alguna sección de notas roja o curiosidades... pero con los medios no es de extrañar).

Francisco Javier Cortázar Rodríguez

En el año 1990, cuando cursaba 5.º de primaria, la localidad asturiana de Pola de Lena se vio azotada por una ola de terror. Supuestamente una furgoneta la recorría en pos de niños solitarios a los que raptar a fin de extraerles los órganos, que posteriormente eran vendidos. En los tres días que duró la paranoia, la leyenda fue variando de forma. Inicialmente, se rumoreaba la existencia de una víctima: un alumno de cierto colegio habría sido raptado. A su cuerpo, encontrado a unos 300 metros de donde estudiaba, le habían sido amputadas las manos.

Al día siguiente, la historia dejó de referirse a desapariciones concretas (ya que hubo más desaparecidos, especialmente aquellos que por alguna razón faltaban a clase) para centrarse en la amenaza omnipresente que esa furgoneta representaba. Las descripciones de ésta variaban en torno a tres versiones principales: en una se trataba de una furgoneta negra, con un alerón en la parte trasera superior y una línea roja transversal (idéntica a la utilizada por el *Equipo A* en sus andanzas); en la segunda, era sencillamente blanca sin ningún indicativo especial (víctima de esta descripción fue el repartidor del matadero municipal, que tuvo la desgracia de cerrar mal la puerta trasera y llevar una mancha de sangre en el escalón de acceso, provocando la ira de las madres angustiadas que aguardaban a que sus hijos saliesen del colegio para llevarlos seguros a su casa); en la última descripción, era también negra, llevando pintada una pieza de ajedrez: el caballo (como el camión-taller de *El coche fantástico*). A pesar de las diferentes descripciones, en todas ellas había un elemento común: la provincia que indicaba la matrícula (Barcelona).

El tercer día, ya se suponía que todo era falso, un simple (en el que por supuesto, nadie, absolutamente nadie había creído en ningún momento) bulo (¿o no?, ¿y los desaparecidos?, ¿por qué hay un nuevo chico manco en la ciudad?). Buscando la génesis de este bulo, todas las historias apuntan como origen hacia dos colegios; el primero de ellos —no situado en Pola de Lena, sino en la localidad de Moreda—. En dicho centro, el profesorado, preocupado por el elevado número de alumnos que «pasaban» de ir a clase, convino que propalando una historia como la descrita conseguirían atemorizar a los jóvenes, quienes encontrarían más seguro acudir a clase que deambular por las calles. La otra versión señala a uno de los colegios de Pola de Lena, pero en esta ocasión los profesores no fueron los agentes iniciáticos de la leyenda, sino meros transmisores. Al parecer, un padre angustiado, preocupado sin duda porque su hijo no acudía asiduamente a las clases y siendo esto también con toda seguridad culpa de las pésimas compañías (recordemos que los malos siempre son los demás, y las víctimas de las leyendas también son los demás), llamó al colegio con un intrigante mensaje que advertía del peligro que corrían esos alumnos ante la presencia de la furgoneta y sus funestas actividades. (¿Quién sabe si realmente la furgoneta se dirigía hacia aquí y, ante el conocimiento de sus intenciones, dio media vuelta y cambió de dirección? Tal vez ahora actúe en alguna otra pequeña ciudad.)

ROBERT GARCÍA
Pola de Lena (Asturias)

Se cuenta que en el sur de Tenerife, exactamente en Los Cristianos, se trafica con riñones. Suelen ser mujeres muy atractivas y en grupos de dos a tres; nunca solas. Su manera de acechar a la presa es muy fácil: buscan a un hombre (o mujer), preferiblemente que no fume ni beba (un riñón en buen estado se paga mejor). Una vez localizada la víctima, la llevan a un hotel o descampado, le obligan a tomar drogas y lo atontan de tal manera que, en estado inconsciente, aprovechan para robarle un riñón. Ha habido muchos casos por esta zona, algunos de ellos contados por la propia Guardia Civil.

ESTHER ELIZABETH HERRERA QUINTERO
Santa Cruz de Tenerife

En Melilla la historia del riñón se cuenta de otra forma, más cruel si cabe. Recuerdo que estaba jugando en casa de un amigo cuando su madre, una pija de la hostia, llegó toda histérica del mercado contándonos lo siguiente y previniéndonos de lo que nos podría pasar. «El otro día raptaron a un niño en Nador (localidad cercana a Melilla, que pertenece a Marruecos). Resulta que a los pocos días un Mercedes negro lo dejó en la puerta de su casa. El niño llegó limpio y con ropa nueva y cara. Los padres no sólo encontraron la cicatriz que revelaba el hurto del riñón, sino también un fajo de billetes en uno de los bolsillos del niño, con el que compraban su silencio. A mí no me aterraba que le faltara un riñón, lo que me aterrorizaba es que sus padres no dijeran nada porque les hacía falta el dinero.»

RUBÉN GÁMEZ
Almería

Unos payasos que se dedican a regalar globos a niños pequeños, los engatuzan (sic) y les sacan toda la sangre y los dejan por ahí tirados y muertos... Un caso típico de «vampirismo».

CLARA CASSIDY

EL PODER OCULTO DE LA COCA-COLA

¿Por qué nadie conoce la fórmula de la Coca-Cola? ¿Por qué, cuando hoy en día se conocen todos los ingredientes de cualquier producto y todo está analizado por las direcciones sanitarias, la Coca-Cola nos oculta su composición? ¿Por qué dicha fórmula está guardada en la caja fuerte del banco más seguro de Estados Unidos? La respuesta a todos estos interrogantes es que la fórmula de dicha bebida contiene sustancias corrosivas muy perjudiciales para el organismo humano. ¿Cómo si no se explica que un trozo de carne metido en un vaso lleno de Coca-Cola se deshaga a su contacto en menos de tres horas? Eso por no hablar de los poderes desatascadores de dicho líquido. Otras de sus importantes cualidades es que, combinada con el antiguo optalidón (o aspirina), puede provocarte euforia y alucinaciones.

Lola Ortí
Valencia

En 1886, una empresa de Atlanta (Georgia) patentó un medicamento que contenía extracto de coca. El producto, anunciado a bombo y platillo, recibió el nombre de Coca-Cola. Sus fabricantes aseguraban que tenía la propiedad de «curar el dolor de cabeza y aliviar la fatiga». Hacia 1903, cuando el tónico ya llevaba diecisiete años levantando ánimos, una legión de médicos empezó a proclamar que la cocaína suponía un riesgo para la salud de los norteamericanos. Muy pronto se sumaron al debate los políticos racistas del sur, dispuestos a impedir por todos los medios que la cocaína estuviera al alcance de los negros. En vista de semejante presión, la compañía Coca-Cola no tuvo más remedio que eliminar el fármaco de la receta. A partir de entonces la bebida se aromatizó con extracto de coca desprovisto del alcaloide estimulante y se le añadió cafeína para darle un toque vigorizador. En 1914, tras muchos años de figurar en los botiquines de los estadounidenses, la cocaína ingresaba en el mundo tentador y superpoblado de las sustancias prohibidas.

Paradójicamente, al ser despojada de su verdadera chispa y domesticada para siempre, la Coca-Cola fue adoptando una serie de características fabulosas nacidas de la fantasía popular. Diríase que la imaginación colectiva se negaba a olvidar el mítico ingrediente que contenía la bebida *in illo tempore* y, a falta de pociones mágicas, se permitía soñar con la única que tuvo el honor de serlo durante algún tiempo.

Una de las creencias más tempranas relacionadas con los poderes ocultos del refresco parece inspirarse claramente en su fórmula original. Como saben todos los adolescentes bien informados, se rumorea que la mezcla de aspirina y Coca-Cola produce efectos alucinógenos o simplemente mareantes.

Esta creencia ya circulaba allá por los años treinta entre los jóvenes norteamericanos, como lo atestigua un artículo «preventivo» que escribió cierto médico de Illinois en el *Journal of the American Medical Association*. Según el galeno, la combinación de ambas sustancias generaba un brebaje «tóxico» con propiedades adictivas que podían ser tan perniciosas como «la habituación a los narcóticos».

Muchos de nuestros lectores podrían aportar sus propias experiencias, sin duda menos devastadoras, al respecto. Por otro lado, las supuestas virtudes psicodélicas de la Coca-Cola se inscriben en una larga tradición donde figuran las más variadas drogas folklóricas. Lola Ortí, de Valencia, menciona los «hilos» que se separan de los plátanos al comerlos. «De hecho —añade nuestra informadora levantina, concluyendo así su cursillo de toxicología doméstica—, se pueden fumar tras secarlos al sol, al igual que otros productos como el poleo, la tila o la manzanilla. También se pueden utilizar hojas de amapola».

Para zanjar la polémica de una vez por todas, nada mejor que reproducir las conclusiones de alguien tan autorizado como Richard

Feynman, premio Nobel de Física en 1965, quien experimentó en su persona el célebre combinado:

> Yo tenía con frecuencia que demostrar (a los compañeros de la fraternidad universitaria) cosas que no estaban dispuestos a creer —se queja el eminente científico—. Por ejemplo (...), decían que la orina salía del cuerpo por gravedad, y para hacerles ver que no era así tuve que mear cabeza abajo, haciendo el pino. O la vez en que otro soltó que al tomar aspirina y Coca-Cola uno se desmayaba inmediatamente. (...) Así que tuve que tomarme seis aspirinas y tres «cocas», una detrás de otra. (...) En cada ocasión, los necios que se tragaron el cuento me rodeaban, atentos a sujetarme en cuanto me desmayase. Pero nada ocurrió. Recuerdo, en cambio, que aquella noche no pude dormir muy bien. (...)

La obra de donde procede la cita se titula justamente *¿Está usted de broma, Sr. Feynman?*

Es también creencia que la Coca-Cola tiene un gran poder corrosivo y disolvente. Cualquier objeto metálico sumergido en ella se cubre de óxido en una noche (tal vez por un efecto imaginario de electrólisis, sugerido por las burbujas que envuelven dicho objeto, aunque en este caso el agua de Vichy también serviría). Contradicciones aparte, hay quien la considera como un eficaz antioxidante.

Un testimonio italiano recogido por Danilo Arona afirma que es el producto utilizado en las cadenas de montaje de la casa Fiat para dejar más limpios que una patena los bancos de trabajo. Asimismo, se ha dicho repetidamente que es capaz de disolver pedazos de carne, huesecillos, dientes..., y hasta cálculos renales, con tal de que se ingiera en dosis convenientes.

Como sugiere Frederick Allen en su libro *Secret Formula*, ambos rumores podrían haberse gestado a partir de un ejemplo que se inventó en 1950 un profesor de la Universidad de Cornell, Clive M. McCay, para ilustrar su teoría de que el azúcar y el ácido fosfórico, dos ingredientes del refresco, producían caries. Según McCay, bastaba introducir un diente en un vaso de Coca-Cola para que se fuera reblandeciendo y empezara a disolverse al cabo de un par de días. El director del departamento químico de la empresa, Orville May, se apresuró a desmentirlo ante el cuerpo de directivos en pleno, asegurando que cualquier bebida que contuviera ambas sustancias, como el zumo de naranja, también terminaría por disolver los dientes, sólo que para ello habría que retenerla en la boca durante días y días... A pesar de todo, el rumor ya había entrado en el torrente de la tradición y navegaba por todos los ríos del folklore universal.

La creencia en las propiedades corrosivas del refresco se fue refinando hasta generar una variante que rebate sin piedad aquello de «la chispa de la vida». Sostiene este nuevo rumor que la Coca-Cola es un espermicida infalible e instantáneo (conviene aclarar que debe aplicarse a modo de baño vaginal).

Nos adentramos aquí en un terreno incierto, puesto que a lo largo de la historia se ha creído en la calidad espermicida de sustancias tan naturales como la miel y el aceite, con lo que parecería bastante comprensible que los pobres espermatozoides sucumbieran sin remedio a una viscosa marea negra de Coca-Cola.

La exageración paranoica de este rumor nos remite al mundo de las teorías conspiratorias, de las que nos ocupamos en otro lugar de nuestro estudio. Sostiene Luis Noriega que un amigo suyo del equipo ciclista Postdam le aseguró que su patrocinador (la compañía Pepsi-Cola) incitaba a los corredores a propagar el infundio de que la Coca-Cola era una especie de arma química con la que se pretendía esterilizar al Tercer Mundo.

Sea como sea, si nos atenemos a las investigaciones de algunos estudiosos de la psicología social, como Gary Alan Fine y Jean-Noël Kapferer, esta clase de rumores dañinos casi nunca se fabrican en despachos empresariales con el fin de perjudicar a la competencia. Normalmente suelen ir fermentando en las capas populares de la sociedad y reflejan la inquietud de los consumidores por las tendencias ultraderechistas —ficticias o reales— de ciertos empresarios.

En *I Heard it Through the Grapevine*, su clásico análisis de los rumores que definen las obsesiones de la cultura «afroamericana», la profesora Patricia Turner recoge una lista de productos «contaminantes» en la que no aparece la Coca-Cola, pero sí la cerveza Coors y el refresco Tropical Fantasy, junto con los cigarrillos Kool y Marlboro. Todos estos productos, sostiene el rumor, serían propiedad del Ku Klux Klan, que los emplearía con el mismo propósito: esterilizar a los negros.

Como diría un marxista de toda la vida, la Coca-Cola representa la bebida «imperialista» por antonomasia. Junto con las hamburguesas, es el primer producto que traspasa cualquier frontera inexpugnable apenas se insinúa la más leve apertura. Esta capacidad «colonizadora» despierta odios y adhesiones a partes iguales. Las víctimas de los rigores comunistas engullen con ella los primeros sorbos del anhelado capitalismo, mientras que los más reacios a toda clase de transiciones la ven como el paso previo al consumismo embrutecedor.

De ahí a imaginar que la Coca-Cola es capaz de hundir los denodados esfuerzos de todo un pueblo, esterilizando metafóricamente a sus habitantes, apenas hay un paso.

Josep Sampere

NUEVOS TESTIMONIOS

Comentarles que existía la creencia de que comiendo la golosina conocida como «petas zetas» y bebiendo acto seguido Coca-Cola, el estómago te estallaba. Esta creencia se ha reflejado fielmente en la película *Leyenda urbana* (1998).

Mientras escribo esto, tengo justo enfrente un sobre de este producto, el cual tiene el tamaño aproximado de un sobre de cromos de color rojo anaranjado.

No contento con ello, y dada la expectación creada en mi departamento con su libro, una atrevida compañera de trabajo, la Srta. Adela, se tragó, no uno, sino... dos sobres de este producto, para luego tomarse una lata entera de Coca-Cola. Tras media hora de pánico y expectación le preguntamos, no sin cierto miedo, cómo se encontraba. Su respuesta no pudo ser más sincera, emitió un gran eructo que hizo retumbar la sala donde nos encontramos... y nada más.

Javier Heredero y Pedro Ballesteros

La agencia de información AFP difundió un comunicado que recogieron diversos periódicos españoles en 2000, según el cual el muftí de Egipto exculpaba a Coca-Cola de cometer sacrilegio. *El Periódico de Cataluña* se hizo eco de la misma. El texto es el que figura a continuación:

«El líder musulmán salió al paso de un rumor, extendido en medios populares egipcios, según el cual las siglas Coca-Cola invertidas y reflejadas en un espejo se parecían a la caligrafía árabe de la expresión: "No a Mahoma, no a la Meca". Recientemente, habían aparecido en diversos puntos del país unos pasquines que llamaban a boicotear a la marca norteamericana».

ELENA RUBIO THEMELIADA
Barcelona

La Coca-Cola es realmente una gran generadora de mitos, he oído de todo sobre ella. Que los barcos que navegan por mares helados la utilizan como descongelante de sus tuberías cuando ya nada sirve. Que cuando los niños tienen vómitos, si le quitas el gas, es terapéutica (con aspirinas es estupenda para las resacas, y esto lo opino personalmente). Que lleva algún tipo de sustancia adictiva para que no pares de beberla, y no podría negarlo, cuanto más bebes más quieres.

Otro producto adictivo es la comida envasada para animales. Una amiga me contó que para que los perros comieran el pienso seco (un producto nada apetecible a primera vista) le ponían una sustancia que creaba adicción, que era una técnica muy usada.

Por otro lado, una amiga asturiana me contó que si bebías Bailey's con tónica cuando te llegaba al estómago cuajaba y te podías morir, que le había pasado a algunas personas. Posteriormente, me lo volvieron a contar. También que no se podía beber cerveza con las *fondues* de queso, en tanto muchos bávaros habían muerto a causa de un exceso de ambas. Al juntarse en el estómago reaccionaban formando una especie de chicle caliente y espeso que fermentaba (aumentando de tamaño), absolutamente indigerible y que acababa con la víctima enrojecida y colapsada.

ANA
Barcelona

Me atrevo a enviarles varios recortes obtenidos de *La Voz de Avilés* y *El Comercio de Gijón* en el año 1985. Lamento no conservar las fechas exactas de la edición [*nota de los autores: en este capítulo reproducimos una noticia que recuerda a los pétalos de amapola que algunos fumaron en su adolescencia; el resto de noticias las encontrará el lector en los capítulos pertinentes*]. Dice así la noticia: «Pretendían sacar cocaína de las berenjenas». Jerusalén. Un estudiante de Tel Aviv ha estado a punto de ser condenado a un año de prisión (pena solicitada por el fiscal) por tratar de obtener cocaína de las berenjenas, informa hoy el diario *Haaretz*. Leonid Kolshinsky, de 34 años y natural de Jerusalén, admitió que la planta de la coca y la berenjena pertenecen al mismo grupo (solanáceas), por lo que pensó que era posible extraer droga de las berenjenas».

LUIS ANTONIO ZAMARRILLO SUÁREZ
Avilés (Asturias)

Una leyenda urbana que no incluís en vuestro libro es la que dice que si mezclas crema Melody y Coca-Cola se te forma una bola en la garganta que te obstruye y asfixia hasta morir. A mí me la contaron diciéndome que alguien había fallecido haciendo la prueba. Supongo que será falsa, pero por ahí se comenta.

PEDRO SÁNCHEZ
Gandía

ACTOS FILANTRÓPICOS

Las tabacaleras extendieron el siguiente bulo: si conseguías acumular un kilo de los plásticos que envuelven los paquetes de cigarrillos, un minusválido lograba una silla de ruedas de regalo. Esta leyenda hacía que gente de buena voluntad continuara enganchada pues, si bien fumar es malo, por lo menos se contribuía a una buena causa. El problema venía cuando conseguías acumular el kilo de envoltorios e ibas al estanco.

ISABEL MIRANDA
Valencia

Andrés Ibáñez Fortea, un barcelonés de 38 años, coleccionó en 1984 hasta un millón de puntos que salían en las cajetillas de Winston americano, reconocible por su etiqueta azul. Éstos se encontraban fuera del alcance de la vista, en la patilla inferior del paquete. Allí se apreciaban una o dos cifras que, multiplicadas entre sí —por ejemplo 20 por 50 igual a 1.000 puntos—, daban el botín logrado. Aunque Andrés no recuerda quién le comunicó la seudopromoción, la cosa funcionaba más o menos así: al llegar a 200.000 puntos se obtenía una silla de ruedas, mientras que con un millón la casa R. J. Reynolds te regalaba un reloj de oro.

En aquella época, era hasta cierto punto habitual ver en las Ramblas de Barcelona —donde se vendía esta marca de contrabando— a jóvenes con la mirada perdida en el suelo. Buscaban el Winston «pata negra» y, a la vez, contribuían a hacer más limpia la ciudad.

Por los testimonios que logramos recoger en toda España, la leyenda estaba muy extendida y lo único que difería era la cantidad exacta de puntos que daban derecho al regalo y las características del premio, que oscilaba entre un encendedor Dupont de oro, una silla de ruedas, un reloj o el sorteo de un coche.

En los principales estancos de Madrid, Valencia y Barcelona habían oído hablar de la supuesta promoción, que algunos relacionaban con un programa de radio y otros con un infundio interesado. Pero lo bien cierto es que muchos se conjuraron para sacar oro de aquello que con tanto desdén despreciaban los zapatos.

El recurso de conferir valor a algo objetivamente inútil, llámese arandelas de bebidas refrescantes, chapas, celofanes de tabaco o etiquetas de productos muy diversos, era empleado desde el siglo XIX por empresas «pecaminosas» —tabaco, bebidas, dulces, etc.— para expiar las culpas de sus clientes. Al hacer algo bueno con los envoltorios, los consumidores redimían su mala conciencia, ya que el daño que se infligían a sí mismos quedaba contrarrestado por el bien que hacían a otros.

Según cuenta Gary Alan Fine en el capítulo «Redemption Rumors» de su obra *Manufacturing Tales,* aguda recopilación de artículos sobre el «sexo» y el «dinero» en las leyendas contemporáneas, los orígenes de esta técnica de marketing se remontan a 1850, cuando Benjamin Talbot Babbitt, un fabricante de jabón, decide vender pastillas individuales con su propio envoltorio, cuando antaño se expedían en largas barras que el comerciante troceaba según las necesidades del cliente.

La campaña fracasa estrepitosamente —«el envoltorio no sirve para lavar», aducen los mujeres—. Pero el éxito llega de forma abrumadora cuando se incluye un incentivo: una litografía de vivos colores a cambio de 25 paquetes vacíos.

En décadas posteriores, otros fabricantes recurren a campañas semejantes. Los cupones de café Arbuckec se canjean por tirantes o café; los cereales Grape Nuts regalan un vale descuento por valor de un centavo para la próxima compra; la compañía General Mills obsequia con una cucharilla a cambio de equis bonos y así hasta un largo etcétera (expresión que, por cierto, no está aceptada por ser redundante). También la firma R. J. Reynolds entrega vistosos mecheros por paquetes de Camel vacíos, mientras que American Brands obsequia con cinco cartones de cigarrillos Pall Mall por cada 500 cajetillas vacías recibidas.

Tras la guerra civil, también en España se popularizaría esta técnica comercial. Con «el cupón del hogar» y en función del volumen de compras realizado, un sinfín de establecimientos ofrecían unos vales que había que pegar en una cartilla. Cuando se tenían los puntos necesarios, el usuario se hacía merecedor de ciertos regalos proporcionales a la cantidad recogida —ollas, vajillas, cuberterías, etc.— que, generalmente, se retiraban en los economatos.

Por lo demás, prosigue Gary Alan Fine, el punto de encuentro entre el mundo de los negocios y los aparatos médicos se remonta a 1936, cuando la empresa Liggett & Meyers impulsa una campaña que permite canjear las etiquetas de Vets Dog Food —una marca de comida para perros— por uno o dos centavos, que van a parar a la cuenta bancaria de una fundación de perros guías de Chicago.

Desde 1950 hasta 1985 la noticia de que algunas empresas subvencionan aparatos médicos para los necesitados cobra un inusitado ímpetu. En Syracuse (Estados Unidos), un centro comercial recibe dos millones de cajetillas de tabaco vacías, circunstancia que se repite en otros lugares y que, en principio, permite a los hospitales comprar litros de sangre —financiados por las empresas—, sillas de ruedas, perros guías, pulmones de acero y máquinas de diálisis. Tanto es así que Gary Alan Fine remite una carta a 133 fabricantes preguntándoles si han oído los rumores que afectan a su marca. De las 101 empresas que contestan, 17 reconocen estar al corriente, entre ellas Pepsi Cola, Kellogg's, R. J. Reynolds y Philip Morris.

La potencia de la leyenda urbana es tal que, en Estados Unidos, personas que han reunido la cantidad necesaria de enseres —etiquetas, celofanes, cajetillas, etc.— y no saben qué hacer con ellos se resisten a tirarlos con el pretexto: «Pero ¿y si los tiro y luego encuentro a alguien que los necesite?».

Por norma general, las donaciones tienen por destinatario a un niño de corta edad, normalmente de entre dos y nueve años, que necesita perentoriamente ayuda y que en algunos casos tiene nombre y apellidos. Otras veces se trata de muchachos con enfermedades terminales que quieren cumplir un último deseo. Éste es el caso de Drall Sheford.

La Biblioteca de Andalucía en Granada remitió una carta fechada el 13 de marzo de 1977 en la que podía leerse:

> Por la presente solicitamos su colaboración continuando la cadena de solidaridad realizada por las entidades que incluimos en el anexo con el objeto humanitario de ayudar a que se cumpla el deseo de un niño de siete años que sufre cáncer terminal y cuya ilusión es figurar en el *Libro Guinness de los récords* como propietario de la mayor colección de tarjetas de diferentes empresas o entidades de todo el mundo. Rogamos su colaboración no rompiendo la cadena. Para ello deberá remitir un dossier como éste a otras diez entidades a su elección y, al mismo tiempo, enviar una tarjeta de su entidad al niño Drall Sheford, 38 Shelby Road, Carchalton, London, England.

La lista de instituciones que habían participado en la cadena solidaria era impresionante —ocupaba unas cincuenta páginas— y en ella figuraban, entre otras, la Facultad de Medicina de la Universidad Autónoma de Madrid, la Escuela de Estudios Árabes de Granada, el Consejo Superior de Investigaciones Científicas —CSIC—, el Instituto de Investigaciones Agrobiológicas de Galicia, la Fundación Jiménez Díaz de Madrid, el Centro de Biología Molecular Severo Ochoa, la Asociación Valenciana de Empresarios de Cerámica, la Universidad de Santiago de Compostela, la Fundación Cultural de la Caja de Ahorros del Mediterráneo, el ayuntamiento de Haria (Las Palmas), la Cámara de Comercio, Industria y Navegación de Barcelona y así un larguísimo etcétera (expresión que, por cierto, no está aceptada por ser redundante). Cada una de estas entidades había mandado el mensaje a diez empresas distintas —listas que se incluían fotocopiadas.

A pesar del buen corazón de los remitentes, nos tememos que fueron engañados. En nuestros archivos se apilan decenas de peticiones parecidas cuya falsedad está comprobada. Es el caso de Brian Miranda, «que se encuentra internado en el Hospital Niños Pedro Garraham (sic)» y que necesita que le mandes un centavo para su curación; de Jessica Mydek, una «niñita norteamericana que sufre un caso muy agudo y muy raro de carcinoma cerebral» que implora tres centavos para su tratamiento; de Craig Furr, un chaval británico de seis años que sufre un tumor cerebral y que quiere visitar Disney World antes de morir; de Anthony Parkin, martirizado por la leucemia y que desea recibir postales «para poder vivir entre nosotros para siempre», etc.

Pero si hay un caso emblemático y verídico de filantropía éste es el de Craig Shergold. Su historia comienza cuando el 28 de septiembre de 1989 el periódico sensacionalista inglés *The Sun* publica que Craig Shergold, nativo de Carshalton, pequeña localidad al sudeste de Londres, es víctima de un maligno tumor cerebral. A pesar de haber sido tratado con quimioterapia, su estado es muy grave, por lo que intenta batir el récord mundial de recogida de postales para figurar, a título póstumo, en el *Libro Guinness de los récords*. Con tan loable propósito, *The Sun* decide incluir en su edición un cupón-respuesta para superar la plusmarca de otro inglés de doce años, Mario Mosby, que cuenta en su haber con 1.000.265 cartas postales.

Tras reiterados llamamientos de *The Sun*, Craig consigue el 18 de noviembre de 1989 hacerse con el récord —1.000.266 postales— y a finales de ese mes ya dispone de 1.256.266 cartas. Posteriormente otros lugares se suman a la campaña, caso del periódico de Hong Kong *South China Sunday Morning Post*. La respuesta es extraordinaria y, en marzo de 1990, Craig dispone de 7.500.000 postales, inscribiendo finalmente su nombre en el *Libro Guinness* en 1991 con 16.250.692 cartas recibidas. En diciembre de ese año, Craig inaugura una exposición en Londres, consagrada al récord, donde se exponen algunas de los 33 millones de cartas recibidas por entonces.

En noviembre de 1990 Craig encuentra a un millonario altruista, John Kugle —según la revista *Fortune*, el hombre más rico de Estados Unidos—, que ansía conocerlo. Kluge contacta con el neurocirujano Neal Kasell, especialista en tumores cerebrales en la Universidad de Virginia, y le opera en Charlottesville el primero de marzo de 1991. La intervención, sufragada por Kugle y la compañía aérea American Airlines, es un éxito y Kasell erradica el 90% del tumor, que además no es cancerígeno. Poco después es recibido en Gran Bretaña con los honores de un rey.

En la actualidad Craig Shergold tiene veinte años y una salud envidiable. Sin embargo, sigue recibiendo postales y figura como precursor de una saga de niños enfermos que recurren a la solidaridad de sus semejantes para lograr sanar sus males. Decenas de casos similares se han registrado desde entonces en España. Por otra parte, la empresa que apadrina el *Libro Guinness* ha retirado la categoría «más tarjetas», ante el temor de que se repita lo sucedido. Por último, algunos desaprensivos han hecho circular por Internet el nombre de niños supuestamente enfermos, sirviéndose de nombres de indudable mal gusto: Jessica Mydek —apellido que recuerda al falo masculino—, Craig Furr —«fur» podría traducirse por saburra, esto es, la pasta blancuzca que se forma en la lengua— o Anthony Parkin —patronímico equiparable a vomitar.

Por lo que se refiere a las compañías tabaqueras con que se iniciaba este relato, han institucionalizado los regalos que antes sólo eran leyendas. Así, en marzo de 1999, la casa R. J. Reynolds, fabricante de Winston, tenía una promoción consistente en reunir el papel de aluminio que se encuentra al desprecintar el paquete. Cada papelito contenía un número de «cities» con las que se podía visitar Nueva York, San Francisco, Los Ángeles y Nueva Orleans tras tomar parte en un sorteo. Además se podía ganar un reloj de pulsera —200 «cities»—, un *discman* —700 «cities»— o un chubasquero —75 «cities»—, entre otros accesorios y complementos.

Otro tanto hacía Philip Morris, productora de Marlboro, sólo que en este caso las «cities» eran «miles» (millas). Con 625 millas se lograba un termo de 700 cl de acero inoxidable, con 225 una linterna, con 185 un cenicero y con 550 una mochila, entre otros regalos.

También Pall Mall, otra de las firmas legendarias, se sumaba a la fiebre y ofrecía por quince códigos de barras de tabaco light un *compact disc* que se abría con el *Free* de Ultra Nate y que cerraba Gloria Gaynor con *I am what I am*.

Las sillas de ruedas, los litros de sangre y los pulmones de acero habían pasado a mejor vida, para desazón de tantos muchachos que rastreaban el suelo de las Ramblas de Barcelona con la esperanza de ser tempranamente ricos con su reloj de oro o de facilitar una silla de ruedas a alguien más necesitado que ellos.

Antonio Ortí

NUEVOS TESTIMONIOS

En primer lugar, señalar como variante de la leyenda de que con un kilo de celofán de tabaco se consigue una silla de ruedas la variante de que la citada silla se consigue con la estratosférica cantidad de un MILLÓN de billetes del autobús urbano de Zaragoza.

PILAR
Huesca

POR FAVOR envíen este mail a cuanta persona conozcan.

Deben cuidar que el mail diga «SOLIDARIDAD CON BRIAN».

Explicación: Brian Miranda se encuentra internado en el Hospital de niños PEDRO GARRAHAN de la ciudad de Bs. Aires, Argentina. Padece una deformación en el miocardio, por lo cual debe ser trasplantado. El Gobierno de la Ciudad de Bs. Aires, sabiendo de su debilidad por Internet, le ha provisto de una «notebook» con módem, que han instalado junto a su camita en el hospital. Varios ISP (Proveedores de Servicio de Internet), tanto locales como extranjeros, donarán u$s 0,01 por cada mail que se envíe con este ASUNTO. Por favor envíen copia de este mail a todos sus conocidos, así entre todos colaboramos para solventar la operación de Brian, que asciende a la suma de u$s 115.200.

Por favor mándaselo a todos tus amigos, y que no se corte la cadena, se necesitan 11 millones y medio de e-mails para financiar esto. GRACIAS.

PAOLA FERNÁNDEZ DARDIS
Cadena difundida por correo electrónico

Nota de los autores: no es poca la saña con que los satiristas anónimos de Internet se burlan de las cadenas más famosas y ubicuas del ciberespacio. A continuación, dos ejemplos de estas sátiras vitriólicas («metafolclore» para los especialistas), cuya furibundez recuerda, a ratos, la del mismísimo Jonathan Swift.

Parodias de cadenas:

Lolo es un niño de ocho años de San Cosme, El Prat, que está enganchado a la farlopa. Su padre cumple condena en el trullo por violar a su asistenta social, y su madre, prostituta, heroinómana y seropositiva, le maltrata cada noche apagándole colillas de Montecristo del 1 en las nalgas. Sus dos hermanos, Paco y Charo, se ganan la vida atracando a los jubilados que frecuentan los parques públicos de la zona.

La casa donde vive Lolo está afectada por la aluminosis galopante, agravada por las vibraciones del continuo tráfico de Jumbos a escasos metros del tejado, dada la proximidad del barrio a las pistas de aterrizaje del aeropuerto. El alcalde soborna a los arquitectos para que hagan la vista gorda, a ver si suena la flauta y se hunde todo el bloque pillando a Lolo dentro y a la escoria de toda su familia...

Lolo sufre raquitismo por la desnutrición, ya que se alimenta a base de patatas fritas y huevos fritos desde los tres años, tiene hepatitis crónica y sus bronquios están resecos por la ingesta abusiva de cola de impacto.

Al ser pequeño y raquítico, en la escuela le dan de hostias hasta en los cromos (no tiene DNI).

La ONG Camellos Sin Fronteras ha puesto en marcha una iniciativa para hacer más llevadera la vida de Lolo: por cada 10 copias de este mail que se envíen por la red, Lolo recibirá gratis una papela de farlopa con la que colocarse y olvidar toda la mierda que le rodea. Sólo tienes que reenviar este mensaje a todos tus amigos. El bienestar de Lolo está en tus manos, entre todos podemos conseguir un Lolo drogado las 24 h. del día que no piense en su mierda de vida, en el dolor cuando su madre le apague los puros en el culo... Peter Smith recibió este mensaje y lo envió a dos personas, al salir a la calle se encontró cinco centavos. Albert G. C. hizo caso omiso de este mensaje, al instante fue sodomizado por un negro con un atributo de 35cm. John Bradley no mandó este mensaje y murió aplastado por un carro de combate que pasaba por su despacho (incomprensiblemente).

USTED TAMBIÉN PODRÁ HARTARSE DEL SEXO a los cuatro días de recibir esta carta, siempre y cuando continúe la cadena. Ya que, gracias a su colaboración, este e-mail debe dar la vuelta al mundo para salvar a la humanidad de una inminente esterilización colectiva. Para ello deberá retransmitir este e-mail inmediatamente a no menos de 10 personas.

Esto no es ninguna broma. No envíe dinero. Envíe copias de este mail dentro de las próximas 96 horas a hombres que necesiten mojar la cachucha, o mujeres que necesitan que le limpien la cañería.

Éstos son algunos casos de gente que intentó interrumpir la cadena:

* Después de pasar esta carta, a un operario de La Serenísima, quien interrumpió la cadena, se le trabó la polla en una máquina ordeñadora y experimentó la serie de orgasmos más larga de su vida, pero de tanto que le extrajo la máquina, se le secaron los huevos.

* Daniel Vázquez, un estudiante de Medicina de la Complutense, quien recibió esta carta e intentó cortar la cadena, una tarde contrató los servicios de una prostituta para que le practicara una felación. A los pocos días a Daniel comenzó a formársele una cáscara color verde. A las dos semanas tuvieron que intervenirlo quirúrgicamente y extirparle la mitad de su miembro. Hoy es toda una señorita.

* Liliana Belloso, propietaria de un local de ropa de un centro comercial muy conocido del área metropolitana de Barcelona, recibió esta carta, la leyó atentamente, pero decidió no enviarla por no creer en estas cosas. Un viernes, Liliana organizó una fiesta en su departamento a la que invitó a gente de otros locales del centro comercial, después de varias horas, ya alcoholizados y drogados, organizaron una orgía descomunal en la que no existían límites. Eran 16 personas practicando todo tipo de sexo sin importar con quién. A los cinco días Liliana comenzó a sufrir puntadas y dolores en su vagina, sin prestarle mayor atención. Diez días después la vagina de Liliana estaba insensible y totalmente entumecida y los labios estaban totalmente morados. Al mes le había quedado totalmente cerrada. Un día, ya postrada, encontró dentro de un libro copia de esta carta, a la que nunca había contestado.

* Gerardo Ventille, empleado administrativo de una afamada empresa, quien tiene una sexualidad poco definida, intentó interrumpir la cadena. Un día contrató los servicios de un exuberante travestí para que le realizara, entre otras cosas, un coito anal con una zanahoria de 1/2 kilo y una botella de champagne. Luego de realizar una serie de juegos

sexuales, el travestí le introdujo a Gerardo la zanahoria en el culo, quien gozó como nunca. Pero el verdadero problema comenzó cuando le introdujo la botella de champagne, que luego de un rato hizo ventosa y se le quedó trabada en el ojete. Como la botella no salía, tuvieron que llamar al servicio de emergencias. En el domicilio, los médicos intentaron sacarle la botella sin tener éxito. No quedó otra que llevarlo al hospital en la ambulancia. Lo peor de todo es que al ver tanto alboroto en esa casa, se acercaron todos los vecinos del barrio para ver qué sucedía, y vieron al desafortunado muchacho salir caminando y subir a la ambulancia con la botella incrustada en el culo.

* Heriberto Capozzolo recibió la carta en 1973. Le dijo a su secretaria que hiciera 10 copias y las enviara. Pocos días después se la encontró trabajando en una esquina, ganando cuatro veces más de lo que ganaba como secretaria. Nunca más trabajó en una oficina.

* Carlos Segovia, albañil, recibió copia de esta carta, él nunca la contestó porque pensaba que se trataba de una broma de un amigo. Un día, trabajando en una obra, estaba cortando un zócalo con la sierra de alta velocidad, desafortunadamente se le escapó el zócalo de las manos pegándoselo de lleno en los testículos. Carlos quedó tendido en el suelo por varias horas; luego de aplicarse hielo y hacerse masajes, siguió trabajando sin dar importancia a lo ocurrido. A los dos días sus testículos estaban totalmente morados e inflamados. Cuando decidió recurrir a un médico ya era demasiado tarde, dado el altísimo nivel de gangrena. Sus testículos fueron extirpados. Hoy Carlos es un prestigioso modisto.

* Aldo Zubiria, un onanista compulsivo en paro, recibió la carta y olvidó que tenía que enviarla antes de 96 horas. Su esposa se fue a jugar a los bolos con su mejor amigo y no volvió más. Meses después, al encontrar la carta, envió 10 copias. A los pocos días conoció a otra mujer y descubrió que durante todos aquellos años su antigua esposa, que a él le parecía una maravilla, se había portado en la cama como una foca muerta.

* Cristina Olmos, una solterona de 45 años, recibió copia de esta carta, pero nunca la leyó, en consecuencia interrumpió la cadena. Una noche, mientras se masturbaba con un consolador eléctrico, hubo un golpe de tensión, afectando a todos los aparatos eléctricos, incluyendo el consolador que ella estaba utilizando. Instantáneamente el vibrador le

explotó dentro, provocándole gravísimas heridas en su interior. Gran cantidad de esquirlas que despidió el aparato quedaron clavadas dentro de sus partes íntimas, y luego de varios meses internada en un hospital, al volver a la casa encontró la carta, la leyó e inmediatamente la contestó. A los pocos meses, Cristina se estaba mudando a la casa de su novia.

* Jorge González, vendedor ambulante, un día, cerca de su puestito, vio, tirado en el piso, un papel que le llamó la atención. Inmediatamente lo agarró y vio que se trataba de una copia de esta carta. Luego de leerla, hizo nuevamente un bollo y lo tiró. A la semana siguiente fue atacado por una patota que le robó toda la mercadería y el dinero, y como si esto fuera poco fue violado en reiteradas oportunidades por los integrantes de la patota. Le dejaron el culo hecho una margarita.

* Mauricio Estévez recibió la carta, pero no se la creyó y la tiró. Nueve días más tarde se le derramó un café hirviendo en las pelotas. Luego de esto, se prometió que volvería a escribirla, y que la enviaría, pero entre unas cosas y otras lo fue dejando. A partir de entonces se sucedieron los problemas, entre otros un herpes genital y diversas enfermedades venéreas que contrajo en sus inútiles intentos de encontrar al hombre perfecto en bares de gays. No se había desprendido de la carta en 96 horas. Finalmente envió las copias y al poco tiempo conoció a un hombre de medidas excepcionales.

* Daniela Torbes, una chica de 25 años, muy tímida y muy bonita, pero muy desafortunada en el amor, debido a su problema de comunicación con los demás. El año pasado recibió este e-mail en su oficina. Inmediatamente pensó que había encontrado la solución a su problema. Rápidamente decidió retransmitirlo a todos sus compañeros de oficina y amigos de otras empresas. Gracias a su rápido accionar, Daniela hoy folla con todos sus jefes, compañeros, amigos y vecinos, en el momento que ella desee. Sin importar su problema de comunicación con los demás.

RECUERDE: debe enviar al menos 10 copias de esta carta antes de que pasen 96 horas. Los que lo hagan tendrán una vida sexual plena e intensa.

Los que no, se verán condenados a pasar largas veladas en compañía de «revistas, vídeos y utensilios mecánicos».

MONTSE VIDAL
Cadenas difundidas por correo electrónico

AVIONES QUE ROBAN LA LLUVIA[1]

Yo he visto al ir al campo las nubes a punto de romper y ver enseguida la avioneta por en medio de ellas, y llegar al final de las nubes, volver otra vez atrás, y así le daba varias pasadas a las nubes, despacio, y a los veinte minutos estar todo el tiempo totalmente despejado.

RITA LÓPEZ ROMERO
Murcia

El 1 de noviembre de 1953 la revista *Diez Minutos* regalaba a sus lectores el siguiente reportaje: «Los "rompenubes" norteamericanos se hacen ricos prestando servicios a los labradores». Según se deducía del artículo, había surgido una nueva cuadrilla de pilotos capaces, ya no sólo de producir lluvia, sino de evitar el granizo que dañaba los frutales, a cambio de 30.000 dólares al año. De este exterminio ilícito de las nubes se tenía constancia desde 1949, cuando dos químicos norteamericanos, Irving Langmuir y V. Vonnegut, habían descubierto que sembrando las nubes con agua y yoduro de plata se dificultaba la creación de grandes cristales y así el consiguiente granizo.

---

1. Gran parte de las citas y referencias de este capítulo proceden del artículo «De nuevo con las avionetas antinubes», de Jordi Ardanuy. Manifestamos nuestro agradecimiento al autor por su amabilidad al remitírnoslo.

Por tal motivo, las autoridades españolas llevaron a cabo varios ensayos aéreos entre 1975 y 1985 en la cuenca del Duero y, más tarde, en Canarias y Aragón —según informaba Servimedia en 1995—. Pero, curiosamente, es desde que deja de utilizarse esta técnica —en 1985— cuando se multiplican los testimonios de agricultores de diferentes lugares de España que afirman haber avistado temibles aeronaves que perturban el tiempo con sus manejos.

Ese mismo año, Luis Alonso, presidente de la Cámara Agraria de Agreda, señala vehemente: «No sé a quién puede beneficiar todo esto, pero hemos llegado a creer que es cosa de la Comunidad Europea, pues las avionetas se hicieron frecuentes en esta comarca después de nuestro ingreso en ella y justo después de que se decidiera recortar la producción de cereales en nuestro país».

Otro soriano, esta vez Toribio Isla, presidente de la Cámara Agraria de Ólvega, dispara en otra dirección: «Hace algunos años —afirmaba— vinieron gentes de La Rioja con generadores de tierra o "estufas", una especie de bombonas, que lanzaban yoduro de plata a la atmósfera, diciendo que se instalaban para disolver el granizo antes de que cayese, ya que a ellos les estropeaba las huertas. Fue entonces cuando comenzaron los problemas de lluvia». Una diatriba que merecería días después la contundente respuesta de Javier Ruiz, responsable del servicio de lucha antigranizo de La Rioja: «Este embrollo —apuntaba— obedece a la psicosis de los campesinos sorianos, que creen que les estamos robando las nubes. De hecho, en 1985 retiramos de esa provincia el último de nuestros generadores de yoduro de plata, porque se creía que éramos nosotros los responsables de la falta de lluvia, ¡cuando buscábamos todo lo contrario!».

Sin embargo, el debate continuó en años posteriores y llegó al Congreso de los Diputados —en mayo de 1992— de la mano de Efrén Martínez, diputado del Partido Popular por Soria. La respuesta del Ministerio de Agricultura fue tajante: desde 1985 no se lanzaba yoduro de plata desde avionetas y, cuando se hizo, fue para evitar el granizo y aumentar las precipitaciones líquidas.

No contentos con estas explicaciones, ochenta pueblos del norte de Soria deciden crear en 1993 la Asociación de Avionetas del Moncayo

—AVIMON— para denunciar la existencia de artefactos voladores. Tanto es así que el entonces ministro de Obras Públicas, José Borrell, se ve forzado a intervenir en el caso, tras ser interpelado por un senador de su propio partido. «Desde el punto de vista científico —señala Borrell—, la preocupación ciudadana no tiene otra explicación que la coincidencia de fenómenos naturales, como la desaparición de una masa nubosa o su disipación al aumentar la temperatura o levantarse el viento».

Por aquel entonces, los aviones que roban lluvia ya han sido detectados no sólo en Soria, sino también en Zaragoza —en las proximidades del Moncayo—, circunstancia que no pasa desapercibida a las autoridades. En otoño de 1995, Alberto López, responsable del departamento de prensa del Gobierno Civil de Soria, manifiesta que «la tercera parte de la provincia está alarmada, e incluso hemos sabido que se han organizado batidas para cazar aviones, poniendo en riesgo la seguridad de vuelos que, quizá, no tengan nada que ver con el problema». Tanto es así que la Dirección General de Aviación Civil dispone los días 15, 16 y 17 de mayo de 1995 una avioneta estacionada en el aeródromo de Garay para perseguir a las aeronaves piratas.

Pero ya esos días las avionetas fantasmas vuelan por otros lares. Vecinos de Lorca —en Murcia— presentan una denuncia ante el juzgado de Instrucción número 2 de la capital e incluso entregan muestras de tierra que, presumiblemente, contienen «productos antilluvia». Tres años después, tras archivarse el caso al no hallarse indicios sólidos de delito, se convocan dos manifestaciones en Lorca —también en Murcia— para exigir el desmantelamiento de la Confederación Hidrográfica del Segura, a la que se acusa de transmitir a las aeronaves información sobre la situación atmosférica.

A falta de lluvia, se desata una auténtico aguacero de acusaciones que moja a las compañías de seguros —si se pierde el género por culpa de la lluvia, han de responder con su capital— y a los grandes empresarios que cultivan la lechuga, «ya que no dejan que llueva, porque la lechuga quiere agua del suelo y con la lluvia se pudre», según señala Rita López Romero, una testigo que dice haber divisado a las misteriosas avionetas.

La leyenda española, que ya se conoce desde Almería hasta Tarragona, donde el diputado de Iniciativa por Cataluña-Los Verdes, Víctor Gimeno, eleva una propuesta no de ley al Parlamento para que la Generalitat «explique si sabe de la realización de estos tratamientos aéreos», pasa primero a la vecina Francia y luego a Estados Unidos, con lo que se completa un curioso trayecto de ida y vuelta.

A Francia pudo llegar, según especula Jean-Bruno Renard, de la mano de los temporeros españoles que acudían a la recolección de la patata, primero a la región de la Dordoña y antes a Quercy, donde en el verano de 1986 las trufas no salieron a causa de la falta de precipitaciones y se acusó a los arbicultores de Tant-et-Garonne de contratar aviones antinubes para preservar sus frutales.

En Estados Unidos, tras arreciar la sequía en Maryland, los lugareños achacaron la falta de lluvia a individuos que «intentaban alterar el clima vertiendo productos químicos sobre las nubes», razón que llevó en 1983 al gobernador del estado a promulgar una ley que castigaba las actividades de los ladrones de nubes —si bien ninguno de ellos pudo ser apresado.

Tanto en España y Francia como en Estados Unidos los misteriosos aviones sobrevolaron los cielos en época de sequía. Antes que ellos, sacerdotes y brujos habían intentado controlar en vano la meteorología. En el siglo V, por ejemplo, la liturgia romana conocida por *Ad pretendam pluviam* intentó sustituir a las «robigalias», fiestas paganas en las que se hacían procesiones y súplicas especiales a los dioses.

Sólo siglos después, estos conjuros, mitad brujeriles, mitad eclesiásticos —valga recordar la lluvia torrencial que se atribuye a santo Domingo y que sacó a Segovia de una persistente sequía—, recibían la inestimable ayuda de la ciencia. Así, durante el siglo XIX se puso de moda atizar cañonazos a las nubes, mientras las campanas de las iglesias tañían al aire en busca de comprensión divina.

Sin embargo, donde antes había seres mágicos ahora nos encontramos con tecnología, con avionetas que reencarnan a gráciles brujas montadas en ecológicas escobas. Lo demás sería aceptar un fenómeno natural: la sequía. Al fin y al cabo, los afectados se niegan a admitir que la naturaleza se comporte de un modo tan caprichoso, al socaire de ciclos más o menos periódicos. Decir que la sequía no tiene un origen natural es aceptar la influencia de fuerzas externas, de oscuros intereses políticos que el Gobierno no tiene intención de investigar y que, en última instancia, explicarían por qué a lo largo de este siglo los antiguos seres sobrenaturales que nos visitaban se han vuelto «sobre-tecnológicos», aportando ese toque de racionalidad científica exigible a cualquier superstición popular que pretenda una larga vida.

ANTONIO ORTÍ

NUEVOS TESTIMONIOS*

* Nota de los autores: *a continuación reproducimos la página 8, publicada el domingo 19 de marzo de 2000 por* La Voz de Asturias, *a la que hemos tenido acceso gracias a un gentil lector. Hemos extractado los párrafos que consideramos más interesantes. Al igual que en otras ocasiones, comenzamos por utilizar la cursiva para el «optimista» titular:*

En 5 años llegará la lluvia artificial

Científicos de laboratorios de Estados Unidos, Europa, Australia e Israel están acelerando proyectos científicos con el fin de desarrollar métodos modernos para conseguir controlar ciertos fenómenos meteorológicos y, en especial, técnicas que induzcan artificialmente lluvia en épocas de sequía. Esta línea de investigación, conocida por modificación del clima, es una disciplina científica que tiene ya más de 50 años. (...) Los intentos más exitosos se deben a una técnica conocida como *siembra de nubes,* que consiste en la dispersión de partículas, normalmente de yoduro de plata, en nubes. (...)

En Estados Unidos, durante la guerra civil entre el norte y el sur ya se usó el método de lanzar cañonazos hacia el cielo con la esperanza de que el ruido estimularía la lluvia. No obstante, fue en 1946 cuando se creó la ciencia moderna de modificación del clima. El ingeniero Vincent Schaefer, que trabajaba en General Electric, empezó a investigar, en su laboratorio, métodos para la formación artificial de nubes. (...) Durante los años sesenta y setenta el estado norteamericano de Tejas se convirtió en el laboratorio mundial para experimentos de campo en modificación de fenómenos meteorológicos. Se llevaron a cabo estudios que lograron reducir el tamaño del granizo y la inducción de alguna lluvia en épocas de sequía. (...) El experimento más exitoso ha tenido lugar en Israel, en el que se han conseguido, en ciertas áreas, aumentos estadísticamente significativos de precipitaciones de lluvia, según las observaciones realizadas por satélites de observación meteorológica. El Gobierno israelí mantiene, no obstante, los estudios en secreto.

Según los expertos, la técnica de siembra de nubes no presenta muchos inconvenientes. En especial, la técnica no supone un cambio radical en los microclimas regionales. En este sentido, se calcula que de los seis millones de metros cúbicos de vapor de agua que pueden pasar por la península Ibérica cada día, sólo el 5% cae como lluvia, mientras el 60% se evapora y vuelve a la atmósfera. Un aumento del 25% de precipitaciones en España supondría apenas la condensación de un 0,6% del vapor de agua que pasa por su cielo. (...)

Para la *siembra* (...) es favorable la presencia de vientos que alimenten de vapor de agua las nubes. Una vez se han confirmado las condiciones, varios aviones preparados especialmente para estos experimentos despegan y se sitúan dentro y por encima de las nubes. Cuando llegan a la zona más apropiada, liberan a su paso acumulaciones de partículas de yoduro de plata. (...) En los experimentos que se han llevado a cabo hasta el momento, la lluvia se produce entre 20 y 30 minutos después de haber sembrado la nube.

Según los científicos implicados (sic), las concentraciones de partículas de yoduro de plata que se utilizan no representan un peligro para el medio ambiente o la salud humana.

Luis Antonio Zamarrillo Suárez
Avilés (Asturias)

Aerolito por mensajero

Dos vecinos del pueblo conquense de Mira, Ángel Moya y Amelia Martínez, guardan desde hace una semana un aerolito en el congelador de su casa, y ya no saben qué hacer con él porque los responsables del Centro Superior de Investigaciones Superiores (sic) todavía no han ido a recogerlo. Desde que Ángel encontró un enorme trozo de hielo en un descampado del pueblo, tanto la Guardia Civil como el alcalde de Mira, Fernando Nieto, le aconsejaron que se lo guardara en casa hasta que el CSIC decidiera su destino. Siete días después, los responsables del Instituto del Hielo, tras la insistencia del regidor de Mira, han dicho que manden el supuesto aerolito por mensajería, en una nevera portátil. Como no considera que se esté tomando demasiado en serio el asunto, Fernando Nieto va a pedir consejo sobre qué hacer al matrimonio que custodia la que ya se ha convertido en "la joya del pueblo", un aerolito al que el alcalde tiene pensado dejar en una urna para su exhibición pública.

El País, 25/1/00

La psicosis de los «aerolitos» se reproduce en Italia

Fenómeno atmosférico o agua congelada descargada por los aviones. Éstas son las dos hipótesis que se abrían paso ayer en Italia para explicar el extraño fenómeno de los bloques de hielo que han comenzado a caer también sobre este país, como ya ocurriera en España hace pocos días. Aunque el primer aerolito cayó el sábado en el jardín de una guardería de Padua, la psicosis de la lluvia de hielo no se desató en Italia hasta ayer, después de que un obrero de Ancona (en la región central de Las Marcas) resultara levemente herido al rozarle en su caída un bloque de hielo de unos 700 gramos de peso. (...) En Castelgandolfo, a unos 30 kilómetros de Roma, un bloque de hielo purísimo, de unos cinco kilogramos de peso, se precipitó a primera hora de la mañana sobre un campo de golf. Uno de los jugadores que presenció el fenómeno aseguró que el bloque de hielo había caído con una trayectoria inclinada. (...) El director del Centro Nacional de Meteorología Aeronáutica, coronel Sante Rinieri, coincidió en que no se trata de granizo.

El País, 26/1/00

La ciencia y el sentido del humor explican la lluvia de aerolitos

Muchos de los «aerolitos» caídos en diferentes lugares de España son obra de bromistas. (...) Los alumnos de la escuela pública Joan de Maragall de Lleida alucinaron de verdad cuando las cámaras de televisión desembarcaron en el patio.

El revuelo empezó entonces y no horas antes cuando algún gracioso arrojó por encima de la valla un trozo de hielo que todavía conservaba la forma de la botella de agua que lo contenía. Pero el policía de barrio avisó al cabo, éste a la universidad, allí consultaron en Barcelona, donde les dijeron que debían ponerse en contacto con el CSIC.

Por el camino la noticia había llegado a las redacciones, pues todo esto sucedía en medio de una fiebre mediática en la que parecía que el Polo Norte estaba cayendo a trozos sobre distintas localidades de España. Ramón Calvera, el director de la escuela, destaca la primera paradoja en todo este fenómeno: «El año pasado, el centro celebró su 75 aniversario y sólo un diario de Lleida se hizo eco. Y esta semana, por un chiste, se nos llena el centro de medios de comunicación. ¿Conclusión? Que se ha producido un gran *marujeo* con este tema y que a uno le queda la sensación de vivir en un país con una cultura poco seria». (...)

Una de las escasas evidencias que la aparición de estos misteriosos «aerolitos» nos ha reportado ha sido comprobar la capacidad de la gente de convertir un enigma sugerente en una broma chusca que se expande a velocidad meteórica. Pero también ha puesto de relieve la fascinación que la sociedad actual sigue sintiendo ante todo aquello que resulte extraordinario o inexplicable. (...)

«Se trata de un fraude. O de muchos fraudes, porque lo difícil es pensar que un fenómeno natural u otro extraterrestre suceda al albor de lo que es noticia en los medios de comunicación», reflexiona Javier Armentia, director del planetario de Pamplona y uno de los científicos que han ofrecido las opiniones más rotundas sobre el misterio de las bolas de hielo. (...)

Lo cierto es que la demora en ofrecer una explicación oficial a lo que estaba pasando hizo que se manejaran las hipótesis más contradictorias. Desde su procedencia extraterrestre (de ahí lo de *aerolito*), pasando por la fuga de los tanques de aguas negras de los aviones. (...)

La respuesta al fenómeno, encarnada por Internet, ha sido también miscelánea y estrambótica. Así lograba eco en la red la denuncia de la venta a trozos del aerolito «el Chaco», el segundo más grande de el mundo. Y una página española indicaba cómo fabricar aerolitos de hasta 12 kilos. El método que propone es sencillo: se trataría de limpiar varios congeladores asegurándose de que en ellos no hay ningún rastro orgánico, ya que —recuerda el ingenioso creador de la página— «luego analizarán el hielo».

¿Cuántos de los trozos de hielo caídos provenían directamente de una nevera? ¿Cuántos obedecían a un insólito fenómeno meteorológico? ¿Hubo alguno de origen diferente? Como diría la siempre escéptica agente Dana Scully de *Expediente X*: «En el fondo, todo esto no es más que una cuestión de fe, y siempre lo ha sido».

La Vanguardia, «Revista», 23/1/00

Nota de los autores: a continuación detallamos, por su gran interés científico, los lugares y fechas donde se produjeron impactos de *aerolitos*: **Andalucía**: Tocina (día 10 de enero de 2000), Cádiz (16), Huelva (17), Almería (18), Cádiz e Izmalloz (19); **Aragón**: Burgo de Ebro (día 17), Zaragoza y Andorra (18), Luzán (19); **Asturias**: Boal (día 15), Grado (16); **Baleares**: Maó (día 18), Ibiza (19); **Castilla-La Mancha**: Albacete (día 17), Ciudad Real y Mascaraque (18), Olivar del Rey (19); **Castilla y León**: Soria (día 10), Valderas y Valladolid (18), León (19); **Catalunya**: Lleida (día 18), Manresa (19); **Madrid:** Móstoles, Barajas y Madrid (día 18); Madrid (19; *cuando una ciudad se reseña varias veces significa que cayeron aerolitos en diversos días*); **Murcia**: La Unión (día 14), Torres de Cotillas (17), Yecla y Espinardo (18); **Euskadi:** Elorrio (día 19); **Comunidad Valenciana**: L'Alcúdia (día 12), Elx (13), Meliana, Enguera, Chilches (15), Algemesí (17), Carcaixent, Godella, Alberique, Onda (18), Villagordo (19).

FRAUDES TELEFÓNICOS

Cuando en 1872 Graham Bell inventó un aparato para transmitir sonidos a través de la corriente eléctrica y ayudar a los sordomudos, poco podía imaginar los sinsabores que iba a causar en 1998 a un buen número de ciudadanos. Argelinos sin escrúpulos, marroquíes con tíos en Marraquech, hermanos en Rabat y primos en Tánger, además de gambianos recolectores de manzanas, por citar sólo a algunos, formaban parte de una organización que muy bien podría denominarse «África al habla».

Todos ellos habían dado con un método clandestino y eficaz que significaba un antes y un después en la historia de las telecomunicaciones: raptar los teléfonos del Primer Mundo, para llamar a su país a bajo coste. Igual que sucediera con la colonización del Oeste americano, cuando ciertos desalmados vendían rifles a los indios, ahora otros hombres blancos habían brindado a los africanos los medios necesarios para llevar a cabo sus desmanes.

El ingenioso sistema se resumía en cinco puntos y tuvo tal acogida en instituciones y ayuntamientos que muy pronto fue de dominio público. El texto que se intercambiaron a través del correo electrónico los consistorios de Barcelona, Santa Margarida de Montbui y Arenys de Mar, entre otros, se titulaba *Se ha detectado un nuevo timo telefónico* y decía textualmente lo que se lee a continuación:

1. Llaman por teléfono diciendo que son del servicio técnico de Telefónica o de una empresa que trabaja para ellos —ATT— y preguntan si dispones de marcación por tonos.

2. Con la excusa de que necesitan realizar comprobaciones en la línea, piden que marques el 90# (nueve-cero-tecla#).

3. Una vez que lo has hecho, te dicen que no hay ningún problema y te dan las gracias.

4. Resultado: han convertido tu línea en receptora de todas las llamadas del teléfono desde el cual te han llamado, con lo que todas las llamadas que hagan ellos te las cobrarán a ti.

5. Telefónica no sabe cómo pararlo, ni cómo evitar este fraude.

Por los testimonios que recogimos y, al parecer, según había publicado el periódico *Regió 7* —extremo que no pudimos confirmar—, la argucia aquí reseñada era explotada en régimen industrial por bandas interesadas en lanzar un cable a ciudadanos de otros continentes a cambio de una buena tajada.

En este libro uno de los aspectos al que hemos prestado mayor atención ha sido desentrañar por qué algunas historias tienen tanto éxito en las ciudades y por qué otras —narrativamente igual de perfectas— mueren por el camino. En el caso de esta leyenda no hay duda: la ciencia hace tiempo que dejó de percibirse como una bendición del cielo y ahora se observa como una amenaza ante la que nadie puede sentirse seguro.

Una somera lectura del manual de instrucciones de nuestro teléfono —«Inserción de pausas», «Borrado de memorias» «Resistencia mínima de aislamiento», etc.— podría llevarnos a pensar que los escribas de la compañía pública se adiestraron en el antiguo Egipto, antes que en el alfabeto latino. Lean, si no, el siguiente párrafo que aparece en la página siete del *Manual de usuario* de esta compañía:

> Las teclas que facilitan el acceso a los Servicios Suplementarios Digitales de la Red Telefónica están programadas estrictamente para su uso con el equipo conectado directamente a la central telefónica. Para el uso de los servicios de centralitas se deberán seguir las instrucciones específicas de los mismos.

Paradójicamente, la compañía que vela por la comunicación se dirige a sus súbditos con una jerga incomprensible y sectaria. ¿Por qué no atribuir, pues, sórdidas intenciones a este aprendiz de «Gran Hermano»? O, aún más, ¿por qué no rebelarse contra este ente anónimo y lejano?

Ambas tendencias parecen estar muy presentes en las leyendas telefónicas. Entre los amotinados figuran todos aquellos que durante el último tercio del siglo XX no han dejado de idear sistemas —por ejemplo, atar un hilo a una moneda previamente agujereada y tirar de él cuando la cabina se la traga— con tal de librarse del yugo de la tarifa plana.

Otros, en cambio, como en el caso que nos ocupa, han preferido llevar a la práctica su propia noción del monopolio, si bien conviene aclarar pronto que el timo antes descrito jamás pudo producirse. «Es inviable técnicamente», nos dijeron en Telefónica, con voz fatigada. No en vano, decenas de personas —reconocieron— habían llamado antes que nosotros para cerciorarse de si también los pakistaníes que reparten el butano y las filipinas que trabajan en el servicio doméstico habían dado con una nueva modalidad de cobro revertido.

Una nueva informadora, Birgit Cortada, nos hacía llegar otro novedoso timo telefónico, más ingenioso que el anterior y por tanto más plausible. La idea central del mismo podría resumirse en que, delante de la todopoderosa y no siempre precisa ciencia, podemos llegar a cometer idioteces tales que, a la postre, comprometan nuestro pecunio:

> Unos presuntos delincuentes están enviando decenas de miles de correos que dicen textualmente: «¡Gracias por su pedido! ¡En menos de 48 horas su tarjeta de crédito será cargada con la cantidad de: Ptas 78.0000 (520 $ US), IVA incluido. Para cualquier aclaración de este pedido, llame a nuestro centro de pedidos: 005 691 4019 (servicio GRATUITO para nuestros clientes)».
>
> Se trata de una presunta estafa que consiste, simplemente, en que el que recibe este mensaje marque este teléfono, localizado en Chile, que no es gratuito, sino todo lo contrario, y al que sólo por el hecho de llamar cargan en nuestra cuenta bancaria cantidades astronómicas por una simple llamada, unas 500 ptas el minuto (tres euros por minuto, aproximadamente).

El mensaje incluía el suplicatorio «mándalo a cuatro personas», una cifra modesta para lo habitual en la red de redes —normalmente diez—. Respecto a la sintaxis del texto y la conocida afición de los internautas de dramatizar los mensajes con exclamaciones, mayúsculas y números, nos hemos mantenido fieles al texto original.

Pero el tercer grupo y el más numeroso está integrado por los que sólo pagan sus facturas y se defienden, mal que pueden, de la tecnología de unos y otros. Entre ellos se encuentra Alex Font, un lector de *La Vanguardia* que publicaba el 21 de enero la siguiente carta:

> Telefónica ha puesto en funcionamiento uno de los sistemas más chabacanos de los imaginables para usurparnos el dinero en pequeñas raciones pero que, sumadas, son una fortuna. El caso es el siguiente: el otro día un conocido me llamó a casa. Después de charlar un rato me despedí y colgué el auricular. Una porción de segundo más tarde el teléfono volvió a sonar. ¡Qué casualidad!, pensé. Pero la coincidencia no era tal: al descolgar descubrí que al otro lado del hilo se encontraba el mismo amigo con el que había departido hacía escasos momentos. «¿Por qué vuelves a llamarme?», le pregunté, a lo que él me contestó muy extrañado: «¡Pero si yo aún no había colgado el auricular!».
>
> El asombro era máximo. Fue un proceso tan rápido que mi amigo no podía haber tenido tiempo de apretar el botón de «rellamada». Pero la sorpresa fue mayúscula cuando días más tarde este mismo hecho me volvió a suceder con un conocido. La conclusión estaba clara: estas segundas llamadas —casi instantáneas— están previstas por Telefónica para que, con sólo descolgar el teléfono, tengan derecho a cobrar tantas pesetas de establecimiento de llamada.

Sinceramente, cualquiera podría dar fe, apelando a su propia experiencia, de este «fenómeno paranormal». Y otro tanto puede decirse de la repentina generosidad de Telefónica al regalar a diestro y siniestro el servicio de contestador automático.

Para muchos particulares, ya no sólo es posible que bandas foráneas estén pagando a Telefónica con su misma moneda, sino que es más que probable que ésta nos engatuse con alevosía y premeditación.

Tal vez esta desconfianza hacia la compañía pública y, por extensión, a su oscurantista técnica ha llevado a algunos ciudadanos a participar en cadenas solidarias que advierten de los excesos.

Antiguamente, el boca a boca y las cartas de los lectores eran el medio de transmisión habitual. Más tarde, los folkloristas comenzaron a referirse a términos tan curiosos como el «faxlore» —algo así como el folklore transmitido por el fax—, para acabar en el «netlore» con la irrupción de Internet.

Los falsos virus informáticos entrarían dentro del último capítulo y abarcarían desde el famoso «Good times», una bomba que se activa al abrir un mensaje de correo —algo completamente imposible—, hasta el «virus del sida» que —según nos ha llegado por Internet— se presenta en nuestro correo con «Abre. Superguay. Es increíble» y a continuación devora nada menos que cinco megas de disco duro y borra todos los programas, por no hablar del «Viernes 13», el primero de esta prolífica saga.

Incluso el periódico sensacionalista norteamericano *The Weekly World News* —de venta en supermercados— se ha atrevido a publicar una entrevista con una persona de 38 años, «cuyos datos se desconocen», que responde por «paciente cero» y que, al parecer, ha sido infectado por un virus informático:

> Del mismo modo que el virus del sida pasó en cierto momento de los monos a las personas, un virus del tipo «Caballo de Troya» se ha transmitido finalmente del disco duro de un ordenador al sistema nervioso central de un hombre.

Como sucedía con el teléfono, la existencia de virus auténticos —caso de «Melissa»— inspira a ciertos «tecnogamberros» a lanzar mensajes tremendistas, sobre todo a través de Internet, a fin de instaurar el caos en instrumentos concebidos para el orden.

Ante tamaña amenaza, los ciudadanos reaccionan de forma muy clásica, sólo que en lugar de recurrir a hojas fotocopiadas o al fax, ahora mandan sus cadenas solidarias a través de Internet. Y es que, curiosamente, el mismo instrumento de cuyos peligros advierten es, en la práctica, el único que puede salvarlos.

Antonio Ortí

NUEVOS TESTIMONIOS

En su libro, citan a Birgit Cortada como habiendo recibido un aviso de un timo telefónico plausible. Pues bien, me temo que aquí no hay leyenda. Yo personalmente (en persona yo mismo) he recibido un extraño e-mail en inglés diciendo que me cargaban en mi tarjeta de crédito cerca de setenta mil pesetas por mi «pedido», que no decía cuál era. La página web que aparecía en el mensaje no existía. Aparecía un número de teléfono (creo que empezaba por 005), pero no llamé.

    ¿Qué hice? Vigilar el saldo de mi tarjeta. Nadie me cobró nada. Conservé el mensaje casi un año, pero por desgracia lo perdí al borrar algunos mensajes antiguos por error.

Javier Redal
Valencia

LA ACUPUNTURA CREA HÁBITO

La acupuntura es una técnica curativa tradicional de China. Sus efectos son conocidos a escala mundial, aunque no sea aceptada por la comunidad científica. Últimamente es famosa por ser un remedio eficaz para dejar de fumar. ¿La razón? Evidentemente, las agujas que te meten van provistas de sustancias adictivas, que sustituyen a la nicotina. Dejas una adicción y te sometes a otra.

Lola Ortí
Valencia

Que los ciudadanos chinos son unos malvados, que traicionan, que tienen tormentos insanos, que se comen todo lo que tiene patas —menos las sillas—, es bien conocido. En este libro encontrará ejemplos muy gráficos, por si le quedaba alguna duda. Lo que no podíamos sospechar cuando comenzamos este inventario sobre las leyendas urbanas que corren por España es que en Valencia se iba a ampliar su larga lista de fechorías.

Al parecer, la acupuntura es una formidable tapadera para convertir en peleles ambulantes y zombies de poca monta a enfermos aquejados de dolores musculares y fumadores empedernidos. Cuando se tumban en la camilla, no sospechan nada, incluso creen notar alivio. Sin embargo, esas inocentes agujitas que les clavan en la espalda, en la nuca y en el lomo están impregnadas de una sustancia adictiva que les convierte en clientes cautivos. Que les duele un pie, agujita; que la migraña no se cura, agujita; que el trabajo les provoca estrés, más agujitas.

A decir verdad, en Valencia parece existir una extraño síndrome relacionado con las agujas adictivas. De aquí procede, por ejemplo, la leyenda de que algunas cabinas telefónicas esconden en el receptáculo que devuelve las monedas agujas de jeringuillas infectadas de sida —cuando vas a recoger el cambio, te contagias—. Incluso, algunos sostienen que el diario *Las Provincias* publicó alguna vez —extremo que no hemos podido confirmar— que en la playa de La Malvarrosa se encontraron jeringuillas enterradas en la arena con la punta hacia arriba.

El folklore moderno encuadra a este género dentro de las «teorías conspirativas». Al contrario que las leyendas urbanas, de estructura más neutra, cuando no conservadora —no hay que hablar con desconocidos, hay que rehusar caramelos a la puerta del colegio, tener cuidado con las autoestopistas, etc.—, las «conspiraciones» suelen enfrentarse al poder, al que consideran responsable de buena parte de los males conocidos.

Hasta España han llegado algunas de ellas, como la que nos recuerda Vicente Domenech desde Alacuás (Valencia), quien sostiene que durante la etapa franquista el pan contenía pequeñas dosis de bromuro que disminuían el apetito sexual de quien lo comía.

La primera noticia que se tiene del mito del bromuro data de finales de 1939, en vísperas del ataque alemán a Francia, cuando los soldados galos empiezan a quejarse de que se mezcla el bromuro a sus espaldas con café o vino. «Esto —señala Jean-Noël Kapferer— disminuía de manera notoria el ardor y la capacidad amorosa de los soldados, fenómeno del que se percataban en sus días libres». Al parecer, los militares recurrían a este componente químico por pensar que la continencia amorosa facilitaba las posibilidades de victoria y potenciaba ciertas virtudes mágicas como el ardor guerrero.

Sin embargo, la leyenda del bromuro siguió expandiéndose al finalizar la guerra y caló en los cuarteles españoles a finales de la década de los sesenta. A falta de alemanes a los que combatir, aquí la explicación podría ser otra: los soldados, al fin y al cabo unos adolescentes, justificaban con el bromuro sus angustias sobre la sexualidad confinada y culpaban a la Iglesia y a los militares de cualquier eventual fracaso amatorio que pudiera darse al llegar el anhelado permiso. Sin embargo, a diferencia de Francia y tal vez fruto del opresivo régimen franquista, la idea de que el bromuro seguía muy presente en la dieta cotidiana fue una constante hasta prácticamente nuestros días.

> A su vez —continúa Domenech—, cuando se generalizó el uso de agua corriente en las casas, el líquido que salía del grifo también llevaba un componente que, sin alterar en exceso el sabor —aprovechando el del cloro—, afectaba al deseo. Estas prácticas estaban auspiciadas por la Iglesia católica, de gran poder e influencia entonces y siempre pendiente del disfrute de sus feligreses.

Otro caso más reciente sobre manipulación gastronómica alude a los perros utilizados por la policía para encontrar droga, sobre cuya toxicomanía existe un amplio consenso en España.

Normalmente, el estado, la policía y los políticos son los principales sospechosos de estas tramas urdidas para oscuros manejos. Aunque no los únicos. En efecto, los laboratorios farmacéuticos suelen percibirse, en España y en Estados Unidos, como bunkers deshumanizados que deciden el destino de las personas en función de sus beneficios. ¿De qué modo cabe interpretar si no que la gripe siga postrando en cama a millones de personas cada año?

> Son los propios laboratorios —contesta Jaime Bengoa desde Castellón— los que mutan el virus para que las medicinas que año tras año inventan —más las que ya están en el mercado— no sirvan de nada. Simple y llanamente sirven para engordar las arcas de estas empresas. Además, estos fuertes intereses económicos implican en muchas ocasiones a los médicos, que atiborran de medicamentos a los pacientes, normalmente de forma indiscriminada y a cambio de suculentas comisiones y regalos.

La extendida tesis de que el sida lo inventaron los norteamericanos para librarse primero de homosexuales y reclusos y, más tarde, del Tercer Mundo entraría dentro de este capítulo. En *Bienvenidos al mundo del sida* damos más detalles al respecto.

Sin embargo, hasta España ha llegado una maquinación más terrorífica, un plan perfecto para aniquilar a los ancianos y convertirlos en un amasijo de hierros y cristales rotos por encargo de un organismo oficial: el Inserso.

> Con las nuevas tecnologías y avances de la medicina —reflexiona Salvador Olmos desde El Perelló (Valencia)— es reconocible un aumento considerable de la calidad de vida de nuestros ancianos. Además de ventajas de todo tipo, el Inserso facilita la labor del ocio a los mayores, programando viajes a precio de coste durante temporadas donde la escasa actividad turística permite una mejor atención. Pero, paralelamente a estas mejoras, el problema del sostenimiento de las pensiones públicas se engrandece día a día y jubilado a jubilado. Es entonces cuando el Inserso pone en marcha el plan B: Operación Accidentes. España es el país donde mayor número de accidentes de autobuses de jubilados se produce de media en la Unión Europea, y eso tiene que ver con el sistema público de pensiones.

En Estados Unidos hay varios libros dedicados exclusivamente a este tipo de componendas, consecuencia lógica del alejamiento de los ciudadanos de los centros de poder, pero también de corruptelas, abusos, prevaricaciones y enriquecimientos súbitos de gobernantes y allegados. Cada una de estas teorías tiene un buen número de seguidores y es refutada periódicamente con nuevos datos.

Algo similar parece estar ocurriendo en España. Y es que, si Luis Roldán, antiguo responsable de la Guardia Civil, apareció fotografiado en calzoncillos en *Interviú*, poco después de huir con una maleta repleta de dinero, por qué no creer que las quinielas futbolísticas, en realidad, no le tocan a nadie. Nos lo explicaron en Teruel y la cosa tenía su lógica. El sistema de apuestas es una fabulosa maquinaria inventada por el Gobierno para recaudar fondos. Como es imposible acertar y se impone cubrir las apariencias, el estado escoge a unos cuantos mendigos para hacerlos pasar por agraciados. A cambio de su silencio, les da algo de dinero, pero les coacciona con que, si abren la boca, les internará en un hospital psiquiátrico o los condenará por tráfico de droga. Ellos acceden a callar y el «sistema» continúa. A nosotros, al pueblo, no nos toca nada —todo lo más algún doce...— y para más inri —añadimos— consienten que los médicos chinos nos hagan adictos a la acupuntura.

Antonio Ortí

NUEVOS TESTIMONIOS

Todos conocemos a un primo, o a un amigo de un amigo de un primo, al que le ha tocado la ONCE o la lotería, pero... ¿conocemos a alguien que haya acertado los seis números en la Primitiva o el Pleno al Quince en la quiniela? Esto es así porque es prácticamente imposible que te toque. Es entonces cuando aparece el Estado, al que le conviene cubrir las apariencias para seguir recaudando. La maquinaria se pone en marcha lanzando una campaña publicitaria en la que se recuerda la cuantía del *bote* acumulado. Sólo hace falta un ganador. Para ello, se escoge a un mendigo. Se le asea y se le da una falsa identidad, una falsa visa y un falso y siempre modesto trabajo. Se organiza un encuentro con periodistas para que cubran la noticia. Se le da el dinero acordado, pero coaccionándolo con que, si abre la boca, será internado en un psiquiátrico o condenado por tráfico de drogas. Meses después, cuando nadie se acuerda de él y se ha gastado el dinero que le dieron, vuelve a la calle y jamás contará nada de lo ocurrido. De esta manera, todo el dinero de los *botes* de la Primitiva, la Bonoloto y las quinielas pasa sin ningún tipo de control a engrosar los *fondos reservados*.

Rivero

Extraída de un chat de Internet en Yahoo (15 de abril de 2004)
entre el susodicho Rivero, Luciana Garcés Sánchez,
y Alejandro González.

Nota de los autores: los siguientes párrafos corresponden a una entrevista realizada al Dr. Louis de Brouwer, biólogo molecular, fundador de la Asociación contra la Contaminación Alimentaria y Médica y consultor de la AIEWP, ONU y Unesco. Tal y como ha expresado en muchos de sus libros «todos somos cobayas».

Cuénteme su teoría sobre el nacimiento del sida.

No es una teoría, es una certeza. Llevo años investigando sobre eso. Pedía a la OMS la lista de vacunas aplicadas en África en los últimos 20 años. Y siempre me enviaban la lista incompleta, faltaban las vacunas contra la viruela. Tuve que amenazarles con denunciarles a las Naciones Unidas para obtenerla.

¿Qué descubrió?

Cuando comparé con el mapa del sida la lista de la vacuna de la viruela que se inoculó a 160 millones de personas de siete países de África central —entre 1970 y 1977— vi que en estos países hay 21 millones de enfermos.

¿Cuál es la conclusión?

El profesor Leonardo Horovitz estuvo recopilando durante ocho años documentos oficiales que publicó en un estudio llamado *Virus de emergencia* en el que se demuestra que la CIA introdujo el retrovirus del sida en la vacuna antiviruela en África.

¿Con qué objeto?

Era finales de los setenta, en plena guerra fría, y el Gobierno de Nixon estaba experimentando con armas bacteriológicas. La misión estaba en manos de Robert Gallo, que recibió 10 millones de dólares. Experimentaron con presidiarios.

Sus acusaciones son muy graves.

Eso es común en EE. UU. Si se ofrecen voluntarios para los experimentos, los dejan en libertad. Así le inyectaron la nueva arma: el retrovirus del sida, los tuvieron en observación un año y, como el período de incubación es de 8 a 10 años, los dejaron libres.

¿Y el virus se extendió?

Sí. Los prisioneros contagiaron básicamente a homosexuales y drogadictos.

¿Y no intentaron detenerlo?

Éstas son palabras textuales de Kissinger: «Hemos gastado mucho dinero, pero nos servirá para librarnos de los homosexuales y una gran franja de la población negra norteamericana, que constituyen un cáncer para nuestra sociedad».

¿Y qué tiene que ver África con esto?

La CIA hizo pruebas en África central con la vacuna de la viruela. Allí hay recursos mineros extraordinarios y ya han desaparecido 21 millones de personas.

La Vanguardia, «La Contra», 15/7/99

Los drogadictos limpian sus agujas introduciéndolas dentro de naranjas. A veces lo hacen en los árboles y otras en tiendas. Al parecer la vitamina C desinfecta mucho. Luego la gente se las come sin enterarse de nada.

Estefanía Garrigós
Barcelona

IMPREVISTOS

IMPENSABLES

ELEFANTES ABOLLACOCHES

¿Cómo sabes que hay un elefante en tu bañera? Por el leve olor a cacahue-
tes de su aliento. ¿Cómo sabes que a una mujer la ha violado un elefante?
Porque estará dos años embarazada.

He aquí un par de ejemplos, citados por Alan Dundes en su obra
Cracking Jokes, de un género que estuvo muy de moda allá por los años
sesenta: los chistes de elefantes. Fue también por esas fechas cuando
empezaron a surgir las primeras leyendas modernas con paquidermo
incluido. Tom Buckley, periodista del *New York Times*, recoge una de
ellas en un artículo del 5 de mayo de 1975.

El «suceso» descrito se inicia cuando una mujer aparca su fla-
mante Volkswagen «Escarabajo» en el Madison Square Garden de Nueva York, con la intención de comprar unas entradas para el circo. Mientras está en la taquilla, se pasea por el aparcamiento un elefante, al
cual han sacado para que se airee. De pronto, el animal confunde
aquel cochecito rojo con el taburete que forma parte de su número y
se sienta encima, hundiéndole completamente el techo. Los responsables del circo le proporcionan un atestado donde se cuenta lo ocurrido y se comprometen a pagarle la factura del chapista. Cuando la
policía la para en el viaje de vuelta, sospechando que ha tenido un
accidente y se ha dado a la fuga, podrá demostrar su inocencia gracias a dicho atestado, evitando que la sometan a la prueba de la alcoholemia.

Si hemos puesto «suceso» entre comillas, es porque las concienzudas gestiones que llevó a cabo Tom Buckley para localizar la fuente de la noticia sólo sirvieron para irle remitiendo a una cadena sin fin de «amigos de amigos» que aseguraban haberla oído de bocas cada vez más lejanas. Por último, el portavoz del circo confirmó lo que cabía prever: se trataba de una historia apócrifa que llevaba unos quince años circulando.

En efecto: como demuestran Jan Brunvand, Bengt af Klintberg y Rolf Brednich, los elefantes abollacoches también han depositado repetidamente sus demoledores traseros sobre las frágiles carrocerías de automóviles alemanes, suecos, británicos y españoles. Véronique Campion-Vincent menciona un brevísimo suelto publicado en el periódico *France Soir* del 8 de marzo de 1963, en el cual se describe una versión situada precisamente en nuestro territorio.

Según esta reseña (que ya quisiera para sí el dibujante Ibáñez), parece ser que un guardia de tráfico se puso a tocar el silbato cerca de un elefante; éste, quién sabe si tomando el pitido por una de las señales de su domador, se subió entonces al vehículo de nuestro paisano (que muy bien pudiera ser un «seiscientos», a juzgar por la fecha), y bailó sobre él con el mismo aplomo que debía de mostrar en su taburete de la pista circense. En esta ocasión no hubo atestados que disculparan al conductor, quien terminó en la comisaría por supuesta ebriedad.

Si calificábamos de frágiles las carrocerías de los coches siniestrados es porque éstos suelen ser utilitarios de pequeñas dimensiones: Fiats, «Escarabajos», «Minis» o «Dos Caballos». La aguda desproporción entre el gigantismo del elefante y el enanismo de tales vehículos refuerza el efecto cómico de esta clase de relatos y los sitúa en la órbita de ciertos *gags* visuales de invariable eficacia. Un circo, por ejemplo, utilizó de reclamo publicitario un cartel donde se veía un elefante sentado en un Volkswagen para anunciar su llegada a Estocolmo.

A finales de los años setenta la leyenda empieza a sufrir mutaciones y cristaliza en una variante que circula primero por Gran Bretaña, luego por el resto de Europa y con el tiempo se incorpora a la tradición norteamericana. En esta nueva versión, el circo se convierte en «safari-park» y el alcohol adquiere un fatal protagonismo. El relato que sigue presenta ya todas estas innovaciones. Nos lo cuenta Paco Barquino, escritor y profesor de literatura residente en Barcelona, tal como se lo narró un alumno suyo:

Un matrimonio acaba de estrenar un coche nuevo y decide conducir hasta un safari-park para celebrarlo. En la zona de los elefantes, la mujer, pensando que no corre peligro, baja un poco la ventanilla para refrescarse un poco del calor. Uno de los paquidermos, acostumbrado a recibir comida de los turistas, introduce la trompa por el hueco de la ventanilla abierta reclamando su ración. La mujer, espantada, la cierra tan apresuradamente que, en su torpeza, atrapa la trompa del animal. El elefante reacciona de forma violenta intentando liberarse del cepo, y cuando finalmente lo consigue tras un breve forcejeo, se venga del matrimonio golpeando con furia el capó con su trompa hasta abollarlo.

Cuando el matrimonio consigue escapar del ataque del elefante, se presenta, muy nervioso, en la recepción del safari-park para explicar lo sucedido. El gerente que les atiende les escucha sin sorpresa y les tranquiliza contándoles que este tipo de accidentes es tan común que hasta disponen de un seguro a disposición de los clientes para casos así. Mientras el gerente rellena los papeles del seguro, sirve una copa de coñac al matrimonio para que acabe de tranquilizarse.

Una vez cumplimentados todos los trámites del seguro, el matrimonio se marcha de vuelta a casa con su coche abollado. Unos kilómetros más allá, la fatalidad quiere que tropiecen con un accidente de tráfico. Un coche medio atravesado en la carretera y un hombre inconsciente tendido en el asfalto les impiden el paso. El matrimonio baja de su automóvil para atender al herido. Ellos son los primeros en llegar al lugar del siniestro.

Al descubrir el cuerpo inmóvil del conductor, no se atreven a tocarlo y aguardan ayuda. Enseguida llegan más coches y, entre ellos, uno de policía. Los hombres de la ley, al ver el coche abollado de nuestro matrimonio, deducen que se ha visto implicado en el accidente.

Nuestro matrimonio proclama su inocencia inútilmente explicándoles que el responsable de aquel destrozo ha sido un elefante. La policía frunce el ceño al escuchar la anécdota del safari-park. Creyendo que es un bulo, hace la prueba de alcoholemia al matrimonio. Evidentemente, el coñac que había ingerido en la recepción del safari-park mientras el gerente formalizaba los papeles del seguro es una prueba inculpatoria demasiado contundente. Las pruebas circunstanciales les acusan. Ellos han provocado aquel accidente por conducción temeraria en estado de ebriedad.

En esta versión se da una coincidencia única, intraducible a otros idiomas, que confiere al relato una curiosa circularidad y apunta hacia una moraleja rebosante de justicia poética. Obsérvese que la mujer «atrapa la trompa» al pobre elefante, que sólo mendigaba un puñado de cacahuetes. Más tarde, esta frase literal reaparecerá en forma figurada, al sobreentenderse que el marido «pilla una trompa» (se emborracha) y por ello es acusado de la autoría del accidente: difícilmente podría encontrarse una aplicación más ingeniosa de la ley del Talión: ¡quien pille la trompa a un elefante lo pagará pillando una trompa!

Puede que esta elucubración no se apoye más que en un juego de palabras más o menos afortunado; ahora bien, aunque el retruécano no sea posible en otras lenguas, la asociación metafórica entre los elefantes y el alcohol sí que lo es. Nos referimos a la creencia popular de que los bebedores empedernidos ven «elefantes rosas». Ignoramos en qué momento se introduciría la fatídica copa de coñac en la leyenda del elefante abollacoches, pero lo cierto es que constituye un magnífico hallazgo argumental. No sólo encaja a la perfección en la trama, sino que la reviste de un significado mucho más punzante: a los ojos de la policía, el inocente conductor será culpable de «conducción temeraria en estado de ebriedad», y cuando éste intente justificarse, no conseguirá otra cosa que redondear involuntariamente el primer malentendido con una excusa que ejemplifica, al más puro estilo del chiste o el tebeo, las alucinaciones de un alcohólico a las puertas del *delirium tremens*.

Esta leyenda constituye una magnífica ilustración de las jugarretas del destino a que está expuesta cualquier persona de conducta ejemplar y que pueden poner en entredicho su honradez.

En *The Choking Doberman* Jan Brunvand recoge una versión en que la protagonista es nada menos que una monja, a la que también acusan de haber empinado el codo. Algunos conocedores del carácter germánico nos proponen una interpretación semejante. Según su teoría, la reiterada presencia de «escarabajos» Volkswagen podría delatar el origen alemán de la leyenda. De ser cierto, opinan dichos germanólogos, el temor reverencial que inspira la «autoridad» a los alemanes se vería reflejado en una situación que para ellos encarnaría la peor de las pesadillas: ser acusados injustamente de un delito causado por una cadena de fatalidades absurdas.

En el último relato de este capítulo, del que no hemos encontrado equivalentes extranjeros, no aparece elefante alguno. Lo que sí que hay en él, como observará el lector, son algunos motivos que recuerdan la leyenda del elefante y el «safari-park». Uno de ellos es el alcohol, que desempeña una función parecida: inculpar a un inocente. Tendríamos aquí otro ejemplo de la flexibilidad de los temas y motivos de las leyendas urbanas. La recreación colectiva los combina y recombina sin cesar. De este modo se van generando tipos y subtipos autónomos y bien tramados, con grandes diferencias formales pero provistos de idénticos elementos de fondo. Nos lo cuenta Miriam, una informadora de Tarragona:

> Un chico va conduciendo solo por la carretera y tiene un accidente contra otro coche conducido por una chica. Ninguno de los dos se hace daño pero los coches quedan prácticamente destrozados. La chica (muy atractiva, por cierto) le dice: «¿Estás bien? Sí, estás bien. Y yo también. No tengo ni un rasguño. Esto debe de ser cosa del destino. El destino nos ha unido. Es una señal».
>
> El chico, encantado y desconcertado por lo extraño de la situación, le da la razón a la chica. «Sí, sí, debe de ser cosa del destino» (a ver si cae). La chica se dirige al coche y coge una botella de vino que ha quedado intacta. Se la ofrece al chico para que «le quite el nerviosismo y para hacer la situación algo más agradable y celebrar su encuentro». Él, nervioso, se bebe media botella y cuando se la pasa a la chica, ésta tira el resto del vino y rompe la botella en añicos. Le dice al chico: «Ahora esperaremos a que venga la policía...».

Y luego, por si teníamos alguna duda, nuestra informadora de Tarragona alude al quimérico «amigo de un amigo», aportando pruebas concluyentes de las raíces legendarias del relato:

Esta historia me la explicó ayer (28 de febrero de 1999) un amigo como si fuera verdad. (Un caso real, aunque luego bromeó diciendo que se la había contado no sé quién.)

Josep Sampere

NUEVOS TESTIMONIOS

La historia que me contó mi padre presenta al director del circo ofreciendo un arreglo amistoso: entrega al dueño del coche una compensación monetaria, a fin de evitarse molestias y papeleo. Como la suma de dinero era sobrada para las reparaciones, el dueño y sus amigos deciden tomarse unas copitas para celebrarlo. Tras ello, y yendo por la carretera en busca de un taller, nuestros héroes son sorprendidos por la Benemérita, que decide hacerles unas preguntas sobre los daños sufridos en el vehículo. Los guardias civiles notan en ellos cierto grado de euforia etílica, quizás alientos delatores (entonces no existían los alcoholímetros o no estaban disponibles en España). Ellos acusan de los daños a un elefante... y el desenlace escepticismo + cuartelillo + declaraciones etc. es el habitual. Moraleja:

a) No celebres antes de tiempo.
b) Si bebes, no conduzcas.
c) No quieres caldo (burocrático), toma dos tazas.

Ésta es más difícil de fechar, pero yo diría que la oí a principios o mediados de los años sesenta. Es más, en aquel entonces la vi dibujada en un tebeo de chicas perteneciente a una de mis primas. Era una de esas historietas románticas dulzonas, que dejaron de existir hace tiempo. Tanto que era mucho antes de que a los tebeos se les llamara «comics».

Javier Redal
Valencia

PECHOS EXPLOSIVOS

Hace quince años el periódico colombiano *El Espectador* encabezó una de sus páginas con la siguiente noticia: «Pechos de azafata explotan a 15.000 pies de altura». Aunque los atónitos lectores lo ignoraban, no se trataba de la típica primicia de un país desmedido. Detonaciones parecidas se habían oído con antelación.

También en Colombia el estallido había sido casual y sin ningún fin preconcebido. De repente, una azafata muy bien plantada se había marchitado *ipso facto*, recordándonos esa escena de *Un rey en Nueva York* (1957) en la que Charles Chaplin acude a ver una película cómica después de hacerse la cirugía estética y ríe de tal manera que le saltan las costuras de la cara.

Hacia 1980 llegaban hasta España estallidos similares. Por aquella fecha sitúa Víctor García, presidente de la Sociedad Española de Medicina y Cirugía Cosmética, una serie de rumores que afectaron, muy en especial, a la actriz y presentadora Ana García Obregón.

Aunque se ignoran los detalles concretos de aquel infausto vuelo, el susto debió de ser de órdago, ya no sólo por la agraciada anatomía de la protagonista, sino por la alarma social que crean siniestros de esta ralea.

En apoyo de García Obregón hay que decir que otro tanto le había ocurrido a Brigitte Nielsen en Italia, según daba cuenta el programa televisivo *Più sani e più belli* y recogía en su libro *Trapianti sesso angosce* la antropóloga transalpina Laura Bonato.

La noticia circuló por toda la profesión —sugería Víctor García—, pero también en la calle. Había personas que nos preguntaban qué había de cierto en lo de Ana García Obregón.

A mi entender, pudo tratarse de la despresurización —añadía García—, esto es, de un cambio de presión brusco en la cabina que hubiera llevado a que el seno postizo —un elemento cóncavo con un líquido interior— se desparramara, del mismo modo que a veces se rompe un vaso. Pero lo más normal es que se tratara de un defecto de fabricación —que rezumara silicona por un poro, o simple casualidad, tanto le podría haber pasado allí como sentada en una silla.

Por las pesquisas que llevamos a cabo, «el caso Anita» era bien conocido en la profesión, aunque especialistas como Elvira Ródenas, doctora del centro madrileño Estudio Estético, se negaran a darle crédito.

Otro tanto sucedía con particulares y público en general que, verdad o no, habían escuchado la explosión por boca de conocidos y amigos. Incluso los humoristas Martes y Trece reconstruyeron el zambombazo en TVE1, para recuperar uno de ellos el *sketch* más tarde en el programa *Un Millán de cosas*.

El primero en investigar el suceso fue Jan Brunvand, a quien escribió una mujer de Secaucus (Nueva Jersey) para cerciorarse de si una historia que circulaba por su familia era en realidad una leyenda urbana.

La tía Edna, nombre al que recurrió Brunvand para encubrir sus apellidos reales al publicar dicha carta en *The Baby Train*, sufrió, al parecer, un percance parecido con su sujetador allá por 1960, «cuando era —decía la carta— una jovencita refinada con peinado estilo "colmena", tacones dorados de aguja y pantalones de pata de elefante».

Tía Edna, por lo visto, se puso un sujetador hinchable durante un trayecto de avión, con tan mala fortuna que cuando la cabina perdió presión el sostén se expandió de manera alarmante. En una versión del relato, tía Edna conseguía llegar a tiempo al lavabo y quitárselo. En otra, «explotaba» en pleno pasillo.

La remitente de la carta recordaba que el sujetador hinchable estuvo de moda en los años sesenta y que consistía en membranas de plástico huecas que podían hincharse hasta el tamaño deseado soplando por un tubito.

Para satisfacer a la persona que escribía la carta y dado que otros «big bangs» parecidos al de tía Edna habían conmocionado a Estados Unidos, Brunvand decidió investigar a fondo el asunto.

El 12 de diciembre de 1988, en la teleserie *Designing Women* (*Mujeres de diseño*), un personaje femenino preguntaba sobre la conveniencia de invertir parte de una herencia en hacer crecer sus pechos con implantes de silicona. Suzanne —papel interpretado por la actriz Delta Burke— le contestaba: «No lo hagas. Una azafata de la PAN AM que conozco se hizo la operación y los pechos le explotaron nada más despegar».

Otro informador, Dan Lester, bibliotecario de la Bruise State University, aportaba nuevos datos. Según parece, había oído un estruendo similar entre 1981 y 1982, cuando una chica que asistía a una fiesta de graduación contempló horrorizada el desplome de su pecho, después de que su pareja de baile le pinchara el sujetador hinchable al ir a prenderle un ramillete de flores en la delantera de su vestido de gala.

Por otra parte, en el libro de Jearl Walker *The Flying Circus of Physics*, un manual de física divulgativa, en el capítulo dedicado a la presión atmosférica e hidráulica, se formulaba la siguiente pregunta: «¿Qué le pasa a una azafata que lleva un sujetador hinchable cuando la cabina de su reactor pierde presión?: inflación».

También el diario *Los Angeles Times* quiso sumarse al debate. Un periodista del mismo, Matt Weistock, afirmaba que esta serie de circunstancias potencialmente explosivas ocurrieron hacía poco en un vuelo con destino a Los Ángeles:

Cuando el sujetador se le había expandido hasta la talla 46 —anotaba Weistock— ella buscó frenéticamente una solución. Por fin, encontró entre el pasaje a alguien que llevaba un alfiler de sombrero y con él se apuñaló a sí misma en el punto estratégico. Pero no sin esfuerzo, puesto que fue mal interpretada por un pasajero que forcejeó con ella para evitar el hara kiri.

A su vez, Jan Brunvand pudo constatar que ese tipo de sujetadores existían realmente. En una página del catálogo de 1967 *Frederik's Hollywood* se incluían tres modelos de sujetadores hinchables: «Float» (flote), «Bosom Friend» (el amigo del busto) y «Knit Fit» (superceñido). También en 1989 otro catálogo de venta por correo, *Old Pueblo Traders*, de Tucson (Arizona), ofrecía un sujetador hinchable «hasta la plenitud que usted desee» —«tubito incluido»—. Pero ni en un caso ni en otro se incluía advertencia alguna sobre que su uso podía perjudicar seriamente la salud en trayectos aéreos.

La leyenda sobre los sujetadores explosivos se hizo muy popular en Estados Unidos durante la década de los setenta y creó un caldo de cultivo para una nueva generación de pechos artificiales: los implantes de silicona. De repente, aquí y allá comenzaron a explotar mujeres famosas —las primeras en experimentar la técnica— en aviones, primero en Estados Unidos, luego en Colombia, más tarde en Italia y finalmente en España.

El momento álgido se produjo cuando algunos estudios advirtieron que la silicona podía ser cancerígena y que algunas mujeres deberían desprenderse de sus pechos postizos en previsión de males mayores. Huelga decir que algunas pagaron la impostura con el escarnio.

Tanto es así que en agosto de 1999 una firma corsetera comenzaba a comercializar una nueva generación de sujetadores de gel con la marca Último. En la promoción, según pudo verse en los noticiarios —también *El País* informó en la sección de «Gente»—, dos hermanas gemelas lucían en ropa interior sus encantos por las calles londinenses.

Sin saberlo, gracias al inofensivo gel, muchas mujeres se habían librado de la mofa y el escándalo. Con Último los senos ya no explotaban, sino que alcanzaban notoriedad y relieve sin renunciar a esa serena compostura que, en última instancia, encumbra a las grandes mujeres.

Antonio Ortí

NUEVOS TESTIMONIOS

Sex & Zen era precisamente lo que necesitaban los aficionados al cine producido en Hong Kong, cada vez más numerosos. Se trataba de una película de época, sin peleas, sumamente divertida y, por encima de todo, repleta de escenas de sexo de lo más exóticas. La elegante Amy Yip llegó a ser muy pronto una de las representantes más prominentes de la nueva escuela de actrices especializadas en papeles eróticos. Prominente en más de un sentido. Sus 95 centímetros de busto (insólitos en un país donde predominan los pechos planos) fueron objeto de numerosas conjeturas. La prensa sensacionalista publicó artículos, acompañados de fotografías reveladoras, en los que se insinuaba que se había puesto implantes de silicona. La revista *She* menciona un artículo del año 1995 titulado «Rumor en Taiwán: pechos averiados», según el cual los implantes de Amy, al parecer defectuosos, habían estallado.

PETE TOMBS
Mondo Macabro. London: Titan Books, 1997, p. 21

ANIMALES RESUCITADOS

Esta historia ocurrió en la urbanización de las Vaguadas de Bajadón, hará unos cinco años. Uno de los vecinos era dueño de un perro que siempre estaba atacando a los demás animales. Junto a su casa vivía una mujer que tenía un loro desde hacía largo tiempo, al cual apreciaba muchísimo.

Pues bien, un día el hombre encontró a su perro con el loro completamente manchado de tierra y muerto. Al ver aquello pensó enseguida que el perro lo había matado. Entonces, para no dar un disgusto a su vecina, lo que hizo fue coger al loro, lo limpió y lo volvió a dejar en la jaula, sin decir nada a la dueña.

Esa misma tarde, mientras miraba la televisión, oyó a su vecina dando gritos: «¡Mi loro! ¡Mi loro!...». El hombre salió de casa y vio a la mujer con el loro en las manos y llorando. Le preguntó qué le ocurría, y ella le dijo que su loro estaba muerto. Él le dijo que no pasaba nada, que ya se compraría otro, y las cosas que se suelen decir. Pero la mujer estaba disgustada por otro motivo, por algo muy extraño: al parecer, el loro se había muerto hacía dos noches, y ella lo había encontrado en la jaula, muerto, cuando debería estar bajo tierra. ¿Habría resucitado?

ALBERTO COLINO
Badajoz

Cuando Alberto Colino nos hizo llegar este relato, comprendimos una vez más que, a diferencia de los papagayos, las leyendas contemporáneas son una especie migratoria y propensa a las metamorfosis.

La variante que viene a continuación la hemos localizado en la obra de Jan Brunvand *Curses! Broiled Again!* En palabras del folklorista norteamericano se trata de una de las numerosas versiones que surgieron de su buzón hacia 1988 «como los conejos que se multiplican en el sombrero de un mago»:

> Un buen día, una señora se queda horrorizada al ver que su perro lleva un conejo muerto en las fauces. Enseguida se da cuenta de que es el mismo que tenían sus vecinos en una jaula del patio. La mujer le quita el conejo al perro, lo lava a conciencia, lo seca bien con un secador y, aprovechando la ausencia de los vecinos, se mete a hurtadillas en su patio y deposita el «remozado» animalito dentro de su jaula en una postura más o menos natural, como si aún estuviera vivo. Al día siguiente ve un coche de policía aparcado frente a la casa de al lado. Llena de curiosidad, sale a la calle y pregunta qué ocurre.
>
> —Una gamberrada —le dice un agente—. Ayer se murió el conejo de esta familia, y algún perturbado lo desenterró y lo volvió a poner en la jaula.

A lo largo de 1988, un sinfín de nuevas versiones fueron engrosando los archivos de Jan Brunvand. Procedentes de numerosos estados de Norteamérica, la mayoría eran recortes de prensa que contaban la leyenda como si de un caso verídico se tratara. Un ejemplo particularmente impecable ponía en escena a una «canguro» que lavaba al conejo con suavizante Woolite y lo colgaba de las orejas en la ducha para que se secara. En 1989 fue el mismísimo Michael Landon quien narró la historia por televisión, en el programa *Tonight Show*, presentado por el incombustible Johnny Carson. El beatífico actor puso en entredicho su angelical sinceridad al asegurar que se trataba de una experiencia propia.

Al mismo tiempo empezaban las metamorfosis: una variante británica y algunas norteamericanas recogían el mismo episodio, aunque el cadáver exhumado adoptaba en ellas la forma de un gato. Pero la mutación definitiva, como hemos visto, tuvo lugar cuando la leyenda llegó a nuestros pagos proveniente de ultramar. ¿Habría hecho tal vez escala en las islas Canarias, adoptando allí un plumaje multicolor? ¿Cuántas vueltas habría dado para sufrir tan notable reencarnación?

La equívoca muerte y falsa resurrección de un animal ha dado pie a otras leyendas que, según Jan Brunvand, podrían ser las antecesoras de las anteriores, ya que algunas se remontan a los años cincuenta. La mayoría de ellas lleva al límite el motivo del animal que regresa «de entre los muertos», la acción transcurre en un aeropuerto y —*mutatis mutandis*— el difunto suele ser un perro. He aquí un ejemplo situado en un aeropuerto internacional de Chicago, extraído de la obra citada más arriba:

> Los empleados de la sección de equipajes encuentran un perrito difunto dentro de una caja con destino a Roma. Temiendo que les acusen de haberle causado la muerte por un descuido, deciden llevar a cabo una colecta, comprar un perrito idéntico y expedirlo a Roma en la misma caja. Cuando el bulto llega a Italia, la destinataria acude a recogerlo al aeropuerto. Al abrir la caja, el animalito sale dando brincos de alegría. La italiana sufre tal impresión que se cae redonda.
>
> Por lo visto, la buena mujer se había ido de vacaciones a los Estados Unidos con su perrito, y éste murió mientras estaban en Chicago. Lo que contenía la caja eran sus restos mortales, que ella mandó a Italia por vía aérea para enterrarlos como Dios manda.

El relato que sigue lo incluye Paul Smith en *The Book of Nasty Legends*. Aunque no haya resurrecciones fingidas de por medio, tiene éste una clara similitud temática con los anteriores: un malentendido causado por el cadáver de un animal provoca una situación muy comprometedora.

> Una joven ama de casa iba a dar por primera vez una cena a la que estaban invitados varios directivos de la empresa de su marido. Como era una velada muy especial, llevaba idea de preparar, entre otros platos, una *mousse* de salmón. A tal efecto se acercó al mercado, compró el pescado que necesitaba y, después de lavarlo, lo dejó sobre la mesa de la cocina mientras iba por los demás ingredientes. Al volver de la despensa descubrió, horrorizada, que el gato estaba sentado en la mesa mordisqueando el pescado. Se apresuró a

echarlo y luego se dijo: «Vaya, no creo que se den cuenta de lo que ha ocurrido». Así pues, volvió a limpiar el pescado y siguió con los preparativos.

La cena tuvo un gran éxito. Al término de la misma, entrada la noche, los invitados se fueron despidiendo sin dejar de felicitarla efusivamente, sobre todo por la *mousse* de salmón. Cuando hubo partido el último coche y cerraron las puertas del jardín, el matrimonio reparó de pronto en que su gato estaba junto al porche, tieso y muerto.

La joven ama de casa se devanó los sesos, tratando de averiguar lo que le habría ocurrido al pobre animal, hasta que se acordó del salmón. Imaginándose que debía de estar contaminado, cogió el teléfono y llamó a todos los invitados, incluidos los jefes de su marido, para ponerles al corriente de la situación y recomendarles que avisaran al médico enseguida. Aquello no les hizo la menor gracia. De hecho, algunos llegaron a tomarse francamente mal que les hubiera servido un alimento mordisqueado por un gato.

En cuanto hubo hecho la última llamada sonó el timbre. Era su vecino, con cara de estar muy avergonzado. Le explicó que aquella noche, al salir, había tenido la desgracia de atropellar a su gato. Le dijo que lo sentía mucho, pero que en aquel momento tenía muchísima prisa porque debía coger el tren. Que había llamado varias veces para comunicárselo, pero que, por desgracia, no consiguió hacerse oír a causa del ruido de la cena. Así pues, había dejado el gato junto al porche. ¿Lo habían encontrado ya?

Obsérvese que en todas estas leyendas el cuerpo sin vida de un animal desempeña una función «ejemplar», es decir, sirve para poner al descubierto una acción reprobable. En la historia precedente, la «joven ama de casa» es castigada por dar a los invitados un alimento «sucio». En los relatos que abrían el capítulo, las personas que pretenden guardar las apariencias fingiendo que un animal no ha muerto terminan pagando por ello, puesto que, aun siendo inocentes del «asesinato» que atribuyen a su perro, son culpables de haber profanado el antiquísimo tabú de «no perturbar el descanso de los muertos».

Otras leyendas urbanas sobre manipulación de cadáveres llevan al extremo esta idea, y dan a entender que la locura podría ser el castigo por no dejar en paz a los difuntos. Un ejemplo concreto de ello lo encontramos en cierta historia muy difundida en las facultades de medicina: para gastar una broma a una alumna, un grupo de estudiantes decidió meterle en la cama el brazo de uno de los cadáveres con los que realizaban prácticas de disección. Tras esperar largo rato ante su puerta, y al ver que no daba señales de vida, los bromistas entraron por fin en el cuarto y encontraron a la alumna sentada en el suelo, con el «pelo completamente blanco», y royendo el brazo cadavérico desesperadamente. Tanto ella como los graciosos pagaron muy cara la jugarreta.

Una versión más suave del mismo relato la encontramos en la novela de Pío Baroja *El árbol de la ciencia*:

> Se contaba de un estudiante de segundo año que había embromado a un amigo suyo, que sabía era un poco aprensivo, de este modo: cogió el brazo de un muerto, se embozó en la capa y se acercó a saludar a su amigo.
>
> «Hola, ¿qué tal?», le dijo sacando por debajo de la capa la mano del cadáver. «Bien ¿y tú?», contestó el otro. El amigo estrechó la mano, se estremeció al notar su frialdad y quedó horrorizado al ver que por debajo de la capa salía el brazo de un cadáver.

Josep Sampere

NUEVOS TESTIMONIOS

Nota de los autores: el cortometraje *El perro de al lado* (1997), dirigido por Antonia Montaner, se inspira en las leyendas analizadas en este capítulo. Su directora tuvo la gentileza de hacernos llegar una copia.

EL SUBMARINISTA CALCINADO

Un guarda forestal advirtió tras un pavoroso incendio que un extraño cuerpo se había quedado enredado en las ramas de un árbol. Tras observarlo atentamente, descubrió que su atuendo era el propio de un hombre rana: traje de neopreno, botellas de oxígeno, mascarilla y pies de pato.

Pere Portabella
Barcelona

Hace ya unos años el cineasta Pere Portabella rodó una película titulada *El pont de Varsòvia* (1989). En una de las escenas más impactantes de este filme lírico y simbólico, podía verse a un submarinista calcinado en mitad de un bosque arrasado por el fuego. Su misteriosa aparición cambiaría el rumbo de las relaciones afectivas que mantenían hasta ese momento los tres personajes principales: una profesora de biología, un escritor recientemente galardonado y un director de orquesta.

La idea —nos comentó Portabella— la saqué de un recorte de periódico de la región de Le Midi, si no recuerdo mal, del *Nice Matin*. En un breve se afirmaba que un escafandrista había sido hallado en las inmediaciones de los Alpes, en la región de la Provenza, si bien no puedo precisar el lugar exacto, tal vez cerca de Lyon o de Aviñón, pero no más abajo.

Antes que Portabella, submarinistas de diversas nacionalidades —la leyenda se conoce, por ejemplo, en Estados Unidos, España y Francia— habían oído que los hidroaviones que extinguen los incendios abducen involuntariamente a buzos desprevenidos. Así, mientras éstos están absortos en la fauna submarina, son apresados por las fauces de un Moby Dick alado que los transporta a una especie de parrilla enorme, muy habitual en las pesadillas de meros, atunes y sargos.

Esta metáfora del «pescador pescado», hay que decirlo ya, no tiene ningún fundamento técnico. Según señala el cuerpo de bomberos —por boca de Enric Pagés—, los hidroaviones de Icona se valen de un enjambre de tubos y de una rejilla «por donde no cabe un puño», para llenar sus depósitos, por lo que no cabe hablar de homicidio involuntario.

No obstante, esta historia era conocida en España desde la década de los ochenta, cuando empezó a oírse por clubes de submarinistas, como el GISED de Valencia, o el propio Centro Excursionista de Gracia —Barcelona—, en cuyo tablón de anuncios permaneció clavada con una chincheta durante largo tiempo una fotocopia que advertía del peligro.

Ya por aquel entonces, embarcaciones cuyos patrones tenían la vista puesta en Borneo habían arrollado en el litoral español a submarinistas atrincherados en boyas naranjas, causándoles graves daños, cuando no la muerte.

Tal vez ello alimentara el rumor y forjara esta historia gremial surrealista, que con el tiempo acabaría por traspasar su medio natural, el mar, para probar fortuna tierra adentro. James Kirkup, por ejemplo, un norteamericano residente en Andorra, informó en octubre de 1998 a *Foaftale News*, el boletín de la Sociedad Internacional para el Estudio de la Leyenda Contemporánea, que los «canadairs» —los aviones antiincendios galos— succionaban a menudo hombres ranas al llenar sus depósitos en el Mediterráneo.

Sin embargo, una pista iba a trastocar nuestra investigación. La aportaba Luis Noriega, un colombiano licenciado en Literatura, que preparaba en aquel momento su tesis doctoral sobre las ficciones que determinan el mundo real. Noriega había escuchado en Londres la historia del submarinista y la relacionaba con una segunda, la de un marinero que se suicidó tras salir de un restaurante francés y comer una sopa de albatros —los británicos parecen tener claro a qué país se le ocurriría perpetrar semejante atentado gastronómico...

La historia contaba, más o menos, lo siguiente. Un barco había naufragado en altamar. Los supervivientes se refugiaron en una isla, pero muy pronto escasearon las provisiones. Cuando ya estaban a punto de perecer a causa del hambre, apareció un marinero con un caldero humeante. Al parecer, la diosa fortuna se había apiadado de ellos y les había obsequiado con un albatros para preparar el suculento guiso. Al día siguiente se repitió la misma escena. Y al otro. Y al otro.

Después de marcar unas cuantas cruces en un árbol —tantas como días transcurridos—, los marineros fueron rescatados por un navío mercante. Al cabo de algunos meses, nuestro náufrago se había convertido en un próspero gentilhombre y visitaba Francia para atender sus negocios. Tal vez para rememorar su odisea, se aventuró en un restaurante galo y decidió probar el mejunje al cual debía la vida. Pero fue llevarse la cuchara a la boca y reparar en el sabor real que tenía la sopa de albatros. Ahora estaba claro: su menú había consistido en los marineros muertos que la marea devolvía a la playa. Sin esperar al segundo plato —algo, por cierto, nada inglés— nuestro héroe creyó encontrar el momento para poner fin a sus días.

No obstante, tanto la historia de la sopa de albatros como la del submarinista se contaban de otra forma: «Se incendia un bosque y descubren a un buzo quemado. ¿Qué ha pasado?». Es decir, se trataba de acertijos, de pruebas de ingenio del tipo: «Un hombre de una pequeña ciudad española ha celebrado matrimonio con nueve mujeres. No ha incumplido ninguna ley, ni se ha divorciado, ni se ha separado, ni tampoco ninguna de ellas ha muerto. ¿Cómo es posible?». Solución: es un sacerdote.

Con esta certeza nos fuimos a hablar con Màrius Serra, especialista en enigmística y autor del crucigrama que cada día publica *La Vanguardia*. Tras rebuscar por sus archivos y conversar animadamente sobre Martin Gardner y *Los acertijos de Sam Lloyd*, Màrius Serra dio con lo que buscaba, una caja rectangular de la firma británica

Spear comercializada bajo el nombre de *Mindtrap. El desafío a la mente*, que contenía unas mil fichas con adivinanzas de todo tipo, entre ellas la de la sopa de albatros y la del submarinista calcinado.

En España había sido puesta a la venta en 1993 —al parecer la casa juguetera Mattel también tenía un juego que reunía al submarinista y a la famosa sopa—, si bien su puesta en circulación en Gran Bretaña fue anterior. De hecho, muchos de los acertijos que allí se incluían tenían más de cien años de historia, cuando no eran refritos de mitos clásicos. Nos interesaba, sobre todo, saber si la historia del submarinista había surgido en algún despacho como un juego de lógica o si, como parecía al principio, había sido propagada por los únicos habitantes del mar trajeados.

Como si se tratara de uno de los enigmas de Canterbury, fue imposible saberlo. Tanto es así, que terminamos hablando sobre qué fue antes, si el huevo o la gallina. Serra opinaba que, desde un punto de vista zoológico, los dinosaurios nacieron primero que las gallinas y que lo hicieron de huevos. Así que, mientras se consumía la mañana, creímos ver en el horizonte un pterodáctilo que, con la excusa de apagar un incendio, iba a depositar muy pronto un huevo en forma de submarinista cerca de cualquier océano importunado por el fuego.

Antonio Ortí

NUEVOS TESTIMONIOS

El ataúd en la baca

Hace años, en un autobús que iba de Guardiola de Berga a Ripoll, lleno hasta los topes, un hombre no tuvo otro remedio que subirse a la baca. Resulta que allí había un ataúd vacío que tenían que trasladar a un pueblo. Por el camino se puso a llover y el hombre pensó: «Me voy a meter en la caja. Así no me mojaré». El hombre se durmió, y en una parada subieron dos monjas que también fueron a parar a la baca. Nada más despertar, el hombre sacó la mano para ver si aún llovía. Las monjas, cuando vieron que el muerto sacaba la mano, saltaron del autobús y murieron en el acto. La autoridad lo consideró como un suicidio.

JOSEP M. PUJOL (ED.)
«Benvingut/da al club de la sida i altres rumors d'actualitat».
Barcelona: Generalitat de Catalunya.
Departament de Cultura, 2002, p. 167

Enigma:

Los autoestopistas

Nando deja subir a dos autoestopistas en su camioneta. Cuando llega a su destino, el primer autoestopista continúa su viaje, y el segundo muere.

¿Qué ha pasado?

Respuesta:

Nando conduce una camioneta descubierta y tiene que entregar un ataúd. Como en la cabina faltaba espacio, ha hecho que un autoestopista se sentara al lado de esa carga macabra. Estaba lloviendo a mares, de modo que el autoestopista se ha refugiado en la caja de muertos, después de asegurarse de que estaba vacía, y para no mojarse ha cerrado la tapa. Al cabo de un rato, Nando ha recogido a un segundo autoestopista, que, muy contento por no tener que andar más, soporta estoicamente la lluvia y —según cree— la compañía de un muerto. Pero cuando la camioneta ha llegado a su destino, ha visto con horror cómo se levantaba la tapa del ataúd y ha sufrido un ataque cardíaco mortal.

JERÔME BONALDI
Llibre d'enigmas. El gran joc de les neuronas.
Barcelona: Pòrtic, 1999, p. 44

Menú del día: sopa de tortuga

En referencia a *El submarinista calcinado*, oí narrar una mezcla de adivinanza y juego de lógica muy parecido al de la sopa de albatros hacia 1982. «Un hombre entra en un restaurante y pide una sopa de tortuga. Prueba una o dos cucharadas y, acto seguido, se dispara un tiro a la cabeza. ¿Por qué? La respuesta era que había naufragado en compañía de otras personas en una isla desierta y que el cocinero del barco les había estado sirviendo lo que él denominaba "sopa de tortuga". Pero él sospechaba que la sopa era de otro animal con menos patas. Así fue como al volver a la civilización lo comprobó personalmente. Que la referida leyenda tenga como protagonistas a marineros y naufragios no debe extrañar; Edgar Poe lo explica más que bien en alguno de sus relatos.»

LABORATORIO DE BOTÁNICA
Facultad de Farmacia. Universidad de Barcelona
(el profesor remitente solicita el anonimato)

EL VÁTER QUE EXPLOTÓ
Y OTROS ACCIDENTES GROTESCOS

El humor es hermano del horror.

P. Gripari

Las fórmulas más elementales para provocar la risa —un transeúnte resbala en una piel de plátano y da con sus huesos en el suelo; un grupo de personas se enzarza en un interminable duelo a pastelazos— han sido utilizadas con un sinnúmero de variaciones sin perder jamás su primitiva eficacia.

Desde las películas de «garrotazo y tentetieso» de Mack Sennet, pasando por los catastróficos despistes del inspector Clouseau, sin olvidar las historietas del TBO ni la comicidad aparatosa de las funciones de payasos y títeres, hasta la ultraviolencia onírica de tantas series de dibujos animados, los humoristas no han dejado de transformar a seres humanos y animales en meros objetos zarandeables, aporreables, machacables, pisoteables, atropellables, dinamitables e incendiables.

En su célebre ensayo sobre los mecanismos del humor, el filósofo Henri Bergson extraía de ello la siguiente conclusión: «Nos reímos cada vez que una persona da la impresión de ser una cosa».

Algunas leyendas urbanas describen accidentes grotescos que podrían figurar dignamente entre los *gags* visuales de ciertas comedias enloquecidas. Su más notoria diferencia, sin embargo, es que llevan el distintivo habitual del género: siempre se cuentan como sucesos verídicos. Jan Brunvand las denomina «Mack Sennets» por su obvio parecido con los zafarranchos acelerados que distinguen las películas de aquel pionero del cine cómico. El hacer hincapié en su carácter real parece indicar que no confiamos demasiado en la estabilidad del mundo cotidiano, ni en la solidez de cuanto nos rodea.

Las situaciones que pintan estas leyendas nos dan a entender que el decorado donde vivimos puede desmoronarse en plena representación, y la obra solemne que creemos interpretar ante un público respetuoso puede transformarse súbitamente en una farsa grotesca, nosotros en simples payasos y los comentarios apreciativos de los espectadores en risotadas estentóreas.

Cuando el escenario se derrumba, el mundo «organizado» de cada día choca bruscamente con el universo caótico de las «Looney Tunes» de la Warner Bros y el humor se hermana de improviso con el horror. Entonces es muy posible que un operario que instala una moqueta «alise» de un martillazo un supuesto «bulto», descubriendo más tarde que se trataba del canario o el hámster de la familia; o que un perro se arroje por la ventana persiguiendo la pelota que le lanza un invitado poco diestro; o que el prometido que visita a los padres de la novia cruce las piernas con tan mala fortuna que arroje al fuego de un puntapié al canario que volaba por la sala; o que alguien oiga un débil crujido al sentarse en un sofá y al comprobar lo que ha pasado encuentre al chihuahua de la casa con el cuello roto. Accidentes grotescos que tienen lugar en varias leyendas recopiladas por Jan Brunvand, y que ilustran los tragicómicos efectos que pueden derivarse de actos inocentes, sobre todo cuando uno se distrae y olvida que vive en un mundo donde la seguridad es pura apariencia.

Muchas leyendas sobre percances grotescos se apoyan en un método cómico que Henri Bergson denomina «bola de nieve», pero que también podríamos llamar «efecto dominó»: una causa mínima desencadena una sucesión irrefrenable de incidentes cada vez peores. El siguiente relato, citado también por Jan Brunvand en su obra *Too Good To Be True*, ejemplifica dicho efecto con hilarante claridad:

Una mujer debía llevar a la escuela de su hijo una culebra que tenía éste para que sirviera de tema de un ejercicio de expresión oral. Así pues la metió en una caja, imaginándose que estaba a buen recaudo, la colocó en el coche y emprendió la marcha. Al cabo de un rato, sin embargo, notó un cosquilleo en el tobillo. Cuando se agachó para investigar la causa vio que la culebra se había escapado y le estaba subiendo por el interior de la pernera. La mujer empezó a patear frenéticamente y a sacudirse los pantalones con la mano, tratando de quitarse el bicho de encima, pero no sirvió de nada; la serpiente continuaba trepándole por la pierna. Así pues se detuvo en la cuneta, salió precipitadamente del coche y se puso a dar saltos e incluso a revolcarse por el suelo para ver si conseguía librarse de ella. En esto un automovilista que pasaba por allí presenció la escena y se dijo: «¡Santo cielo! ¡A esa pobre mujer le ha dado un ataque!». Conque paró el coche y se fue corriendo a prestarle ayuda. La agarró fuerte e intentó inmovilizarla, pero ella no paraba de gritar y retorcerse. Otro conductor vio la escena y se dijo: «¡Santo cielo! ¡Ese tipo está atacando a aquella pobre mujer!». Conque también se detuvo, se acercó corriendo a la pareja y asestó un puñetazo en plena cara al supuesto agresor. Finalmente, la mujer logró desembarazarse de la serpiente y pudo explicar lo ocurrido a aquel par de buenos samaritanos.

El símil de la «bola de nieve» valdría para otras leyendas contemporáneas que narran diversos accidentes domésticos en los que la víctima, como apuntábamos más arriba, se ve reducida a un simple «objeto» que va «rebotando» de un percance a otro y resulta herida y humillada en el proceso.

Héctor Izquierdo, de Madrid, nos cuenta con gran estilo una de las más difundidas: «El váter que explotó». El título con que encabeza su versión, *Las desgracias nunca vienen solas*, encierra expresivamente la misma idea:

Un hombre casado, de unos cincuenta años, tenía prohibido el tabaco porque había padecido un amago de infarto de miocardio. Sin embargo, no podía prescindir de algunos cigarrillos al día y se encerraba en el cuarto de baño de su casa para poder fumar tranquilamente sin ser recriminado por su mujer, muy atenta siempre al estado de salud de su marido. En realidad, la mujer era cumplidora con todo e incansable. La limpieza del hogar era una de sus obsesiones. Por ello se preocupaba en demasía por los gérmenes, y la cocina y los cuartos de baño eran el centro de su preocupación sanitaria e higiénica. Por ello, de vez en cuando, empleaba en la limpieza exhaustiva que practicaba un producto químico abrasivo —ningún germen, ningún microbio, bacteria o lo que fuera podrían sobrevivir a semejante esfuerzo—. Solía rociar bien el retrete con ese producto, que debía de ser una espantosa mezcla de alcohol de quemar y amoníaco. Cuando lo vertía y lo extendía sobre el blanco inmaculado del váter o del lavabo solía ponerse una mascarilla por los vapores, que podrían resucitar a un viajero hacia el más allá. En fin, lo que de ningún modo podría imaginarse esa virtuosa mujer de su casa es que el marido iría a sentarse en el trono pocos minutos después para enfrascarse en la lectura del periódico deportivo y en el placer solitario de su furtivo cigarrillo. Y aunque se lo hubiera imaginado tampoco hubiera servido de nada porque es muy dudoso que hubiera podido prever las consecuencias.

Las consecuencias fueron bastante inmediatas, lo que tarda uno en fumarse a placer un pitillo bien aprovechado, menos de diez minutos. Los gritos terroríficos de un hombre se escucharon por todo el bloque de viviendas nada más tirar el infortunado marido la colilla por el retrete, como acostumbraba. Una llamarada se encargó de lamerle bien los genitales y alrededores. Los pelillos desaparecieron al instante en una arruga rápida que nada tenía de bella ni natural. La mujer acudió rauda, pero poco podía hacer ni entender. El marido se retorcía con una toalla mojada envolviéndole las partes bajas. Ella no comprendía. Él no acertaba a explicarse, el infierno bramó desde la grieta de un retrete superlimpio.

Cuando llegaron los de Samur quisieron naturalmente explicaciones para su rutina necesaria de rellenar partes. A duras penas empezaron a comprender y a enlazar hechos, y cuando así ocurrió les dio un ataque de risa justo en el momento en que transportaban al infortunado en una camilla. Y lo que tenía que suceder tampoco se hizo esperar. La camilla rodó con el abrasado escaleras abajo.

Parece ser que en el hospital dudaron un momento pero después lo tuvieron claro. Primero, el paciente a unidad de quemados. Después a traumatología. Nada se ha contado de su curación o del estado en que quedó. Aunque parece que el corazón no se detuvo, sino que resistió con entereza.

(Esta narración la oí contar en la radio —creo que era RNE en el programa de Carlos Herrera— a una señora que según dijo le había ocurrido a un vecino del bloque.)

Aquí la víctima no es el quimérico «amigo de un amigo», sino el «vecino de una vecina». Da lo mismo. La nota que incluye al pie de su relato nuestro corresponsal de Madrid confirma de nuevo que los medios de comunicación son el conducto por el que transitan con más frecuencia las leyendas urbanas.

Diríase que a los periodistas (no sabemos si voluntaria o involuntariamente) les encanta compaginar la información objetiva —casi siempre monocorde— con la desinformación legendaria —mucho más apasionante.

La variante que sigue la debemos a Félix René Juberías, de Zaragoza. Aunque se echa en falta el funesto «ataque de risa» con que suelen culminar todas las versiones, hay en ella dos datos muy útiles: una referencia a la prensa —otra vía por la que pudiera haberse difundido la leyenda en nuestro país— y una fecha concreta al respecto:

> Esta historia la leí en un periódico canario alrededor de 1987. Según creo recordar no ocurrió en España, debió de pasar en algún país de Latinoamérica y por lo visto la noticia, aunque en principio falsa, dio la vuelta al mundo. Trata de lo peligroso que pueden llegar a ser los productos de limpieza sanitarios.
>
> Una mujer acababa de fregar la taza del váter de su casa, y con el fin de desinfectarlo totalmente, echó cierto producto dejándolo en contacto con las paredes interiores del sanitario. Al cabo de cierto tiempo, su marido entró en el servicio para hacer de vientre. Cuando el hombre estaba plácidamente sentado le apeteció fumar un cigarrillo, lo encendió tirando la cerilla dentro de la taza (como hace todo el mundo) con tan mala suerte que el producto desinfectante era inflamable y... «se chamuscó todo».

En la obra citada anteriormente, Jan Brunvand alude a otra versión de la leyenda que data de 1988. En aquel entonces el inodoro explotó nada menos que en Tel Aviv, y el relato dio la vuelta al mundo como una noticia verdadera hasta que el periódico israelí que la había publicado se encargó de desmentirla. Aun así, como suele ocurrir con muchas leyendas contemporáneas, la rectificación cayó en el olvido y el relato debió de proseguir su gira triunfal por varios continentes.

El «ataque de risa» de los camilleros, que también recogen las versiones que nos envían M.ª Ángeles Martín desde Málaga y un informador anónimo de Barcelona, es un toque de humor negro con el que suelen concluir otras muchas leyendas de accidentes grotescos.

Una de las más conocidas suele empezar con el protagonista a cuatro patas, intentando reparar un calentador o un fregadero, sin más indumentaria que un batín corto. De pronto se le acerca por detrás su perro o su gato y con el «hocico helado» le asesta un golpe en los testículos. El hombre se lleva tal susto que se incorpora bruscamente y se pega un testarazo terrible, perdiendo el sentido. Al enterarse del suceso, los camilleros se desternillan de risa y sueltan al infeliz, que sufre lesiones aún más graves.

Reanudando el razonamiento que seguíamos más arriba, podríamos decir que la leyenda del «váter que explotó» muestra con despiadada nitidez la fragilidad de ciertas ilusiones a las que nos aferramos para no sucumbir a la desesperación. Creemos ingenuamente en la seguridad y el recogimiento del hogar, y estamos convencidos de que la «dignidad» debe conservarse a cualquier precio.

Pues bien, si analizamos la leyenda veremos cómo la «bola de nieve» bergsoniana aplasta consecutivamente estos dos conceptos ilusorios. Obsérvese que la víctima se halla siempre recluida plácidamente en el rincón más íntimo de su casa, el «retrete», la «habitación retirada» por excelencia. Recordemos cómo describe Héctor Izquierdo esos efímeros momentos de paz: *se encerraba en el cuarto de baño de su casa (...) para enfrascarse en la lectura del periódico deportivo y en el placer solitario de su furtivo cigarrillo.* La explosión se produce siempre a causa de una negligencia de la esposa, cuyo carácter de «ama de su casa» infatigable, preocupada por la higiene, contrasta abiertamente con la ociosidad del marido, «sentado en su trono», entregándose a un vicio «pernicioso» mientras ella se desvive por tener limpio el hogar. ¿Podría existir un afán de venganza inconsciente en la supuesta negligencia de la esposa? Dejaremos la pregunta en el aire, pero tanto si hubo premeditación como si no, el hombre termina pagando muy caro el peligroso descuido. Su intimidad salta en pedazos, sus malos hábitos salen a la luz, su amor propio queda seriamente abrasado y, en definitiva, toda su dignidad es pasto de las llamas. Llegado a este punto, ya no puede inspirar nada más que risa, incluso entre los que debieran mostrar compasión, aunque sólo fuera profesional.

Diversos ejemplos norteamericanos demuestran que la leyenda del «váter explosivo» deriva de algunos chistes que se remontan a la época de los retretes al aire libre. En la mayoría de ellos, señala Jan Brunvand en la obra ya citada, la víctima es un pueblerino que vuela por los aires y aterriza en un prado cercano, donde exclama invariablemente: «¡Debe de ser algo que comí!».

Otros chistes más sangrientos, que ya se contaban alla por los años cincuenta, tienen similitudes aún mayores con la leyenda que nos ocupa, si bien ésta parece ser una versión «suavizada» de aquéllos. En la página 443 de *Rationale of the Dirty Joke*, obra que podríamos calificar con toda justicia de «Biblia del chiste verde», Gershon Legman reproduce el siguiente ejemplo, recogido en Nueva York (1951):

> Una mujer vierte un detergente explosivo en la taza del váter. Su marido, mientras está orinando, arroja en el interior la colilla de un pitillo. Se produce una tremenda explosión. Su esposa llega corriendo y lo encuentra dentro de la bañera, cubierto de sangre. «¡Dios mío!», exclama. «¿Dónde está tu oreja?» «¡Que se vaya al cuerno mi oreja! Búscame el brazo derecho. En él está mi pene.»

El desenlace del chiste revela explícitamente lo que la leyenda sólo insinúa, si bien las carcajadas de los camilleros podrían ser el equivalente «expurgado» de este final que no admite dudas: la víctima sufre un «accidente castrador» (palabras de Legman) debido a la torpeza de su mujer. Si tenemos en cuenta que el retrete se asocia inevitablemente con los órganos genitales, diríase que la castración del protagonista sería la consecuencia más lógica del accidente. Su dignidad, entonces, no sólo se vería pisoteada, sino arrancada de raíz. Y la «comicidad» del episodio justificaría con creces las risotadas convulsivas de los camilleros.

No todos los accidentes grotescos que describen las leyendas urbanas se producen por jugarretas del azar. Algunos de ellos son el resultado de llevar ciertas bromas demasiado lejos. El tema ha sido recogido puntualmente por los cronistas de la narrativa tradicional, como lo confirma la referencia N334 del *Motif-Index* de Stith Thompson: *Desenlace fatal de un juego o una broma*. Ernest Baughman, otro eminente estudioso de los temas tradicionales, amplía el dato en su índice, asignándole la referencia N.384.0.1 (a): *Iniciado de una fraternidad muere por presunta pérdida de sangre. Los miembros le vendan los ojos, le pasan un cubito de hielo por el brazo y, al mismo tiempo, dejan gotear un grifo. Acto seguido se marchan. Cuando vuelven al cabo de unas horas lo encuentran muerto.*

Percibimos ecos evidentes de la referencia N334 en una leyenda urbana muy difundida en Catalunya —y tal vez en otros puntos de España—, pero de la que no hemos localizado equivalentes extranjeros. La hemos titulado *La corbata del novio y la sierra mecánica*. La versión que sigue nos la cuenta Teresa Mas, una informadora de Igualada (Barcelona):

> En un restaurante de la comarca de Anoia (Barcelona) se celebraba un banquete de bodas. Cuando llegó el momento de los acostumbrados rituales o bromas, se decidió cortar la corbata al novio con un método inédito hasta el momento: una sierra mecánica. Involuntariamente, la persona encargada de efectuar el corte de corbata seccionó el cuello del novio, que falleció.

Entre los días 10 y 15 de marzo de 1991, la «noticia» causó tal conmoción en Igualada, que una publicación bisemanal de la ciudad tuvo que desmentirla en un suelto titulado *Las serpientes de primavera*. El texto, que traducimos del catalán, decía así:

> Parece que, a caballo de la primavera, se desaten los casos rocambolescos referidos a nuestra comarca. Aún esta semana hay quien nos ha llamado por si podíamos ampliar la noticia, que no era tal. Se propagó que había habido un novio muerto al cortarle la corbata con una sierra mecánica. Insólito.

Efectivamente. La historia contenía todos los rasgos de las leyendas urbanas: impacto colectivo; protagonistas anónimos; escenarios concretos que iban variando según las versiones y que cada vez se alejaban más del «foco» inicial del relato, y deformación progresiva de los hechos: en las primeras versiones, el «bromista», desesperado, huía en coche y sufría un accidente mortal, mientras que la viuda prematura se suicidaba al día siguiente (pura tragedia griega).

Variaban asimismo las causas de la muerte y la naturaleza del «arma homicida»: algunos sostenían que el novio falleció desangrado; otros, en cambio, juraban que murió estrangulado por su propia corbata al enredarse en ella la cadena de la sierra. Tampoco estaba claro si ésta era eléctrica o de gasolina. Había además numerosas personas que aseguraban codearse con «amigos de amigos» de quienes habían presenciado la tragedia o que incluso conocían personalmente a alguno de tales testigos.

Nuestros obstinados intentos de encontrar nuevas referencias en los archivos de un canal de televisión local no dieron resultado. Con el tiempo fuimos recopilando versiones orales que situaban el suceso en otras ciudades (Manresa, Vilanova i la Geltrú, Vilafranca del Penedès, Barcelona), de lo cual parecía desprenderse que la leyenda ya circulaba anteriormente. Y si se trataba de una leyenda «migratoria», cabía suponer que terminaría traspasando los lindes de las comarcas catalanas. La confirmación de esta hipótesis nos llegó en fecha muy reciente —el 26 de enero de 1999— por vías inesperadas: una entrevista al escritor barcelonés Ignacio Vidal-Folch publicada en *El Periódico de Catalunya* y firmada por Arturo San Agustín. Vidal-Folch empieza por describir cierta costumbre que «ocurre realmente en Serbia» y de la que da fe en su novela *La cabeza de plástico*. Merece la pena reproducir sus palabras, puesto que dicha costumbre —sea o no apócrifa— evoca al escritor el recuerdo de la historia que nos ocupa:

> Allí las bodas en el campo son crueles —asegura Vidal-Folch—. En un momento de las mismas, cuando ya han transcurrido dos días de fiesta, se obliga a la orquesta a que suba al tejado. Paralelamente se obliga al cantante a que suba al pajar. Entonces le prenden fuego al pajar y se cuenta

por minutos el tiempo que el cantante es capaz de permanecer en el mismo. (...) Y los invitados poniendo dinero sobre la mesa para él. Cuantos más minutos es capaz de resistir las llamas, más dinero gana. (...) Si la codicia del cantante es extrema, puede terminar asfixiado o abrasado —poco después, el novelista asocia ideas y comenta—: Aquí algunas bodas también se las traen —y acto seguido entra en materia—: Me contaron que, en un pueblo castellano, los amigos del novio le intentaron cortar la corbata con una sierra eléctrica con tan mala fortuna que cortaron al novio por la mitad. Una salvajada.

Así pues, gracias a Vidal-Folch pudimos confirmar, si bien algo tardíamente, que una versión corregida y aumentada de *La corbata del novio y la sierra mecánica* había alcanzado los campos de Castilla.

A primera vista, esta leyenda podría ser un cuento admonitorio acerca de los peligros de desviarse de los rituales establecidos. Teresa Costas, una informadora de Capellades (Barcelona), nos remite una versión que contiene un párrafo muy explícito al respecto. De nuevo traducimos del catalán:

> (...) En el momento de cortar la corbata al novio, unos amigos, creyéndose muy listos, sacaron una pequeña sierra eléctrica, pues creían que hacerlo con unas tijeras era demasiado convencional. Aunque algunos familiares les advirtieron que era un poco peligroso, los amigos siguieron adelante. (...)

La simplicidad de la trama parece apuntar hacia esta interpretación, al tiempo que refuerza su verosimilitud. «En este mundo puede ocurrir de todo» es una frase muy sensata que podría utilizar todo buen ciudadano que oyera contar esta leyenda urbana o cualquier otra.

Sin embargo, cuantas más vueltas damos a esta leyenda, más nos acordamos de los chistes sobre «accidentes castradores» que recoge Gershon Legman en la obra citada anteriormente. Bajo su trágica superficie se intuyen ciertas dosis de humor negro. Pensemos en el carácter de orgía encubierta que tienen los banquetes de bodas tradicionales, tanto más pronunciado cuanto mayor es el consumo de alcohol. Leamos entre las líneas de la leyenda que, como todos los relatos simbólicos, se dirige al inconsciente. Imaginemos que lo que se nos pretende insinuar es que la «broma» consistía en un amago de castración con sierra eléctrica, lo cual la aproximaría significativamente a la referencia J1919.5.1. del *Motif-Index* de Stith Thompson: *esposa ignorante castra al novio cuando le dicen en broma que lo haga*. Supongamos que los amigos del novio llevaron a cabo lo que podríamos denominar eufemísticamente un «duelo de virilidades» (sierra mecánica «fálica» contra corbata igualmente «fálica») con el fin de poner los pelos de punta a la novia. Figurémonos, en definitiva, cuál sería exactamente el «desenlace fatal».

El humor, sin duda, es hermano del horror.

JOSEP SAMPERE

NUEVOS TESTIMONIOS

Esta historia me la refirió la hija de una prima de mi madre que tiene aproximadamente mi edad, esta hija. Ella trabajaba en la Telefónica y parece ser que le sucedió a un compañero de aquella empresa. Se casó y la nueva esposa le pidió que, en brazos, le pasase el umbral de la puerta, para seguir la tradición. Entonces él le dijo que no iba a poder con ella, que pesaba bastante, que venía bastante mareado de lo que habían bebido. En fin... «ya me empiezas a decir que no desde el principio. ¡Es un capricho!». Bueno, el hombre se armó de valor, cogió en brazos a su nueva mujer, entraron y, lógicamente, tropezaron y se hizo una pequeña brecha, ella, en la espinilla. Bueno, pues enseguida él fue al baño y cogió alcohol, algodones, empezó a empaparlos en la herida para intentar cortar la pequeña hemorragia y, bueno, ya por fin, aquello cesó. (Supongo que le pondría alguna pequeña tirita.) Pasado el susto, ella se echó en el sofá para descansar un poco y él decidió ir a echar un pitillo. Entonces encendió el cigarro mientras estaba orinando de pie sobre la taza y, lógicamente, todos los algodones, que estaban allí al no haber tirado de la cisterna, de la cadena, pues se inflamaron y achicharraron al protagonista de la noche.

Esta leyenda ha sido transcrita palabra por palabra. Nos llegó en una casete, de manos de José Manuel Fraile Gil, un invidente madrileño de la ONCE y que está especializado en cultura tradicional, tras «leer» Leyendas urbanas en España *en el Centro Bibliográfico y Cultural (en concreto, en la Biblioteca Sonora) de la citada asociación.*

Me sorprendo al leer *El váter que explotó*. Asistí en Madrid a unos cursillos sobre seguridad laboral, había compañeros de otras provincias, en este caso el de Ceuta (o Melilla, no recuerdo bien), que era técnico de Protección Civil y había trabajado en sistemas de seguridad de grandes empresas como Campsa, Repsol, y otras empresas químicas, nos contó un hecho que había acontecido en el puerto estando él trabajando. Al parecer el sistema para el trasvase del gas desde los barcos a tierra se hace a través de tuberías submarinas a cierta distancia del puerto mismo, una vez vaciados los depósitos se hace pasar agua por las tuberías a fin de limpiarlas de posibles restos de gas. En esta ocasión algo falló, los conductos se cerraron al revés y el gas salió por las tuberías del agua en lugar de salir agua hacia las tuberías del gas. Con lo cual al abrir cualquier grifo en todo el puerto lo que salía por él era gas. Un par de trabajadores se habían ido a los servicios a fumarse un porro para que no los viera nadie, uno de ellos abrió el grifo mientras el otro liaba, no parecía salir nada y no cerró el grifo. Al encender el porro hubo una llamarada, no sufrieron daños de gravedad, tan sólo el pelo chamuscado y un buen susto. El suceso se publicó al día siguiente en los periódicos locales, acompañado por una viñeta en la que se veía a los dos trabajadores con el pelo humeante, tiznados, rodeados de las ruinas de los lavabos y los ojos de par en par, uno de ellos decía: «¡Esto sí que es fuerte!».

ANA
Barcelona

Érase que se era un ama de casa que tenía una filtración en el desagüe del fregadero. Le pidió a su marido que lo arreglara mientras ella iba a la compra, a lo que éste accedió. El marido decidió buscar ayuda profesional y llamó a un fontanero, que acudió con presteza (esto es quizás la parte más inverosímil). Mientras trabajaba, el marido bajó a la calle a tomarse una cerveza o algo así. Así que cuando la esposa regresó, encontró un par de piernas masculinas sobresaliendo bajo el fregadero.

Creyendo que se trataba de su laborioso marido, decidió recompensar su dedicación al bricolaje mediante cierta caricia íntima, en el lugar al que sólo la esposa se supone puede acceder. El buen fontanero, creyéndose solo y absorto en el trabajo, sintió una mano inesperada agarrarle las partes nobles y se incorporó bruscamente olvidando dónde estaba, con el consiguiente testarazo contra el fregadero que requirió ayuda médica urgente.

Fuente: me lo contó mi madre, muerta de risa, tras oír la historia por la radio. El año, en torno a 1980. Puede establecerse como anterior a 1984, porque un tiempo más tarde la vi como *gag* en una película protagonizada por Andrés Pajares. Si la memoria me es fiel era *El currante* (1983), o quizás fuera *La hoz y el Martínez* (1984). Añadiré que la versión fílmica incluye a los camilleros partiéndose de risa y el porrazo al bajarlo por la escalera.

Javier Redal
Valencia

Un amigo me contó que una chava en Houston, Texas, fue a una cena con su novio y a media cena le dieron ganas de ir al sanitario. Pero en el sanitario sólo estaba el lavabo, y para entrar al escusado (sic) había que abrir una puerta, entonces la chava tenía muchas ganas de ir al baño y no se aguantó y se puso a orinar en el lavabo.

Entonces el lavabo no resistió el peso de ella y se fue hacia el suelo y ella cayó, se abrió la cabeza y se desmayó. Al oír el estruendo los familiares del novio corrieron al baño y la encontraron desmayada, con sangre y pipí. La reanimaron y ella se levantó y se fue y no volvió a ver al novio jamás.

José Manuel Ruiz
Aguascalientes (México)

He pasado unos días de vacaciones en Noruega, y el guía español del autobús nos leyó el gracioso relato que transcribo a continuación (dijo que había aparecido en *El País*, pero en la fotocopia que me pasó no aparece ninguna referencia). Yo ya lo había oído antes (no recuerdo las circunstancias) pero sospecho que pudiera tratarse de una leyenda urbana en línea con esos supuestos suicidios inverosímiles que he visto comentados en el extranjero.

Relato de un accidente laboral

Éste es el relato que un obrero de la construcción realizó para su mutua tras un accidente laboral:

«Excelentísimos señores:

»Soy asentador de ladrillos. El pasado 8 de junio estaba trabajando solo en el tejado de un edificio de seis pisos. Cuando acabé mi trabajo verifiqué que me habían sobrado más o menos 250 kilos de ladrillos. En vez de llevarlos a mano para abajo, decidí colocarlos dentro de un bidón y con la ayuda de una polea, que felizmente estaba fijada en uno de los lados del edificio, hacerlos descender.

»Descendí y até el bidón con una cuerda y me fui hacia el tejado. Subí el bidón y coloqué los ladrillos dentro. Volví para abajo, desaté la cuerda y la aseguré con fuerza, de modo que los 250 kilos de ladrillos descendieran despacio. Como yo sólo peso 80 kilos, cuál fue mi sorpresa cuando repentinamente me elevé del suelo, perdí mi presencia de ánimo, y me olvidé de soltar la cuerda. No es necesario decir que fui elevado del suelo a gran velocidad. En las proximidades del tercer piso, choqué contra el bidón que descendía, lo que explica la fractura de cráneo y la clavícula partida. Continué subiendo a una velocidad ligeramente menor, no parando hasta que mis dedos quedaron enganchados en la polea. Felizmente ya había recuperado mi presencia de ánimo y conseguí, a pesar de los dolores, seguir agarrado a la cuerda. Más o menos al mismo tiempo, el bidón con los ladrillos cayó al suelo y el fondo se partió. Sin los ladrillos el bidón pesaría unos 25 kilos. Como pueden imaginar, comencé a descender rápidamente.

»Cerca del tercer piso me encontré con el bidón que subía, lo que explica la fractura de los tobillos y las magulladuras en las piernas y la parte inferior del cuerpo. Al encontrarme con el bidón disminuyó la velocidad de descenso lo suficiente como para minimizar mis sufrimientos cuando caí encima de los ladrillos. Felizmente sólo me fracturé tres vértebras. Lamento sin embargo informar que cuando me encontraba caído encima de los ladrillos, con dolores e incapaz de levantarme, vi cómo se venía encima el bidón, perdí nuevamente la presencia de ánimo y solté la cuerda. El bidón pesaba más que la cuerda, por lo que cayó sobre mis piernas partiéndomelas en el acto.

»Espero haber dado información detallada de la forma en que sucedió el accidente».

Luis R. González Manso
Málaga

Los novios con ortodoncia que se quedan pegados por los aparatos dentales y tienen que ir pegados al médico a que los separen...

Nuri Lou Sánchez

SU MAJESTAD AL VOLANTE

Me contaron que en las proximidades de Madrid a alguien se le averió el coche. Tras estacionar en la cuneta, una moto que circulaba a gran velocidad aminoró el paso, con tal de prestar auxilio al conductor. Ya parado, el motorista se quitó el casco rojo y resultó ser el rey Juan Carlos I.

Francis Tsang
Madrid

Que al rey Juan Carlos I le encantan los coches no es ninguna novedad. Lo hemos visto tripular un Fórmula 1 en el circuito de Montmeló, sabemos de su pasión por las motos de gran cilindrada y conocemos que, en alguna ocasión, ha logrado despistar a los servicios de seguridad a bordo de su yate. Lo que no se conoce tanto es que el rey Juan Carlos I tiene remedios mecánicos muy ingeniosos para esos coches que, de imprevisto, comienzan a sacar humo o se desmayan por inanición faltos de combustible. Casi cualquier mallorquín, por ejemplo, ha oído relatar a algún amigo suyo cómo una vez recogió al rey Juan Carlos I mientras hacía autoestop —su otra gran pasión, por lo que parece— y recuerda el lugar exacto en el que el monarca decidió apearse —Alcudia, Deià, Cala d'Or, Palma, etc.—. En virtud de las historias que nos han llegado, se puede afirmar que el rey Juan Carlos I ha participado en toscas labores de reparación en un buen número de provincias españolas —Madrid,

Mallorca, Barcelona, Sevilla, etc.—. Incluso, a tenor de lo que se cuenta en otros países, caso de Estados Unidos, es posible que haya sentado jurisprudencia, pues de otra forma no se explica que cantantes famosos, estrellas de Hollywood y multimillonarios de pro hayan emulado su ejemplo y manifiesten un raro altruismo por los avatares de la carretera.

En Estados Unidos, por ejemplo, la mujer de Leon Spinks —el famoso boxeador—, la viuda del cantante Nat King Cole, el magnate Howard Hughes y el también rey Elvis Presley han repartido entradas para conciertos, obsequiado auténticas fortunas y regalado flamantes Cadillacs a cuantos les han auxiliado en la carretera. Al menos, eso es lo que se cuenta por allí, tal y como ha podido comprobar Jan Brunvand al enfrentarse con esta leyenda, cuyas diversas manifestaciones analiza en *The Mexican Pet*.

De todos ellos, Elvis es el más persistente y no ha dejado de sorprender a sus coetáneos con episodios que parecen sacados del libro de Raymond A. Moody *Vida después de la vida*, «un informe amablemente sensato que recoge ciento cincuenta testimonios de ciudadanos corrientes que afirmaban haber regresado de lo que parecía una muerte cierta», en palabras de Harold Bloom.

El intérprete de *Unchained Melody* ha sido «visto», tras fallecer, ya no sólo en Memphis, sino también en innumerables supermercados y centros comerciales e incluso en la Luna. Así, según una leyenda llegada hasta España y narrada por Enrique Bueno, si uno observa atentamente con un telescopio la faz de la Luna, puede descubrir con asombrosa nitidez la cara del inventor del rock and roll.

A este raro fenómeno por el cual los reyes se mezclan con la plebe y las celebridades ejercen de soberanos en su versión magnánima, se lo conoce por «sebastianismo» o «el rey durmiente en la montaña».

Así lo explica Carlos Alonso del Real en un magnífico libro titulado *Superstición y supersticiones,* en el que detalla algunos nombres de figuras carismáticas, fallecidas en extrañas circunstancias, que en realidad no murieron, sino que se quedaron en algún lugar en la reserva. Según Alonso del Real, hay dos facciones, la heroica y la demoníaca. La última empieza con Nerón, continúa con Federico Barbarroja y termina con Hitler, mientras que la épica incluye al inglés rey Arturo o al rey portugués Sebastián.

De un modo lateral —esgrime Carlos Alonso del Real, refiriéndose al «sebastianismo»— se ha aplicado a Napoleón, a Juana de Arco, con intereses bien claros al fallecido hijo de Luis XVI, y, dejando alguna duda sobre si habrá algún fondo de verdad, al zar ruso Alejandro I y a la gran duquesa Anastasia.

Una mediocre tentativa burocrática de crear un mito de esta especie, prontamente truncada por el peso de la realidad —apunta Alonso—, se dio en España durante la Guerra Civil en torno al teórico y líder falangista José Antonio Primo de Rivera, con la denominación de «el ausente». Dicho sea de paso, yo mismo fui arrestado por negarme a creer esto.

Pero no, lo de Juan Carlos I pertenece a otro género. Más bien se trata de esos «cinco minutos de rey» a los que tiene derecho en vida cualquier mortal, por muy ruin que sea su existencia. Aquí nos encontramos con un auténtico Robin Hood lleno de grasa que, tal vez enviado por los dioses, repara en las dificultades que atraviesan sus súbditos en la vida doméstica. Ellos necesitan ayuda y él se la da. Después vuelve a ponerse su casco rojo y arranca a toda velocidad, dejando tras su estela un horizonte de esperanza que nos hace sentirnos menos solos en nuestra condición plebeya.

ANTONIO ORTÍ

NUEVOS TESTIMONIOS

Esta galería de personajes de leyenda tendría un capítulo en la Familia Real española. Rumorología aparte, una de las leyendas más divertidas es sobre la infanta Elena. Este personaje del que todo el mundo comenta que, como se dice aquí en Aragón, «le falta un hervor» ha hecho crecer esta leyenda. Hay varias personas que aseguran conocer a un supuesto guardia de la seguridad real que le acompaña, que les ha contado que la infanta se come los ramos de flores que le regalan en las visitas oficiales y que el guardia se tiene que poner detrás para impedirlo.

PILAR
Huesca

El rumor consiste en lo siguiente: ¿os acordáis de una famosa serie estadounidense de hace unos años que se llamaba *Aquellos maravillosos años*, sobre las aventuras y desventuras de un adolescente y sus amigos? Pues bien, la leyenda habla sobre uno de estos amigos del protagonista, Paul Pfeiffer, interpretado por el actor Josh Saviano (parodiado, creo yo, por el personaje de Milhouse en *Los Simpson*, esa maravillosa serie). El caso es que un buen número de personas me han dicho que el tal Josh se hizo mayorcito y se transformó en el «cantante» (o lo que sea) del abominable grupo (en mi humilde opinión) Marilyn Manson. Me he puesto a investigar y el rumor es totalmente falso, como me había parecido a mí desde un principio; el origen del mismo puede encontrarse en el ligero parecido físico entre ambos.

XUAKU

Dos mujeres mallorquinas —curioso detalle— realizan un viaje a Nueva York. Cuando están en el ascensor del lujoso hotel en el que se hospedan dispuestas a bajar a la calle, se monta en el mismo un impresionante —por atemorizador— negro. Las mira seriamente y les dice: «Down!». Creyendo las dos mujeres que las está instando a que se tiren al suelo para atracarlas, se lanzan cuerpo a tierra. El negro, perplejo, insiste, y ellas no se atreven a rechistar. Tras entender el malentendido —perdón por el juego de palabras— el misterioso hombre de color ríe aparatosamente y al llegar a la planta baja desaparece entre carcajadas. Al día siguiente, cuando las dos señoras van a pagar la habitación se encuentran con que su cuenta ha sido abonada por... Eddie Murphy, quien resultó ser el negro del ascensor.

Juan Manuel Soldevilla Albertí

Sobre *Su majestad al volante* hay una variante bastante extendida. El protagonista no es el Rey, pero se trata de una personalidad pública, y la historia resulta bastante parecida, aunque difiera en algunos matices. La oí hace menos de un mes (*el matasellos es del 20 de diciembre de 2000*) en el programa *Fan Club* de la Cadena 40. En el mismo, se explicó que el batería de los U2 (Larry Mullen Jr.) tuvo que detenerse en la carretera a socorrer a un ciclista accidentado, dándose, además, la circunstancia de que minutos antes varios conductores le habían negado el socorro.

Alberto Puyana Domínguez
Puerto Real (Cádiz)

ZOOLOGÍA
FANTÁSTICA

EL BUITRE MONSTRUOSO

No puedo más que mostrar mi extrañeza ante este inusual hecho: la noche del 28 de mayo de 1990, algunos vecinos del barrio de Les Corts nos despertamos ante los insoportables graznidos de un ave; no un ave cualquiera. Nuestro estupor fue inmenso al salir al balcón y ver una silueta negra de grandes dimensiones. Quizás debería de medir entre tres y cinco metros y no exagero. Numerosos fueron los vecinos que la vieron y numerosos, también, los comentarios al día siguiente. Suponemos que, en otros barrios, otras personas debieron de verla. ¿Qué era? Y lo que es más extraño: ¿por qué no ha aparecido ninguna noticia en la prensa?

PERE CARBÓ
Barcelona

Esta carta al director, publicada el 10 de junio de 1990 en el diario *La Vanguardia*, daría lugar a un encendido debate que llevaría durante los meses siguientes a que los periodistas que trabajaban en *La Vanguardia* se convirtieran en auténticos fans de lo que escribían sus lectores, dando lugar a una metáfora que no investigaremos aquí. Durante el siguiente mes y medio, cuando el ave gigantesca tuvo a bien visitar la Ciudad Condal y aledaños —llegó a verse en Salou (Tarragona) y en los *aiguamolls* de Girona—, media Barcelona no hablaba de otra cosa. Un ave gigantesca «que profería fuertes graznidos en tres intensidades distintas» —según aportaban en otra carta dos nuevos testigos, Manuel Villena Pastor y Francisco Roch Estadella— había planeado por la calle Vallirana, en las proximidades de la plaza Lesseps, para alejarse en dirección al barrio de Sarrià. Eran las cuatro de la madrugada.

Cinco días después del monstruoso vuelo, un botánico sorprendía con nuevos datos:

> Se trata —decía Xavier Tutusaus— del *Avis cervus* o *Peritio*, especie que más de un eminente zoólogo reputa como desaparecida, prima hermana del *Ave Roc* y otros ilustres pájaros mitológicos.
>
> Fue descrita —continuaba la carta— en el siglo XVI por el rabino Aaron Ben Chaim en un opúsculo consagrado a las bestias fantásticas, del que disponíamos algún fragmento depositado en la universidad de Múnich hasta la Segunda Guerra Mundial, tras la cual desapareció misteriosamente.
>
> Aaron Ben Chaim, basándose en la obra de un escritor árabe desconocido, mencionaba un tratado sobre el *Avis cervus*, lamentablemente perdido en el incendio de la Biblioteca de Alejandría, donde se describía al curioso animal como mitad ciervo, mitad ave, concluyéndose que, dada la sombra humana que proyectaba sobre la tierra, podían ser espíritus de individuos que murieron bajo el enojo de los dioses.
>
> Con el ánimo de tranquilizar a la población —concluía el eminente botánico— considero útil decir que tal especie es completamente inofensiva para el hombre y en modo alguno agresiva, limitándose en su triste peregrinaje hacia Madagascar a provocar los sustos consiguientes por su terrible y pavoroso aspecto.

Ni que decir tiene que por aquel entonces el revuelo en Barcelona ya era considerable. A los pocos días de la aparición del buitre, *El Periódico de Catalunya* publicaba una noticia en la que el Cuerpo Superior de Policía reconocía haber recibido centenares de llamadas alertando sobre el misterioso bicharraco. También el teléfono de información ciudadana —el 010— se había visto colapsado por el suceso, mientras que la agencia Europa Press había dispuesto redactores para cubrir el caso.

Tanto es así que el máximo responsable del servicio de ornitología de la facultad de Biología de Barcelona, Santiago Mayosa, tuvo que esgrimir que no existía una explicación científica que avalara la existencia del animal, si bien precisó que pudiera tratarse de un albatros, una especie capaz de medir 3,6 m con las alas extendidas, pero que habita en el hemisferio sur. Por lo demás, otros biólogos adujeron que podríamos encontrarnos ante un córvido de origen tropical —y de ahí los graznidos—, mientras que el departamento de Medio Ambiente de la Generalitat pareció apostar por una solución de compromiso: el bicho era un buitre, tal vez, incluso, un adversario político.

Así las cosas, *La Vanguardia,* cuya sección de cartas al director se había convertido en la sección estrella, publicó una encuesta a insignes personajes, caso de Josep Maria Costa, director técnico del Zoo de Barcelona, o Andreu Grau, presidente de la Asociación de Pilotos de Catalunya, para que dieran su parecer sobre el tema. En la encuesta también se consultó a Eugenio, el popular humorista catalán, quien afirmó:

> Se trata de un pterodáctilo que ha sobrevivido a períodos glaciares. Hace quince días que no veo a un amigo mío de Les Corts. Estoy seguro de que este animal lo ha capturado.

Pero que nadie piense que el grueso de cartas y denuncias se nutrían únicamente del humor. En muchos casos eran ciudadanos alarmados por la suerte de sus hijos o la suya propia que, para más inri, habían sido testigos «con sus propios ojos» —una expresión repetida— del planear de un buitre, córvido o paloma mutante, del que comenzaban a conocerse los detalles. Por lo general era negro, medía entre tres y diez metros, su silueta se parecía a una paloma o a «un pollo radioactivo» y sus excrementos, como le sucedió a un vecino de Figueras —Girona—, eran de tal tamaño que el parabrisas de un coche quedaba empequeñecido por las heces.

Una pedagoga —María Pilar Bertrán— creyó encontrar su refugio en un solar vallado situado entre las calles Eliseu y Tarragona de Barcelona, aunque sin éxito. Otros, caso de Josep Maria Febrer —vecino de Benicarló (Castellón)—, propusieron guardar el ave —«o lo que quede de ella»— en la escultura de Antoni Tàpies que culmina su fundación.

El súmmum fue, tal vez, cuando dos expertos legalistas se ofrecieron el memorable 5 de julio de 1990 a dar asesoramiento jurídico a los afectados:

> El ave —señalaban Rafael Doménech y Xavier Claver en otra carta a *La Vanguardia*—, a pesar de sus grandes dimensiones, es una *res nullius*. Esto significa que al no tener dueño puede ser adquirida por simple ocupación, sin necesidad de agotar los plazos de usucapión.
>
> Pero esta adquisición por ocupación, con los beneficios que ello supondría —continuaban—, debe ser practicada antes de que la *res nullius* alcance la altura suficiente para que sea considerada patrimonio de la humanidad. Es decir, si el ave supera el espacio aéreo español, ya no será posible individualizar su titularidad, pues se hallará en el espacio ultraterrestre que, según la resolución 1962 y 222 de las Naciones Unidas, es patrimonio de la humanidad.
>
> Además —concluían, didácticos—, una vez conseguida la ocupación, será necesario obedecer las prescripciones de la ley de protección de animales y, sobre todo, los deberes de higiene, vacunación, etc., previstos en este texto normativo. En cuanto a la posible responsabilidad penal del animal en cuestión por el asesinato de unos gatos, es forzoso recordar que los animales son inimputables desde el punto de vista jurídico penal. Así pues, denunciar al animal resultaría erróneo e infructuoso, ya que el juez no podría condenarlo a pena privativa de libertad.

Haciendo un repaso del vuelo del enorme pájaro entre el 10 de junio y el 31 de julio y, a tenor de los testimonios recogidos, puede decirse que en su estancia por Catalunya sobrevoló, sin orden aparente, los siguientes lugares: el barrio de Les Corts, la plaza Virrey Amat —«cerca de la ermita abandonada de Santa Eulalia»—, la calle Tarragona —dos veces—, los árboles del Turó Park, el parque del Putxet —«cerca de la calle Hurtado donde esperaba a mi hija»—, la calle Vallirana, la calle Europa, la plaza del Padró, la calle del Mar «casa número 79» —en el barrio de la Barceloneta—, la calle

Rocafort, «el balcón del segundo piso del número 347 de la calle Consell de Cent» y las poblaciones de Gavá, Sant Joan Despí, Salou, Bellvei del Penedès —«camino de El Vendrell, donde trabajo»— y la comarca gerundense del Empordá —cerca de las alamedas que circundan «El Cortalet».

Durante su estancia en Catalunya su comportamiento fue ejemplar y su única tropelía fue haber descargado sus excrementos sobre el parabrisas de un coche. Por lo demás, pareció manifestar una especial predilección por plazas y lugares ajardinados, toda vez que sus incursiones por los barrios más degradados fueron muy escasas —con la excepción de la plaza Padró.

Con estos datos, y a raíz de los bestiarios medievales consultados, puede concluirse, citando el *Bestiaire sculpté* de Debidour, que «cualquier animal es para el hombre el signo vivo de todo aquello que se le escapa y de lo que conquista, de su limitación y de su dominio, testigo humillante y exaltante de lo que puede ser el hombre». Así pues —y no profundizaremos demasiado— el buitre gigante podía ser al mismo tiempo un espacio zoológico de libertad todavía sin domesticar y una seria advertencia sobre una futura generación de polluelos radioactivos, palomas mutantes y gigantes carroñeros.

Como ocurriera en la Edad Media con las bestias del *Physiologus*, obra atribuida a los gnósticos, la absurda concepción del buitre catalán —hasta diez metros de tamaño— no pareció sorprender a sus ciudadanos, como si en él se proyectaran vicios y defectos humanos. En ese espejo nocturno, parafraseando a Ignacio Malachevarria, se reflejaría «el temor ancestral a lo desconocido, al peligro de todo tipo encarnado en la bestia multiforme, a la locura y a la muerte».

Si a todo ello añadimos que por la noche todos los buitres son pardos, el resultado es ese fantasma alado que por unos días mantuvo a Barcelona en vilo y bajo cuyo manto varios centenares de ojos creyeron encontrar un antes y un después en el que certezas y sueños compartieron un mismo nido.

Antonio Ortí

NUEVOS TESTIMONIOS

La historia del buitre monstruoso me ha recordado mucho a una historia que he oído contar a mi padre alguna vez: decía que siendo niño (nació en el año 40, siento no poder precisar más la época en que sucedió) se rumoreaba que por los tejados de Madrid paseaba un gato con alas. Por lo visto, el rumor perduró algún tiempo y llegó a salir en los periódicos. Claro que era la posguerra, y todo servía para distraer al pueblo de las penurias, desde un gato con alas hasta convertir al Lute en un peligroso criminal profesional.

VÍCTOR GONZÁLEZ

LOS CAIMANES ALBINOS
DE NUEVA YORK

Muchos ciudadanos de Nueva York, al regresar de sus vacaciones en Florida, se traen a casa como recuerdo un pequeño caimán. Estos saurios de vivero chapotean con ternura en agua de grifo con sabor a cloro en el piso 54 de cualquier edificio. Pero sucede una cosa terrible: que el amor a los cocodrilos tampoco es eterno.

Manuel Vicent
Fiesta en Nueva York

A cien metros bajo el nivel de las joyerías de la avenida Madison, en las herméticas alcantarillas de Manhattan, existe una colonia de cocodrilos blancos y ciegos que navegan por el detritus. Así lo atestiguan temerarios viajeros que se perdieron por las cloacas en busca del infierno. Ermano Cavazzoni cuenta en *El poema de los lunáticos* cómo una noche se sintió atraído por el agujero del lavabo y se dejó caer cañería abajo. Y descubrió que el infierno es un gran tubo de cemento con ramificaciones de plomo al que se accede por el urinario.

Ése fue el terrible sino que corrieron los pequeños caimanes de Queens, Manhattan y el Bronx. Tras ser comprados en Miami por menos de treinta dólares, fueron alimentados con carcasas de pollo enriquecidas con proteínas y calcio. Pero ocurrió que, conforme pasaban los días, aumentaba su apetito y pronto alcanzaban los treinta centímetros de tamaño. Era entonces, se dice, cuando los padres se volvían aprensivos, celosos del futuro de sus vástagos. Así que, mientras éstos estaban en la escuela, comenzó a extenderse un extraño rito: lanzarlos por el excusado para que a través del váter comunicaran con el Nilo.

Robert Daley da cuenta de ellos en *The World Beneath the City*, un curioso libro que trata sobre la construcción de la red de colectores de Manhattan. Al parecer, el inspector general de alcantarillas decidió emprender, entre 1935 y 1936, una campaña de exterminio de los temibles saurios que ya por aquel entonces medían cuatro metros y se alimentaban de ratas gigantes, poco menos que conejos.

Anteriormente, el 10 de febrero de 1935, el *New York Times* informaba del siguiente hecho. Unos muchachos de la calle 123, en las proximidades del río Harlem, habían avistado por la boca de una alcantarilla a un caimán que chapoteaba por las turbulentas aguas. El ejemplar, que medía unos dos metros, tuvo un luctuoso final: fue sacado a rastras y exterminado.

Fuera como fuese, lo bien cierto es que el inspector general no debió de tener mucho éxito porque en años posteriores magníficos ejemplares de caimán fueron vistos —o al menos, así lo manifestaron hombres de bien— en la estación de metro de Brooklyn, en el río Bronx y en algún lago de las afueras.

Según narra Kenneth A. Thigpen, los nativos de Florida ya conocían esta situación desde los años cincuenta. Al parecer, los imprudentes turistas neoyorquinos cometían la estupidez de llevarse a casa a los peligrosos reptiles; los metían en la bañera y luego se veían obligados a desembarazarse de ellos, arrojándolos por el inodoro.

Tanto es así que, a finales de los años sesenta, el clamor era unánime: las cloacas de Nueva York estaban infestadas de caimanes y, en algún caso, hasta de negros. «La mayoría de los negros son mutilados —cuenta Ermano Cavazzoni en *El poema de los lunáticos*—, porque todos se pelean y llevan siempre en la mano un cuchillo o un gancho terrible que corta como una navaja de afeitar y parte los huesos».

Tras la investigación llevada a cabo por los herpetólogos Sherman A. Minton Jr. y Magge Rutherford Minton —*Giant Reptiles*—, el folklorista Richard Dorson publicó una serie de textos recopilados entre los estudiantes de Berkeley (California). En ellos se introducía una variación: la oscuridad de las alcantarillas no sólo determinaba el albinismo de los caimanes, sino que además influía en su crecimiento la marihuana arrojada por el retrete durante las redadas policiales. De ahí surgiría la legendaria «hierba blanca neoyorquina», potentísima variedad enriquecida por los nutrientes de las cloacas.

Tras publicarse el libro de Thomas Pynchon *V.* y proyectarse el filme *La bestia bajo el asfalto* (1980), donde se sugería que multitud de niños americanos había tirado al retrete pequeños caimanes comprados en Macy's por cincuenta centavos, la leyenda llegaba a Europa.

El francés Gilbert Lascault, en su libro *Un monde miné,* fue uno de los primeros en advertir de los peligros del mundo subterráneo:

> Todos los poceros saben —escribía en la introducción— que les está prohibido entrar en un pasadizo que hay debajo del bulevar Saint-Marcel. De este pasadizo, protegido día y noche por tres agentes del cuerpo de seguridad armados y enmascarados, arranca un largo laberinto pestilente que tal vez pueda recorrerse con una lancha motora provista de ametralladoras. Durante el trayecto, uno se cruzará con flotillas de cocodrilos blanquecinos y famélicos.

Los cocodrilos americanos, no hay ni que decirlo, habían encontrado en el enjambre de pasadizos subterráneos una ruta de órdago para adentrarse en Europa. Primero presentaron sus credenciales a los moradores del infierno urbano y, tras ser aceptados por unanimidad, pasaron a convivir con fantasmas de la ópera e insignes jorobados.

En España la leyenda llegó un poco más tarde, ya en la década de los ochenta, entre otras cosas porque Francisco Franco jamás hubiera aceptado que bestias tan inmundas sembraran el pánico por El Ferrol. No obstante, curiosamente, de esta localidad procede una variedad interesante de esta leyenda que una alumna de la Universidad de Santiago de Compostela —Martina Fernández Bañobre— tuvo a bien hacernos llegar. El título es bien explícito: «Boas en las alcantarillas de Puente de las Cabras». Sintéticamente —y en palabras textuales— dice así:

> Varias personas habían viajado a un país exótico y se habían traído con ellas varias boas. Ante la imposibilidad de ofrecerles los cuidados nece-

sarios, las habían arrojado al retrete y estaban viviendo en las alcantarillas de la zona de Puente de las Cabras (Ferrol). Llegó a afirmarse que habían atacado a un niño, extremo que no se llegó a confirmar. Más tarde empezó a comentarse que la policía había cazado a los animales y así cesó el revuelo causado.

También en Sabadell (Barcelona) surgió el rumor de que un monstruo abisal moraba en las cloacas, arrastrando su deformidad por las aguas residuales. A tal efecto, nos pusimos en contacto con Vertisub, tal vez la empresa más importante de España en la limpieza de emisarios submarinos y redes de alcantarillado. Allí hablamos con Pilar Almagro, directora comercial, y Miguel Romans, responsable técnico.

Según Romans, la fauna de las cloacas se reduce a cucarachas, ratas y bacterias, por más que algunos sitúen debajo del metro de París una colonia de cerdos gigantescos.

Respecto al monstruo abisal de Sabadell —del que algunos de nuestros informadores creyeron tener noticias por el *Diari de Sabadell*— y que, presumiblemente, se trataba del cuerpo hinchado de una vaca que, misteriosamente, habría caído a la red de alcantarillado tras desplomarse por un pozo, nos dijo que le sonaba de lejos, pero sin poder aportar más datos. Tras hacer una llamada telefónica a la Empresa Metropolitana de Saneamiento —EMSSA—, tampoco allí nos supieron dar pistas. Eso sí, Miguel Romans nos comentó que un empleado de su empresa creyó ver a una especie de minotauro que avanzaba a toda velocidad hacia él procedente de una tubería de seis metros de altura y doce de ancho. Sólo cuando sus afilados cuernos estaban a escasos metros de sus vísceras pudo apercibirse de que se trataba de una carretilla tripulada por desechos de todo tipo que la corriente empujaba hacia el mar.

Para él, como para tantos otros, los caimanes albinos habitan en algún lugar de nuestra imaginación y allí seguirán para siempre. Según algunos tratados de criptozoología, la rama de la zoología que más se ha destacado en el estudio de la fauna subterránea, existen especies animales de las que se conoce únicamente un individuo, como el tanrec *Dasogaole fontoynanti*, cuyo único ejemplar, capturado en Madagascar, se encuentra en el Museo de Historia Natural de París, o el *Monachus tropicalis*, la foca de lomo blanco de cuya existencia se sabe tan sólo por una fotografía tomada en Yucatán en 1962. De otros, en cambio, no tenemos vestigios, caso del kraken escandinavo, un pulpo gigante que apresaba a los barcos valiéndose de sus tentáculos, o de los caimanes albinos.

Por esta razón, nos permitimos recomendarles que, si alguna vez tienen ocasión de visitar las cloacas de su ciudad, se preocupen de adoptar las precauciones necesarias para que su racionalidad no sea herida y despechada.

Antonio Ortí

NUEVOS TESTIMONIOS

Al igual que las historias de los cocodrilos de Nueva York, se advierte de los peligros de desembarazarse de las pequeñas tortuguitas de agua cuando comienzan a crecer. Las colonias de estos bichos son cada vez más numerosas en multitud de ríos de Europa, y se alerta sobre su agresividad. Contándose multitud de casos en los que estos aparentemente inocentes reptiles han atacado a niños, arrancándoles la nariz al acercarse a algún río.

Eduardo Jiménez Pérez
Valencia

Mi nombre es Almudena Rey y soy vecina del Ferrol, provincia de A Coruña, aunque actualmente resido en la Comunidad Valenciana. El motivo de mi carta es el apunte que hacen de la leyenda «Boas en el Puente de Las Cabras», de la que nunca había oído hablar en mis 29 años de existencia. Sin embargo, conozco el caso de una boa que se halló en el mismo lugar y que dio lugar a diferentes noticias en los diarios, donde se recogió como un hecho extraordinario. Paralelo al Puente de las Cabras, trascurre un río (llamado Inxerto), hoy convertido en cloaca después de haberse urbanizado los alrededores del mismo. Allí vivió por espacio de unos años un personaje conocido por «El Rata Mayor, precisamente el autor del hallazgo de una boa de varios metros que actualmente reposa en la Sociedad Galega de Historia Natural, sita en Ferrol. Curioso, ¿no?

ALMUDENA REY LÓPEZ
Oliva (Valencia)

EL ANIMAL INVASOR

«Un animal vive en el estómago de una persona.» Así reza la clave B784 del *Motif-Index* de Stith Thompson. Acto seguido encontramos una lista de ejemplos que describen sucintamente el modo en que se introdujo dicho animal en el cuerpo (a menudo por una imprudencia) y algunas ideas para librarse de él (casi siempre mediante cebos o cirugía radical): «Una persona se traga semen o huevos de serpiente al comer berzas»; «Una chica se traga un pulpo, que empieza a crecerle en el estómago»; «Una chica come ciruelas que contienen gusanos y éstos se multiplican en su estómago»; «Una serpiente o una rana es expulsada del cuerpo humano por medio de leche o de agua»; «Un médico desaloja un animal del cuerpo de un paciente»; «Una serpiente penetra en el recto de un hombre y le devora»...

Estas imágenes de pesadilla, muy parecidas a las que podría causar una severa indigestión de ostras, están profundamente arraigadas en el brumoso bosque de las creencias populares. En su libro titulado *La brujería y la superstición en Cataluña*, Javier Tomeo y Juan M.ª Estadella incluyen la siguiente crónica, equivalente exacto de los mencionados motivos universales:

Aparte de las fabulosas *serpents*, las vulgares *serps* inspiran también multitud de supersticiones. (...) Penetran por la boca entreabierta de los que se duermen en el campo, se alojan en sus intestinos y se expulsan haciendo aspirar a la víctima el mal olor que desprenden unos viejos zapatos quemados. (...) El pueblo creyó también en la existencia de los nitus, seres microscópicos que atacaban al hombre penetrando en su cerebro por los orificios de la nariz, de las orejas o por la boca. El desgraciado que era víctima de tan diminutos engendros se veía acometido por un pesado sueño y acababa perdiendo la memoria, porque la memoria, según el decir popular, era una especie de licor de sabor muy dulce que les entusiasmaba.

Más adelante aluden a otra clase de parasitismo al que también son dadas las serpientes, más epidérmico pero no menos nefasto, ya que suele terminar con la desnutrición de la víctima:

> Aficionadas a la leche, duermen a las madres que amamantan a sus hijos, desplazan suavemente al niño, introducen en su boquita la cola y maman en su puesto.

Joan Amades y Pep Coll recogen la misma creencia en sendas recopilaciones de cuentos orales. La siniestra fascinación del relato parece haber dejado honda huella en una de nuestras informadoras. Antonia Martos, de 60 años, natural de Baza (Granada), asegura haber sufrido, en su juventud, el vampirismo lácteo de una serpiente. «No la vi nunca porque siempre me hipnotizaba», nos cuenta la señora Martos. «Pero tenía un pezón todo morado, y hasta me sangraba. Y mi niño también tenía la boquita completamente amoratada.» Por último, siguiendo las instrucciones de un curandero, puso una capa de ceniza debajo de la cortina que servía de puerta. «Con esto se vio bien claro que entraba una serpiente, por la señal que dejó en la ceniza.» Así pues, se armó de una hoz, fue a mirar en unos matorrales cercanos y allí estaba la intrusa, haciendo la digestión. «Era gruesa como un brazo —nos indica la señora Martos, señalándose el suyo—. Le corté la cabeza de un tajo y luego la abrí en canal. Dentro tenía un cuajo de leche muy blanca».

Contra toda expectativa, estas historias peregrinas se resisten a permanecer en la onírica esfera de la superstición y ocupan un lugar privilegiado en los anales de la medicina y las crónicas de sucesos del siglo XVI en adelante.

La folklorista británica Gillian Bennet logra exhumar una gran variedad de casos en que serpientes y gusanos se lanzan a invadir los órganos internos de un sinfín de desventurados. Su objetivo no es otro que demostrar que las leyendas modernas son en realidad «modernizaciones» de relatos pretéritos. Dos ejemplos bastarán para formarse una idea de la antigüedad del tema. En 1639 un folleto inglés publica la noticia «cierta y verídica de un monstruo extraño o serpiente hallado en el ventrículo izquierdo del corazón de John Pennant, gentilhombre de veintiún años de edad». En el año 1675, un zapatero se suicida de una puñalada en el vientre tras diez años de lacerantes dolores abdominales. La herida deja escapar una serpiente tan larga como el brazo de un hombre y de dos dedos de grosor. Ya en el siglo XX, a mediados de los años treinta, se contaba en Estados Unidos que una joven había incubado un huevo de pulpo en el útero.

Señala Jean-Bruno Renard que la penetración del cuerpo por seres visibles o invisibles, naturales o sobrenaturales, es uno de los miedos más arcaicos y difundidos universalmente. Analizando este tipo de leyendas, Renard advierte que siguen el mismo esquema que la reproducción: el huevo o el animal «fecundan» el cuerpo, luego sigue una fase de «gestación», que culmina con la salida del animal o «alumbramiento».

Podría especularse, pues, que estos relatos expresan un horror inconsciente al embarazo y al parto. Se trataría de la misma aprensión que lleva a creer a ciertas adolescentes un tanto despistadas que el tragar semen o bañarse en piscinas públicas puede dejarlas encinta. O, como se rumoreaba allá por los años setenta en ciertos institutos, que orinando en los ríos tropicales se corre el peligro de que unos pececillos microscópicos remonten el chorro de orina y se queden agarrados al interior del pene.

Otra variante de parecido género circuló a finales de los años setenta por Estados Unidos y Francia. Sostenía la leyenda que ciertas píldoras adelgazantes infalibles contenían la cabeza de una tenia. Su eficacia, lamentablemente, se veía mermada por un grave efecto secundario: que uno iba adelgazando *sin parar*. Se imponía entonces recurrir a un poderoso vermífugo casero, de aplicación oral o rectal. Las instrucciones para administrarlo por esta última vía se detallan en un «recetario de la abuela» publicado en Cataluña en 1988:

> Se llena un bidé con dos litros de leche hirviendo, de modo que el paciente pueda sentarse en él para recibir el vapor sin quemarse. La tenia, al percibir el aroma de la leche, sacará enseguida la cabeza y bastará con tirar de ella para que no pueda volver a esconderse. La operación de tirar de la tenia suele hacerla otra persona.

El fantasma de la fecundación «contra natura» aparece en todo su esplendor en una leyenda procedente de los archivos de Jan Brunvand y que figura en su obra *The Choking Doberman*. La protagonista es una chiquilla de una ciudad costera californiana, que un buen día empieza a mostrar todos los síntomas del embarazo. «Deshecha en llanto», la niña asegura repetidamente a su madre que nunca se ha acostado con ningún chico. Finalmente, convencidos de que la hinchazón del vientre se debe a un tumor, los cirujanos la operan y le extraen nada menos que un «pulpo pequeño y vivo» que se aferraba tenazmente a la pared de su estómago. Al parecer la muchacha, nadando en el mar, debía de haberse tragado algunos huevos de pulpo que «flotaban en la superficie» tras desprenderse de las algas del fondo oceánico donde suelen estar pegados.

Gillian Bennet demuestra en su minucioso estudio que no hay orificio del cuerpo humano que esté a salvo de la intrusión de los parásitos. Laura Jiménez, una informadora de Santa Perpétua de Mogoda (Barcelona), nos ofrece un ejemplo particularmente sangrante de uno de estos asaltos a traición:

> Este caso me lo contó mi prima hace ya bastantes años, un día en que fuimos de pic-nic al campo. Un matrimonio pasaba un fin de semana de camping con sus dos hijos. Una noche, la madre salió de la tienda de campaña y se metió entre los árboles para hacer sus necesidades. En esos momentos la mujer tenía el período, y un lagarto, atraído por el olor de la sangre, se introdujo en el cuerpo de ella mientras estaba en cuclillas, con lo que murió desangrada a los pocos minutos. Su hijo pequeño la encontró a la mañana siguiente.

El testimonio oral de otras tres informadoras confirma la amplia difusión en España de esta leyenda. Anna Gual, de 37 años, nos cuenta una variante situada en las playas de Málaga. María Martínez, una murciana de 67 años, nos asegura que se trata de un hecho verídico ocurrido años atrás a cierta segadora mientras trabajaba en el campo. En esta ocasión el desenlace fue menos trágico: sus compañeros consiguieron matar al lagarto a golpes de hoz y la mujer sobrevivió. Antonia Martos nos relata un caso más lacerante que «vivió» una amiga de una conocida suya. Como la mujer llevaba muchos años soltera, le preguntaron un buen día por qué no quería casarse. Su explicación resultó a todas luces insospechada: una vez se encaminaba a moler trigo al molino, teniendo el período, cuando un lagarto enloquecido por el olor de la sangre se le echó encima y le arrancó «los labios mayores». Habiendo perdido una parte de su feminidad, la mujer llegó a la traumática conclusión de que ya no resultaría atractiva a ningún hombre.

No hace falta acudir a Freud para darse cuenta del tremendo poder simbólico que encierra el binomio compuesto por la sangre menstrual, aún hoy cargada de tabúes y supersticiones, y la «violación» que lleva a cabo un reptil claramente «fálico». Jean-Bruno Renard aporta un dato que denota el origen arcaico de esta variante y subraya de nuevo el horror a la fecundación intempestiva: «En numerosas sociedades tradicionales, las mujeres temen que una serpiente, atraída por el olor de la sangre menstrual, penetre en su vagina o en su boca y las deje preñadas, o, peor aún, les mutile las entrañas».

Aparte de serpientes y lagartos, algunos insectos también pueden causar estragos en el cuerpo humano. Jan Brunvand lo ilustra con varias leyendas. Dos de ellas empiezan con una mujer «tomando el sol en la playa». La primera víctima sufre la picadura de una araña en la mejilla, donde se le forma un terrible forúnculo. Cuando el médico se lo abre con el bisturí, una legión de arañas minúsculas sale corriendo de la herida. Explicación oficial: la araña playera había puesto huevos debajo de su piel. La mujer sufre un ataque cardíaco o debe recibir tratamiento psiquiátrico.

A la segunda desventurada se le introduce una tijereta en el oído. Tras acudir al médico quejándose de terribles dolores, éste le asegura que dentro de pocos días el bicho saldrá por la otra oreja. Cuando esto ocurre, el doctor dictamina con alarmante frialdad que se trataba de una hembra, por lo que es muy posible que haya desovado en el interior de su cráneo. De ser así, concluye diciendo, «las crías terminarán por devorarle el cerebro».

Heridas infectadas, insectos hormigueantes, impotencia médica, desenlace trágico... Estos elementos parecen apuntar hacia otro posible significado de la leyenda: el de la muerte en acción. Tras señalar que solemos imaginarnos a los microbios como unas «bestezuelas que se introducen en el organismo», Gillian Bennet concluye su estudio argumentando que «tener una bestia en el cuerpo es la obsesión del hipocondríaco, una representación simbólica de los gusanos que devorarán nuestros cadáveres, una creencia en el origen animal de las enfermedades».

Los escritores y cineastas proclives al género fantástico no podían permanecer indiferentes al mórbido encanto de este tipo de relatos. Ninguna novedad, por otra parte, ya que el cine y la literatura se han nutrido con frecuencia del patrimonio folklórico universal.

En un cuento titulado *Egoísmo, o la serpiente en el pecho*, Nathaniel Hawthorne narra la historia de un joven torturado por la certeza de que una serpiente fantasmal le roe las entrañas. El escritor, aun indicando que «tales hechos han ocurrido en más de una ocasión», utiliza el tema en clave alegórica para formular un alambicado discurso en torno al egoísmo, el pecado y el remordimiento.

Menos simbólico y más lúbrico se muestra el escritor norteamericano Philip J. Farmer en *La imagen de la bestia,* su novela pornofantástica publicada en 1975. En cierto pasaje, una mujer de turbadora belleza se entrega a alucinantes juegos eróticos con una especie de serpiente barbuda de rostro humano «y expresión de indecible maldad» que emerge de su vagina y se le introduce en la boca procurándole goces inusitados. En vez de parasitismo, lo que se describe aquí parece más bien un caso de voluptuosa y ultraterrena simbiosis.

Ya en el ámbito cinematográfico, el celebérrimo filme *Alien* (1980) recupera el tema con estética futurista, ciñéndose fielmente al modelo tradicional. Un parásito se aferra al rostro de un tripulante de la nave espacial Nostromo y deposita un huevo en el interior de su cuerpo. De él nacerá, reventándole el pecho atraído por el olor de la comida, un retoño monstruoso. Más criaturas vermiformes se introducen en cuerpos humanos por vía oral y se adueñan de voluntades en otras dos películas fantásticas de culto: *Vinieron de dentro de...* (1974) y *Hidden* (1987).

Los insectos invasores también pululan profusamente por el panorama audiovisual. El episodio «The Caterpillar», de la serie de televisión *Galería nocturna,* emitida en los años setenta, escenifica paso a paso el relato de la tijereta en el oído. En el filme *Los creyentes* (1986) se recurre a leyenda de las arañas en la herida para ilustrar el resultado de una maldición santera. Y en uno de los episodios de la película *Creepshow* (1982), un cínico industrial obsesionado por la limpieza terminará relleno hasta las cejas de cucarachas, que saldrán a borbotones de su cadáver: aparatosa metáfora gráfica del pánico a la enfermedad y de la podredumbre interior.

JOSEP SAMPERE

NUEVOS TESTIMONIOS

Las *chirrioneras* son serpientes que persiguen a las chicas. Nanita, mi tatarabuela, estaba paseando un día por el campo y una *chirrionera* se le metió debajo de la falda. Por el olor supo que tenía la regla. La serpiente se le metió ahí debajo y, como no podía hacerla salir, tuvo que quitarse la falda. Volvió a casa en viso. Las serpientes esas huelen que una mujer tiene la regla. Les gusta tanto que intentan meterse ahí dentro.

BETTY, tejana de origen mexicano-estadounidense.
Rosan A. Jordan. «The Vaginal Serpent». En *Contemporary Legend, A Reader*, p. 229

Mi abuela solía decirnos, a mí y a mis hermanas, cuando éramos pequeñas, que había un tipo de lagartijas llamadas «dragones» que eran venenosas y podían llegar a matarnos si las tocábamos y nos transmitían el veneno. Para conseguir que nos creyéramos la historia, nos explicaba que un día uno de estos dragones cayó dentro de un cartón de leche que una vecina tenía puesto cerca de la ventana de la cocina. Poco después de que el dragón se ahogara, al no poder salir del cartón, las dos hijas gemelas de la señora tomaron un vaso de leche antes de irse a trabajar a modo de desayuno. Mi abuela decía que nunca llegaron al trabajo las dos hermanas: murieron por el camino, entre convulsiones, por los efectos del veneno del dragón.

AINHOA CHUECA PADILLA
El Prat de Llobregat (Barcelona)

El animal invasor: de algunos he oído yo pero con verosimilitud.

Un amigo mío tuvo una *nihua* en el pie, la cogió en Centroamérica. Es como una larva que anida allí y crece. Es repugnante y asqueroso y no me acuerdo si se fue con química o con una pequeña intervención, pero existe. Este amigo estuvo allí en el año 90 con la expedición que montaba el De la Quadra, «Aventura 92», y yo mismo fui en el 89 y conozco a otros que fueron otros años.

Los que fueron en el 92 me hablaban de un río en Santo Domingo donde había una especie de pececillo que aprovechaba orificios corporales para introducirse, léase pene, ano, etc. No se bañó ni dios, claro. Al ver cómo comentáis esto ya me entra la duda de si no les venderían la moto o de si existe tal animalejo. Siento no ayudaros con el nombre, no tengo ni idea, pero la *nihua* podréis buscarla y encontrarla.

También me acuerdo de cómo los del equipo de rodaje cinematográfico de la peli *El Dorado* (la española, claro) contaban que a uno le había anidado no sé qué gusano en un dedo o en la mano, se le hizo un señor huevo o crisálida, del cual al final salió algo, no sé si una mariposa o qué, pero lo peor era el tamaño del huevo. Creo que se rodó en un parque natural de Costa Rica.

GABRIEL GÓMEZ BARRO
Viveiro (Galicia)

Acabo de leer *Leyendas urbanas en España*. Casualmente, al mismo tiempo, estaba consultando un libro que recopila noticias de la ciudad de Zamora de principios de siglo, donde alude, en la introducción, a la serpiente que roba la leche a las matronas:

«Por cierto, en una casa de esta plazuela [de la Leña], a mediados del de diciembre de 1753, ocurrió un curioso hecho: habitada la casa por un matrimonio, vendedores de leña, una noche, mientras dormían, la mujer fue despertada con asombro al ver que tenía una serpiente de gran tamaño extrayéndole el jugo lácteo. La mujer pidió auxilio a su marido, que estaba descansando en otra habitación; pero cuando éste llegó, el reptil había desaparecido, habiendo dejado unas pequeñas huellas en la imposta de la muralla. Años más tarde, ya avanzado el siglo XVIII, el periódico que por entonces se publicaba en nuestra ciudad con el nombre de *El Liberal-Conservador* escribía este caso relacionándolo con la culebra de la ermita del Carmen del Camino, que bien pudo ser la misma». García-Rubio, J. M., «Zamora, s. XX, comienzos», Zamora, Monte Casino, 1984, p. 12-13. En el siglo XVIII no se editaba ningún periódico en Zamora. El periódico citado era de fines del XIX.

JUAN MARI CARREÑO
Salamanca

Esta historia me la contó mi abuela cuando yo tenía 10 o 12 años, quien a su vez se la oyó contar a una vecina. Al parecer, una mujer visitó a un médico naturópata que puso en el periódico un anuncio de «dieta milagrosa». Consistía en tomar dos cápsulas que te permitían comer de todo sin engordar. Cada una costaba 10.000 pesetas, y lo único que tenías que hacer era ponerlas en la nevera y tomar una en la cena y la otra el día siguiente. La mujer, toda contenta, llegó a su casa y se puso a preparar la cena. Comió, con su marido, todo lo que le vino en gana. Al terminar, fue al frigorífico a por la pastilla y se la tomó. Al día siguiente, nada más levantarse, fue a preparar el desayuno y observó que la otra cápsula que estaba en la nevera se movía. Ella, toda asustada, llamó gritando a su marido, el cual la tranquilizó, prometiéndole que la llevaría a analizar. Cuál fue su sorpresa cuando le comunicaron que dicha cápsula contenía la larva de la solitaria.

MARÍA JOSÉ CUBILLANA
Zaragoza

¡¡Después de que lean esto, no volverán a lamer sus sobres!!

Una mujer trabajaba en una oficina de correos en California. Un día lamió los sobres y las estampillas en lugar de utilizar una esponja. Ese mismo día se cortó la lengua lamiendo un sobre. Una semana más tarde notó una rara hinchazón en su lengua. Fue al médico, pero no encontró nada raro. Su lengua no estaba dolorida ni nada. Unos días más tarde, su lengua comenzó a hincharse más y le empezó a doler mucho más, a tal punto que no podía comer.

Regresó al hospital y exigió que le hicieran algo. El médico le tomó una radiografía de la lengua y notó una hinchazón. La preparó para una cirugía menor y cuando le abrió la lengua, una cucaracha viva salió arrastrándose. Había huevos de cucaracha en la franja donde se sella el sobre. El huevo pudo encubarse (sic) dentro de la lengua debido a la saliva y estaba caliente y húmedo... Ésta es una historia real que informó la cadena CNN.

Andy Hume escribió lo siguiente: «Yo trabajaba en una fábrica de sobres. Es difícil creer lo que flota por ahí en esas bandejas aplicadoras de goma. Hace años que no lamo los sobres».

Esto es para todos: «Hace 32 años, cuando trabajaba en un taller tipográfico, nos dijeron que NUNCA lamiéramos los sobres. Nunca lo entendí hasta que tuve que ir a la bodega a traer 2.500 sobres que ya estaban impresos para un cliente que tenía una lista de direcciones a las que enviaba información o propaganda periódicamente, y vi varias cuadrillas de cucarachas caminando dentro de unas cajas de sobres donde había huevos por todas partes. Las cucarachas se comen la goma de los sobres. Yo creo que los talleres tipográficos tienen más dificultad controlando las cucarachas que los restaurantes. Yo siempre compro el tipo de sobre que se autosella, o si es necesario, utilizo el pega stick».

FERNANDO ESCRIBANO
Cadena difundida por correo electrónico

EL REY DE LOS GATOS

Es bien sabido que los gatos madrileños están perfectamente organizados y que se reúnen en algún lugar mágico desde el que se diseminan por la ciudad siguiendo las órdenes de una especie de gobierno interno.

Juan García Atienza

La misteriosa conducta, la aparente indiferencia y la premeditada indolencia de los gatos no son más que la fachada cosmética de la que se sirven para ocultar su propósito de controlar a la humanidad. Así al menos lo sugiere Jacques Strenberg en el relato «Les chats», incluido en su recopilación titulada *188 contes à regler,* y así lo entendieron también muchos madrileños en la posguerra española al observar la perfección geométrica con la que los mininos tomaban calles y plazas, cuarteles y ayuntamientos. Solos o acompañados, en manada o en formación de a dos, lo cierto es que los felinos se las procuraban para obtener alimentos y allanar casas valiéndose de maullidos desconsolados que encubrían órdenes militares y planes muy concretos. Hoy, cuando ya dominan el mundo, sólo los más ancianos relacionan su presencia en los sillones de los principales jefes de estado con el rumbo de la historia universal.

La idea de que los gatos y sus principales enemigos, las ratas, disponen de una organización jerárquica está perfectamente glosada en el folklore popular. La única disparidad es si se decantan por monarquías o repúblicas. Michel Dansel en *Nuestras hermanas las ratas* sostiene que las ratas son demócratas de derechas que se permiten el lujo de mantener reyes. «Algunos —señala— piensan que estos reyes permanecen en alcantarillas secretas, que a veces alcanzan el tamaño de un jabalí y que ejercen sus poderes sobre la ratocracia francesa. Pero no ignoran que las ratas, al igual que la poesía, la idiotez o la fraternidad no tienen fronteras».

A falta de datos que avalen la existencia de sufragios universales entre felinos y roedores o de representantes elegidos por sus congéneres en aras de una pretendida superioridad física, sanguínea o intelectual, lo más que puede decirse sobre la leyenda que encabeza esta historia, y que conocen —que sepamos nosotros— en Madrid, Toledo y Ciudad Real, es que tras la Guerra Civil española muchos ciudadanos tomaron conciencia del excesivo número de animales —sobre todo gatos— que deambulaban por las calles, circunstancia que motivó encendidas reseñas en los periódicos de la capital e incluso que el maestro Serrano les dedicara una ópera bufa.

Respecto a la cuestión principal, esto es, si dominan el mundo, no hay unanimidad, si bien no sería descartable que algunos de los presidentes que deciden nuestros designios no fueran más que pérfidos gatos y aviesas ratas valiéndose de un hábil disfraz.

Antonio Ortí

FANTASÍAS
SEXUALES

LAS LASCIVAS DEL VIAGRA

Dos mujeres violan a un hombre en Londres después de atarle a una cama y darle vodka con una pastilla de la erección.

El Periódico de Catalunya
16 de diciembre de 1998

En Londres dos mujeres sedujeron a un atractivo joven, que no opuso resistencia para acompañarlas a una habitación del hotel, y, una vez dentro de ella, le ataron, le suministraron una dosis de la famosa pastilla mezclada con alcohol y le utilizaron sexualmente toda la noche, hasta que el servicio de limpieza le descubrió agotado y gimiendo.

Así comenzaba la crónica titulada «Viagrazo criminal» que *El Periódico de Catalunya* tuvo a bien obsequiar a sus lectores un anónimo miércoles de diciembre, cuando ya iniciaban sus preparativos los Reyes Magos de Oriente.

La noticia, fechada en Londres, pero sin firmar, contaba que en un concurrido restaurante del West End donde se celebraba una cena de empresa para «jóvenes dinámicas» —entrecomilllado que respetamos— dos mujeres se fijaron en un «atractivo joven de 25 años y cara de efebo».

Tras el intercambio de sonrisas y coqueteos —continuaba la noticia—, el chico aceptó las descaradas propuestas de las dos mujeres y las acompañó a una habitación de un hotel de la zona de Earls Court. Dispuesto a pasar la gran noche de su vida, no dudó en aceptar la tentadora propuesta de sus recién conocidas compañeras de juerga y se dejó atar a los barrotes de la cama, «por juego», según señaló posteriormente.

A partir de ahí, lo que prometía ser una divertida orgía, un *ménage à trois* químico y excitante, comenzó a transformarse en pesadilla.

Las dos mujeres suministraron entonces al muchacho —se leía en la página 25 del prestigioso rotativo catalán— una pastilla de Viagra acompañada por un gran vaso de vodka, dispuestas a sacar partido de los efectos milagrosos del cóctel. En plena lascivia, las seductoras violaron durante toda la noche a su presa sometiéndole a su ávidez de sexo al límite. Al alba, las secuestradoras se marcharon, dejando al inmovilizado muchacho con las fuerzas agotadas.

Por la mañana —acababa el relato—, las empleadas de la limpieza del hotel escucharon unos gemidos que salían de la habitación y entraron en ella. La imagen que encontraron fue la de un hombre atado, desnudo, algo ruborizado por el resto de una erección a la vista, y con una botella y un vibrador a su lado. En la puerta, el tradicional cartel de «no molestar» tenía una frase añadida: «El escuadrón de violación al Viagra ha golpeado de nuevo (sic)».

Desde un punto de vista estrictamente periodístico, la noticia tenía la estructura propia de cualquier rumor: nadie firmaba el artículo, no se conocía el nombre del restaurante donde se celebró la cena de «jóvenes dinámicas», se ignoraban los apellidos del «muchacho» y tampoco se citaba en qué hotel había acabado, sonrojado, víctima de las lascivas del escuadrón.

Juzgado desde la óptica folklórica, sin embargo, el relato ofrecía sospechosas similitudes con cierta anécdota que oímos días atrás en la tertulia matinal de la COPE. El tertuliano de turno —cuyo nombre no anotamos en su momento— refirió idénticas andanzas de otro escuadrón de lascivas —Viagra, vodka y vibrador incluidos—, sólo que su teatro de operaciones no era Londres sino Marbella. En aquella ocasión la nota de despedida aparecía escrita con lapiz de labios en un punto mucho más estratégico que el cartel de «no molestar»: el fatídico espejo del lavabo. Y si decimos «fatídico» es porque, en este lugar —detalle significativo—, suelen aparecer los mensajes con que culminan otras leyendas como las que analizamos en los capítulos *Bienvenidos al mundo del sida* y *Nos juntábamos las noches de verano y contábamos historias de miedo*.

Desde que Ovidio publicara sus *Metamorfosis* —libro IV, versículo 285— y narrara la historia de Hermafrodito —una especie de divinidad bisexual— y Salmácides —una ninfa seguidora de Artemis, que «saltó al agua, persiguiéndole, y le arrolló»—, las noticias sobre violaciones de hombres se habían convertido en una especie en extinción.

Todo lo más, algunos cuentos de hadas —sirva de ejemplo *La hija lista del campesino*, recopilada por los hermanos Grimm— habían sugerido que las mujeres superaban en inteligencia y astucia a los hombres, dominándolos a su antojo y decidiendo su suerte. Pero nunca, hasta la década de los ochenta —en plena emancipación de la mujer—, se había tenido constancia tan explícita de que los hombres eran frágiles marionetas en manos de robustas mujeres, capaces de lo peor con tal de demostrar el ya anunciado «adiós al macho».

En un artículo titulado *Male Fantasy or Female Revenge: A Look at Modern Rape Legends (Fantasía masculina o venganza femenina: breve análisis de las leyendas modernas de violaciones)* la filóloga y folklorista norteamericana Frances Cattermole-Tally menciona por ejemplo que el 23 de noviembre de 1982 la revista norteamericana *Us* publicó un artículo firmado por Adam W. Petricelli —casualidad o no, los artículos sobre violaciones masculinas siempre los firman hombres— titulado *Violación al revés*, donde se daba cuenta de que un hombre fue atacado «por tres o cinco mujeres» —hay que anotar que no deja de ser raro que la víctima no se acordara del número exacto— que le ataron a un árbol y abusaron de él.

Según Frances Cattermole-Tally, desde 1970 han comenzado a proliferar relatos sobre mujeres que violan a hombres, penetrando sus cuerpos analmente con un consolador de madera que viene a hacer las veces del *membrum virile* latino.

En Illinois, Nueva Jersey, California —aquí desde 1972— y, sobre todo, en Chicago han aparecido en los últimos años reseñas periodísticas que informan sobre este mundo al revés. En Chicago, por ejemplo, se cuenta la historia de un periodista masculino —otra vez sin nombre— que tuvo el mal gusto de escribir un artículo titulado *¿Por qué a una mujer no pueden violarla realmente?* Días después, le atacaron cinco militantes feministas, muy guapas, para violarlo. «Magnífico, cuándo empezamos», se cuenta que exclamó él. Pero su sonrisa se esfumó al ver el gran consolador, una buena excusa para darse a la fuga. Las mujeres lo rodearon y le arrancaron la ropa. En una versión del relato, el pobre desgraciado se puso de rodillas e imploró clemencia, y ellas le dejaron ir. En otras no se conmovieron con sus súplicas y cada una le introdujo el consolador, hasta que, exhausto, se fue corriendo con el rabo entre las piernas a presentar la preceptiva denuncia policial.

De hecho, como sucedía en la noticia publicada en España, la venganza parece estar muy presente en todas estas historias. Algunos violadores sin castigo, se cuenta al respecto en Nueva York y San Diego, han sido castigados por mujeres y les han cortado un testículo para incitarles a una rápida reforma.

Las variantes de Chicago son, sin duda, las más violentas, en tanto el violador es colgado por un pie o por los testículos en un rascacielos y luego metido otra vez dentro. A los pocos días este hombre anónimo decide invariablemente irse a Detroit para evitar males mayores.

Hasta Barcelona, por ejemplo, ha llegado una variante de esta leyenda que nos cuenta Purificación Ruiz Feria:

> Una joven médica fue asaltada una noche en que regresaba a casa por dos desconocidos con la intención de violarla. Ella no perdió la serenidad y les propuso ir a su casa para hacer las cosas bien y con más tranquilidad y así pasar juntos un buen rato. Allí, les invitó a una copa, en la que puso un fuerte somnífero. Mientras estaban dormidos, la joven médi-

ca los operó y les cortó el pene de raíz, para abandonarlos después en mitad de la calle.

Pero la figura femenina más carismática, en cuanto a violaciones se refiere, responde por «Amazalia» y habita en Detroit. Amazalia es una experta karateca de 19 años que hace valer sus evidentes encantos para animar a los hombres a que se internen en la espesura de los parques públicos y así satisfacer sus deseos. Justo después les obsequia con un golpe que los anonada, los ata a un árbol y les penetra con el consolador; curiosamente, algunos hombres fueron encontrados por la policía de Detroit en estas circunstancias, aunque no aclararon si fueron atacados por ladrones o por Amazalia.

En definitiva, concluye Frances Cattermole-Tally, las presuntas noticias sobre mujeres violadoras son, en el 99% de los casos, «fábulas para enseñar a los hombres que no son invulnerables y que las mujeres no piden ser violadas como muchos creen». Quien así lo piense, que sepa que Amazalia prepara un árbol para él.

Antonio Ortí

NUEVOS TESTIMONIOS

Sobre los peligros del sexo con desconocidas me contaron una historia, hace cosa de tres años, dos compañeros de facultad, asegurando que un amigo común de ambos se la explicó en primera persona.

Tal como me llegó, los padres de un joven alquilaron una casa en un país escandinavo (no recuerdo cuál) para pasar las vacaciones. Por motivos que no vienen al caso, el joven debe llegar a la casa la noche anterior a la mañana en la que llegan sus padres y, aprovechando que esa noche no tiene que dar cuentas a nadie, decide irse de marcha. Conoce a una típica nórdica a la que invita a ir a su morada. Cuando ambos están desnudos en la cama ella propone atarle, a lo que él accede sin pensárselo dos veces. Inmovilizado, ella defeca sobre el pecho de él, tras lo cual se viste y se va. Como en toda la noche no consigue salvar la situación, porque la chica le ha atado con rara habilidad, la escena que se encuentran los padres al llegar a casa por la mañana es cuando menos grotesca: su hijo desnudo, en la cama de matrimonio, con una mierda en el pecho y el preservativo puesto.

VÍCTOR GONZÁLEZ

LOS AMANTES INSEPARABLES

Una pareja estaba haciendo el amor en casa de él y cuando llegó de repente el padre se quedaron del susto enganchados y tuvieron que ir hasta el hospital con una manta encima.

Anónimo
Málaga

Con esta transformación de dos amantes en hermanos siameses, inauguramos una serie de leyendas que ejemplifican, en la mejor tradición católica, las diversas calamidades que puede acarrear la lujuria.

Apresurémonos a señalar, sin embargo, que la literatura médica (y no la eclesiástica) recoge la posibilidad técnica de que dos copulantes queden atenazados en pleno abrazo amoroso. Responde este peregrino fenómeno al término de «vaginismo», síndrome que sobreviene en situaciones de máxima tensión emotiva y que provoca, durante la cópula, la contracción espasmódica de todos los músculos de la cavidad vaginal y del ano. El efecto resultante se conoce con un púdico latinismo: *penis captivus*.

La llegada imprevista del padre, como veíamos antes, puede ser una razón de peso para desencadenar el percance. En *Rationale of the Dirty Joke*, su exhaustivo análisis del «humor sexual», Gershon Legman propone otras causas:

A una chica se le contrae la vagina espasmódicamente al oír el petardeo de un tubo de escape mientras está en el coche con su novio, o cuando el reflector del capitán la ilumina de pronto mientras hace el amor en la cubierta de un transatlántico [o sea, «Dios ve todos los pecados ocultos»], aprisionando al hombre en su interior hasta que avisan a un veterinario para que les separe, generalmente inyectando un sedante en la zona lumbar del hombre o de la chica.

El malicioso erudito añade acto seguido:

> La presencia del veterinario en tales historias sugiere que en la transmisión de esta fantasía puede haber influido la observación de los perros «enganchados» durante el coito. De ahí que a veces se arroje un cubo de agua fría sobre la infortunada pareja. (...)

Mencionemos de paso que Véronique Campion-Vincent localiza varios ejemplos de dicho síndrome, al parecer verídicos, en algunas publicaciones médicas francesas. Ello no impide que tales episodios, por otra parte rarísimos, según nos confirma la doctora Lidia Ramos, se vean desbancados por sus innumerables equivalentes legendarios, cosa que nos permite suponer que los *penes captivi* (así se diría en plural) comparten territorio con los submarinistas caídos del cielo y otros especímenes folklóricos estudiados en esta obra.

Despojadas de su neutro interés clínico, estas historias delatan claramente su carácter «ejemplar», como se infiere de un elemento común a todas ellas: el caso de *penis captivus* siempre ocurre a consecuencia de una relación sexual ilícita o clandestina. En *Die Spinne in der Yucca-Palme*, Rolf Brednich aporta una variante alemana donde una mujer infiel, atenazada por los remordimientos (nunca mejor dicho), sufre un calambre vaginal en pleno coito que la deja férreamente unida a su amante. Tras alcanzar el teléfono a trompicones y cubrirse con una manta, una ambulancia les traslada al hospital, siendo liberados por fin gracias a la proverbial «inyección».

En una supuesta noticia sin fecha emitida por la agencia Reuters, que figura en el libro de John Train titulado *True Remarkable Ocurrences*, un incidente parecido tiene lugar en el interior de un «cochecito deportivo» aparcado en el londinense Regent's Park.

Los retozos de la pareja se interrumpen aquí de golpe al quedar sepultada la mujer bajo su amante, un hombretón de unos cien kilos, cuando a éste se le disloca una vértebra. Un grupo de mirones se congrega alrededor del coche y algunas asistentas sociales sirven té para relajar el ambiente. Por último deben intervenir los bomberos y rescatarles cortando la carrocería. Tras quitarse aquel peso de encima, la mujer se descuelga con una frase digna del desenlace de un chiste, pero que revela, una vez más, que mantenía una relación ilícita: «¿Cómo explico yo a mi marido lo que le ha ocurrido a su coche?».

Según los cánones de la cultura cristiana, diríase que estos relatos ejemplares asocian estrechamente la sexualidad con la culpa, lo cual se traduce en un castigo que ya habría querido Dante para su círculo infernal de los «lujuriosos». Su mensaje encierra una advertencia para ambos sexos.

Como nos sugiere el historiador Josep M.ª Perceval, a los hombres les pone en guardia contra los peligros de la «vagina dentata», tema de numerosos mitos americanos analizados por Lévi-Strauss y elocuente metáfora del temor masculino hacia la «avidez devoradora y castrante» del sexo de la mujer.

A ellas, por otro lado, las conmina a abstenerse de cualquier aventura extraconyugal (obsérvese que la infidelidad, en estas leyendas, siempre es iniciativa de las esposas); de lo contrario, se verán expuestas a una situación humillante que vendría a ser una parodia cruel del vínculo «indisoluble» que constituyen las relaciones sexuales de acuerdo con la mentalidad cristiana.

A pesar de todo, y como sospechábamos, las leyendas de «parejas trabadas» no son meras viñetas grotescas, dignas del pincel de El Bosco, con que ilustrar las irreductibles aprensiones católicas a la sexualidad. Consultando el *Motif-Index* de Stith Thompson descubrimos que el tema se insinúa ya en épocas paganas y cuenta con protagonistas de lujo: los dioses del Olimpo. Junto a la referencia K1563 figura la siguiente pista: *Un marido (divino) aprisiona a su esposa y al amante de ésta con una red mágica. (Vulcano, Marte, Venus.)* Entre otros autores clásicos, el poeta latino Ovidio refiere íntegramente el suceso en sus *Metamorfosis*.

La historia arranca también con un adulterio, aunque esta vez divino (si ocultara más lo humano): el de Venus con Marte. Al sorprenderlos el Sol, «que todo lo ve», corre a delatarlos al marido, el herrero Vulcano, quien «inmediatamente apresta con la lima sutiles cadenas de bronce, redes y lazos que pudiesen engañar a los ojos (...) y los coloca convenientemente alrededor del lecho. (...) Así que se unieron en el tálamo la esposa y el adúltero (...) quedaron ambos inmóviles, sorprendidos en medio de sus abrazos. Al instante Vulcano abrió de par en par las ebúrneas puertas e introdujo a los dioses. Yacían los culpables en vergonzosa postura; riéronse todos los demás y durante mucho tiempo fue este lance el cuento preferido en los espacios celestes».

Y continúa siéndolo, añadimos nosotros, en los espacios terráqueos. En algunas variantes recogidas por Jan Brunvand en *The Choking Doberman*, se perciben ecos lejanos de la «red mágica», aunque reducida a un prosaico tubo de «superglue»: el que una esposa engañada utiliza para vengarse de su marido pegándole el pene al vientre.

Las leyendas de «amantes inseparables» admiten innovaciones aún más efectistas, que refuerzan el motivo de la humillación pública combinándolo con ciertos vicios privados. Otra cita clásica, extraída esta vez de la *Historia de los animales*, del polígrafo romano Claudio Eliano (170-255), indicará por dónde van los tiros y justificará de nuevo la antigüedad del tema:

> Se cuenta que en Roma una mujer fue acusada por su marido de adulterio y se comprobó en el juicio que el adúltero era un perro.

Redundando en el mismo asunto, el antropólogo Joan Prat nos trae a la memoria las cópulas fantásticas entre mujeres y monstruos, tan frecuentes en la mitología griega. Un ejemplo paradigmático serían los amores de Ariadna y el Minotauro, hijo a su vez de Pasífae y el Toro de Creta.

Las versiones modernas de esta clase de historias llevan muchos años escandalizando a los más crédulos, aunque su lógica fisiológica, válgase la redundancia, sea igual a cero. Si alguien lo duda, sólo tiene que echar un vistazo a cualquier producción pornográfica incluida en la sección de «zoofilia» de los videoclubes.

De los numerosos relatos que nos han llegado, ofrecemos el más sangriento de todos, que nos cuenta una informadora de Madrid, María Elena Palos, quien se muestra lo bastante perspicaz para ponerlo en tela de juicio desde el principio:

> Me contaron esta historia, pero no me la creí porque me pareció excesiva. (...) Una mujer, conocida de la madre de la vecina de una amiga, mantenía relaciones sexuales con su perro, un pastor alemán. (...) Una vez el marido llegó a casa antes de lo previsto y sin avisar porque estaba enfermo. Y los pilló *in fraganti*.
>
> La mujer, asustada, trató de separarse bruscamente del perro, pero debido a la especial configuración genital de los canes no lo consiguió. Al contrario, se quedó atrapada y ninguna fuerza lograba separarlos.
>
> Así se los llevaron juntos al hospital y cuando los médicos consiguieron que el perro se desatrancara, el efecto vacío, o cualquier otro, no sé yo, hizo que las trompas de Falopio de la mujer salieran disparadas de su vagina y se quedaran colgando. Y, claro, hubo que operar a la señora para extirpárselas o devolverlas a su sitio, tampoco lo sé con seguridad.

Aparte de la zoofilia, el folklore moderno incorpora otros vicios privados a la tradición legendaria, que también culminan con la humillante visita de rigor a urgencias. Rosa Mayans, de Barcelona, nos cuenta un caso particularmente anticlerical:

> Un cura ingresó en urgencias con dos bombillas en el ano; argumentó que se había sentado en una caja de bombillas.

Lo que pueden argumentar nuestros lectores, y con razón, es que tales incidentes están sobradamente documentados, y se explican por la irresistible tendencia del canal rectal a aprisionar tenazmente cualquier objeto e irlo impulsando cada vez más arriba, fuera del alcance de los dedos. Algunos médicos entrevistados, como la doctora Lidia Ramos, nos lo confirman con sus experiencias personales (o sea, las de sus pacientes). Gracias a ellos podríamos elaborar una lista interminable de cuerpos extraños hallados en el recto de algunas víctimas, pero nos limitaremos a cinco objetos, que suelen ser los más comunes: un frasco de desodorante, una bombilla, un pepino, una botella y un tubo de ensayo.

Casos verídicos aparte, la mayoría de relatos de esta índole delatan su origen legendario por su carácter absolutamente abstracto y su tono moralizador: protagonistas anónimos, falta de datos verificables, presencia de testimonios, humillación pública.

Aun así, algunos de ellos resultan a veces sumamente perniciosos, puesto que llenan sus espacios en blanco con apellidos concretos y se convierten en armas arrojadizas con las que dañar la reputación de sus presuntos protagonistas. Lo vemos claramente en este brevísimo ejemplo que nos manda Borja Hortelano, de Sopelana (Bizkaia):

> A Alejandro Sanz le habían tenido que operar de urgencia porque se le había quedado un botellín atascado en las posaderas.

Idénticos objetivos difamatorios parecía perseguir otra versión que circuló hace años en cierta ciudad de provincias, aunque su protagonista no tuviera nada que ver con el mundo del espectáculo. Nos la remite Anna Muñoz y la causa del percance es, una vez más, un inverosímil «efecto vacío»:

> Me contaron que una chica que estaba pasando la tarde en el bar de costumbre, después de estar un buen rato en el cuarto de baño, salió con una botella de Coca-Cola «colgando» entre sus piernas pidiendo ayuda a su novio y amigos, al no haber sido capaz de desprenderse de ella debido al efecto vacío. Al no poder ayudarla, la llevaron al hospital, donde la recogió su madre para llevarla a casa.
>
> Toda la ciudad se enteró del incidente y, por raro que parezca, a nadie le sorprendía al conocer el nombre de la protagonista.

A una fecha tan lejana como 1930 se remonta un relato similar, ubicado en Siloam Spring (Arkansas), que figura en la antología de Vance Randolph *Pissing in the Snow* con el expresivo título de «Cora y la botella». Según el autor, dicho relato siempre se contaba como verdadero «con el nombre de alguna chica del pueblo». Cuando sufre el consabido percance, en su caso con una botella de cerveza, la aterrada Cora se pone a lanzar alaridos de espanto hasta que todo el vecindario acude en su ayuda.

Las mujeres tiran de la botella con todas sus fuerzas, pero no consiguen desprenderla. El médico les aconseja que practiquen un agujero en el cristal para que entre el aire en ella, pero como la familia de la chica no dispone de taladro, lo intentan con limas, papel de esmeril, la fresadora del herrero, tijeras para cristal y hasta con cordeles empapados en queroseno. Finalmente, el cristal se quiebra por un lado y el médico consigue extraer la botella «como una seda».

Una variante igualmente malévola surge a finales de los años sesenta en Estados Unidos, fundando de paso el inexistente «club Mickey Mouse». Los imaginarios socios de dicha entidad no son otros que los homosexuales «perversos» que se refocilan con una práctica que ya aconsejaba el marqués de Sade en el apéndice de *Las ciento veinte jornadas de Sodoma*, aunque con finalidades menos placenteras.

Dicha práctica consiste en hacer la manicura a un roedor bien peludo —normalmente un jerbo—, e introducirlo en el recto por medio de un tubo. Como ocurría con otros cuerpos extraños, el roedor suele atascarse y causar desgarros internos. De resultas de ello, la víctima debe efectuar el consabido peregrinaje a urgencias y ver su nombre publicado en los ecos de sociedad, ya que suele tratarse de alguien tan famoso como el actor Richard Gere.

Si nos atenemos al análisis de Jan Brunvand en *Too Good To Be True*, esta leyenda llegó a su apogeo en 1987 y desde entonces ha circulado por todo el mundo, aunque no consta ni un caso verídico en los archivos médicos. Su objetivo primordial parece ser el mismo que sugeríamos antes: arrojar dardos envenenados a personas concretas y, por extensión, al mundillo *gay* en bloque.

JOSEP SAMPERE

NUEVOS TESTIMONIOS

De chavalín fantaseábamos en el colegio con el formidable brebaje que llamábamos «calientaburras». Gracias a esta mágica droga, la mujer que lo probaba era víctima de un irrefrenable ardor, queriéndose follar al primer tío que tuviese cerca.

Se contaba en el colegio que una vez unos chicos le dieron una dosis muy fuerte de calientaburras a una amiga que estaba muy buena. Los resultados al principio fueron los deseados y la tía, presa de una insaciable libido, se cepilló a todos, pero no podía parar y quería más y más. Cuando sus «amigos» estuvieron agotados lo único que se les ocurrió fue encerrarla en un coche para esperar que se tranquilizase. La pobre chavala, que seguía cachonda como una moto, tuvo la idea de meterse el cambio de marchas por el coño para aplacar sus ansias. Y así siguió durante horas y horas hasta que la palmó.

EDUARDO JIMÉNEZ PÉREZ
Valencia

En *El País* apareció una noticia (en la sección de «Gente», típico extracto de prensa británica) donde se explicaba cómo una chica esperaba a que su novio saliera de la ducha mientras ayudaba a su hermanito con una maqueta de un tren o algo así. El caso: al salir el novio ella le pone la mano en el pene y se queda pegada por acción de unos restos de pegamento de contacto que aún le quedaban en la mano. Se relata incluso cómo fueron a urgencias y cómo los de la ambulancia y los enfermeros se partían la caja con ellos.

Un ejemplo ilustre: Marco Polo en sus viajes relata una historia que le contaron de Siberia o Rusia, pues él creo que no llego a estar allí: en un banquete, en pleno invierno sale una mujer a mear fuera, es tal el frío que hace (dato creíble, desde luego) que se le quedan pegados los pelos del chirri al suelo (no me acuerdo si con hierba helada o con nieve); el marido u otro hombre sale a ayudarla e intenta derretir el hilo de hielo que la aqueja echando vaho, pero al ser un barbudo se queda también pegado al suelo, pegado a ella, claro. Además, Marco Polo mismo no lo relata como experiencia, sino como algo que le contaron. Lo leí en un libro de sus viajes publicado en Biblioteca de Bolsillo de Ediciones B.

GABRIEL GÓMEZ BARRO
Viveiro (Galicia)

Esta leyenda tiene dos versiones con dos deportes diferentes, la primera versión es la de un equipo de baloncesto que gana un campeonato, para celebrarlo se montan todos una fiesta con una animadora. Por la noche ésta tiene que ir a urgencias a hacerse un lavado de estómago por intoxicación de semen. (Es una historieta que no tiene en cuenta que el semen es inocuo, aunque eso sí, hay chic@s que son alérgicos.)

La otra típicamente española es la de la chica que se va con todo el equipo de fútbol que va a jugar contra el de su pueblo y a la mañana siguiente sus «amantes nocturnos» no pueden mantenerse de pie debido al esfuerzo realizado con ella durante la noche, llevándose con ello una goleada de escándalo.

DAVID CORNEJO

Dos leyendas de tipo sexual. La primera es la de un matrimonio que vive aislado (hemos oído desde el Pirineo hasta un caserío del País Vasco), que va al médico porque no pueden tener hijos. El médico pide a la mujer que se desnude y ve que tiene el ombligo lleno de heridas y en mal estado. Cuando el médico le pregunta qué le ocurre, el marido le contesta que llevan varios años intentándolo por ahí y nada.

PILAR
Huesca

Hace unos ocho o diez años, en Ripollet contaban la historia de un recién casado que acudió a un barra americana de las tres o cuatro que hay en la carretera de Barcelona, entre este pueblo y Cerdanyola. El caballerete pagó por un servicio de sexo oral; por desgracia para el cliente, la chica, que era negra, padecía epilepsia. En plena faena la muchacha padeció un infortunado ataque, apretando con fuerza tal los dientes que arrancó una parte considerable del miembro del infortunado; éste, debido a la hemorragia, fue trasladado al hospital de Sabadell, adonde su joven esposa acudió para devolverle sus cosas antes del fallecimiento.

Por ahí he oído que esta noticia apareció en *La Vanguardia*. Lo único seguro es que en el tramo de la N-150 (carretera de Barcelona) que discurre entre Ripollet y Cerdanyola hay varios locales de alterne.

Existe una variante más macabra y posterior donde la chica se tragó el trozo y murió asfixiada.

Ismael Uroz

Esta leyenda se sitúa en un pueblo cercano a Huesca, en Barbastro. Se trata de una pareja que va al hospital, ella con varios golpes en la cabeza y él con quemaduras y el miembro viril mordido. Lo sucedido es que estaban en la cocina, les vino un apretón y se pusieron a hacer el amor encima de la vitrocerámica sin percatarse de que estaba encendida. Cuando ella le está practicando una felación, él empieza a quemarse con la vitro y le pega en la cabeza con una sartén para que le suelte, a lo que ella, asustándose, responde con un buen mordisco. Pensamos que esta anécdota mezcla el sexo imprevisto con los *gags* encadenados de cualquier película de Leslie Nielsen.

Pilar
Huesca

Un hombre mayor salió de su casa, como de costumbre, para encontrarse con su joven amante (que, de acuerdo a la sabiduría popular, era una modelo de fama internacional). La excusa que siempre utilizaba para engañar a su esposa era que, supuestamente, pertenecía a una organización que ayudaba a los inmigrantes desamparados. Todo iba muy bien hasta que llegaron al piso de la atractiva muchacha. Una vez allí se desvistieron y comenzaron a hacer el amor. El viejo, para mantener el paso sexual de la chiquilla, solía tomar una pastilla de Viagra antes de salir de casa. Pero esta vez, por tratarse del cumpleaños de su merced, decidió ingerir tres veces la dosis. A la mitad del acto, el vejete comenzó a gemir. La chica, creyendo que su amante estaba llegando, aceleró el paso. Lo que la joven no sabía era que el pobre hombre estaba sufriendo un ataque masivo al corazón y, al acelerar el paso, lo terminó de matar. Dada su condición de figura pública, la chica lo envolvió en una manta, lo metió en el coche y lo dejó en el hospital más cercano. Uno de los forenses reconoció al sonriente cadáver, por lo que llamó inmediatamente a la recién viuda. Una vez que la confundida llegó al hospital, la llevaron a la morgue para el reconocimiento del muerto. Cuando lo sacaron de la cava, el hombre, aun muerto, seguía erecto.

Beat
Toledo

Os escribo desde Lebrija (Sevilla), donde nací. Pero a los 18 meses trasladaron a mi padre a Barcelona, concretamente a Sant Boi de Llobregat, y allí estuve hasta los 21 años, así que soy también un poco catalana. Del apartado «Los amantes inseparables», conocí por medio de una amiga, la versión santboiana de la chica-con-botella. Ocurrió en la discoteca Shock, de la cual yo era asidua (y que ahora es un patio rociero), en el barrio de Casablanca. La chica se metió un botellín de cerveza entre las piernas y, como no se lo podían sacar, llamaron a la ambulancia y la retiraron en una camilla con una sábana por encima para evitarle pasar vergüenza.

MARÍA JOSÉ VELÁZQUEZ MARTÍN
Lebrija (Sevilla)

Más de una vez me ha llegado por el tradicional sistema boca-oreja la historia de una novia que es sorprendida en pleno banquete de bodas en los servicios del restaurante haciendo el amor con su antiguo novio, invitado a la boda. Con diferentes variantes, pero nunca con detalles concretos (protagonistas, lugar, etc.), he oído en varias ocasiones esta historia en los últimos 10 años.

LUIS ANTONIO ZAMARRILLO SUÁREZ
Avilés (Asturias)

Una vez oí la historia de una mujer que, tras realizar ciertas prácticas sexuales con un plátano, acudió al hospital de Cabueñes para que se lo extrajeran de la vagina, alegando que la fruta estaba en el suelo de la cocina y que, accidentalmente, la buena señora «se cayó sobre ella» (¿?).

RUBÉN ÁLVAREZ VÁZQUEZ
Gijón

SECUESTRADAS EN EL PROBADOR

En una fotografía de los años sesenta, once chicas mantienen la sonrisa a la espera del fogonazo de la cámara. Se trata de las dependientas de La Sirena, una tienda de fajas y sostenes muy popular en Barcelona. Ninguna de ellas sospecha que muy pronto serán acusadas de raptar a sus clientas y mandarlas a Oriente Próximo. La cabecilla es la dueña, en la foto con blusa blanca y un bolso colgado del brazo, una dama de mediana edad y mirada apacible que vive en el número 12 del paseo de Gracia.

La historia que las va a condenar es la siguiente y aparece recogida en la tesis doctoral que la antropóloga Silvia Ventosa Muñoz realizó para la Universidad Rovira i Virgili de Tarragona con el título *Trabajo y vida de las corseteras de Barcelona*:

> Una chica iba con su novio y decidió pararse en la calle Pelayo a comprarse unos sostenes. El novio le dijo que la esperaba en la calle, porque no estaba bien visto que un hombre entrara en un negocio de estas características. El pobre chico esperó y esperó y la chica no salía. Finalmente entró y no estaba. Al parecer, la secuestraron en el probador —que comunicaba con el edificio de *La Vanguardia*— y se la llevaron para trata de blancas. No se la vio más.

Este testimonio se remonta a 1969, cuando una extraña plaga sacude a la Ciudad Condal. Misteriosamente, se cuenta, algunas chicas son secuestradas en ropa interior en el probador de La Sirena y enviadas en paños menores a Siria y el Líbano. Barcelona, primero, y luego Catalunya claman contra el abuso. Tanto es así que treinta años después los periodistas más veteranos de *La Vanguardia*, edificio colindante con La Sirena, alertan con el rictus complacido a cuantas mujeres eligen la puerta del diario para concertar sus citas sobre el incierto destino que las aguarda.

En *La Vanguardia* trabaja Lluís Permanyer, gran cronista de la Ciudad Condal y reputado escritor. Juntos paseamos por la redacción en busca de periodistas con solera que nos precipiten en los intrincados pasadizos que albergaba La Sirena. Por lo que sus colegas recuerdan, las adolescentes eran introducidas en un montacargas oculto que comunicaba con el sótano o transportadas hasta una sala secreta donde se activaba un dispositivo que hacía que el espejo del probador girara sobre su eje.

Sin embargo, Rosa Clavet, una corsetera que trabajó desde los 14 a los 23 años en La Sirena, descarta rotundamente esta hipótesis tras ser entrevistada por Silvia Ventosa. Al parecer, el probador de la tienda era muy grande, con una cortina en medio. Cuando llovía y no entraba público, el encargado —«que no sabía ni coser un botón»— enseñaba a las dependientas a cantar ópera y zarzuela. El único orificio que había en la tienda era una ventana que sólo se abría en verano. Desde allí se accedía a un lavadero. «Allí no había ningún agujero —señalaba Rosa Clavet—. Había ratas, pero ningún agujero».

A Herman Melville, autor de *Moby Dick*, se le atribuye la siguiente frase: «Basta que sea irracional un solo hombre para que otros lo sean y lo sea el universo». Algo así sucedió con La Sirena. De repente, un locutor de radio, según recuerda otra corsetera, Asumpta Serra, comienza a contar lo que ya es *vox populi*: que en la tienda de fajas y sostenes de la calle Pelayo las doncellas son raptadas en un cuarto oscuro antes de ser encerradas en lóbregas bodegas de siniestros navíos mercantes.

Si Chesterton, en alguno de sus cuentos, compara el universo de los ateos con un laberinto sin centro, justo lo contrario podría decirse de los crédulos. Los devotos siempre tienen algún clavo al que agarrarse. Para empezar, las corseteras eran vistas en 1969 como «chicas fáciles», de vida disoluta y poco licenciosa, tal y como explica Silvia Ventosa:

> La supuesta vida alegre de las corseteras —argumenta la antropóloga— tenía que ver con que eran mujeres independientes, con su propio sueldo. A su vez vestían con una elegancia inusual en la época.

Vanessa Maher, en *Sewing the Seams of Society: Dressmakers and Seamstresses in Turin Between the Wars* (1987), abunda en la misma idea: el hecho de vestir bien, de poder moverse por la ciudad entera, de conocer las reglas del juego social gracias a tratar con clientas de todas las clases, las diferenciaba de las amas de casa y de las obreras.

Pero había un segundo aspecto también de interés. La propietaria de La Sirena no era corsetera, sino que regentaba varios negocios de los que nada se sabía —sólo logramos averiguar que el hermano de su marido tenía una fábrica en San Sebastián—. Pero este dato quedaba empequeñecido por una evidencia: era francesa, de París o de Lyon, poco importa, pero del país del marqués de Sade.

La «pista gala» nos llevó hasta Orleans, más en concreto al 6 de mayo de 1969, aunque, a decir verdad, ya contábamos con que, tarde o temprano, ambas historias se fundirían. El semanario *Noir et Blanc* acaba de publicar un artículo titulado «Las trampas de los traficantes». Según parece, algunas céntricas tiendas de ropa femenina sirven de tapadera a una poderosa red de trata de blancas. Los propietarios de los locales son judíos, de Tel Aviv o de Haifa, pero judíos. Por lo demás, el procedimiento es arcaico pero efectivo: a las adolescentes les inyectan un somnífero, las trasladan a un sótano y las abandonan a su suerte en un burdel exótico.

Aparentemente, la policía encuentra en algunos de estos comercios a dos o tres chicas drogadas a punto de ser empaquetadas por la mafia. Una falacia, como luego se descubrirá, pero que instala el terror en la localidad. Casualmente y para su desdicha, el 10 de marzo de 1969 un magnate hebreo inaugura en la céntrica calle Royal de Orleans una tienda de confección para chicas llamada Aux Oubliettes

(«A las mazmorras»). Los probadores se hallan en el sótano, cuya decoración recrea el ambiente medieval.

Las colegialas de instituto comienzan a atar cabos y la leyenda se expande a otras tiendas cercanas: Dorphé —también con el probador en el sótano—, La Boutique de Sheila, Alexadrino, Felix, Le Petit Bénéfice y DD Suno. Todas ellas se dedican a la moda juvenil, salvo Felix, que es una zapatería —aquí la droga se inocula a través de una aguja situada en el talón del zapato—, y son propiedad de judíos.

El 20 de mayo, diez días después de la publicación del artículo, las chicas desaparecidas ya son sesenta, la mayor parte en Dorphé y Cassegrain. En el colegio Saint Charles se exhorta a las adolescentes a no salir de su domicilio hasta que no se aclare el caso, con lo que, sin ningún indicio fehaciente, la leyenda se propaga como una mancha de aceite por los 88.000 habitantes de la ciudad.

Entre el 29 y el 31 de marzo, según recogen en sendos trabajos Cesari Bermani y Véronique Campion-Vincent, comienza a fabularse por la villa que los comercios de los judíos, tan sólo separados entre sí por varios centenares de metros, ocultan un sinfín de lúgubres pasadizos que confluyen en un canal que desagua en el río Loira y donde por la noche acude un barco a recoger la carga.

> La gente comenzaba a preguntarse —señala Bermani—: ¿cómo es posible que la policía no practique detenciones y que los periódicos no informen de lo que está pasando? La respuesta era bien clara: habían sido comprados por los judíos.

El 30 de mayo los tenderos sospechosos comienzan a recibir llamadas anónimas donde se les pregunta por «la carne fresca» o por «el camino que lleva a Tánger».

Finalmente, en la primera semana de junio, los comerciantes difamados lanzan una contraofensiva y denuncian una campaña antisemita, llamamiento al que se adhieren autoridades y partidos políticos, con lo que la leyenda termina relegada a unos pocos periódicos sensacionalistas.

Posteriormente, entre 1970 y 1974, la leyenda se muda a Amiens, Charlon-sur-Saône y Estrasburgo, antes de dar el salto a España e Italia.

En nuestro país, disponemos de un sinfín de relatos que pueden considerarse variantes de Orleans. Natalia Aparisi, por ejemplo, nos envía la siguiente historia:

> En una tienda de ropa situada justo enfrente de El Corte Inglés de la calle Pintor Sorolla, de Valencia, dos chicas se metieron en el probador. Su madre, alarmada por la tardanza, entró a buscarlas y no las vio. Los responsables del establecimiento dijeron no saber nada. Pero la madre insistió y presentó una denuncia en la policía, que tropezó con ellas en un cuarto oscuro donde estaban maniatadas. Querían llevárselas a otro país. El alcance de esta leyenda fue tal que la tienda tuvo que hacer un desmentido oficial y posteriormente cambiar de nombre.

Veamos ahora lo que dice la policía. Nos encontramos en el quinto piso de la Jefatura Superior de Policía de Barcelona, sita en la Vía Layetana. Nos atiende José Vázquez, portavoz del cuerpo, que no puede evitar una sonrisa cómplice al conocer el motivo de nuestra investigación.

> Desde hace años —recuerda Vázquez mientras hojea sus archivos— nos llegan noticias de que algunas chicas son raptadas y enviadas a otros países. Por norma general, se trata de llamadas telefónicas, que casi nunca terminan en denuncias. De repente, alguien se entera de segunda mano del presunto hecho y nos alienta a que investiguemos. Pero, como se suele decir, del dicho al hecho hay un buen trecho y normalmente la cosa queda en nada.
>
> En los años sesenta —continúa Vázquez— se comentaba que las chicas eran mandadas a Oriente Próximo. Luego, cuando muchos españoles eran emigrantes, el paradero pasó a ser América Latina. Últimamente, y no me pregunte la razón, se dice que las mandan a Chequia.

Por los relatos recibidos durante el tiempo que ha durado la investigación que ha dado lugar a este libro, parece existir una última moda: las chicas son secuestradas en países exóticos, normalmente en Marruecos y Turquía.

Se diría que la desconfianza hacia otras culturas parece haber relegado a un segundo orden el propósito de dañar a la competencia por la vía del racismo. En el caso de La Sirena, por ejemplo, además de descubrir que la dueña era francesa, logramos averiguar, a través de la corsetera Rosa Clavet, un turbio interés comercial:

> Esta tienda estuvo en traspaso y se ve que el que se la iba a quedar en un principio la perdió, porque llegó otro que ofrecía más dinero y se la dieron bajo mano, con lo que al final se la traspasaron a la corsetería. Según dicen, el primer interesado llevó una nota a los diarios que ponía que secuestraban a las chicas.

El tema del rapto de las doncellas para gozar de sus favores, su reclusión en almenas y torres, tenía numerosos precedentes en la Edad Media. Sin embargo, no es hasta 1880 cuando surge la expresión «trata de blancas». La acuña Victor Hugo en una carta a Joséphine Butler citada por Edward Bristow en *Prostitution and Prejudice. The Jewish Fight Against White Slavery*:

> La esclavitud de las mujeres negras en América ha sido abolida, pero la esclavitud de las blancas continúa en Europa.

Por su alta carga emotiva, la locución se hace muy popular y confiere un sentido más restrictivo a la prostitución, que si antes era voluntaria ahora pasa a ser forzada.

Una circunstancia que aprovecharán *comme il faut* los periódicos sensacionalistas para atraer a nuevos lectores. Por citar sólo un caso, la *Pall Mall Gazette* publica en 1885 en Londres una historia en cuatro entregas, obra de W. H. Stead, bautizada «*The Maiden Tribute of Modern Babylon*» («El tributo que pagan las vírgenes a la moderna Babilonia»), donde documenta con todo lujo de detalles cómo las pobres «hijas del pueblo» son «engañadas, atrapadas y violadas, bien bajo la influencia de drogas, bien tras reducirlas por la fuerza en una habitación cerrada».

La serie tiene un efecto magnético y la ley de enmienda al Derecho Penal de 1885 no sólo eleva la edad núbil de las niñas de los trece a los dieciséis años, sino que otorga a la policía mayor potestad para perseguir a prostitutas y dueños de burdeles.

Desde entonces, con un porcentaje infinitamente superior de ficción a realidad, las muchachas han continuado siendo raptadas aquí y allá, ya no por hombres flacos de rostro hundido y ataviados con abrigos viejos y colgantes, sino por sus descendientes naturales: judíos, franceses —en España— y árabes —«moros», a ser exactos.

Tampoco los indefensos niños parecen tener mejor suerte. Desde hace varios años se cuenta una historia que, entre otros, han oído Domingo Marchena en Barcelona y Victoria Garrido en Málaga. La trama más o menos es la siguiente: en un gran almacén —entre los más nombrados figuran Pryca, Baricentro y Alcampo— una madre comienza a gritar que ha perdido a su hija o a su hijo de muy corta edad. La señora se ha despistado al torcer uno de los pasillos con el carrito y al volver la mirada ya no ha encontrado al pequeño. A pesar de que en información la tranquilizan, la mujer obliga a cerrar el centro comercial e impide salir a la gente. Durante una hora se rastrea el hipermercado sin éxito, hasta que, finalmente, el niño es encontrado en uno de los lavabos sano y salvo. Pero con un pequeño detalle: la ropa que lleva es completamente distinta a la que vestía horas antes —en unas versiones— o bien lleva una peluca —en otras— o le han teñido el pelo —en las menos.

El historiador José María Perceval fue el primero en hacernos llegar la leyenda, que decía haber escuchado al menos tres veces:

> En broma, y quizás dando un giro social al origen del ogro o el hombre del saco —nos sugería Perceval—, en alguna versión que escuché se venía a decir que en un pequeño comercio no pierdes a los niños tan fácilmente como en los grandes almacenes.
>
> ¿Será —se interrogaba Perceval— que los pequeños comerciantes ven los hipermercados como unos dráculas que roban el futuro de sus hijos?

No tenemos una respuesta convincente para él, simplemente que si la gente cuenta esta historia y la cree debe de existir una buena razón.

Lo que sí tenemos es una noticia publicada el domingo 15 de agosto de 1999 en la página 24 del diario *El País*. El primer párrafo dice así:

> Sensormatic, una compañía estadounidense de seguridad, cree haber hallado la forma de evitar que los niños se pierdan en las grandes superficies comerciales o bien sean raptados por extraños, mientras sus padres hacen la compra. Una chapa electrónica bautizada como SafeKids («niños seguros») sujeta a unos vistosos chalecos que los menores se ponen al acceder a la zona de juegos de los comercios, y que pone en marcha una alarma cuando la abandonan, ha sido presentada en el Reino Unido como «la panacea de la seguridad infantil».

La noticia acababa con un dato elocuente. «En los años setenta —informaba Isabel Ferrer desde Londres— el 90% de los niños británicos iba andando al colegio. Ahora sólo lo hace un 9%».

Como sucedió en La Sirena, antes en Orleans y ahora en Gran Bretaña las desgracias ajenas acostumbran a ser, por lo visto, lucrativas para algunos, llámese comerciantes o ministros de la moral. En años posteriores, vaticinamos, proseguirán los raptos de muchachas y niños. Sin embargo, la policía no apresará a los autores. A no ser, claro, que invente un artilugio que ya investiga y ponga a buen recaudo la imaginación.

Antonio Ortí

NUEVOS TESTIMONIOS

Esta leyenda me era contada por mi abuela en México y la atribuía a santa Teresita del Niño Jesús.

Santa Teresita emprendió al lado de su padre un larguísimo viaje por Oriente. Al llegar a China exhaustos, se hospedaron en un pequeño hotel junto a los muelles. Una vez en su habitación, santa Teresita se sorprendió a sí misma en la cama y sin haber rezado sus oraciones de costumbre. Venciendo la pereza, la niña santa se bajó de la cama y se hincó piadosamente en el suelo.

En ese momento, y para su enorme asombro, la cama en la que sólo segundos antes estaba acostada se hundió en el piso a través de una ingeniosa trampilla mecánica. Santa Teresa corrió al lado de su padre. Juntos llamaron a la policía, que descubrió con horror que aquel hotel encubría en sus sótanos enormes calderos en los que hervían los restos de turistas blancos secuestrados por la noche a través de aquellas trampas diabólicas. A santa Teresita la había salvado su enorme piedad.

GUILLERMO DEL TORO
Cineasta y director, entre otras, de El espinazo del diablo,
Mimic *y* Hell boy
México

Una chica viajó al extranjero, no sé a qué país. Se hospedaba en un motel sola. Una noche regresó a su habitación y se acostó. Se acordó de que no había rezado, pero le daba pereza el ponerse de rodillas, así que decidió dormir. Pero no conseguía quedarse dormida y se levantó, se puso de rodillas al lado de su cama y comenzó a rezar. De pronto la cama descendió. Ella se asustó y fue a la policía. Por lo visto, numerosas chicas habían desaparecido en esa ciudad y no se sabía cómo. Más tarde se descubrió que se trataba de una mafia de trata de blancas. Afortunadamente, ella se salvó, quizás por esa inquietud que la hizo levantarse a rezar.

VICTORIA BENÍTEZ GARRIDO
Málaga

Esto me lo han contado en más de una ocasión y siempre le había sucedido a alguien cercano al que lo relataba. La historia es la siguiente (sólo cambian algunos detalles):

Una pareja de recién casados viaja a Marruecos (también a Egipto o a Túnez). Los guías les insisten con varias recomendaciones de comportamiento frente a diferentes realidades. Una de ellas es que las mujeres no se alejen del grupo ni de sus maridos o acompañantes, que no vayan solas. Pero una desobedece la orden y se adentra en un típico mercadillo o zoco árabe. El marido o novio o lo que sea la pierde de vista, la busca y no la encuentra. La desaparición es denunciada en la comisaría de policía correspondiente, pero la actitud del policía que se encarga del caso es muy cínica: es imposible. La mujer en cuestión no aparece nunca y se la da por desaparecida. Lo que ha pasado es que ha sido raptada aunque nadie se atreva a confirmarlo oficialmente. Se la ha llevado a un harén y allí se la «reeduca» para que aprenda a servir de goce a muchos hombres. Lo que no se sabe ni nadie cuenta es qué hacen con ella cuando pasa el tiempo y le llega la hora de la jubilación anticipada.

ALFREDO SÁNCHEZ
Madrid

LES RECOMIENDO QUE SI OBSERVAN UN NEUMÁTICO DESINFLADO/PINCHADO EN SU VEHÍCULO Y SE ENCUENTRAN EN UN CENTRO COMERCIAL, SOLICITEN EL ACOMPAÑAMIENTO DE VIGILANTES.

Ayer por la tarde se encontraba una mujer a la entrada del centro comercial Xanadú distribuyendo volantes a todas las mujeres que pasaban por ahí. La mujer, ISABEL VEGAS DE SOSA, había escrito en los volantes una experiencia que tuvo, para prevenir a otras tantas. El viernes esta joven había salido a dar una vuelta y hacer algunas compras. Comió en el centro comercial y después se dirigió a su coche, descubriendo un neumático DESINFLADO/PINCHADO. Cuando iba a llamar a su casa para que vinieran a auxiliarla, se acercó un señor joven, muy bien vestido, aparentemente todo un ejecutivo informal en viernes, con ropa de marca, portando un maletín, y le dijo: «Tiene un neumático DESINFLADO/PINCHADO, ¿quiere que la ayude?».

La mujer agradeció la oferta. Hablaron muy cordialmente mientras el hombre cambiaba el neumático, después metió el neumático vacío y el gato en el maletero. Isabel le agradeció profundamente la ayuda e iba a subir a su coche cuando el hombre le preguntó si podría acercarle a su coche, que se encontraba al otro lado del centro comercial. Ella se sorprendió y le preguntó por qué su coche se encontraba al otro lado y él le explicó que había quedado en verse con un socio de ese lado del centro comercial y que había tomado una salida equivocada, motivo por el cual se encontraba de ese lado. Isabel no quería decirle un no después de que tan amablemente la ayudó, pero presintió algo.

Entonces ella recordó haberle visto meter su maletín en el maletero del coche cuando metió el neumático para guardarlo. Le contestó que con mucho gusto lo llevaría pero que había olvidado comprar algo, que no tardaría, sólo le tomaría unos cuantos minutos y que podría esperarla sentado dentro del coche pues sería lo más rápida posible. Ella tomó el tícket del estacionamiento, su cartera y las llaves del coche y entró nuevamente al centro comercial, diciéndole a un vigilante de seguridad lo sucedido.

El vigilante salió con ella y se dirigieron a su coche, pero el hombre ya no estaba. Abrieron el maletero del coche y vieron el maletín y llamaron a la Policía Municipal. Uno de los policías lo abrió y encontraron unas esposas, celo del ancho, cocaína en pasta, unas pastillas llamadas RHUPINOL (sic), vaselina, dos móviles robados, varios preservativos, una máquina de afeitar desechable, una pistola de juguete pero que parece de verdad y una navajita.

Vieron en la policía un vídeo de las cámaras de seguridad del centro, con la esperanza de que ayudara a la identificación, resultó ser una toma borrosa y difusa, se reconoce el vehículo, se la ve a ella conversando con el joven, cuando él se sube al coche y cuando ella sale y luego llega con el vigilante. Todo coincide con su relato pero no es suficiente para reconocer la cara del joven.

El sábado por la mañana fue con su esposo a reparar el neumático DESINFLADO/PINCHADO que estaba en el maletero y no encontraron

ningún pinchazo, simplemente le sacaron el aire. Eran obvias las malas
intenciones del hombre.

 POR FAVOR, PASA ESTE MENSAJE A TODOS TUS CONOCIDOS, HOMBRES,
MUJERES, HIJAS, HERMANAS, ESTO PUEDE SALVAR VIDAS... MANTENTE ALER-
TA, NO ACEPTES AYUDA DE DESCONOCIDOS...

JAVIER HEREDERO RUIZ
Cadena difundida por correo electrónico

Éste me lo encontré impreso en una hoja de papel fijado en la pared
a la entrada de unas oficinas públicas, en Guadalajara, México, junio
de 2004. Evidentemente se trata de un mensaje originalmente copiado
de un e-mail. Transcribo literalmente:

 Les cuento lo que me pasó para que ustedes estén atentos, y le cuenten a sus amigos y familiares. El día 09 de marzo de 2004, aproximadamente a las 9 con 15 minutos de la noche, en el estacionamiento de la gasolinera de Circunvalación, se me acercó un señor humilde
y bien amable de aproximadamente unos 45 a 50 años, estatura baja,
canoso, a ofrecerme un líquido «PULIDOR DE VIDRIOS». Me dijo que le
permitiera, que me iba a demostrar cómo funcionaba el líquido, pro-
cedió a vaciar parte del líquido en una esponja y comenzó a limpiar
el parabrisas con un trapo y rápidamente hablaba de sus bondades, lo
hizo en menos de ? minuto, posteriormente me dijo que viera cómo quedaba y me indicó que no se veía lo suficientemente limpio porque la
grasa acumulada en la parte interna del vidrio lo impedía, acto seguido, sin que yo lo autorizara o dijera algo al respecto, muy educada y
sonrientemente introdujo por la ventana un trapo empapado en el
«PULIDOR DE VIDRIOS» y empezó a limpiar el parabrisas por dentro y
fue en ese momento cuando me sentí invadida, donde yo reaccioné y
le dije que ya no siguiera y que sacara la mano. Inmediatamente pro-
cedí a retirarme y aproximadamente a los 5 minutos se me empezó a
dormir la cara, se me resecó la boca y empecé a temblar, lo que hacía
que ya no pudiera manejar adecuadamente. Afortunadamente yo anda-

ba con unos amigos, quienes andaban en dos vehículos por aparte; los llamé para que me esperaran porque yo me sentía mal, y así fue. Ellos se regresaron. Tenía aproximadamente 5 minutos de haberme parqueado y mis amigos estaban ya detrás de mi carro, cuando se acercó un vehículo con vidrios polarizados, pero al abrir la puerta de atrás pude divisar al Sr. Limpiador de vidrios adentro de él, preguntaron en qué podían ayudarme, pero al ver que no estaba sola y que éramos varios, cerraron la puerta rápidamente y se regresaron. Gracias a Dios yo no estaba sola, porque si no, ahorita quién sabe en dónde estuviera. Por favor CUENTEN esta forma de operar de estos desgraciados, quién sabe a quién más han tratado de secuestrar o robar.

Un poco de precaución nunca está de más.

POR FAVOR LEAN COMPLETO EL MENSAJE, ES MUY IMPORTANTE

Estimados Amigos, creo que es de suma importancia que lo lean y lo reenvíen, espero no tengamos la desdicha que nos pase. Saludos.

El sábado pasado buscaba un teléfono público y encontré uno justo al frente DEL ESTACIONAMIENTO DE SUPERAMA SAN MATEO. Me estacioné unos metros más atrás y me bajé del auto y cuando estaba hablando llego un minusválido, un hombre sin una pierna y con muletas, me preguntó si le podía ayudar a marcar un número, y me ofreció la tarjeta para la llamada y un papel en donde estaba anotado el teléfono. Con mucho gusto le ayudé, tomé el papel y empecé a marcar el número, luego de pocos segundos empecé a sentirme mal, sentía que me desvanecía, como si me fuera a desmayar. Mi reacción fue inmediata, no era algo normal, así es que salí corriendo y me metí en mi auto. Mareado y desorientado logré encenderlo y manejar unas pocas cuadras lejos de ahí, me estacioné y... no recuerdo más. Más tarde desperté, seguía mareado y la cabeza me explotaba, logré manejar hasta mi casa, una vez en el hospital y luego de los exámenes de sangre se confirmaron las sospechas. Es la droga que está de moda: la «burundanga» o «escopolamina». «Tuviste suerte», me dijo el doctor. «Lo tuyo no fue una intoxicación sino sólo una reacción. Mejor no quiero imaginar lo que hubiera pasado si tus dedos absorbían más droga o te quedabas ahí unos 30 segundos más. Con una dosis más fuerte, una persona puede quedar hasta ocho días desconectada de este mundo.»

Jamás se me ocurrió que pudiera pasarme a mí. ¡Y todo pasa tan rápido! ¡No les escribo para asustarles, sino para que estén alerta y no se dejen sorprender!

Ojalá que esto no le pase a ninguno de ustedes y espero que Alerten a todos los que conocen. EL MÉDICO DEL HOSPITAL SAN JOSÉ DE CD. SATÉLITE COMENTÓ QUE YA ERAN VARIOS CASOS COMO ÉSTE... Y DE LAS MUERTES ENCONTRADAS SIN ÓRGANOS... SE HAN ENCONTRADO RASTROS DE ESTA DROGA EN LOS DEDOS, ¡¡¡¡ESTÁN TRAFICANDO ÓRGANOS!!!!

FRANCISCO JAVIER CORTÁZAR RODRÍGUEZ
Dpto. de Estudios Socio-Urbanos
Universidad de Guadalajara, México

EMBARAZOS EMBARAZOSOS

Una joven a punto de casarse celebró la «despedida de soltera» con sus amigas en un local nocturno de la capital donde los chicos («camareros») se desnudaban y después se prostituían. La joven que estaba a punto de casarse se «lió» con uno de ellos que era de piel negra. A la semana se casó la chica con su fiel novio, pero pronto quedó embarazada (lógicamente por la relación que había mantenido con el chico de color), aunque todos estaban convencidos de que el padre era su marido. Llegó el día del parto y los médicos se sorprendieron al ver un bebé negro, por lo que antes de cortar el cordón umbilical llamaron al padre, para que estuviera seguro de lo que su mujer traía. El hombre dejó a la mujer y ella se quedó sola con su hijito «moreno».

Esta historia, o, mejor dicho, este rumor, lo escuché hace ya bastantes años en casa. Lo contó mi hermana, ya que ésta se había enterado por medio de una enfermera que trabajaba en el hospital donde ocurrió el hecho. Pero no conocían la identidad de la mujer que dio a luz porque era de otro pueblo.

DAVID MORENO
Cabra (Córdoba)

Hará cosa de tres años, oíamos contar este «suceso» en dos tertulias radiofónicas, ante la total y absoluta credulidad de los presentes. (El lector disculpará que no podamos aportar más datos; lo único que somos capaces de recordar son las emisoras en cuestión —Radio Nacional de España y Catalunya Ràdio— y los supuestos escenarios del insospechado alumbramiento: un hospital de Sevilla y otro de Valencia.)

Huelga decir que los tertulianos ignoraban por completo que estaban poniendo al día una leyenda contemporánea que lleva más de veinte años circulando por Europa y Estados Unidos.

En algunas versiones la fecundación se produce en África o Cuba, durante el viaje de bodas de la protagonista, y ésta concibe gemelos de distinto color. Así ocurre en el siguiente ejemplo que recogió Laura Bonato en la ciudad italiana de Torino: «Una pareja de recién casados se va de viaje de novios a África. La joven esposa cumple regularmente con sus deberes conyugales, pero un día, aprovechando que el marido se empeña en irse de excursión, tiene relaciones sexuales con un joven sirviente negro del hotel. A la vuelta, la esposa descubre que está embarazada de gemelos. Al cabo de nueve meses nacen las criaturas: una blanca y otra negra».

La elocuente estampa de la parejita bicolor, confirmación «cotejada» de la infidelidad de la esposa, demuestra que los gemelos de padres diferentes no sólo vienen al mundo en los cuentos maravillosos, sino que el tema ha llegado intacto a los relatos ejemplares de nuestros días. De su carácter tradicional deja constancia el *Índice* de Stith Thompson junto a la clave T586.3: *Alumbramiento múltiple como resultado de las relaciones con varios hombres.*

En su obra *Rattan i pizzan*, el folklorista sueco Bengt af Klintberg incluye una variante publicada como noticia verídica en el diario *Expressen* del 24 de julio de 1975. En este caso la infidelidad es obra del marido, pero a raíz de una serie de circunstancias tan insalubres como absurdas, la esposa engendra un bebé negro sin haberse acostado jamás con ningún ciudadano de este color. La verdad sale a relucir gracias a la portentosa capacidad deductiva de un tocólogo de Múnich, de cuyos archivos provino aparentemente la «noticia».

He aquí la reconstrucción del episodio: el marido se acostó con una prostituta negra (!) que poco antes se había ocupado de un cliente también negro. Aquella prostituta no debía de ser muy partidaria de la higiene íntima, puesto que el esperma de dicho cliente seguía en el lugar justo donde éste lo depositó, y de ahí vino a pegarse al miembro del marido. Éste, más cochambroso si cabe, se acostó enseguida con su esposa, dejándola encinta indirectamente, o tal vez debiéramos decir «contagiándole» un embarazo humillante.

La sordidez de este relato, del que no hemos recogido ninguna versión, le confiere un regusto desagradablemente racista: al indicar que la prostituta es negra y además «no se lava», se establece un paralelismo entre el color de su piel y la suciedad. Esta suciedad resulta ser contagiosa, ya que si el marido no se hubiera rebajado a copular con una trotacalles «destinada a los negros», jamás hubiera «transmitido» a su inocente esposa un embarazo del que nacerá algo así como una mancha permanente.

Obsérvense las similitudes entre esta leyenda y los relatos que reflejan el miedo al embarazo descritos en el capítulo *El animal invasor*: en ambos casos el semen adopta la forma de una especie de virus sumamente infeccioso que acecha en lugares inofensivos —bañeras, piscinas, asientos de vestuarios, etc.—, dejando embarazadas a las incautas que entran en contacto con él.

Las versiones que nos han llegado parecen derivar de una leyenda más reciente, puesto que todas ellas contienen el tema de la «despedida de soltera». Este «rito de paso» exclusivamente masculino en otros tiempos, se incorpora en fecha no muy lejana al repertorio festivo de las mujeres. Aunque no podemos precisar el momento exacto, suponemos que no hará de ello más de diez o quince años. Naturalmente, esta nueva conquista femenina ha sido terreno abonado para toda clase de bromas procaces y habladurías viperinas en torno a los imaginarios desmanes que tienen lugar en tales «despedidas de soltera».

La predilección por llevar a la futura esposa a espectáculos de *strip-tease* masculino (Mercabarna es una de las salas más citadas en las versiones barcelonesas de la leyenda) ha sido la excusa idónea para que hombres y mujeres se explayen en vívidas descripciones de las presuntas orgías a que se entregan novias y amigas durante esas fiestas amenizadas por los así llamados *boys*. Semejante surtido de murmuraciones pornográficas pudiera haber cristalizado en un relato-tipo cargado de simbolismo que constituye una especie de versión condensada de todas ellas.

Félix René Juberías, de Zaragoza, nos remite una variante que prescinde del «bebé negro», pero compensa su ausencia con un desenlace no menos efectista. Confirmando lo que apuntábamos antes, la narradora del relato se sirve de él para explicar calumniosamente una separación matrimonial:

> Esta leyenda la escuchó mi mujer muy recientemente (hace unos 15 días) [principios de febrero de 1999] comprando en una frutería; una clienta contaba a la dependienta que «fulanita de tal» (con nombre y apellidos) se había separado de su marido porque:
>
> Dos meses antes de casarse, fulanita de tal y sus amigas se fueron de despedida de soltera a un *show* de desnudos masculinos. Cuando el pase terminó uno de los modelos estuvo tomando unas copas con la homenajeada y se fueron juntos. Al cabo de dos meses la persona en cuestión se casa y pasados siete meses tiene un hijo. El marido lo investigó y decidió separarse de su mujer ante tal engaño.

José Carlos Carrasco, de Bajadoz, recupera el tema de la criatura negra en otra variante donde el padre involuntario es un ídolo del baloncesto:

> Se comentaba que, en una despedida de soltera, la novia, después de una larga fiesta, se fue a la cama con un jugador de baloncesto del Cáceres C.B., y cuando pasaron los nueve meses tuvo un hijo de piel negra.
>
> Estas historias nacen del tedio y la mediocridad vital —nos sugiere el filósofo Jordi Barrera—. Ocho horas de trabajo monótono en una fábrica, un marido o una esposa insatisfechos, rutina y más rutina. Todo ello exige una válvula de escape, alguna manera de quitarse de encima tanta frustración. Las habladurías acerca de infidelidades matrimoniales, centradas sobre todo en alguien «con nombre y apellidos», son una buena forma de canalizar todo ese hastío reprimido y permiten expresar indirectamente los deseos, prejuicios y temores más profundos de quienes las cuentan.

El folklore siempre ha tenido al «negro» por el arquetipo de «hombre superdotado», provisto de una potencia sexual desmesurada, casi sobrehumana.

Según cierto rumor que corrió años atrás, la China comunista exportó preservativos a África, pero muchos de ellos fueron devueltos por ser de «tamaño asiático» (como es sabido, los orientales tienen el pene pequeño). Tales atributos han ido deshumanizando al «negro» hasta convertirlo en una especie de bestia lujuriosa, capaz de suscitar sentimientos radicales en ambos sexos: la fantasía femenina lo representa como el amante «salvaje» por excelencia, mientras que la masculina lo teme celosamente por su calidad de competidor aventajado en el terreno erótico.

Intuimos que la leyenda de la «despedida de soltera» constituye una buena ilustración de esta clase de fantasías calenturientas. Lo que se refleja en ella es el deseo de no acceder al mundo apacible del matrimonio sin aprovechar antes la oportunidad única de llevar a la práctica un sueño erótico obsesionante. Este deseo, sin embargo, lleva aparejado un temor puritano que el relato explota con claridad ejemplar: que estas horas de goce «bestial» se plasmen en un recuerdo permanente, humillante testimonio público de la satisfacción ilícita de un anhelo secreto. Como señalaba Jordi Barrera, esta leyenda permite expresar los deseos reprimidos y al mismo tiempo encubrirlos bajo una capa de hipócrita moralismo.

Los antiguos creían que bastaban muy pocas condiciones para que naciera un monstruo. Claude Kappler, en su clásico estudio *Monstruos, demonios y maravillas a fines de la Edad Media* reproduce un fragmento del tratado de Ambroise Paré *Des monstres et prodiges*, tras indicar que este autor «dedica todo un capítulo a las imaginaciones en torno a la mujer embarazada, y alude más de una vez a autoridades bien antiguas».

Entre otros partos monstruosos, refiere Paré el caso de «una princesa acusada de adulterio por haber dado a luz un niño tan negro como un moro, mientras que ella y su esposo tenían la piel blanca; según Hipócrates, la mencionada princesa fue absuelta gracias a la pintura de un moro, parecido al niño, habitualmente colocado junto al lecho de la madre».

Una variante de este episodio, genuino precursor de la leyenda que nos ocupa, la recoge Antonio de Torquemada en su curiosísimo *Jardín de flores curiosas*, escrito nada menos que en 1570:

> Leemos en Plutarco que una mujer blanca, concibiendo del hombre blanco, vino a parir un negro, porque al tiempo del concebir tenía puestos los ojos y la imaginación en una figura de un negro que en un paño de pared estaba pintada, y que la criatura propiamente se le parecía.

Pocos ejemplos expresarían mejor el significado último de nuestra leyenda: las ensoñaciones eróticas pueden llegar a tomar vida propia. El mismo miedo al poder «generador» de la imaginación parece ser la base de la creencia popular en los «antojos».

María Moliner los define como «manchas de nacimiento en la piel de las atribuidas popularmente a caprichos no cumplidos de la madre». Si recordamos que en catalán un «antojo» es un *desig* (deseo) advertimos con mayor nitidez aún el parentesco temático que mantienen las diversas manifestaciones del folklore.

Igualmente familiar es la relación entre algunas leyendas contemporáneas y los chistes. Félix René Juberías concluye su relato con la siguiente aclaración:

> Esta historia ya la había escuchado hace años como una especie de broma en la que el modelo era de color y por tanto el hijo salía «negrito».

Intrigados, nos propusimos ilustrar este comentario con un ejemplo *ad hoc*. Como es de rigor en cuanto a chistes se refiere, recurrimos al monumental tratado *Rationale of the Dirty Joke*, obra del eminente folklorista norteamericano Gershon Legman. Como era de esperar, en la página 789 del primer volumen dimos con el siguiente ejemplo, con el cual terminamos este capítulo:

> Un indio se divorcia de su mujer. Explicación: «Yo plantar maíz, salir maíz. Yo plantar trigo, salir trigo. Yo plantar indio, salir chino. Yo divorciarme de squaw».

JOSEP SAMPERE

NUEVOS TESTIMONIOS

Un personaje al que doy masajes terapéuticos con los pies (y que luego se me declaró) me contó la historia de un hombre que se casó. Estuvo no sé cuántos años con su mujer y tuvo seis hijos. Sin embargo, parece que él la engañaba con otra. Total, que se divorció y se marchó con su amante. Ella, dicen, era bastante joven y guapa. Así que quisieron tener un hijo (mi amigo cuenta que, antes de quedarse embarazada, él reservó plaza en Los Salesianos, donde matriculó a toda su prole). Sin embargo, pasaban los meses y nada. Total que los dos se hicieron pruebas médicas (él más que nada para animarla). Y resultó ser que él era infértil. Mi amigo se moría de risa. Al final me dijo que lo más divertido fue cuando el pobre hombre le explicó la verdad al veterano padre que le guardaba la plaza. Se ve que el cura dijo: «¡Dios mío...! ¡Los Dalton en Los Salesianos!».

Sonia F. Lage
Los Cristianos (Tenerife)

Una variante nueva: una mujer en la Mariña de Lugo da a luz a un niño negro; al principio mosqueo general, todo se aclararía al descubrir cómo en el padre había un antecesor o antecesora cubano/a y de tal color, por supuesto. Oí la historia hace tiempo, siento no poder ayudaros con la población, La Mariña es la costa de Lugo, por lo tanto pudo ser Burela, Foz, San Ciprián, Cervo; Viveiro no porque es mi pueblo y la historia no se refería a él.

Gabriel Gómez Barro
Viveiro (Galicia)

SORPRESA, SORPRESA

Los padres de una niña querían dar una sorpresa a su hija, que era fan de Ricky Martin. Para tal fin, se pusieron en contacto con el programa de Antena 3 *Sorpresa, sorpresa* que ocultó varias cámaras en el domicilio y escondió a Ricky Martin en un armario. Los padres se personaron en el plató para ver la reacción de su hija en directo, pero pronto se quedaron mudos al comprobar cómo ésta salía de la ducha, se encaminaba a la nevera, sacaba un bote de mermelada de fresa y llamaba a su perro para que comenzara a lamerla.

MANUEL CHARLÓN
Madrid

¡Oh, Dios mío, es él! Algo así debió de exclamar nuestra joven quinceañera al ver salir a Ricky Martin entre las faldas de su armario y correr despavorido. Sucedió un 5 de febrero de 1999. Días después un oyente de la cadena Ser llamaba al programa nocturno *Hablar por hablar*. Pedía que alguien confirmara un rumor que había escuchado en la facultad, según el cual, el programa *Sorpresa, sorpresa* había emitido unas imágenes sexualmente comprometidas de una menor, a la que se quería dar una sorpresa con su cantante preferido. El espacio en cuestión fue visto por tres millones de telespectadores, en su mayor parte dormidos, pues sólo unos cuantos se dignaron a coger el teléfono y comenzaron a relatar esta historia, más propia de un canal de pago. A

José Calvo, presidente de la Asociación Pro Derechos del Niño (Prodemi), le llamaron cuando acababa de almorzar y cuentan que exclamó: «¡Esperadme, que ahora voy!». A las pocas horas remitía un escrito a la Fiscalía de Menores de Madrid en el que se leía lo siguiente:

> La menor, ajena a todo montaje y al parecer sola en su dormitorio y sabiéndose en la intimidad de su habitación, se despojó primero de su cazadora y a continuación de los pantalones y de su ropa interior y se embadurnó sus partes íntimas con foie-gras, llamando a continuación a su perrito, que curiosamente se llama Ricky, que le lamió los genitales.

También, curiosamente, se podría añadir, este aspirante a buen hombre se decidió por el siempre eficaz foie-gras, entre los muchos condimentos que corrían de boca en boca por aquellas horas, esto es, Nocilla, mermelada de fresa, crema de cacahuetes, mantequilla y miel.

De hecho, este derivado del cerdo no es, que se sepa, uno de los manjares preferidos de los perros, ni siquiera de esos sátiros caninos que consagran sus días a investigaciones olfativas de dudosa moral.

Fuera como fuese, el caso es que a las pocas horas algunas emisoras de radio se sumaban al jolgorio, elevando el rumor a la categoría de incertidumbre, mientras que el canal de los marcianos parecía esconder meteoritos capaces de convertir a Giorgio Aresu, el director del programa, en un Luis Aguilé cansado de trabajar, en una mota de polvo a la deriva.

La siempre eficaz policía ya investigaba a esas horas, pues como comentaba un alto cargo, «cosas más raras se han visto». En teoría, buscaba un vídeo que algunas llamadas localizaban en un colegio de Málaga y que se vendía por quinientas pesetas. También la Fiscalía de Madrid abría diligencias, mientras que altos directivos de algunas televisiones comenzaban a cruzarse llamadas.

—¿Qué vais a hacer vosotros? Aquí no paran de llamar.

—Yo he hablado con Aresu —el director de *Sorpresa, sorpresa*— y me dice que preparan un comunicado. ¿Tú viste el programa?

—Yo no. ¿Y tú?

—Yo tampoco.

Por aquel entonces el rumor ya corría por: peluquerías, pescaderías, oficinas, panaderías, sex shops, Renfe —a Iberia llegó con retraso—, El Corte Inglés, Alcampo, Pavo y Derivados, Pascual Hermanos, Helados La Menorquina, Unión Naval de Levante y Aragonesa de Piensos. Era el 16 de febrero, es decir, once días después de los infames lameteos.

Esa misma tarde, la Columbia Records —la compañía del cantante— decía que Martin no venía a España de gira desde diciembre, si bien admitía que se vio involucrado en un suceso parecido al denunciado en un programa de la televisión holandesa con un formato similar.

Para entonces la protagonista del suceso ya había cambiado varias veces de nacionalidad: al principio era malagueña, luego italiana, más tarde francesa. Otro tanto sucedía con las versiones. En unas había perro —su nombre oscilaba entre Ricky, Cuqui y Pichi—, mientras que, en otras, ella se frotaba sólo los senos, sólo el clítoris, o bien toda entera, con mantequilla, foie-gras, Nocilla, etc.

No es de extrañar, pues, que al periódico *La Vanguardia* llegara una última hora: la chica protagonista del relato, al ver invadida su privacidad infantil y dadas las consecuencias del caso, había decidido quitarse la vida. El único problema es que nuestros comunicantes anónimos nos daban tres ciudades distintas del desenlace fatal: Girona, Alicante y Málaga —siempre Málaga.

A las trece horas, cincuenta y siete minutos y treinta y seis segundos del 16 de febrero de 1999, el teletipo de *La Vanguardia* escupía una hoja con el logotipo de Antena 3 en el que se citaba a los periodistas al pase del vídeo correspondiente al programa de Ricky Martin en la avenida Isla Graciosa sin número. Para lo que se esperaba, el vídeo resultó un auténtico tostón y lo más cercano a la zoofilia que hubo allí fue observar a Raquel Welch entregando un perrito extraviado a su inconsolable ama.

A esas alturas Giorgio Aresu había ofrecido un millón de pesetas —una cantidad que a muchos nos pareció irrisoria a la vista del reto— a quien encontrara «vivo o muerto» el vídeo del programa del foie-gras. Pero con la prueba documental, con la luz y taquígrafos, Ricky Martin había vuelto ya al armario al que nunca debió entrar —o del que jamás debió salir.

Hasta aquí la noticia puramente periodística y la crónica de una hipnosis colectiva. No obstante, lo que muchos españoles ignoraban, era que la historia de la sorpresa imprevista ya había sido «difundida» el 7 de julio de 1994 en una revista satírica canadiense titulada *Frank*, y comentada en los periódicos *Chicago Sun-Times* y *The Guardian* los días 26 y 30 de julio respectivamente del mismo año, según informaba el boletín *Foaftale News* (núm. 35, octubre de 1994). El relato, poco más o menos, era el que sigue:

> Un grupo de amigos decide organizar una fiesta sorpresa para celebrar el aniversario de una compañera de trabajo. Unos días antes han obtenido furtivamente una copia de su llave. Con ella entran y se ocultan en el sótano. La homenajeada llega poco después y se dirige a algún lugar de la casa. De repente, se abre la trampilla del sótano y la mujer baja unos peldaños a oscuras, llamando a su perro. Éste sube raudo y veloz. Los invitados deciden entonces aprovechar la ocasión, encienden las luces, salen de su escondite y gritan: «¡Sorpresa!». La mujer se queda petrificada en las escaleras, mientras todos la miran de arriba abajo. Está completamente desnuda y lo único que lleva encima es crema de cacahuetes en puntos neurálgicos.

A partir de entonces, otras variantes circularon profusamente por diversos grupos de debate de Internet. A pesar de que muchos coincidían en que el perro se llamaba Skippy —nombre de una marca norteamericana de comida para canes y, al mismo tiempo, de una crema de cacahuete—, había quien sostenía que podía tratarse de Lucky, Kippy e incluso Ricky, y que el ungüento con que se embadurnaba la adolescente podía tratarse también de margarina, nata o comida para perros.

Las siglas «Foaf» (amigo de un amigo) de la publicación citada más arriba aluden a la fuente generalmente responsable de la propagación de leyendas urbanas. En 1953, gracias a estos conocidos lejanos, J. M. Elgart pudo incluir en *More Over Sexteen*, segundo volumen de una larga serie de antologías de historietas «picantes», un chiste que sentaría jurisprudencia en estupefacciones venideras. Su título no era otro que *Sorpresa*, y su contenido se adelantaba a un género que iba a tener gran aceptación de público y crítica en años posteriores. He aquí su argumento:

El director de una empresa contrata a una taquígrafa despampanante. Después de comérsela con los ojos durante unas semanas, decide invitarla a celebrar su cumpleaños en algún sitio «íntimo». Ella le dice que tiene que pensárselo. Al día siguiente, la chica no sólo acepta su propuesta, sino que además le sugiere que vayan al piso de ella. La noche del aniversario del director, se van los dos a su casa, toman un aperitivo y cenan tranquilamente. Una vez han terminado, ella le comunica melosamente que se va a su dormitorio y le pide que entre al cabo de cinco minutos. Él se desnuda y por fin llama a la puerta. Ella, con voz insinuante, le invita a pasar. Nada más abrir, el director se encuentra a todo el personal de la oficina reunido en la habitación, cantando: «CUMPLEAÑOS FELIZ».

El que esta misma leyenda se haya oído, con muy ligeras variaciones, hasta nuestros días tal vez se relacione con que el rumor goza siempre de un público nuevo, seguro de haber accedido a una información fidedigna.

Volviendo al principio, el poso que nos queda de la historia de Ricky Martin y de su inesperada gira por España es que, hoy en día, hay algunos temas que ya no venden como antaño. El adulterio sin más, por ejemplo, trama de tantos relatos en el pasado, ha quedado relegado al museo de los escándalos pretéritos. Los «marcianos», los televidentes noctámbulos, los tertulianos, necesitan emociones más fuertes, llámese perros asesinos, *snuff movies*, sesiones clandestinas de ruleta rusa o bacanales de sexo.

De hecho, estamos hablando de los ingredientes que conforman las historias que merecen ser transmitidas urgentemente. La clave está en ser el más rápido, mientras que la presunta verosimilitud del relato es un aspecto marginal.

«La verdad nunca se interpone en una buena historia», suele comentar Jan Brunvand, recordándonos algunas imágenes de la película de Billy Wilder *Primera plana*.

En todo caso, tal vez muchos ciudadanos anónimos, al verse vigilados por cámaras de todo tipo —en bancos, supermercados, carreteras, etc.—, pudieron interpretar que la hora del «show de Truman» estaba cerca de hacerse realidad. Otra posibilidad es que les vinieran a la cabeza noticias sobre abusos de niños, filmados en la intimidad y pasto de internautas desaprensivos.

Esto explicaría, en parte, este estado de hipnosis colectiva. Aunque, ahora es fácil decirlo, cuando ya han transcurrido varios meses desde que la canción *El perrito* de Ricky Martin figurara en todas las listas. En aquel momento, su estribillo se convirtió en un clamor, capaz de socavar la «realidad» y de librarnos de sus rutinas.

ANTONIO ORTÍ

NUEVOS TESTIMONIOS

Otra historia que se explica mucho últimamente es la de una estudiante de Biología de Barcelona a la que sus amigos y su familia habían preparado una fiesta sorpresa. Todos los invitados se encontraban a oscuras en la habitación de la chica esperando a que llegase de clase. Oyeron cómo se introducía una llave en la puerta. Pero la chica no se fue hacia su habitación, sino que se quedó en la cocina. Después de un rato, desesperados por la demora de la chica, los invitados se decidieron a ir hasta la cocina, donde se hallaba la chica, para darle la sorpresa. Pero la sorpresa se la llevaron ellos al encontrarse a la chica en el suelo de la cocina, abierta de piernas con las bragas quitadas y el perro de la familia saboreando el foiegras con el que la chica había untado su sexo. La vergüenza fue tal que la chica abandonó la carrera y tuvo que recibir tratamiento psicológico.

Esta historia me la explicó hace un año y medio un amigo mío referida a una compañera de clase de su novia, que también estudiaba Biología.

DAVID FERNÁNDEZ
Barcelona

Esta «historia» que les voy a narrar me la contaron hace unos siete años en Santiago de Compostela, y me la volvieron a repetir hace tres años en Salamanca, pero cambiándole la facultad donde ocurrían los hechos y la fecha, por lo que me atrevería a decir que es una leyenda urbana.

Aunque ahora soy periodista, en 1994 comencé a estudiar Farmacia en la facultad gallega y allí me narró un compañero que, hace dos años, en las prácticas de Biología de primero de carrera y analizando con un microscopio las células muertas de la boca se produjo este diálogo entre una joven bastante guapa y la profesora que impartía la asignatura:

Profesora: Ahora pasaos despacio un palillo por el paladar. Los restos que quedan adheridos a la madera son células muertas que podéis observar con los microscopios para ver su estructura...

Alumna: Creo que está usted confundida, porque las que yo estoy viendo se están moviendo...

P: Has debido de hacer algo mal...

A: No, he seguido todos los pasos y no me he confundido.

P: Pues eso es imposible...

A: ¿Por qué no reconoce su error?

Este diálogo iría aumentando de tono, con la profesora asegurando que sólo podrían verse células y la alumna llevándole la contraria y diciéndole que estaba confundida. En un determinado momento, la maestra, cansada de discutir, se acercó al microscopio y echó una mirada. Tras unos segundos levantó la vista y dijo:

P: Tienes razón. Están vivas, pero todo tiene su explicación, que te daré luego en privado.

A: No, quiero saberlo ahora. Reconozca su error delante de la gente.

P: Es mejor dejarlo para luego.

A: No, quiero saberlo ya.

Así, la discusión comenzó de nuevo con la profesora dando largas y la alumna exigiendo que reconociera su supuesto error en público. Hasta que la profesora, hasta las narices, le dijo gritando: «ESTÁN VIVOS PORQUE SON ESPERMATOZOIDES».

Tres meses después la joven abandonaba la facultad al no poder aguantar las bromas de sus compañeros.

En 1998, cuando llevaba tres años estudiando Periodismo en Salamanca, una amiga que cursaba estudios de Farmacia en esta misma ciudad me contaba la misma historia, pero situaba los acontecimientos el año anterior y en la universidad de esta ciudad castellana.

Alfredo López Penide
Pontevedra

Un amigo me contó que una compañera de residencia, estudiante de Medicina, estaba un día en clase y el profesor pidió una muestra de saliva. La chica, muy servicial, permitió que se utilizara la suya. Esta muestra se colocó en un microscopio y se proyectó a toda la clase; durante la explicación del profesor, un alumno curioso pregunto qué era una cosa que se movía rápidamente. Después de un momento de observación, el profesor contestó: semen. Para darle más morbo al asunto, otro alumno preguntó cuánto tiempo podían vivir los espermatozoides. La respuesta del profesor fue que varias horas. No hace mucho, otro amigo me contó una historia muy parecida que según él ocurrió hace cinco años en otra universidad.

Rosa Mayans
Barcelona

Esta leyenda yo me la creí, supongo que como tantas otras, hasta que la oí contar por segunda vez a otra persona que no tenía nada que ver con la anterior. En ambos casos fue en la provincia de Alicante, una vez en Elche y la otra en Aspe, y cada vez la historia se situaba en el respectivo pueblo y el protagonista era un amigo de un amigo de un amigo...

Dice así:

Una pareja se está arreglando el piso donde vivirán después de casarse unos meses más adelante. Un día, el novio llega al piso a una hora en la que en teoría no debería estar allí y pilla «in fraganti» a la novia con uno de los amigos comunes de la pareja en una posición llamémosla «comprometida».

El novio decide no decir nada y dejar pasar el tiempo: la boda debe celebrarse.

Llegado tan señalado día, le llega el turno al novio de dar el «sí, quiero»:

«¿Quieres a... por esposa?».

A lo que el novio responde «¡No!».

Ante el estupor general, el novio se da la vuelta ante todo el mundo y dice:

«Además, lo voy a explicar. No me caso con ella porque la pillé acostándose con ése», y señaló al amigo común de la pareja con el que la había sorprendido meses antes. Además continuó: «Pero tranquilos, vámonos de fiesta que la comida está pagada».

César Fons Cámara
Alicante

GASTRONOMÍA
PERVERSA

LOS PELIGROS DEL YANTAR APRESURADO

El saciar el hambre en olla ajena ha merecido a lo largo de la historia toda clase de chascarrillos, no pocas desconfianzas y más de un recelo hacia cocineros poco diligentes, si no torpes y abiertamente impúdicos. El descuidado uso de los ingredientes, la profanación de ciertos tabúes gastronómicos, la bondad de las materias primas y la falta de higiene son algunas de las rémoras más citadas que acompañan al comer fuera de casa. De su génesis y posterior evolución tenemos constancia por libros como *Tumbaollas y hambrientos*, de Juan Eslava, donde se da cuenta y se aportan detalles sobre los pasteles de carne de ahorcado denunciados por Quevedo, de los salchichones con gato encerrado o de animales menudos de muy diverso pelaje que muchas veces hicieron las veces de corderos, pavos o conejos.

Hasta hace poco, tropelías de este tipo acostumbraban a relacionarse con mesoneros muy concretos que se rendían a los pies de la alquimia cuando el hambre apretaba. Ahora, en cambio, se señala con el dedo, si es que no falta y está en la olla, a multinacionales muy honradas, cuya receta del éxito se afirma que tiene mucho que ver con la misteriosa desaparición de animales muy prolíficos.

La primera en ser acusada de malas artes fue la casa Coca-Cola, que en 1914 perdió un juicio en el estado de Mississippi tras ser denunciada por un consumidor que encontró trozos de un ratón flotando en el refresco. Desde entonces, otros cuarenta y cuatro casos han venido a sumarse al precedente para entablar procesos contra las sociedades concesionarias del embotellado de esta bebida. Aunque los juicios no tuvieron demasiada repercusión, los hechos debieron de impresionar de tal manera a las gentes que el rumor corrió por todo el país y provocó dimes y diretes sobre si la pretendida fórmula secreta no sería en realidad conocida.

En este capítulo nos referiremos al éxito de la comida rápida, para algunos símil de «basura», asociación que, como se verá después, ha dado lugar en los cinco continentes a una serie de leyendas en las que se aventura que en lugar de gato por liebre ahora nos dan rata por hamburguesa, orín por cerveza o rebozados de muy diversa calaña.

El relato más universal, por conocido, tiene por protagonistas a los hermanos McDonald. Ambos inventaron en 1955 la hamburguesa de 15 centavos —cuando en la competencia valía 30—, lo que les marcaría de por vida con un estigma: la calidad de los ingredientes utilizados. Tanto es así que perros, ratas y, sobre todo, gusanos creyeron ser «vistos» en sus preparados. A tal efecto, la empresa se anunció en televisión —«¡Cien por cien carne de vaca!», rezaba la campaña— para defenderse de los ataques e hizo lucir en sus establecimientos un cartel que reproducía una carta del Ministerio de Agricultura donde se garantizaba el respeto de la firma a las normas del Food Safety and Quality Service —Consejo de Calidad y Sanidad Alimentaria—. Hasta tal punto llegó la cosa que McDonald's llegó a rebatir el rumor desde el plano económico: un kilo de gusanos era cinco veces más caro que otro de ternera. Un esfuerzo vano, como cualquiera podrá comprobar.

Daniel Cano, un malagueño de veinte años natural de Estepona, nos introduce sin remilgos en la cara oculta del Big Mac:

> No es extraño estar comiendo una hamburguesa en el McDonald's y encontrarse un diente de roedor, puesto que mucha de la carne que utiliza esta cadena de hamburgueserías procede de animales tan desagradables como las ratas.

A tenor de los testimonios recogidos a lo largo de la geografía española, se podría concluir que nuestros informadores más se extrañan cuando les sirven en McDonald's hamburguesas de vacuno que por esos pequeños roedores de dientes finos y puntiagudos cuyo sabor tan bien dicen conocer.

Desde Badajoz, Madrid, Valencia, Barcelona, Málaga y una larga lista de ciudades y pueblos, nos han llovido historias que ratifican que el eslogan que ensalzó este tipo de comida —«Se prepara en un minuto y se come en cinco»— no está del todo perfeccionado y que sesenta segundos dan para mucho, según cómo y cuándo.

El relato más celebrado suele llevar a una mujer, antes que a un hombre, al dentista, al médico de guardia o al forense, según sea de benévolo el que narra, donde pagará en carne propia su ignorancia con el puchero, cocinar mal y poco y tener a su familia tan sobrada de congelados y precocinados como falta de cuchara.

Decir que el castigo que recibirá allí será ejemplar es decir poco, pues comerse una rata con lechuga y tomate tal vez merezca otro tipo de comentario. María Carmen Pérez García nos manda desde Badajoz, tierra de estupendos asados, un plato a descartar:

> Cuando era muy pequeña le oí decir a mi madre que una mujer, después de haber estado comiendo hamburguesas en la feria de San Juan, sintió unas molestias en el paladar. Fue al dentista y le extrajo algo que no sabía lo que era. El dentista le dijo que lo mandaría analizar. Días después la llamó y le dijo que lo que le habían extraído era un diente de rata.

Si hay un aguafiestas cuando se habla de comida, éste es el sacamuelas, un personaje tradicionalmente contrario a la buena mesa y por lo general doloroso y caro. El hecho de que muchas mujeres terminen con la boca abierta en su consulta desde hace unos años tiene mucho que ver con la obligada penitencia que han de pagar al descuidar las tareas domésticas y que viene a sumarse a otro agravio simbólico, el de la rata.

Así, desde que la mujer se incorpora al mercado de trabajo y descuida su tradicional papel de ama de casa, comienzan a proliferar indigestiones varias que, en países como Estados Unidos, llegan a convertirse en plaga. Si del Kentucky Friend Chicken sabíamos por Rafael Sambola, natural de Barcelona, que criaba clandestinamente pollos de ocho patas para obtener un número proporcional de muslos, ignorábamos en cambio cuál era la fórmula secreta de su fortuna.

Gary Alan Fine recopiló en 1973 más de un centenar de testimonios de otros tantos norteamericanos que advertían yerros en el aprovisionamiento de su despensa. Ninguno de ellos aportaba prueba alguna, pero su perfección narrativa les llevó a convertirse en autos de fe conforme avanzaron los años. Uno de los relatos que luego daría la vuelta al mundo, con sus respectivas variantes, es el que puede leerse a continuación:

> Antes de ir al cine, un joven y su novia se detuvieron en un puesto callejero del Kentucky Friend Chicken para comprar un «cubo» de pollo frito y comérselo en el cine. Al rato, la chica comenzó a quejarse diciendo que uno de los trozos de pollo era bastante duro y tenía una consistencia gomosa. Hacia el final de la película tuvo un violento ataque de náuseas. Su novio quedó tan preocupado que la llevó al hospital más próximo. Allí el médico de guardia observó que parecía haber sufrido un envenenamiento y le preguntó al joven si conocía alguna causa. El muchacho se fue corriendo al coche y empezó a inspeccionar el recipiente de pollo, hasta descubrir aquel trozo de forma extraña a medio comer. Después de quitarle el rebozado halló los restos de una rata, envenenada y frita junto al pollo. Pocos días después la chica moría tras ingerir fatalmente la estricnina del cadáver de la rata.

En otras versiones que no han circulado —que sepamos— por España, la culpa recae, ya sin ambages, sobre el ama de casa, a la que se atribuye un cierto deterioro de la salud pública a medida que deja los fogones:

> Había una esposa que no tenía nada preparado para cenar. Entonces compró una cesta de pollo e intentó simular una velada íntima, poniendo velas en la mesa que distrajeran la atención. Al comenzar a comer, notaron un sabor raro y muy pronto descubrieron que se trataba de una rata rebozada.

Normalmente, muchos de estos relatos terminan en los tribunales, adonde acuden las víctimas o sus familiares más cercanos, según haya sido de grave la bacanal, a pedir cuentas a quien corresponda. No obstante, como muy atinadamente anota Véronique Campion-Vincent, estas historias, además de criminalizar a las empresas responsables, alertan sobre la decadencia del comer en familia.

A decir verdad, este tipo de envenenamientos tiene un rico pasado en España. Francisco de Quevedo, en *Los sueños*, explica el modo de proceder de los pasteleros, los «McDonald's» de aquella época:

> ¡Ladrones! ¿Quién merece el infierno mejor que vosotros, pues habéis hecho comer a los hombres caspa y os han servido de pañizuelos los de a real sonándoos en ellos, donde muchas veces pasó por caña el tuétano de las narices? ¡Qué de estómagos pudieran ladrar si resucitaran los perros que les hicisteis comer! ¡Cuántas veces pasó por pasa la mosca golosa, y muchas veces fue el mayor bocado de carne que comió el dueño del pastel! ¡Qué de dientes habéis hecho jinetes y qué de estómagos habéis traído a caballo dándoles a comer rocines enteros! ¿Y os quejáis, siendo gente antes condenada que nacida los que hacéis así vuestro oficio? ¿Pues qué pudiera decir de vuestros caldos? Mas no soy amigo de revolver caldos.

También Joan Amades, siglos después, tuvo un recuerdo para las comidas de los mesoneros en un cuento que tituló *Cualquier cosa es m... de gato*:

> Cuenta la tradición que había un carretero que cada día paraba en el mismo hostal y que siempre, al pedirle la posadera qué deseaba para cenar, contestaba: «Cualquier cosa».
>
> Y no había manera de sacarle de aquí. Enfadada la hostelera, al no saber nunca qué darle, un día puso en el fuego lo que el lector puede imaginar y lo condimentó y guarneció como mejor supo. Acto seguido lo presentó al carretero, que lo encontró excelente, y se cuenta que desde entonces, si en un hostal alguien pide cualquier cosa para comer, le sirven lo que tan bien sabemos.

Incluso, más cerca todavía, en la posguerra española, Ángel Fernández Santos glosó el mortífero prestigio que alcanzaron los cigarrillos Celtas con un humor negro, más que rubio americano. Reproduce sus palabras Agustín Sánchez Vidal en *Sol y sombra*:

> En un lugar de La Mancha, al parecer albaceteña, se rumorea que hay un museo no recogido en ninguna guía turística. Es muy pequeño. Cabe en la vitrina de un aparador y en él están expuestos los objetos insólitos encontra-

dos dentro de Celtas. Hay moscas, tábanos, cucarachas, un grillo, tornillos, agujas, imperdibles, uñas cortadas a navaja, un dedo meñique, mondadientes usados, rabos de higo y de rata, pasas, altramuces, cuentas de un rosario, cagarrutas de oveja, una ceja postiza, un diente de leche e infinidad de modelos de estacas, una de las cuales es la estaca total, un cilindro de palo perfecto, con la talla exacta del único pitillo del mundo sin una brizna de tabaco (...).

Sin embargo, son normalmente los extranjeros, antes que los lugareños, la causa de muchos recelos, lo que explica la mala fama que acompaña no sólo al *fast food*, sino a la llamada cocina étnica. Michel Dansel en *Nuestras hermanas las ratas* reflexiona sobre el fenómeno y saca a colación una receta que creíamos propiedad del McDonald's:

> De puerta en puerta y de las calles a los bulevares, se cuenta una historia que sería maravillosa si no tuviera como objetivo desacreditar la cocina extranjera, ya sea china, vietnamita o árabe. De esta manera me la contaron:
>
> A causa de un vivo dolor en las encías, un joven fue a consultar a su dentista. Este último, tras examinarlo, extrajo un diente que no pertenecía a su cliente y que se parecía al de un roedor. El escrupuloso dentista quiso saber de qué roedor se trataba. Un laboratorio especializado le respondió que ese diente provenía de una rata. Como este singular comensal se acordaba de haber comido, algunos días antes, un cuscús de cordero en un pequeño restaurante, la policía investigó. Unos inspectores fueron a la dirección indicada y descubrieron el pastel: ¡un criadero de ratas grises! Pero nadie hasta aquel día se había quejado, sino al contrario, de la calidad de la carne que acompañaba al cuscús. Los clientes se relamían y recomendaban el lugar a sus amigos.
>
> De hecho, debemos sorprendernos de que estos supremos refinamientos sean privativos de los restaurantes extranjeros: me hubiera gustado que semejante historia se me contara a propósito de un restaurante bordelés, normando o de Berry.

Los supremos refinamientos de los que se da cuenta en estas líneas remiten en ocasiones a los fluidos de más baja estofa, como si el modo de proceder industrial, tan deshumanizado, tuviera mucho que ver con estas cosas. De lo que sucede cuando alguien comete la temeridad, por no decir herejía, de comprar vino en *tetrabrik* nos informa Beatriz Velázquez, una madrileña:

> Un empleado de una empresa invitó a comer a un restaurante de comidas caseras a un compañero de trabajo. El camarero dejó encima de la mesa un *brik* de vino blanco sin abrir para los dos comensales. Ambos bebieron y comieron animadamente y repartieron al final el vino que quedaba en las copas. Al servir el último resto de líquido cayó con él un condón usado y medio anudado, con restos de material orgánico bien visibles en su interior. El plástico transparente quedó flotando en la copa. Los comensales quedaron petrificados, con el último bocado atragantado y sin saber qué hacer: salir corriendo al retrete o armar un escándalo. Parece ser que uno de ellos se desmayó y el camarero, al acudir en su ayuda, comprendió enseguida lo que había pasado. Hubo denuncia, por supuesto, y la compañía envasadora del vino en cuestión emprendió una investigación sobre el asunto, convencida de que uno de los trabajadores estaba cometiendo sabotaje contra la empresa. En ningún momento se pensó en un accidente. Lo que no se sabe es si los clientes recibieron compensación económica de algún tipo, pues los daños fueron muchos.

Un tema este del sabotaje inseminador que creemos popular, pues de otro modo no se entiende que tantos cuentos se recreen en el raro comportamiento que sigue a veces la madre naturaleza. En una antología de relatos eróticos del colectivo catalán Ofèlia Dracs vive *Xop-suei*, un cuento elíptico cuyo título resulta ya de por sí revelador: un obrero de una fábrica de bebidas de cacao se masturba, excitado por una compañera de trabajo, y el semen cae en la tinaja que contiene los ingredientes del dulce brebaje. Más tarde, su novia se masturbará a su vez con una botella de la bebida, que resultará ser la que contiene el fluido del obrero, casualmente su prometido, quedando embarazada.

Más obreros y fábricas. Esta vez se trata de la cerveza mexicana Corona, también conocida como Coronita, cuyo típico color amarillo brillante atribuyen algunos norteamericanos a que en ella orinan los charros. Al parecer, en este caso expertos como Gary Alan Fine se decantan por el «efecto Goliath», que lleva a pequeñas empresas a desacreditar a su competencia cuando ésta se come el mercado. El rumor sobre la Coronita surgió entre 1986 y 1987 en California y, según parece, provino de un fabricante de Reno (Nevada) a quien la compañía distribuidora de Corona puso un pleito por valor de tres millones de dólares.

Pero por muy distintos que sean los «menús» que recoge este capítulo, hay algo que parece claro: pollos rellenos de rata, gusanos en hamburguesas, semen en el vino y orín en la cerveza son poca cosa a la vista del rumbo que está tomando la alimentación en nuestros días y que podría llevarnos muy pronto a una sentida añoranza por la olla podrida de Quevedo.

Antonio Ortí

NUEVOS TESTIMONIOS

Kentucky Fried Chicken no haría eso

KFC financió un experimento científico orientado a obtener pollos mutantes, cuya carencia de pico, patas y plumas facilitaba su posterior transformación en material deglutible. La leyenda urbana, originada en la universidad de New Hampshire, era rica en elementos conspiranoicos: los nuevos bocadillos de la cadena pollera —el *tower sandwich*, el *zincia*— evitaban en sus nombres toda referencia a la palabra *chicken* por secreta orden gubernamental. La comunidad científica no dio crédito a la noticia: que una empresa tan fenicia invirtiera en investigación —aun con fines aviesos— era implausible. No procede, por tanto, apoyar en esos cimientos un sibaritismo kamikaze-mostrenco: degustar cada nueva especialidad de comida rápida como quien cata lo último en alta vanguardia biogenética. Hay otras maneras de aunar paladar y peligro: la hostelería mostrenca del futuro, restaurantes temáticos cuyo sentido del espectáculo se basará en sus barrocas maneras de ser groseros con el cliente. Pioneros en la materia son el local valenciano Los Bestias y el neoyorquino La Nouvelle Justine, limbo sado-maso frecuentado por Bret Easton Ellis y del que un periodista afirmó que «no sólo legitima el abuso recibido en otros restaurantes, sino que, además, te cobra por ello».

ANÓNIMO
Alimentación, recorte de periódico recibido desde San Antonio
(EE. UU.)

El mensaje adjunto es desagradable, pero puede ser útil para crear conciencia de lo que significa la «manipulación genética», que, francamente, creo que nadie de nosotros tenemos ni la menor idea en lo que pueda estar aplicándose.

McDonald's & Kentucky (KFC). Por si creían que estaban comiendo algo natural. Si ustedes creen que lo que comen en McDonald's es «carne de soya» o carne de caballo, después de leer lo que sigue desearían haber comido la nutritiva «carne de soya» y la nada tóxica «carne de caballo».

Según fuentes autorizadas de la Universidad Estatal de Michigan trascendió recientemente que la carne que utiliza McDonald's para sus hamburguesas proviene de unos auténticos bultos sin patas, sin cuernos, que son alimentados por medio de tubos conectados a sus estómagos y que de hecho no tienen huesos sino un poco de cartílagos que nunca llegan a desarrollarse.

Quienes los han visto aseguran que son cosas muy desagradables pues, además de permanecer inmóviles toda su «vida», no tienen ojos, ni cola y prácticamente no tienen pelo; de hecho, su cabeza es del tamaño de una pelota de tenis y lo único que sobresale es lo que les queda de «boca».

La manipulación genética de la cual son resultado los convierte en verdaderas cosas inanimadas con una horripilante apariencia gelatinosa.

Cuando el Gobierno intentó obligarlos a retirar de sus anuncios que sus hamburguesas tenían carne de res ellos argumentaron que en latín «RES» significa «COSA» y que ellos producían carne de «COSA», por lo que argumentaron que sí podían decir que era carne de «RES». Aunque dicho argumento es bastante rebatible y fraudulento, se dice que con todo el poder económico que los respalda habrán sobornado a muchas personas en diversos puestos a muy altos niveles gubernamentales. Por eso, McDonald's se permite el lujo de anunciar que lo que le meten a sus hamburguesas es 100% carne de RES, o sea carne de «COSA», es decir, de esas cosas que se sabe hacen crecer en seudoestablos y con procedimientos de dudosa ética. Pero NUNCA verán que exista ninguna leyenda o anuncio en donde McDonald's diga que la carne que utilizan es de «ganado vacuno», que es el nombre apropiado para designar genéricamente a toros y vacas.

Lo peor de todo esto no es que McDonald's utilice la manipulación genética para lograr mayor producción, sino que dicha carne produce efectos secundarios en la salud. Las sustancias y toxinas que desarrollan las «COSAS» que cría McDonald's producen con el paso del tiempo daños irreversibles en la salud. Si creían que eso era todo deben saber que los McNuggets y las hamburguesas McPollo se fabrican con los excedentes de producción de KFC (si leen más abajo la nota relativa a KFC se enterarán de la clase de «comida» que nos venden).

Los primeros efectos se sienten al día siguiente de haber comido hamburguesas de McDonald's. Gran cantidad de personas sufre de indigestión y colitis. Con el correr de los años, los efectos secundarios REALES E IRREVERSIBLES se manifiestan. Es un fenómeno similar al sida, ya que se incuba y permanece escondido durante muchos años hasta que poco a poco va mostrando sus efectos perniciosos.

Aunque todavía no existe un número grande de personas afectadas, se ha sabido que, en lugares como Canadá, Australia y por supuesto Estados Unidos, grupos de científicos especializados en la materia relacionan el consumo de hamburguesas de McDonald's con el síndrome de Alzheimer (recuerden a Ronald Reagan), entre otros muchos padecimientos. Es importante que todos estén enterados de la clase de «comida» que nos ofrecen esos lugares. No permitamos que nos sigan vendiendo lo que no es. Si presionamos podremos hacer que McDonald's vuelva a utilizar carne de verdadero ganado vacuno y no carne de «COSA».

JAUME JALENCAS
Cadena difundida por correo electrónico

Deseo recordar aquí una leyenda urbana que circula profusamente en México como si fuera un chiste, muy recurrente y normal entre amigos: «Los tacos de la esquina están hechos con carne de perro».

Recuerdo lo anterior por las leyendas urbanas sobre la comida de chinos que están hechas con carne de rata o caballo. Además de que lo creemos posible porque consideramos que esos pueblos son muy lejanos a nosotros y su arte culinario es «exótico» y sucio, pues llegan a comer insectos y carnes raras, incluida la carne de perro. Muchos programas de televisión sobre viajeros y arte culinario lo testifican. Curiosamente, esos documentales suelen estar hechos por periodistas occidentales para un público occidental (entendido como norteamericano y europeo).

Recuérdese el rumor que circuló a través de Internet según el cual se nos invitaba a despreciar el comercio de fetos humanos con fines alimenticios de algún país asiático, generalmente Corea o China. En ese rumor se veían fotografías de fetos enlatados y de gente preparando comida con ellos. Después se supo que se trataba en realidad de fotografías sacadas de contexto, más en concreto, pertenecientes a una exposición de un artista coreano (si mal no recuerdo).

Bueno, pues en México circula la leyenda urbana, bajo forma de chiste, de que los populares tacos están hechos con carne de perro. En efecto, los tacos son un alimento popular muy celebrado en México y que es posible comer en cualquer punto del país a distintas horas, principalmente en la mañana y en la noche. Los tacos están hechos de tortilla caliente en cuyo interior se añade alguna carne sazonada y otros ingredientes de acompañamiento (como el cilantro y la cebolla), más alguna salsa.

¿Cuál es el origen de esta leyenda? Es histórico. En el México precolombino no existían los grandes animales de tiro ni los grandes animales para criar y comer. Los mayores ejemplares de ese entonces que se criaban para el consumo humano eran el guajolote (pavo) y cierto tipo autóctono de raza de perro, el excuintle (el otro tipo de raza autóctono de estas tierras era el llamado chihuahueño, pequeño, sin pelo y de piel caliente). Debido a la carencia de grandes animales (como la vaca, el buey, el avestruz, el caballo, etc.) los indígenas de entonces suplían la carencia de proteínas con lo que tenían más a mano, y el mejor amigo del hombre formaba parte de ello. No es sino hasta la entrada de las costumbres alimenticias españolas cuando se abandonan algunas prácticas consideradas como «salvajes» aunque otras perviven y otras terminaron por mezclarse con las antiguas. El maíz continúa siendo el sustento alimenticio en buena parte del país, de ahí que la tortilla forme parte importante de la alimentación cotidiana. Pero la carne de perro hace mucho desapareció (aún hay que rastrear esta pista). No obstante, en el inconsciente parece haber sobrevivido tan peculiar costumbre.

Como chiste, usado para conjurar temores o angustias, cumple la función de restar importancia o riesgo al consumo de tacos en la calle entre los amigos, ante el temor de no saber exactamente qué se está consumiendo o las a veces dudosas condiciones de higiene de algunos puestos de venta.

En la actualidad a los niños pequeños se les llama de forma afectuosa «escuincle», clara derivación de aquélla, sobre todo cuando dan mucha guerra y no obedecen.

Francisco Javier Cortázar Rodríguez
Dpto. de Estudios Socio-Urbanos
Universidad de Guadalajara, México

Esto me ha sido contado por una compañera de trabajo, jefa del proyecto que tenemos en marcha para una cadena de floristerías. Su interlocutor en esta cadena tiene una novia bióloga que trabajó para Telepizza (como tal bióloga, no como *pizzera* ni motera).

Pues bien, esta última chica cuenta (o, mejor, cuentan que cuentan que cuenta) que Telepizza tiene criaderos de pollos especiales, sin ojos ni alas, sólo una masa de carne conectada a un tubo para alimentarse.

Es clavadito a lo de la «Carne de res» que sí recuerdo que se incluye en el libro.

Lluís Rubio Suárez Pazos

Yo sé algunas que no os creeréis pero son verdad. Siempre os preguntáis de qué están hechas las nubes de gominola. Pues de ojo de vaca. Y... ¿de qué color es la margarina antes de ponerle colorante? Negra... Y las patatas de las hamburgueserías se pudren en cuanto están más de dos minutos dentro del aceite. Espero no haberos quitado el apetito.

Clara Cassidy

Allá por el año 73, 74 o 75, en mi época de escolar, se contaba mucho el rumor de que los Donuts de chocolate no se tenían que comprar porque eran un fraude. Amigos míos me habían asegurado que conocían a algún amigo que tenía un amigo que trabajaba en la empresa Donuts, y mientras que los Donuts normales eran del todo fiables, los de chocolate eran los que sobraban del día anterior y que los repartidores recogían por la noche (nocturnidad y alevosía), llevándolos a la fábrica, donde los vertían en el suelo de un patio inmenso. De madrugada, el empleado de turno llegaba provisto de una manguera y los rociaba de chocolate. Luego los recogía y el repartidor los volvía a llevar a los comercios como si fueran Donuts frescos. No sabría determinar si este rumor coincidió con la llegada al mercado de los otros competidores de los Donuts, los Dupis, creo que de la marca Bimbo o Panrico.

Juan Carreño

El caso primero era el de una familia de aquí, de Gijón, de la zona rural colindante a la urbe, la cual pues era un poco... tosca de maneras, por decirlo de alguna manera; esta gente de esa que es muy muy rural y muy muy tozuda, con tal de ahorrarse un dinerito en piensos para sus vacas y terneros, aprovechaban la cercanía de una empresa de ¿Panrico? ¿Bimbo? y compraban muy baratos los desperdicios o productos caducados tales como Phoskitos, pan de molde... y atiborraban a los animales en cuestión de comida de este tipo, hasta que las vacas ya no comían otra cosa. Al final resultaron caprichosos los animalitos; la duda es si coleccionarían los cromos también.

La otra parte es de corte similar, pero me resulta más graciosa todavía.

Me la contó un compañero de trabajo; resulta que un buen día se fue a comer al restaurante de un conocido, el cual le preparó un jamón asado de chuparse los dedos y vaya si resultó ser así que mi compañero notaba cierto regustillo a... ¡¡milhojas!! o a un tipo de pastel similar, en resumidas cuantas, dulce.

Pero le parecía imposible, así es que se convenció de que era su imaginación; de todas maneras al terminar se acercó su amigo el camarero y le preguntó qué tal, y éste le confesó la dulzura de su cerdo, y éste en medio de grandes risotadas le dijo que criaba los cerdos en la parte de atrás del local, que a su vez coincidía con la trastienda de una pastelería, así es que los criaba a base de milhojas, pasteles de todo tipo, y suculentas tartas echadas a perder.

Amadeo Ordóñez
Gijón

Uno de los ingredientes imprescindibles de un buen Ribeiro es una «buena meada» en la cuba donde se elabora. Por cierto, el Pacharán se hace a base de bichitos. También, la gaseosa en general, y La Casera en concreto, «se come los glóbulos rojos», por lo que conviene mezclarla siempre con vino o con otras bebidas, pero nunca tomarla sola. A su vez, el queso de Cabrales debe sus cualidades a la presencia en su elaboración de gusanos, cuantos más mejor (esto último es rigurosamente falso).

Rubén Álvarez Vázquez
Gijón

Por su salud e higiene alimenticia les recomiendo tomar nota de la información de este mensaje y lo transmitan a sus amigos para prevención de complicaciones.

Alerta General:

Perdí un gran amigo, Orlando, brillante abogado, padre de la modelo Daniela Sarahyba, en una situación totalmente igual a la anterior. Él tenía una casa y una lancha en Angra. Al salir en la lancha con unos amigos, en un domingo, llevó en el refrigerador de la embarcación latas de cerveza y gaseosas. Al día siguiente, lunes, estaba internado en una «UTI» y murió el día jueves. Él era un atleta, adoraba la vida, la cual vivía con intensidad. La autopsia indico una leptospirosis fulminante contraída en la lata de cerveza que él había tomado en el barco sin vaso y sin pajilla (popote). El análisis de las latas reveló que estaban infestadas de orines de ratas y por lo tanto de leptospiras.

MUCHO CUIDADO. AVISO A LOS CONSUMIDORES DE BEBIDAS EN LATA. Cada vez que compre una lata de refresco, tenga cuidado de lavar la parte superior con agua limpia y jabón, y si es posible use una pajilla. En mi casa es obligatorio lavar las latas con un desinfectante, incluyendo las que van para el refrigerador. ¡Una amiga de la familia murió después de beber una soda en lata! Probablemente ella no limpió la parte superior de la lata antes de beber, y la lata estaba sucia con orines secos de rata, los cuales contienen sustancias tóxicas, inclusive leptospiras que causan leptospirosis. Las bebidas en lata y otros alimentos enlatados permanecen guardados en bodegas que generalmente están infestadas de roedores, y posteriormente son transportadas para las tiendas sin la debida limpieza.

Como complemento: Una investigación del INMETRO confirmó que la tapa de una lata de refresco está más contaminada que un baño público. Según esa investigación, la cantidad de gérmenes y bacterias era tan grande que ellos sugerían que se lavara la tapa de las latas con agua y jabón. Por favor envíe esta información a las personas por las que usted se preocupa y ama.

ANNA GUAL
Reus (Tarragona)
Cadena difundida por correo electrónico

LA COCINA CANÍBAL

Pregunte, pregunte por qué razón no se celebran entierros de chinos en Barcelona, pregunte qué es lo que hacen exactamente con los cadáveres...

MANUEL DELGADO

Y nosotros, curiosos por naturaleza, preguntamos. He aquí la suculenta respuesta que nos dio una informadora de Madrid, Ana María Fernández:

Muchas veces he oído relatar historias que tienen que ver con restaurantes chinos y con los chinos que trabajan en ellos. Pero lo más alucinante es lo que corre por ahí sobre la desaparición de los cadáveres de los chinos. (...) Según las estadísticas publicadas, en varios años sólo fallece uno o dos de la comunidad de chinos que residen en España. (...) Nos cuentan que entre todos los que acudimos a los restaurantes chinos nos estamos comiendo a los orientales muertos y ayudando así a que otros ocupen su lugar y sus pasaportes o permisos de residencia. Los procedimientos son: 1.º) Se trocea bien al muerto. 2.º) Se le corta en tiritas. 3.º) Los huesos y partes duras acaban en los hornos de las cocinas. 4.º) Se congelan las tiras de carne. 5.º) Se sirven en bandejas ovaladas de diferentes formas: chop suey, ternera con setas, arroz tres delicias, rollitos primavera, cerdo agridulce, empanadillas chinas... y 6.º) Nos los comemos tan ricamente y además pagamos como cualquier hijo de vecino.

«La cocina china tiene la ventaja de volver irreconocibles los alimentos», resume con docta imparcialidad el escritor Alain Robbe Grillet en su obra *La maison de rendez-vous*, rememorando cierto restaurante chino de Aberdeen (Escocia) donde al parecer servían carne humana.

Otros observadores menos imparciales, como el escritor chino Zheng Yi —refugiado político en Occidente—, reiteran las tendencias necrófagas del pueblo chino, pero situándolas fuera del ámbito hostelero.

Según dicho autor, durante la Revolución Cultural los guardias rojos se habrían comido a prisioneros, estudiantes y profesores. Numerosos actos de canibalismo habrían sido organizados con motivo de manifestaciones públicas en honor al dirigente del Partido Comunista. En uno de tales banquetes —para demostrar su fidelidad al partido—, la novia del hijo de una víctima habría sido la primera en desgarrar la carne. Según Zheng Yi, al menos 137 personas habrían sucumbido, devoradas, en Guangxi.

A falta de pruebas sólidas que documenten semejantes banquetes de carne humana, debemos concluir que su espeluznante relato no es sino una leyenda terrorífica destinada a exagerar la crueldad de un régimen ya de por sí bastante sanguinario. En su absorbente libro de viajes, *China para hipocondríacos*, José Ovejero nos deleita con una versión más tremendista aún de la misma historia, sin poner en duda su veracidad ni aportar dato alguno que la respalde. Damos aquí un extracto, subrayando los elementos que, a pesar de la indudable buena fe del autor, huelen de lejos a leyenda contemporánea: *El horror se paseó libremente no hace mucho tiempo por esta provincia (Guangxi)*, empieza Ovejero en tono acongojado —y acongojante—. A continuación multiplica alegremente los horrores: *Centenares, si no miles de personas, sirvieron de pasto a las fieras en que se convirtieron sus conciudadanos* (¡Zheng Yi hablaba de 137 individuos!); poco después rinde homenaje a los ogros de los cuentos de hadas: *la élite revolucionaria se reservaba el corazón y el hígado, mientras que el pueblo llano tenía que conformarse con brazos y piernas*, y por último nos regala con un detalle «testimonial» capaz de sacudir al lector más curtido: *Durante aquel tiempo fue posible ver cómo un miembro destacado de la comunidad de Wuxan se iba a su casa llevando al hombro una pierna cortada de la que aún colgaban unos trozos de tela.*

Con este alarde desmitificador no pretendemos negar en absoluto la realidad histórica de la antropofagia. Herodoto, en el siglo V a. de C., menciona ya la existencia de «andrófagos», y el tema está presente en la América precolombina, en África y en casi todos los grupos humanos. Sin embargo, como señala el antropólogo William Arens, se trataría de una práctica excepcional que no ha constituido jamás un modo de alimentación, salvo en casos de necesidad o supervivencia.

El consumo de carne humana sigue siendo el tabú más indomable, la transgresión más temida y el delito más «repugnante». Por ello no es de extrañar que numerosas leyendas contemporáneas se nutran del temor a consumir involuntariamente ese manjar prohibido, sobre todo cuando entra en juego la morbosa especulación acerca de los hábitos culinarios —y funerarios— de las «otras culturas».

Tras incluir a los difuntos chinos en nuestra cadena alimentaria, convirtiéndonos así en tumbas ambulantes, el folklore contemporáneo ha urdido otras leyendas que expresan el disgusto de los occidentales hacia determinados ingredientes de la cocina oriental. Se dice (aunque las pruebas son más bien escasas) que la carne de perro forma parte integrante de las preferencias gastronómicas de los chinos y otros pueblos asiáticos. Teniendo en cuenta que este animal es el «mejor amigo del hombre», su empleo culinario equivaldría, en palabras de Christie Davies, a «una forma diluida de canibalismo». Elena Pradas, de Barcelona, nos describe un trágico lapsus culinario fruto de tan denostadas costumbres:

> Mi prima me explicó que a unos amigos les pasó lo siguiente: fueron a China con su perro. Entraron en un restaurante y querían darle de comer. Se lo indicaron con gestos al camarero: primero se señalaban la boca y luego al perro, dando a entender que le trajeran comida. El camarero llevó el perro a la cocina, y a la media hora se lo sirvieron cocido.

En *The Choking Doberman*, Jan Brunvand recoge otra versión de esta leyenda, expedida como nota de prensa por la agencia Reuters en agosto de 1972: la acción se desarrolla en Hong Kong, los protagonistas son un matrimonio suizo y el cocinero les trae su perrito, llamado Rosa, en una bandeja con tapadera de plata. En otra variante el *chef* se esmera todavía más, ya que no se limita a guisar el perro, sino que se lo sirve con una manzana en la boca y unas ramitas de perejil en las orejas.

Miguel Ángel Blanco, de Badajoz, nos ofrece las últimas exquisiteces folklóricas de la gastronomía china. Aunque en este caso no se perciben reminiscencias antropofágicas, el objetivo sigue siendo el mismo: poner en tela de juicio el paladar de los cocineros orientales y alimentar el rumor que afirma que por las inmediaciones de los restaurantes chinos nunca veremos perros, gatos ni ratas.

> Sobre los restaurantes chinos pesan toda clase de leyendas, desde gente que ha visto en la cocina gatos muertos hasta la que dice que alguien se encontró en el plato un hueso extraño, lo mandó analizar y resultó ser de una rata. Por supuesto, cerraron el restaurante.

Sostiene Christie Davies que esta clase de relatos «repugnantes» podrían narrarse como chistes macabros o como leyendas, según la opinión que merezcan al narrador y la puesta en escena con que se adornen. El efecto vendría a ser el mismo: provocar hilaridad o repugnancia, dos reacciones que atestiguan la eficacia de un chiste o una leyenda bien contados.

Dos buenos ejemplos de «canibalismo involuntario» que se adaptan bien a ambos géneros podrían titularse *Los paquetes confundidos*. El primero se trata de una historia difundida internacionalmente, que suele contarse como si fuera verídica. Resumimos aquí la versión que recoge el folklorista británico Paul Smith en *The Book of Nasty Legends*: una abuela viaja al Extremo Oriente para visitar a sus primos, quienes suelen enviarle todas las Navidades una jarra de especias, con las que su hija prepara un exquisito pastel. Unas semanas antes de Navidad llega un paquete que contiene lo que parece ser la jarra de especias en cuestión, aunque sin nota alguna. La hija, como siempre, confecciona su pastel. Al cabo de unos días recibe una carta de los primos, donde le comunican que la abuela ha fallecido, y que no podrán enviarle las especias porque están demasiado atareados con los trámites para su incineración. Lo que sí le han mandado por vía aérea, terminan diciendo, son sus cenizas, que llegarán de un momento a otro...

El segundo ejemplo lo encontramos en *El árbol de la ciencia*, la novela clásica de Pío Baroja publicada en 1911:

> De otro caso sucedido por entonces se habló mucho entre los alumnos —nos asegura el narrador, refiriéndose a las historias que se contaban en la escuela de medicina—. Uno de los médicos del hospital, especialista en enfermedades nerviosas, había dado orden de que a un enfermo suyo, muerto en su sala, se le hiciera la autopsia y se le extrajera el cerebro y se le llevara a su casa.
>
> El interno extrajo el cerebro y lo envió con un mozo al domicilio del médico. La criada de la casa, al ver el paquete, creyó que eran sesos de vaca, y los llevó a la cocina y los preparó y los sirvió a la familia.
>
> Se contaban muchas historias como ésta, fueran verdad o no, con verdadera fruición, concluye diciendo el gran escritor.

Y nosotros damos fe de ellas para hacer las delicias de nuestros lectores.

Con el título de *El cadáver en el barril* podríamos bautizar otra serie de leyendas universales que narran la ingestión accidental de alcoholes que contenían difuntos en remojo. Se inspiran éstas en un método muy en boga allá por los siglos XVIII y XIX para conservar los cadáveres ilustres durante las travesías marítimas: sumergirlos en toneles de aguardiente.

Uno de los ejemplos más famosos lo recoge una canción marinera, que cuenta cómo la tripulación de un navío «se bebió» sin querer al mismísimo almirante Nelson, mientras el héroe de Trafalgar esperaba las exequias en un tonel de brandy.

En una versión francesa más reciente, se descubre el cadáver anónimo de un argelino o un magrebí, estrangulado o apuñalado, en un barco cisterna que transportaba vino de Argelia (cruel destino para un musulmán fallecer anegado en alcohol, y merecido castigo para los franceses xenófobos que se lo bebieron).

En otra versión alemana, un obrero de Frankfurt perece ahogado al caer en una cuba de la fábrica Coca-Cola donde, como mandan las propiedades folklóricas de este refresco, quedará disuelto hasta reducirse a un mero esqueleto. Lo malo del caso es que las bebidas ya habían sido embotelladas y distribuidas cuando los responsables se percataron de ambos incidentes, provocando así una ola de canibalismo involuntario en gran escala.

¿No será verdad que la carne humana mejora el sabor de los vinos, del mismo modo que los lagartos y salamandras confieren un regusto indefinible a ciertos aguardientes? Carlos Alonso del Real, en su inteligente ensayo *Superstición y supersticiones,* nos brinda una posible respuesta a esta incógnita:

> En muchos lugares vinícolas acusan los de cada aldea a la de al lado de arrojar un cadáver humano en los lagares para dar más sabor al vino. Naturalmente, nadie ha hecho semejante enormidad, pero se acusan...

En su novela *El aire de un crimen,* Juan Benet plantea una situación parecida con su inquietante sutileza de siempre. El pueblo de Bocentellas (Región) amanece con un cadáver anónimo en la plaza. Como el calor aprieta, se impone la necesidad de conservarlo de algún modo. Cuando ya empieza a descomponerse, alguien da con la solución al contemplar «una botella de castillaza (...) que contenía una salamandra inmersa en el licor» y propone que lo metan en una pipa de aguardiente de la bodega. El cosechero apenas pone reparos, es más, incluso afirma «con palabras un tanto enigmáticas» (...) «que ya se había hecho en otra ocasión, en otra bodega». El muerto permanece un tiempo sumergido en aquel «castillaza de agraz que sólo era utilizado (...) para fortalecer otros caldos, pero que apenas tenía paladar», hasta que finalmente lo extraen y sumergen otro cadáver en su puesto. Los abúlicos lugareños, indiferentes a todo, seguirán trasegando un castillaza cuya composición, con toda probabilidad, ha variado sensiblemente.

Preservar los cadáveres en miel, sistema antiquísimo consignado ya en las crónicas de Heródoto y Estrabón, ha dado lugar a parecidas anécdotas legendarias, aunque de mucho más cuerpo, si se nos permite la expresión.

En fecha tan temprana como 1450, el autor italiano Giovanni Franceso Poggio-Bracciolini recoge una de ellas en su obra *Facetie traducte de latino in vulgare ornatissimo del secolo XV,* que conoció una gran difusión en toda Europa. El relato lleva un título de los que abren el apetito: «De un florentino que, sin saberlo, se comió a un judío muerto».

Refiere el autor que dos judíos de Venecia se dirigían a Bolonia, cuando uno de ellos enfermó y murió en el camino. Como no podía repatriar el cadáver, pues era ilegal, su compañero resolvió cortarlo en pedacitos y meterlo en un barril, mezclándolo con miel y diversos aromatizantes, con lo cual aquella confitura humana desprendía una fragancia agradabilísima. Acto seguido encomendó el bulto a otro judío, que se encaminaba a Ferrara en una barcaza donde viajaban numerosas personas. Al caer la noche, los deliciosos efluvios alcanzaron a un florentino que se hallaba sentado junto al barril, quien no pudo resistir la tentación de irse comiendo sigilosamente el contenido, que le pareció de lo más sabroso, hasta apurarlo del todo. Al desembarcar en Ferrara y reparar en la ligereza del barril, el judío rompió a gritar que le habían robado el cadáver. En aquel momento el florentino se dio cuenta de que se había convertido «en el sepulcro de un judío».

Por desgracia, las leyendas de canibalismo no siempre han servido para conjurar, mediante el humor negro y unas gotas de racismo más bien inocente, el terror a infringir ese tabú ancestral. En un momento u otro de la historia, casi todos los pueblos se han acusado mutuamente de practicar la antropofagia, con resultados invariablemente cruentos. Como los ejemplos podrían eternizarse, reproducimos esta cronología de Cesare Bermani, esquemática pero elocuente:

> Los europeos han tenido por feroces caníbales a los «primitivos» y a los africanos. En plena civilización europea, los romanos acusaron reiteradamente de canibalismo a los cristianos, y éstos, más tarde, a los judíos. Luego, en el siglo XVI, les tocó el turno a las brujas, y a los gitanos en el XVII.

Y estos últimos, señalaba el malogrado antropólogo Alberto Cardín en su obra *Lo próximo y lo ajeno*, serán acusados hasta nuestros días de prácticas caníbales, generalmente ligadas con robos y secuestros, con los sacamantecas, los comprachicos y los hombres del saco cantados por los pliegos de cordel.

Por si esto fuera poco, también se da el caso de que los africanos han considerado sospechosos de antropofagia a los estadounidenses. Jean-Loïc Le Quellec lo ilustra con el siguiente ejemplo: en septiembre de 1959, el Congo encargó una partida de carne de buey a los Estados Unidos. La empresa importadora tuvo la ocurrencia de pegar una etiqueta con el dibujo de un negro en las cajas que contenían dicha carne. De inmediato empezó a correr la voz de que las cajas en cuestión contenían carne de negro. El responsable era un blanco que hipnotizaba a los negros con una lámpara y los llevaba al matadero. Este «rumor» dio lugar a manifestaciones de protesta contra los blancos.

El cine y la literatura nunca han hechos ascos al canibalismo —voluntario o involuntario—, prueba palpable de que el asunto, como todo lo prohibido, censurable y rechazado de puertas afuera, provoca una ambigua fascinación de puertas adentro.

Espigando las filmografías a ojo de buen cubero y sin orden ni concierto, podríamos mencionar los matarifes necrófagos de *La matanza de Texas* (1974) y sus continuaciones; los alienígenas que pretendían abrir una cadena galáctica de restaurantes especializados en carne humana de *Mal gusto* (1987), los tenores necrófagos de la ópera caníbal *Los caníbales* y el amante servido bien doradito en el marco suntuoso de *El cocinero, el ladrón, su mujer y su amante* (1989).

En cuanto a los ejemplos literarios, citaremos tres que sitúan abiertamente y sin remilgos la antropofagia en el ámbito culinario. El título del primero nos lo hemos apropiado para encabezar este florilegio de horrores que ahora termina: se trata de *La cocina caníbal* del genial y polifacético Roland Topor. Consiste la obrita en un hilarante recetario para la preparación de múltiples guisos de carne humana. Entre ellos serían particularmente recomendables el «Agente de seguros en su propia póliza» o la «Sopa de restos de enano».

Los dos que siguen son más inquietantes, ya que parecen insinuar que quienes han probado la carne humana están destinados a repetir, aunque este placer vedado les lleve finalmente a ceder la suya a los demás *gourmets* que participan en el secreto.

En *La especialidad de la casa*, un relato clásico de Stanley Ellin, sólo pueden acudir al restaurante Sbirro unos cuantos gastrónomos iniciados. Ningún manjar es comparable a los que preparan allí. No obstante, hay un plato que los supera a todos: el cordero de Amirstán. Aparte de aquella carne misteriosa y exquisita, servida muy de tarde en tarde, los iniciados en las delicias de Sbirro sólo desean otra cosa: que el dueño les permita visitar la cocina. Este privilegio, sin embargo, sólo se les concede cuando han sido lo bastante fieles a la casa para haber engordado hasta cierto punto...

Más económicas, pero igualmente únicas, son las comidas que se sirven en cierta tasca de uno de *Los últimos cuentos de Canterbury*, de Jean Ray, el gran maestro del *fantastique* belga. He aquí el desenlace, que habla por sí mismo:

—¡Un cliente para la horca! —gritó una voz en la oscuridad.

—Daba carne humana a sus clientes —murmuraron otras voces.

El ex oficial reconoció a su lado, con la cabeza tristemente inclinada sobre el pecho, a su vecino de mesa.

—Jamás volveremos a comer tanta carne por diez peniques —murmuró con un tono de voz lleno de desesperanza.

JOSEP SAMPERE

NUEVOS TESTIMONIOS

El internauta «Leocentauri» dejaba este mensaje en el foro de «Actualidad»:

«Hola, amigos: me gustaría conseguir información respecto al tema de la comida en los restaurantes chinos. No es algo que me quite el sueño, pero voy a menudo a cenar a estos restaurantes, y la verdad, cada día me cuentan alguna guarrada sobre la comida. La última fue que en las ensaladas echaban semen humano, descubierto debido a unas pruebas de estómago que "sufrieron" algunas personas. GRACIAS».

Y otra persona, bajo la firma de «invitado», le contestó...

«No sé si te será de utilidad, pero éste es un documento que encontré por la red:

»RESTAURANTES CHINOS: LA VERDAD DEL MENÚ.

»Ocho redadas del Cuerpo Nacional de Policía en Madrid revelan lo que encontraron en sus cocinas. La realidad supera a los rumores. Cinco chinos detenidos en el lago de la Casa de Campo pescando con redes las carpas que posteriormente se servían en las sopas. Más de 430 kilos de pescado hallados debajo de las camas de quienes viven en los propios restaurantes.

»Los famosos rollitos de primavera les son suministrados por sus propias distribuidoras en cantidades tan enormes que, a falta de espacio, son almacenados en pilas verticales dentro de las alcantarillas cercanas a los restaurantes. La humedad de estos pintorescos almacenes les es propicia para conservar y macerar verduras, caldos, salsas y perolas con secretos combinados cuyo contenido tras ser analizado por miembros del CSIC sigue siendo un misterio.

»Sólo un 12% de los fallecimientos de inmigrantes chinos son reportados a las autoridades. El resto se oculta para reutilizar pasaportes y aprovechar identidades legales. La leyenda urbana apunta que los cuerpos son eliminados en diversos platos como pato a la naranja y pollo agridulce. Lo cierto es que esto sólo sucede en un 20% de los casos, según el informe de S. E. de Consumidores de 1999. Las últimas investigaciones refieren que los cuerpos son cocidos y posteriormente incinerados en sus propias cocinas para su fácil eliminación en alcantarillado, afortunadamente no en los menús».

Encarna García

Tengo que contaros que una amiga de mi hermana Asunción salía con un chico que tenía un amigo que era electricista. Una vez fue a efectuar la instalación de una nueva tienda, en cuyo local anteriormente había un restaurante chino. Pues bien, se encontró que en el doble techo los chinos criaban a un animal que parecía un cruce entre un conejo y una rata. La pura verdad es que el sabor del pollo en casa es muy diferente al de los restaurantes chinos, pero bueno...

María José Velázquez Martín
Lebrija (Sevilla)

En el capítulo *Gastronomía perversa* se recogen algunas leyendas y se apunta alguna explicación sociológica de las mismas. Como aquí tenemos verdaderos expertos en alimentación (léase Miguel Calvo) me gustaría saber si la fama de los «fast foods» (y por extensión de los restaurantes chinos) es real u otra leyenda urbana.

José Luis Cebolleda

Antes de que hable el sacerdote, el monaguillo quisiera aportar algo (...): respecto a los restaurantes chinos, Marià Alemany, catedrático de Bioquímica y Biología Molecular de la facultad de Farmacia de la Universidad de Barcelona y, sin ninguna duda, el bioquímico más cachondo del mundo-universo, es un enamorado de la cocina china. (...) Lo único que tienen en común los restaurantes chinos es el uso (¿y el abuso?) de glutamato monosódico, un potenciador del sabor (autorizado en la Unión Europea, por ejemplo, en sopicaldos de sobre...), que está desde hace años en el punto de mira de muchos. (Incluso hay grupos de investigación japoneses que defienden —pruebas en mano— que el glutamato es el responsable de un «quinto sabor», a añadir a los dulce/salado/amargo/ácido: el sabor «umami»...) Parece (y digo «parece» porque algunos estudios bastante recientes indican que no es así) que el uso/abuso de glutamato provoca lo que clínicamente se llama «síndrome del restaurante chino», caracterizado, entre otras cosas (muy leves o leves para una persona sana), por cierto agarrotamiento de los músculos faciales y/o cefalea/migraña. Se presenta al poco de ingerir la comida china, y desde luego, NO en todas las personas. Y se marcha tal como ha venido, en dos o tres horas.

«Nunca verás perros o gatos en las cercanías de un restaurante chino» o «¿Te has fijado que nunca se celebra el entierro de un cocinero o camarero de un restaurante chino?» son dos de los argumentos que circulan como leyendas urbanas, dejando que tu imaginación responda el porqué de ello...

Mi experiencia se limita a una sola vez, con comida del restaurante chino de Vilassar de Mar (Barcelona), que llevamos al laboratorio a analizar. Resultados: el «cerdo con cebolla» y el «cerdo agridulce» eran realmente carne de cerdo. El «chop suey de ternera» era ternera, y las «bolitas de pollo» eran de pollo. Ya sé que una sola prueba no tiene ningún valor estadístico, pero es lo único que tengo de primera mano. Saludos dietéticos.

Josep Català
Barcelona

Nota de los autores: *los correos que se cruzaron en Internet las personas citadas anteriormente llevaban por título* Escépticos ¿Fast food o fart food? *Tras su lectura, intentamos contactar en vano con el señor Català. En cambio, podemos dar fe de que Marià Alemany, al que ha entrevistado Antonio Ortí, es un bioquímico capaz de desmifiticar la «dieta de la alcachofa» con una simple mirada.*

Una familia típicamente italiana instalada en la Argentina con varios parientes en Italia, con los que intercambian cartas y encomiendas. Cierta vez llega desde Italia un frasco sin ninguna explicación adicional. Como su contenido parece ser una especie de condimento, esta familia lo usa para aderezar las comidas (ya deben de estar imaginándose el final...). A los pocos días llega una carta relatando la muerte del nono, cuyas cenizas se envían en el correspondiente frasco...

Pablo Kaczor
Argentina

«Los gitanos son muy malos», decían los españoles del tiempo viejo. Son tramposos, salteadores de caminos, practican la brujería; prodújose contra ellos una acusación formal de canibalismo, sin la que el catálogo de sus delitos quedaría incompleto. Tramposos y salteadores de caminos lo han sido siempre, y si no brujos, han hecho todo lo posible por merecer ese calificativo, atribuyéndose poderes sobrenaturales; pero que fuesen adictos al canibalismo es un punto menos fácil de probar.

Su principal acusador fue Juan de Quiñones, quien en la obra de que ya hemos tomado algunas citas (*se refiere a* Discurso contra los gitanos, *de Juan de Quiñones, incluido en* Memoria del Flamenco, *de Félix Grande*) pone diversas anécdotas para ilustrar sus propensiones al canibalismo. Las más de esas anécdotas, empero, son tan grandemente absurdas que sólo los más crédulos pueden haberles otorgado nunca el más leve crédito. Ese autor tiene particular afición a hablar de cierto juez, llamado don Martín Fajardo, que parece haber sido un consumado cazador de gitanos, y fue probablemente miembro de la antigua familia de los Fajardos, que aún prospera en Extremadura y de la que conocemos algunos individuos. Ocurrió que el año 1629 ese personaje se encontraba en Jaraicejo, en calidad de juez, y no hay duda de que lo era muy celoso.

El tal Jaraicejo es un lugar muy extraño; es un pueblecito o aldea situado en una elevación del terreno, rodeado de una comarca por lo demás desolada. Lo atraviesa el camino de Badajoz a Madrid, y a unas dos leguas de distancia, en dirección a Madrid, está el famoso pueblo de Mirabete...

Estando, pues, el juez don Martín Fajardo en Jaraicejo, echó la zarpa a cuatro gitanos, y no teniendo, a lo que parece, de qué acusarlos, excepto de ser gitanos, los puso en el tormento, para que se acusaran unos a otros, como así fuese; porque a la primera aplicación del potro confesaron que habían asesinado a una gitana en el bosque de Las Gamas y que se la habían comido.

Puestos de segunda vez en el potro, confesaron los gitanos que también habían matado en el bosque supradicho a una peregrina y se la habían comido; y torturados de nuevo, que habían tratado de igual manera, en el mismo bosque, a un fraile de la Orden de San Francisco, con lo que los quitaron del potro y los ejecutaron. Ésta es una de las anécdotas que trae Quiñones.

Y aconteció además que estando el dicho Fajardo en la ciudad de Montijo, supo por el alcalde que cierto habitante del lugar había perdido algún tiempo antes una yegua; y yendo en su busca por el campo llegó a un lugar llamado Arroyo del Puerco, donde había una casa en ruina, y entrando en ella encontró a varios gitanos ocupados en preparar la comida, consistente en un cuarto de cuerpo humano, que estaba puesto a asar delante de un gran fuego; no se dice lo que resultó, si los gitanos se encolerizaron al verse interrumpidos en su cocina o si el hombre de la yegua se marchó sin ser notado.

Quiñones, a continuación, afirma en su libro que había sabido (no dice por quién, pero probablemente por Fajardo) que un pastor de la ciudad de Guadix se extravió una vez en la agreste sierra de Gádor; llegó la noche y soplaba un viento frío; anduvo vagando hasta que descubrió a lo lejos una luz, hacia la cual se encaminó, suponiendo que sería una hoguera encendida por pastores; al llegar al sitio, empero, se encontró con toda una tribu de gitanos, que estaban asando medio hombre y el otro medio pendía colgado de un alcornoque; los gitanos le dieron muy cordialmente la bienvenida y le instaron a que se sentase a calentarse y comiera con ellos, pero al instante los oyó cuchichear entre sí: «Este prójimo está muy rollizo», lo que le hizo sospechar que estaban urdiendo algún designio contra su cuerpo, con lo que, fingiendo tener sueño, hizo como que buscaba un sitio para echarse a dormir y de pronto se arrojó de cabeza por la falda de la montaña abajo y se escapó de sus manos sin romperse el pescuezo.

Estas anécdotas apenas merecen comentarios: primero tenemos el testimonio de Fajardo, loco o malvado que torturaba a unos infelices y luego los condenaba a muerte por los crímenes de que se habían acusado a sí propios mientras sufrían el suplicio del potro, acaso con la esperanza de alcanzar un momento de respiro; después viene el cuento del pastor, a quien los gitanos invitan de noche en una montaña a participar en una cena de carne humana y que sale huyendo al oírles hablar de la crasitud de su cuerpo, como si unos forajidos caníbales, descubiertos en sus orgías por un solo importuno, fuesen a dejarle posibilidad alguna de escaparse. Tales cuentos no pueden ser verdad.

G. Borrow
Los Zincali

Sin duda, el miedo a lo diferente se acrecienta en aquellas comunidades que se ven obligadas a convivir con ello de forma intensa. Así las historias de gitanos, las historias de gitanos malos, son comunes en una ciudad como la mía.

En 1992, previo a la Expo, empezó a difundirse que el alcalde de Andújar había llegado a un acuerdo con la Junta de Andalucía por el que, a cambio de cientos de millones de pesetas (el rumor interesaba no detallar si esta cantidad iría a parar a las arcas municipales o a otro destino menos confesable), la ciudad de Sevilla nos facturaba todos sus gitanos para que no les estorbaran durante el evento.

Por mi puesto en la administración local yo estaba en condiciones de afirmar contundentemente la falsedad de la noticia, pero era inútil luchar contra todo un pueblo deseoso de tener una razón más que justificara su racismo. Lo curioso es que te aportaban datos y datos, y se repetía sin cesar el «... que te lo digo yo». Unos tenían un conocido en la Junta, otros un amigo que había sorprendido una conversación en una cafetería, y los más osados habían llegado a tener en sus manos el fatídico convenio.

Pasó el tiempo y alguien me contó una historia idéntica en la que se exportaban gitanos desde Granada hasta Loja con vistas al Mundial de Esquí de Sierra Nevada. Ahora ha vuelto a surgir en Andújar con la excusa de los Juegos Mediterráneos de Almería. Y ¡joder!... le comentas a la gente: ¿recuerdas esta misma chorrada hace ocho años?, ¿dónde están los cinco mil gitanos de que se hablaba? Es igual. Vuelven a tener un conocido en la Junta, han sorprendido la conversación en la cafetería y han tenido en sus manos el fatídico convenio.

RAMÓN CANO PIEDRA

CASOS
CERRADOS

MUERTOS QUITADOS DE ENCIMA

Se ha producido en Madrid un suceso extraño y macabro que se ha comentado en tertulias y mentideros. Como podrá ver el lector, la historia es reciamente española, tanto que podría muy bien servir de tema a una película de Berlanga. Resulta que un señor que, según se dice, trabaja como empleado en una empresa fosforera salió de excursión con su familia aprovechando una doble fiesta en su trabajo. Le acompañaban en el Seiscientos la mujer, el niño y la suegra; llevaban consigo la tienda de campaña con la sana intención de dar un merecido asueto a sus pulmones, cansados de respirar el madrileño monóxido de carbono durante toda la semana. (...)

Una vez instalados, el señor de la fosforera se dio cuenta de que le faltaban algunas provisiones y bebidas y decidió ir con su esposa y su hijo al pueblo más cercano a comprarlas, mientras la suegra se quedaba en el monte vigilando las cosas. Minutos después de haberse marchado la familia, la señora se sintió enferma, falleciendo repetinamente de un ataque cardíaco. (...)

Regresa la familia, se encuentra con el cuadro, grita la mujer, llora el niño, se desespera el esposo. ¿Qué hacer? El honrado empleado piensa a lo primero en avisar a quien proceda para que se haga cargo del levantamiento y traslado de la difunta, pero, hombre experimentado, se echa a temblar considerando el inmenso papeleo, el proceloso trámite que le espera. (...)

Decide finalmente envolver a la difunta en la tienda de campaña (...) y la sujeta en la baca del coche. Emprende raudo viaje a la capital, aparca el coche delante de su casa y sube al piso con el niño y la atribulada esposa.

(...) Baja el hombre luego las escaleras, (...) corre hacia el automóvil. (...) Se lo han robado. ¡Le han robado el Seiscientos y con él la difunta suegra! «Anda, ¿no querías ahorrarte papeles y trámites?, pues toma...», musita el desventurado. (...)

El caso de la suegra desaparecida es el título que da Luis Carandell a este suceso «macabro y extraño». Lo encontramos en la página 93 de su exitoso libro *Celtiberia Show*, genial antología de disparates, anomalías y astracanadas de la España franquista y «subdesarrollada». Algunas de las anécdotas que recoge el autor bordean la leyenda urbana. Otras, como el episodio transcrito, son verdaderos clásicos del género. La siguiente nota a pie de página de Carandell insinúa el carácter apócrifo del relato y sintetiza muy bien la típica evolución de todas las leyendas modernas:

> La autenticidad de este suceso no se confirmó, aunque el rumor corrió por Madrid —en el mes de junio de 1969— y algunos periódicos publicaron la noticia. Al pasar el tiempo sin que volviera a hablarse del caso, algunos sospecharon que «se había echado tierra sobre el asunto». Posteriormente me dijeron que el macabro escamoteo de la suegra difunta había sucedido realmente en Barcelona años atrás. Ignoro cuál de las dos interpretaciones era la verdadera. Desde mi punto de vista, el interés radica en el contenido celtibérico de la historia.

Subscribimos esta última frase del autor y estamos de acuerdo en que el episodio, de un humor negrísimo, podría servir de tema a una película de Berlanga. Aun así, contra todas las apariencias, debemos señalar que no se trata en absoluto de una historia «reciamente española».

La fecha en que el «rumor» corrió por Madrid —junio de 1969— y la posibilidad de que ya circulara por Barcelona años atrás nos aproximan significativamente a 1963. Decimos «significativamente» porque fue entonces cuando la leyenda apareció publicada por primera vez como ejemplo de «cuento moderno», nada menos que en una recopilación de relatos tradicionales ingleses: *Folktales of England*, de Katherine M. Briggs y Ruth L. Tongue.

Las dos folkloristas británicas conocieron la leyenda de boca de una compatriota, a quien se la contó en Canadá un primo suyo, que a su vez la había oído en Leeds (Gran Bretaña). Entre esta versión temprana y la de Carandell existen importantes similitudes, que inducen a pensar que tal vez haya cierto parentesco entre ellas. La más llamativa de todas es que la acción también transcurre en España, aunque los protagonistas son un matrimonio británico que viaja con la madrastra del marido. Los tres vienen a pasar las vacaciones en un cámping de nuestro país.

El día de su partida la anciana fallece de repente. Tras unos momentos de confusión y nerviosismo, la pareja opta por el mismo recurso que el señor de la fosforera: envolver a la difunta —que ya empieza a quedarse yerta— en la tienda de campaña y colocarla encima del coche.

Camino del consulado se detienen a tomar un café para reconfortarse un poco. Será entonces cuando les roben vehículo y cadáver. El alicaído matrimonio deberá regresar a Inglaterra sin coche, sin madrastra y, por si fuera poco, desheredado, ya que la «fuga» de esta última les impedirá demostrar su muerte y verificar oficialmente el testamento.

Véronique Campion-Vincent sostiene que la leyenda podría haber surgido en Francia durante la Segunda Guerra Mundial. Respaldan su teoría dos versiones escritas de procedencia dispar, pero que sitúan la acción en tierras francesas y describen la huida de los protagonistas ante el avance de las fuerzas de ocupación. La primera se remonta a 1944 y figura en el periódico danés *Politiken*.

El cronista recuerda que emprendió el éxodo en compañía de una pareja francosueca, y que la madre de «Madame» falleció por el camino. Un baúl de caoba que contenía la vajilla de plata sirvió de improvisado ataúd. Huelga decir que eran malos tiempos para dejar a la vista una carga tan tentadora, al menos en apariencia.

La segunda la recoge Roger Peyrefitte en su obra *Las embajadas*. El héroe de la novela, entre otras vicisitudes menos legendarias, oyó contar a un parisino la misma historia en primera persona: su abuela murió cuando se disponían a partir y el hombre tuvo que envolver el cadáver en una alfombra y atarlo sobre el maletero. A la mañana siguiente, tras dormir en un corral, encontró el coche pero no la carga.

Tenga o no raíces francesas, la leyenda de «la abuela robada» es con toda seguridad un relato de origen europeo que posteriormente emigró a Norteamérica. Prueba de ello son las más de cien versiones que recopiló en 1968 la folklorista Linda Dégh en países como Noruega, Suecia, Dinamarca, Alemania, Suiza, Italia, Polonia, Hungría, Yugoslavia. Con nuestra versión española cubrimos modestamente el pequeño hueco de la lista.

Terminada la contienda el relato se viste de paisano. Los personajes, entonces, ya no son una familia que pretende cruzar la frontera con una difunta a cuestas, huyendo de la persecución nazi, sino unos turistas con prole incluida (o un matrimonio en viaje de bodas) que sufren el mismo contratiempo en un país extranjero. Aparece así en primer término el tema central —más bien inhumano— del relato: los inconvenientes de gestionar la repatriación de un cadáver convertido en un mero bulto engorroso, y que además roba espacio a los vivos que viajan con él.

Una hilarante crónica de lo que implica tan incómoda situación la encontramos en la novela *Los que tocan el piano*, de Anthony Burgess. El polifacético escritor británico asegura que se inventó la historia allá por 1930, pero cualquier folklorista competente se resiste a creerlo. Burgess utiliza el planteamiento de la leyenda para describir un accidentado viaje por Italia, cuyos peores momentos se inician cuando la suegra del protagonista fallece de un infarto. Él y su esposa deberán cruzar medio país en busca del consulado, a bordo de un Fiat que se cae a pedazos, sin saber dónde meter el cadáver de la difunta.

Aunque al final no les roben el coche, el episodio refleja muy bien el agobio de pasar por semejante trance y el alivio inconfesable que supone «quitarse el muerto de encima».

Quien no conozca esta leyenda puede dejarse engañar por su irresistible verosimilitud, como le ocurrió al folklorista británico Stewart Sanderson al oírla contar a la esposa de un colega suyo. Es indudable que se han dado muchos casos de personas fallecidas lejos de su domicilio, que, por circunstancias diversas, no han podido disponer de un coche fúnebre y han debido efectuar su último viaje como silenciosos pasajeros de un vehículo privado. «Hasta aquí la cosa no tiene nada de especial —comenta Carandell—, es simplemente una historia triste que puede ocurrir, como de hecho ocurre, en los países más avanzados».

En efecto, lo que pone en evidencia el carácter legendario del relato es su ingenioso desenlace, que se presta a dos interpretaciones distintas pero complementarias. El mismo Carandell, perspicaz, nos pone sobre la pista de la primera:

> Pero yo me pongo en el caso del ladrón que roba el coche y se va tan pancho a casa, feliz de haber conseguido además una tienda de campaña, y que llegado a su guarida descubre lo que descubre. (...)

Tendríamos aquí un ejemplo diáfano de justicia poética: el «amigo de lo ajeno» castigado indirectamente. Esta interpretación cobra aún más sentido aplicada a otra leyenda clásica que también gira en torno al robo de un cadáver —esta vez el de un gato— y sus consecuencias.

En fecha tan temprana como 1959, Jan Brunvand descubrió una noticia en el *Daily Herald-Telephone*, un periódico local de Bloomington (Indiana), que recogía el relato con todos sus pormenores. El sagaz folklorista la llevó consigo durante años, esgrimiéndola ante alumnos y conocidos como muestra palpable de leyenda urbana publicada en la prensa.

El argumento es el siguiente: a una mujer se le muere el gato. Como las ordenanzas municipales prohíben enterrar animales en el núcleo urbano, decide ponerlo en manos de una amiga suya que vive en el campo para que se encargue de sepultarlo. Así pues, lo mete en una bolsa de papel de estraza y se dirige al lugar donde ha quedado con ella. Por el camino se detiene a hacer unas compras y deja la bolsa descuidadamente en el mostrador. Cuando se dispone a recogerla ya no la encuentra. Al salir a la calle, pensando que el problema se ha resuelto de un modo inesperado, tropieza con una multitud apiñada delante de la tienda. El objeto de sus miradas es una mujer de unos cien kilos que yace inconsciente en el suelo, aferrando contra el pecho la bolsa de papel de estraza, de la que asoma la cabeza del gato muerto.

Lo que se castiga aquí no es solamente el robo, sino también la bulimia de la ladrona, cuya obesidad parece sugerir que se apropió de la bolsa creyendo que contenía algún comestible. Ello no altera mucho las cosas, ya que la codicia sería otra forma de gula.

La segunda interpretación de la leyenda nos la insinúa de nuevo Carandell con una frase muy elocuente:

«Anda, ¿no querías ahorrarte papeles y trámites?, pues toma...», musita el desventurado. (...)

El deseo de «quitarse el muerto de encima» podría ser el significado implícito de la leyenda, tomando la palabra «muerto» en su doble acepción: la de «cuerpo sin vida» y la de «cosa pesada o molesta». Según la despiadada teoría que proponía Alan Dundes en un ensayo titulado *On the Psychology of Legend*, «la abuela, viva o muerta, constituye un engorro». Además de ocupar un espacio que los jóvenes (el futuro) merecen más que ella, su cadáver se transforma en un desagradable recordatorio de la mortalidad humana, que debe ocultarse a los niños.

Su culpa, añadimos nosotros, no sería otra que la de haber alcanzado una edad en la que ya no puede producir beneficios. De ahí que en algunas versiones los protagonistas se lamenten de haber perdido el único fruto que podían esperar de la abuela: su herencia.

Por tanto, siguiendo de nuevo a Alan Dundes y utilizando un siniestro eufemismo de la Guerra Civil, la familia de la leyenda la «lleva a dar el paseo», y el ladrón actúa como una especie de empresario de pompas fúnebres caído del cielo que se ocupa de eliminar para siempre el cadáver.

Un cadáver que reaparece en escasas ocasiones, como en un episodio de la serie *Hill Street Blues* titulado *Los ladrones de cadáveres mutantes del Tercer Mundo*. Contenía este capítulo, que ya citamos en otra parte, una fiel escenificación de la leyenda, aunque el difunto no era ninguna abuela, sino el padre de uno de los polizontes de la célebre comisaría televisiva. Al final un agente de incógnito identificaba el cadáver, que aparecía en plena calle apoyado contra una valla, tras «conversar» con él un rato tomándolo por un vagabundo.

No sucede así en la versión de Carandell, mucho más ajustada a la cruel moraleja del relato:

> La policía, alertada por el señor de la fosforera, ha recuperado el automóvil, pero la suegra, y de esto han pasado ya varios días, no aparece por ninguna parte.

JOSEP SAMPERE

NUEVOS TESTIMONIOS

Siento no poder ser preciso, pero cuando leí lo de los muertos me acordé de un argentino que me comentaba algo acerca de unas historias sobre cierta región de Argentina. No me acuerdo si es porque los entierros eran caros o qué tipo de ventaja se trataba de obtener, pero se me explicó por qué era habitual hacer unos viajes en coche con el muerto de copiloto; de hecho ya no me acuerdo si el viaje era al interior, o entre regiones del interior, o a la capital. Siento tener sólo recuerdos vagos, pero sí puedo decir que preguntando a argentinos se puede sacar otra de estas historias que tienen el don de parecer verosímiles aun sin serlo.

GABRIEL GÓMEZ BARRO
Viveiro (Galicia)

Esta leyenda me la he encontrado en varias oportunidades, y me llama la atención que nadie la haya mencionado hasta ahora, ahí va:

A una señora que vive en un departamento se le muere el perro, con el cual ella estaba muy encariñada. Pide permiso a una familia amiga para enterrar al animalito en la casa bastante alejada en los suburbios. Para poder trasladar a su mascota la coloca en la caja de un televisor u otro equipo electrónico de valor elevado. Toma un taxi y hace el recorrido (bastante largo) hasta la casa suburbana. Al llegar baja del taxi para llamar a la puerta dejando aún la caja en el taxi. El taxista cede a la tentación y huye con la caja, creyendo que el contenido es de un valor mucho más elevado que el precio del viaje.

ERNESTO GONZÁLEZ
Argentina

EL CÓDIGO SECRETO
DE VAGABUNDOS Y VILLANOS

> *Morgiane salió de la casa de Alí Baba por algún motivo; sólo al volver reparó en la señal del ladrón. ¿Qué significa esta marca?, se preguntó para sus adentros. ¿Acaso alguien quiere mal a mi señor o lo han hecho por puro divertimento?*
>
> *Alí Baba y los cuarenta ladrones*
> *Las mil y una noches*

«La vida es un puente. Crúzalo, pero no construyas una casa encima», dice un antiguo proverbio indio. Desde que la llamada «revolución del neolítico» dividiera a los hombres en dos bandos antagónicos, por un lado los agricultores sedentarios y por otro los nómadas, un sinfín de pueblos —zíngaros, beduinos, quashgais, arandas, tuareg, etc.— se han aplicado esta máxima en su inquieto trajinar por los tiempos.

En Australia, los antiguos aborígenes identificaban la tierra con una partitura musical que había que interpretar para llegar a viejo. Sólo gracias a estas señales —la huella de un escarabajo estercolero, la ondulación de una duna—, los trashumantes sabían dónde se encontraban; dónde estaban los demás; dónde había llovido; de dónde provendría la siguiente ración de alimento; si la planta X estaba en flor, o si la planta Y daría bayas. Así le hubiera gustado contarlo a Bruce Chatwin en «Los trazos de la canción».

En la Iglesia cristiana primitiva había dos categorías de peregrinaje. La primera era el *ambulare pro Deo,* «peregrinar por Dios», imitando a Cristo o al padre Abraham, que abandonó la ciudad de Ur y emigró hasta tierras lejanas. La segunda era la «peregrinación penitencial», en la cual los culpables de la *pecata enormia,* «crímenes enormes», tenían la obligación de convertirse, de acuerdo con una tabla estipulada de tarifas, en mendigos ambulantes —con sombrero, morral, bastón e insignia— para ganarse la salvación en el camino.

Sirva esta introducción para explicar una leyenda muy extendida en nuestros días. Se refiere a una tercera clase de trotamundos, más concretamente a ladrones, maleantes y amigos de lo ajeno. Cuando «peregrinan» solos, sus métodos remiten a utensilios expeditivos, como la palanca o la ganzúa. Pero cuando se sindican y además recurren a los anagramas de los nómadas, entonces se convierten en una amenaza para cualquier gozne, en un peligro para compañías aseguradoras como Mapfre, obligadas a advertir de su perfidia con decididas exclamaciones.

¡Vigilad estas señales!, podía leerse en tinta roja en una postal informativa que Mapfre repartió hacia 1995 por varias ciudades españolas. Justo debajo se veía una casa con una serie de pictogramas traducidos al cristiano. Por citar sólo algunos, un rombo equivalía a «casa deshabitada»; tres barras verticales a «casa ya robada», un triángulo a «mujer sola», un inocente velero a «vacaciones» y así hasta veintiún signos.

En el dorso de la postal se leía el siguiente texto —escrito en catalán en el ejemplar de que disponemos:

> ¡Defended vuestro hogar! —a modo de título y en letras rojas—. Desde nuestra posición como uno de los primeros grupos aseguradores del país, nos permitimos llamar su atención sobre estas señales que seguramente ya habrá advertido en las proximidades de su vivienda, fachadas, buzones, aceras, etc.
>
> ¡Cuidado! Estos y otros signos corresponden a claves convenidas que se utilizan constantemente —palabra que figuraba en mayúsculas coloradas— para que el ladrón actúe sabiendo previamente las características de la vivienda que quiere robar.

Borradlos y actuad con precaución... y previsión. Defended vuestro hogar con todas las medidas de seguridad a vuestro alcance. Una de ellas, la mejor, la que constantemente puede proteger su patrimonio, es nuestra póliza de seguro combinado del hogar.

En defensa de la compañía Mapfre y de su desmedido celo por sus clientes —antiguos o potenciales—, hay que decir que el ridículo al que se vio expuesta al retirar estas postales meses después coincidió con una plaga de anónimas pegatinas y de garabatos en los portales. Crípticos e indescifrables, estos adhesivos, de forma rectangular y cuyo tamaño no excedía el centímetro, eran utilizados, que sepamos, por empresas que encargaban estudios de mercado o por el buzoneo comercial. Pero, de forma imprevista, alguien creyó ver en estas señales el hábil método del que se servían los rufianes para perpetrar sus desmanes, dando lugar a un logia parecida a la descrita por G. K. Chesterton en *El hombre que era jueves*.

En 1898 Rafael Salillas, autor de *Hampa (Antología picaresca)*, se centraba en los misteriosos signos, grabados con tiza y carbón, y apuntaba con el dedo a los villanos:

Por algunas investigaciones hechas, que encontramos confirmadas en algún escritor, hemos llegado a la convicción de que existe una topografía aparte y un itinerario especial para todo pueblo de la Corte Internacional de los Milagros. Ladrones, fugados, desertores, contrabandistas, zíngaros, conocen estos itinerarios a la perfección. Una palabra, un signo, una indicación les hacen comprender si tal vivienda es lugar de amigos o enemigos; si tal pueblo dará ayuda, si ofrece riesgo; si tal mesón aislado es un consolato ladronesco, o por el contrario, una trappola a servicio de la gendarmería.

Estos signos —proseguía Salillas—, que se hacen a lo largo del camino maestro o se trazan con carbón sobre los muros de las casas o por medio de incisiones hechas con el cuchillo en la corteza de los árboles, resultan medios convencionales para decir a futuras comitivas: éste es el camino del zíngaro.

Un año antes de la Guerra Civil española, Pedro Serrano García volvía a insistir en el tema en *Delincuentes profesionales contra la propiedad*, sólo que ahora el lenguaje secreto era conocido también por vagabundos y bohemios:

> Los vagabundos poseen, para comunicarse entre sí, mejor dicho, para transmitirse los datos útiles, una serie de signos grabados a la entrada de los pueblos, en los mojones o árboles del camino o en alguna tapia, que, interpretados, indican los lugares en que se prodiga o es escasa la limosna, ceden albergue o, por el contrario, no dan nada.

En los libros, cuando los hombres despiertan de una visión, generalmente se encuentran en el mismo lugar en el que quizá se habían quedado dormidos; bostezan en una butaca o se levantan en el campo con los miembros entumecidos. Otro tanto parece haber sucedido con las extrañas marcas de tiza y pintura a lo largo de este siglo, sólo que en lugar de diseminarse por posadas y caminos, ahora su entorno —Frankfurt, Milán, Madrid— es bien distinto.

En 1983, valga el caso, una octavilla fotocopiada comenzaba a circular por Francia. Un total de dieciséis símbolos advertía del «código gráfico compartido por nómadas y ladrones». Siete de ellos eran idénticos a los que años más tarde aparecerían por España, mientras que el resto difería ligeramente en el trazo pero no en el significado («nada interesante», «buena acogida si se habla de Dios», «gendarme», etc.).

Tras rastrear su devenir histórico, Jean-Bruno Renard venía a concluir que

> en buena semiótica estructural, se trata de los signos inversos de protección que se dibujan desde tiempos inmemoriales para protegerse de amenazas externas.
>
> Los hebreos, por ejemplo —explicaba Renard—, recurrieron a la sangre de animales para salvarse del ángel exterminador en la décima plaga de Egipto —Éxodo, 12, 1-34.

Otro tanto puede decirse de los símbolos mágicos de ciertas culturas e incluso de las severas advertencias de mansiones palaciegas:

«Atención: perro peligroso», «Jardín protegido electrónicamente», etcétera.

En una apasionante investigación que no podemos omitir, Jean-Bruno Renard constató que gran parte de los signos que recogía la octavilla francesa, y, por extensión, la postal española, existían desde 1921, sólo que por el camino algunos habían cambiado de significado, seguramente por fotocopias defectuosas. Así el criptograma empleado en Francia en 1921 para advertir de una barrera que franqueaba el paso era en 1950 un «lugar peligroso», para acabar convirtiéndose en 1977 en «casa a evitar». En otro ejemplo, una cruz acotada por un círculo significaba en 1921 «aquí se da de comer pan», en 1934 «los propietarios no dan nada», en 1954 «casa hospitalaria» y en 1977 —tal vez por la cruz— «buena acogida si se habla de Dios».

Al parecer, estos emblemas eran utilizados hasta 1950 en zonas rurales por vagabundos, antes de ser empleados por delincuentes urbanos en casos excepcionales y a título individual. El clima de inseguridad ciudadana que padeció Francia en la década de los setenta los rescató del olvido y otro tanto puede decirse de España diez años después.

Curiosamente, tanto en aquel país como en éste, los modernos urbanitas han rescatado los usos y costumbres de las aldeas rurales de principios de siglo. Si nos unimos todos, no nos podrán hacer nada, parecen decirse unos a otros. La única diferencia es que donde antes había mendigos y vagabundos ahora hay ladrones. Todos ellos forman parte de un clan perfectamente organizado ante el que sólo cabe luchar estrechando lazos, descubriendo su lenguaje criminal e intercambiando fotocopias y postales. Y es que, dada la índole secreta del universo de los ladrones, es natural que nadie pueda acceder a ellos sin una serie de sutiles transformaciones. Bien diferente sería si todos los canallas del planeta llevaran un delantal blanco al perpetrar sus fechorías. Pero, a falta de esta prenda delatora, sólo podemos confiar en defendernos de esta lacra conociendo su lenguaje, anticipándonos a sus intenciones y siendo más sagaces que los linces.

Antonio Ortí

NUEVOS TESTIMONIOS

Mucho me ha llamado la atención el capítulo que se reseña arriba. Yo creía que era absolutamente cierto. En primer lugar, el mes pasado recibí en mi buzón la tarjeta que les adjunto (*), y que guardé cuidadosamente creyendo en su eficacia. Por otro lado, recuerdo perfectamente cómo, hará unos 10 años y durante un verano (la carta esta fechada el 21 de agosto de 2000), una amiga cuyos padres estaban de vacaciones pasó unos días de auténtico miedo porque estas señales se habían detectado en su casa. La policía había visitado el inmueble y alertado a los vecinos. Mi amiga me mostró los restos de las señales junto a la puerta de su casa y me contó cómo las había estado borrando.

CARLOS PARDOS SOLANAS
Zaragoza

(*) *Nota de los autores:* la tarjeta que nos adjunta el amable lector está «patrocinada» por «Hnos. Justo. Maestros cerrajeros, Servicio 24 horas, incluso festivos». En el reverso se lee en letras rojas: «Aviso importante de la Policía: Este documento ha sido encontrado en el vehículo de un delincuente y se ha constatado por personas ya robadas (sic) que los signos indicados son ciertos. Dichos signos son pintados con tiza, lápiz o marcados con algún objeto punzante en timbres de entrada, suelo e incluso felpudos de entrada, paredes, puertas y marcos. Naturalmente, no tienen hora, pero se ha observado que entre las 13.00 y las 16.00 son realizados gran parte de los signos por los delincuentes, mendigos, revendedores, vendedores ambulantes, etc.». A continuación se detallan los signos descritos en el capítulo, con alguna novedad interesante. Por ejemplo, un palillo en la cerradura significa «Tanteo vivienda».

Más información: «Hnos. Justo. Maestros cerrajeros. Tel. 902 444 091 (abierto las 24 horas, incluso festivos)».

El 5 de noviembre de 2005 el diario mexicano *Reforma* publicó una nota titulada así (cito textualmente):

Perciben el hampa en graffiti

Morelia (Michoacán).— Una investigación policiaca detectó posibles mensajes vinculados al hampa en pintas realizadas sobre monumentos históricos y otros inmuebles de Michoacán.

Así fue revelado por la fracción de diputados del PAN (Partido Acción Nacional, de tendencia derechista) en el Congreso del Estado, al presentar una iniciativa de ley que combate el *graffiti*.

«Algunos de esos rayones o firmas indican lugares que van a asaltar, indican lugares en donde venden drogas y también representan símbolos o marcas de algunas bandas de delincuencia», advirtió el diputado Alfonso Martínez Alcázar en su exposición de motivos.

El legislador reveló que sólo el acueducto de Morelia, un monumento emblemático cuyo origen data de 1758, «representa 91 pintas».

Sin duda esta noticia refleja bien una creencia popular que permanece anclada en el imaginario colectivo pues, aún hoy en día, muchos vendedores que van de casa en casa o repartidores de muestras emplean esos signos para comunicarse entre sí y señalar las calles ya visitadas o aquellas que faltan por recorrer. También se mezcla con la inseguridad que se vive en el país y el problema de las pandillas y los jóvenes que se expresan con *graffiti*. Sin embargo, se les mezcla a todos para satanizarlos y señalar que están organizados y son delincuentes peligrosos.

Francisco Javier Cortázar Rodríguez
Dpto. de Estudios Socio-Urbanos
Universidad de Guadalajara, México

LA MUJER PÁLIDA Y EL LADRÓN

Una mujer está frente al tocador de su alcoba poniéndose una mascarilla de barro para limpiarse las impurezas de la piel. A medida que el barro se endurece ella siente cómo todo su rostro se inmoviliza y queda rígido tras la mascarilla. En ese momento oye cómo alguien fuerza la cerradura de la puerta de entrada y se introduce en la casa como un ladrón. Aterrada, oye cómo el desconocido se dirige con pasos furtivos hacia la alcoba. Sin pensárselo dos veces, se oculta dentro del armario en un acceso de pánico. Desde allí dentro, a través de las varillas del armario, ve cómo el ladrón entra en la alcoba y, tras revolver en los cajones de la cómoda, se dirige hacia ella. Petrificada por el terror, se queda como una estatua cuando el ladrón abre las puertas del armario. El ladrón descubre unos ojos inyectados de pánico enmarcados en un rostro blanco y rígido como de cera, y del susto de haber creído ver un fantasma sufre un ataque al corazón y muere en el acto.

PACO BARQUINO
Barcelona

La primera noticia de este relato se la debemos a Paco Barquino, un amigo nuestro barcelonés. Él, por su parte, lo había oído de boca de una profesora británica, Claire Balch, y creía recordar que a ésta se lo contaron tiempo atrás en Inglaterra. Como en aquel momento carecíamos de otras versiones del mismo, no tuvimos más remedio que fiarnos de la intuición y conjeturar que se trataba de una leyenda urbana con todas las de la ley.

No íbamos descaminados. Al poco tiempo nos llegaba una nueva y espléndida versión, procedente esta vez de Madrid. Su autor, Raúl Santos, le daba el sugerente título de «La mejor defensa»:

Un ladrón penetra en una casa una noche de verano. Las ventanas estaban abiertas y el ruido de la calle le ayuda en su trabajo. En el cuarto de baño de la casa en la que entra está una mujer untándose la cara con una mascarilla de arcilla y huevo. Y de esta guisa es cuando se sorprende al escuchar ruidos más que sospechosos. La mujer se asusta y por puro miedo decide rápidamente esconderse dentro del armario largo del baño, en el que guarda todas las toallas. Mientras tanto, el ratero, que va buscando en todas las habitaciones todo aquello que pueda llevarse, entra en el cuarto de baño y abre los armarios. Cuando abre la puerta del que esconde a la mujer se encuentra con una visión totalmente inesperada: un espectro, un cadáver que grita y se le echa encima. La mujer se ha desmayado y el ladrón perece de un ataque cardíaco.

Esta historia me la contó mi novia y a ella se la contaron como absolutamente cierta dos vecinas de su bloque. Y hasta aseguraron que el periódico la publicó en su día, aunque no he conseguido saber cuándo.

Como no conseguimos localizar la noticia en cuestión, ni nos fue posible entrevistar a las «dos vecinas» (aunque cabe suponer que nos hubieran remitido a un frondoso árbol genealógico de «amigos de amigos»), resolvimos ponernos en contacto con Claire Balch, por si podía aportarnos más detalles acerca de la trayectoria británica de la leyenda. Nuestra conversación con ella dio un giro inesperado al asunto: por lo visto no la había oído en Inglaterra, sino en Barcelona, y de ello hacía unos doce años. La historia le causó tanto efecto que desde entonces no ha dejado de repetirla a sus alumnos. He aquí un ejemplo palpable de cómo se transmiten las leyendas urbanas. Quien haya sucumbido al hechizo de una de ellas no dudará en hacerla correr con afán proselitista. Y si además es un narrador competente y su profesión le obliga a hablar en público, los relatos de este género le vendrán que ni pintados para captar la atención del auditorio y amenizar con ellos una clase o una conferencia, contribuyendo al mismo tiempo a su difusión a velocidades astronómicas.

Al hablar con Claire Blach, nos vino a la cabeza una pregunta clave: ¿a qué se debe que ciertas historias legendarias no se olviden jamás?

El folklorista escocés Sandy Hobbs intentaba responderla en un lúcido ensayo titulado *Psicología social de un «buen» relato*. Según Hobbs, una de las funciones que desempeñan numerosas leyendas urbanas consiste en poner en juego un mecanismo «mágico» que podríamos denominar «justicia poética» o «inmanente».

> Un malhechor es castigado de alguna manera extraña —señala Hobbs—. ¿Por qué gustan estas historias? Porque en la realidad los malhechores no pagan por sus fechorías o reciben castigos insatisfactorios.

Desquitarse de una agresión por medios «mágicos» sin que uno tenga que ensuciarse las manos (aunque a veces muera en el intento) es el tema que subyace en el siguiente surtido de leyendas internacionales:

> Una mujer encuentra a su perro doberman con síntomas de asfixia. Lo lleva inmediatamente al veterinario y vuelve a su casa. Éste la llama al poco rato y le pide que salga inmediatamente, pues acaba de extraer dos dedos negros de la garganta del animal. Llega la policía y descubre a un ladrón oculto en su dormitorio: tiene la mano mutilada y está inconsciente por la pérdida de sangre.

> Un grupo de soldados simula un fusilamiento disparando con balas de fogueo. La víctima de la «novatada» fallece de la impresión.

Joel Soriano nos cuenta una variante muy difundida en los cuarteles:

> A un recluta lo encierran en una taquilla y lo arrojan a una piscina. El joven muere ahogado. Desenlace: la piscina es «arrestada».

Una conductora se detiene en un semáforo y es asaltada por una banda de motoristas. Cuando uno de ellos le asesta un cadenazo en el capó, la mujer arranca bruscamente y consigue esquivarlos. Al aparcar en el garaje, descubre una mano amputada, incrustada en el radiador, sujetando una cadena. [Leyenda escenificada paso a paso en la película *Mad Max: Salvajes de autopista* (1980).]

Un médico se niega a atender a un joven sin identificar al que recogen de la calle medio moribundo. Al parecer, el herido no lleva la tarjeta del seguro y las personas que lo han traído no quieren hacerse cargo de él. Tras encendidas discusiones con el recepcionista del hospital, que quiere que le saquen de allí aquel fardo sangrante, y tras efectuar varias consultas telefónicas con el director, éste decide bajar un momento para pedir a los recién llegados que dejen de armar escándalo y se marchen con el joven, porque no quiere atenderlo. Una vez abajo, el director descubre que el moribundo —que luego fallecerá— es su propio hijo.

Mientras circula en su coche, una mujer sufre la persecución de un desconocido que no deja de hacerle señales con los faros. Al llegar a su casa, comprueba alarmada que el perseguidor se detiene detrás de ella. Sale su marido y le hace frente. El extraño se explica: cuando la mujer se detuvo en una gasolinera, un individuo se introdujo furtivamente en su vehículo. Él presenció la escena y trató de advertirla. En efecto: agazapado en el asiento trasero encuentran a un maníaco armado con una cuerda y un hacha.

Como irá advirtiendo el lector, muchas de las leyendas analizadas en este libro contienen las dosis necesarias de «justicia poética» para figurar en la lista precedente. *La mujer pálida y el ladrón* podría ser una de ellas, puesto que cumple al pie de la letra el dictamen de Sandy Hobbs: «Un malhechor es castigado de alguna manera extraña». Este dato fundamental sustentó nuestra hipótesis de que nos las habíamos con una «nueva» leyenda urbana.

Analizando la trama, fuimos percibiendo en ella otros elementos de juicio más consistentes, como la presencia de motivos de la narrativa tradicional y sutiles paralelismos con cuentos populares muy antiguos. Uno de los motivos más precisos al respecto es el que Stith Thompson registra con la referencia N384. *Muerte provocada por el miedo.*

El segundo, extraído del índice de Ernest Baughman, también habla por sí mismo: J1782.6. *Una persona vestida de blanco es confundida con un fantasma.* Por lo que se refiere a los antecedentes de la leyenda, nos pareció que ésta mostraba algunas correspondencias con un cuento universal al que Baughman adjudica la clave N384.2.

La síntesis argumental es la siguiente: *Muerte en el cementerio: a una persona se le engancha la ropa. Cree que algo horrible le ha cogido y muere de miedo.* Natalia, una informadora de Santibáñez de la Peña (Palencia), nos cuenta la historia con más detalle:

> La transmisora de la leyenda que a continuación narraré fue una compañera de mi piso de estudiantes. En algunas poblaciones del centro-sur navarro se cuenta la historia de un grupo de chavales jóvenes que, con el fin de divertirse, decidieron echarse a suertes el privilegio de adentrarse una noche en el cementerio de su pueblo. El «agraciado» con tal suerte debía clavar una estaca en el cementerio para que, a la mañana siguiente, el resto del grupo viera que había cumplido el pacto. Así pues, aquella noche el chico entró en el cementerio y, cuando estaba clavando la estaca junto a una tumba, sintió que alguien le cogía el abrigo por detrás. El susto que se llevó fue de tal magnitud que murió en el acto.
>
> A la mañana siguiente, el resto del grupo acudió al cementerio para comprobar que la estaca había sido clavada. Asombrados, vieron a su amigo muerto, quien, al clavar la estaca, había pillado también su abrigo por detrás; y esa circunstancia fue la que precisamente dio al chico la sensación de un tirón por la espalda que le provocó la muerte. Y es que los juegos en la noche son muy peligrosos.

«El chico entró en el cementerio. (...) El susto que se llevó fue de tal magnitud que murió en el acto», escribe Natalia. El lector observará que estas dos frases condensan el planteamiento y el desenlace de una y otra leyenda. En ambas se describe a un personaje que se interna por su cuenta y riesgo en un lugar prohibido —un cementerio y una casa ajena— con el objetivo «ilícito» de robar o divertirse. Tanto el ladrón como el chico atrevido saben que están «profanando» territorios «sagrados», por lo que la tensión resultante les pone en un estado de lo más sugestionable. Para colmo es de noche (como informan Raúl y Natalia en sus respectivas versiones), «hora de las brujas», momento en que las facultades intelectuales se reducen a cero y afloran los terrores más primarios.

En uno y otro caso el «susto» fulminante es consecuencia de este cúmulo de tensiones, que llevarán al primer infortunado a creer que se halla en presencia de «algo horrible», y al segundo que acaba de ver a un fantasma emergiendo de su armario-sepulcro. Aunque todo ello no sea más que una «ilusión», la muerte provocada por el miedo es bien real. De ahí que pueda equipararse a un castigo divino ejecutado por agentes sobrenaturales. Una vez más, la «justicia poética» opera mediante una serie de coincidencias fantásticas y el infractor recibe limpiamente su «merecido».

La siguiente variante de «La muerte en el cementerio» nos llega de Olivenza (Badajoz) y la firma Cristina Cortés. El vestuario del protagonista está en consonancia con el sabor tradicional del arranque, como corresponde a un relato tan añejo. Aquí la víctima es claramente un bandido, cosa que refuerza los vínculos con la leyenda de *La mujer pálida y el ladrón*:

> Esto fue algo que me contaron en mi pueblo, Olivenza, y concretamente lo hizo un amigo; me comentó que se decía desde hacía bastante tiempo que muchísimos años atrás, dos individuos, presas de pánico, corrieron desesperados buscando un lugar en el cual esconderse, pues eran perseguidos al haber cometido un robo, y llegaron hasta las afueras de Olivenza, refugiándose en el cementerio. Saltaron la verja que había, bueno, la saltó solamente uno, mientras el otro vigilaba por si alguien venía, y mientras tanto su compinche escondía todo lo que habían robado; éste llevaba puesta una capa, y cuando arrancó a correr para volver a salir, se le enganchó en algo (es un suponer, ya que nunca se averiguó) y él, pensando que alguien lo cogía y no lo dejaba salir, murió del susto. Desde entonces, se rumorea que se oyen voces de ultratumba cerca de las lápidas donde falleció dicho individuo.

El añadido final, propio de un cuento de fantasmas, confiere un toque de misterio al desenlace, aunque su condición de «préstamo» salta a la vista.

A falta de versiones documentadas, no podemos afirmar ni desmentir que *La mujer pálida y el ladrón* sea una leyenda internacional, como creímos en un principio. De su arraigo en nuestro país, en cambio, cada vez estamos más seguros.

Una nueva pista al respecto nos llegó por mediación de otro amigo, el cinéfilo Joan Fitó, quien estaba convencido de que existía un cortometraje inspirado en la leyenda. Otro amigo cinéfilo, Ricard Fusté, vino a sumarse a la lista de privilegiados que habían visto dicho cortometraje hacía un par de años —1997— y un tercer cinéfilo, Miquel Segura, organizador de la muestra de cortos donde se había exhibido, hizo lo posible por encontrar la ficha técnica del mismo..., pero fracasó en el empeño. Si algún lector puede aportarnos algún dato al respecto le estaremos muy agradecidos. (Y si nos manda una copia de la película, aún más...)

Como decíamos antes, no conseguimos localizar ninguna variante extranjera de la leyenda. Aun así no nos dimos por vencidos. Finalmente, en una antología del escritor norteamericano Fredric Brown —*Pesadillas y Geezenstacks*— dimos con un cuento titulado *La broma* (1961), que mostraba curiosas concordancias con ella. El argumento es el siguiente: un vendedor de artículos de broma —y bromista empedernido— acaba de llegar al pueblo donde vive su amante. Puesto que faltan unas horas para reunirse con ella, decide pasarse por la barbería para que le afeiten. Según su costumbre, no se priva de gastarle una broma al barbero poniéndose uno de sus productos más solicitados: la máscara de «Dan el Guapo», que, como su nombre indica, representa el rostro de un hombre muy bien parecido. El barbero, que forma parte de una compañía teatral de aficionados, muestra mucho interés por adquirir algunas de aquellas máscaras.

Mientras le está afeitando, el viajante le cuenta que ha quedado con una chica muy atractiva «que tiene una pensión aquí cerca», y le pide que cuando termine le coloque la máscara de «Dan el Guapo» para gastarle una broma. «Quizá se decepcione cuando vea mi verdadera jeta», añade. Acto seguido, a causa de las copas que ha tomado antes, se queda amodorrado. El barbero termina su trabajo y le coloca la máscara, según lo convenido.

El viajante se despide y se dirige a casa de su amante. Cuando ésta abre la puerta no le reconoce. Él, entonces, se quita la máscara. Al punto, la chica lanza un grito terrible y cae muerta. El vendedor se escabulle. Al llegar a la barbería y verse reflejado en el escaparate, repara en el espantoso maquillaje que le ha aplicado el barbero mientras estaba adormecido. Ve «la cara horrorosa que era su propio rostro. De un verde fosforescente, con un hábil y meticuloso sombreado que lo convertía en el semblante de un cadáver recién salido de la tumba, de un vampiro con los ojos hundidos y los labios morados». Acto seguido se da cuenta de que el apellido del barbero, escrito en una placa, coincide con el de su amante. Al otro lado del cristal, el marido burlado acaba de ahorcarse en la lámpara.

Admitirá el lector que las coincidencias son notables: muerte provocada por el miedo, persona confundida con un fantasma y moraleja rebosante de justicia poética: el bromista deberá cargar con el peso de dos cadáveres en su conciencia, después de intentar adentrarse en otro territorio prohibido: la cama de la mujer del prójimo.

No descartaremos que se pueda tratar de una mera coincidencia, tanto más conociendo la portentosa inventiva de Fredric Brown y su gran capacidad para los desenlaces inesperados. Es un hecho, sin embargo, que el escritor solía inspirarse en leyendas urbanas célebres, como se desprende de los argumentos de varios relatos de la misma antología, en especial los cinco que llevan el título de *Pesadilla* con un color incorporado.

Entre ellos figura una ingeniosa variante de una leyenda que analizamos en el capítulo *Sorpresa, sorpresa*: un hombre asesina a su esposa el día de su cumpleaños. Cuando entra en su casa con el cadáver en brazos y enciende la luz, encuentra esperándole a los invitados a una fiesta que la víctima había preparado para darle una sorpresa.

Situaciones de pesadilla y justicia poética: dos componentes que suelen abundar en las leyendas contemporáneas.

Josep Sampere

NUEVOS TESTIMONIOS

Nota de los autores: afirmábamos en la introducción que ningún investigador extranjero había recopilado anteriormente versiones de *La mujer pálida y el ladrón*. Rectificamos. Jorge Halperín, en el capítulo «Romance del ladrón y la muerte» de su libro *Mentiras verdaderas,* cuenta una variante argentina situada en el parque porteño de Chacabuco. También el antropólogo mexicano Francisco Javier Cortázar, que tanto ha aportado a esta obra, nos remite desde Guadalajara (México) un par de variantes que muy bien podrían haber ocurrido en la mismísima Alcarria.

Os remito la información cinematográfica que solicitabais con respecto a la leyenda de «La mujer pálida». Se trata de un cortometraje, bastante fiel a la leyenda en su conjunto, titulado *El último latido* (1993). La dirección es de Javier Fernández Caldas; los actores, Florinda Díez y Marcos Vallina, siendo producida por el mismo realizador. Ha obtenido varios premios, entre ellos: 2.º premio al mejor cortometraje en el festival de Alcalá de Henares; Primer Premio al mejor cortometraje en Murcia; también ha sido galardonado por su fotografía y su director ha recibido una mención especial Plataforma de los Nuevos Realizadores. Lo que no deja de ser curioso en cuanto al tema de las leyendas urbanas es que viene presentado como un filme «basado en un hecho real». Lo podéis adquirir, dentro de un conjunto de cinco vídeos con el título: *Los mejores cortos del cine español.* [*Todos a tus pies* (1997), dirigido por Gustavo Ferrada, es otro cortometraje que adapta la misma historia en tono de comedia.]

JESÚS BALDUZ

Sobre la leyenda del médico que se niega a atender a un paciente desconocido porque no trae su tarjeta del seguro sin apercibirse de que el moribundo es su propio hijo, en México circularon dos variantes de esa leyenda. La primera la escuché cuando era adolescente, entre finales de los años setenta y principios de los años ochenta.

En ese tiempo había pocos aparatos disponibles, por lo que el monopolio estatal llevaba a cabo una intensa campaña para establecer una gran cantidad de teléfonos públicos en las esquinas. Muchos de ellos eran dañados por personas que los quemaban, los descomponían o los rompían.

Se decía que una vez un señor enfadado por el mal servicio de la compañía, al no lograr que le conectaran un aparato en su casa, decidió vengarse descomponiendo el teléfono público que estaba cerca de su domicilio y que era el único en varias calles a la redonda. Después de concretar su represalia, regresó a su casa y se encontró a su hijo mayor herido de muerte. Ante la imposibilidad de llamar a los servicios de urgencia el hijo muere y el señor se vuelve loco gritando: «¡Yo lo maté! ¡Yo lo maté!».

Otra variante es más vieja aún. Supe de ella más o menos en la misma época de mi adolescencia. En la misma se relataba una historia de un cabo o capitán del ejército mexicano que había participado en la represión a estudiantes de la ciudad de México, no recuerdo si en la de 1968 (Tlatelolco) o la de 1971-71 (jueves de Corpus Christi).

Se decía que, mientras que los soldados recogían los cadáveres de los estudiantes, algunos de ellos hacían bromas y decían que se lo tenían bien merecido. En una de ésas el cabo o capitán en cuestión levanta un cuerpo y se da cuenta de que es su hijo muerto. Él se vuelve loco y empieza a gritar: «¡Yo lo maté, yo lo maté!». Claramente son variantes de la leyenda de los padres que dan muerte a su hijo sin saber que se trata de él hasta después de haberlo matado. Los protagonistas son castigados con la locura. Justicia inmanente.

Francisco Javier Cortázar Rodríguez
Dpto. de Estudios Socio-Urbanos
Universidad de Guadalajara, México

Una mujer tiene que hacerse un análisis de orina especial, con lo cual tenía que juntar cerca de tres litros. Pensaba ir hasta el laboratorio en taxi y como le daba vergüenza que se notara que llevaba pis, lo puso en una botella grande de vino importada, la puso en una canasta y la decoró muy linda. Al tomar el taxi la ubicó en el piso del asiento de adelante, cuando llegó a destino, le pagó al taxista y bajó para tomar la botella. En ese momento el taxista arrancó pensando que se llevaba una buena cantidad de fino vino.

SILVINA L. GUTIÉRREZ
Argentina

Una señora que estaba de viaje llega a su casa y encuentra a su perro en su cuarto casi ahogándose. La señora salió corriendo y lo llevó al veterinario, después de cinco minutos el veterinario le dijo que llamara a la policía y fuera a su casa. La señora angustiada lo hace y en el cuarto de la señora encuentran a un ladrón sin la garganta, el perro se la había arrancado y se había ahogado con ella.

RICARDO ARMANDO
Caracas (Venezuela)

ROBOS INGENIOSOS

Una pareja fue a buscar su coche, aparcado la noche anterior en la calle, y se encontró con que lo habían robado. Lo buscaron por todas partes y, como no aparecía, presentaron denuncia en la policía. Dos días después, el lunes por la mañana, de camino al metro, lo hallaron en un lugar muy próximo adonde lo habían dejado. En el interior se veía una nota en la que podía leerse: «Necesitábamos el coche para el fin de semana y hemos tomado prestado el suyo. Disculpen las molestias. En agradecimiento, acepten estas dos entradas para el teatro». Y, en efecto, junto a la nota había dos tíckets para una obra teatral, un día concreto que ahora no recuerdo. La noche señalada, la pareja, exultante de felicidad, se fue a disfrutar de esa velada tan bien ganada. Pero al volver a casa descubrieron que, mientras estaban en el teatro, les habían desvalijado la casa.

María Ripoll
Barcelona

¡Dios mío! ¡Dios mío! ¿Escribiré al fin lo que me ha pasado? ¿Podré? ¡Es tan extraño, tan inexplicable, tan incomprensible! Si no estuviera seguro de lo que he visto, seguro de que en mis razonamientos no ha habido ningún desmayo, ningún error en mis comprobaciones, ningún hiato en la inflexible serie de mis observaciones, me creería un simple alucinado, juguete de una extraña visión.

Las líneas que abren el relato *¿Quién sabe?* del cuentista francés Guy de Maupassant podrían servir perfectamente para ilustrar esta historia de ladrones de guante blanco. Un suceso que, por los testimonios recogidos, parece haber dado la vuelta a España, y que nos sitúa en la mejor tradición de rateros ilustrados, de cacos capaces de desvalijar cuanto intercede a su paso valiéndose de una inteligencia superior.

Tanto es así que este hurto podría figurar —y, de hecho, figura— en los anales de la cleptomanía. Y es que su éxito radica en haber trascendido las lindes del choriceo patrio y contarse, con muy ligeras variaciones en su estructura, en países con igual o mayor tradición en la materia.

A falta de conocer la procedencia geográfica de la luminaria que perpetró el plan y la veracidad del suceso, hay que anotar que el relato es bien conocido en ambos lados del Atlántico e incluso en Australia.

Las variantes norteamericanas, por ejemplo, según recoge Alan Smith en un número de la revista *Folklore,* reniegan de regalar entradas para el teatro y —según la óptica de allí— introducen un cebo irresistible: boletos, por partida doble, para el hockey, el béisbol, el baloncesto o billetes para asistir a algún concierto de rock.

Por lo demás, tanto en Estados Unidos como en Gran Bretaña y Australia, la trama es la misma: un matrimonio —los relatos españoles se refieren simplemente a una pareja— que es robado por partida doble y unos ladrones, en primer término, generosos, y luego simplemente hábiles.

No está de más señalar la magnífica acogida que desde siempre han tenido pícaros y ladrones sagaces. Valga recordar *El lazarillo de Tormes, El buscón* de Quevedo o el *Gil Blas* del marqués de Santillana o, ya más cerca, a los saqueadores del tren de Bristol.

Se diría que cuando el expolio no afecta a personas cortas de entendederas —llámese «timo de la estampita»— tendemos a admirar el ingenio de estos secuaces, capaces de infringir la ley con el mínimo daño posible. También la idea de que nos roban continuamente, por lo que nunca estamos a salvo, planea sobre este relato y se relaciona con otros latrocinios más recientes, caso de los falsos inspectores de la luz o del gas —incluso de las vendedoras de Avon— que sirviéndose de su uniforme allanan nuestras moradas.

Tal vez esto explique la extraordinaria acogida que este relato ha tenido en buena parte del mundo, éxito al que España no es ajena. No en balde, en un experimento llevado a cabo en Nápoles para averiguar la rápidez de transmisión de ciertos rumores, un profesor universitario inventó la historia, en la época en que se intentaba implantar el cinturón de seguridad, de que algunos conductores se servían de chaquetas con una banda pintada que confundía a los agentes de tráfico. El embuste tuvo tal éxito, según cuenta Danila Arona en *Tutte storie*, que muy pronto en Milán y en Roma se decía que «realmente» había personas que recurrían al engaño. Y otro tanto en España, donde los «chaquetas pintadas» fueron avistados, que sepamos, por Antonio Carpio, en Molins de Rei (Barcelona).

Sin querer abusar del tópico, puede afirmarse que España e Italia son países muy sensibles a estos temas, tal vez por un carácter que no admite imposiciones severas.

De Italia, por ejemplo, procede una historia que eclipsó al país en 1990 y que está perfectamente glosada en un buen número de periódicos y libros. Se trata del «hipnorratero», una especie de ladrón de procedencia oriental que desplumaba a los cajeros tras robarles la mirada.

El año 1990 fue para Italia —apunta Cesare Bermani en *Il bambino è servito*— el año del mundial de fútbol, pero también del hipnoratero. Los visitantes indios, pakistaníes, turcos y egipcios realizaron diversos hurtos gracias a la hipnosis.

El primero de ellos tuvo lugar en enero en un restaurante de Porto Vecchio (Génova), según se apercibía la revista *El Europeo* en septiembre de ese año, en un artículo que Marina Terragni titulaba *Nos faltaba el hipnorratero*:

Llegaron dos mujeres y un hombre —contaba la víctima— con un bebé en brazos. Tenemos el barco en el puerto —dijeron—. Les serví de comer, aunque era ya muy tarde. El niño me enternecía. Uno de ellos, elegantísimo, con muchos anillos, todo un príncipe, vino a la cocina a rogarme si podía prepararle pescado, al que señalaba para hacerse comprender. De golpe, comenzó a acariciarme la espalda. Yo empezaba a sentirme un poco extraño. Entonces me pidió que le enseñara billetes de 100.000 liras porque no los había visto nunca. Es comprensible, pensé yo, son indios. Y no sé lo que me ocurrió. Todos decían: «¡Qué bonitos son!». Y yo les daba los billetes. Al final, hasta les acompañé a la puerta.

A finales de mayo, esta vez en Torino, dos hipnorateros se introducen en una caja de ahorros e inauguran la versión más extendida de esta leyenda urbana que Danilo Arona recogería en el libro citado más arriba como *El encantador de cajeros*. Mientras él es un oriental de aspecto principesco, ella no desmerece: cabello castaño, diamante en la nariz y blusa de seda. Ambos hacen cola en la ventanilla y al llegar su turno piden cambiar dos billetes de cincuenta dólares por otro de cien. El problema comienza cuando reclaman un billete de la serie I de Italia para llevárselo como recuerdo.

Cuando me pidieron el billete de la serie I —recuerda un cajero de la plaza Duomo de Milán— me dedicaron una sonrisa. A partir de ahí, tengo un vacío total en la cabeza. Lo único que sé es que he buscado ese billete maldito, que se fueron a pie y que en la caja faltaban 1.800 dólares. Que me costó lo mío que me creyeran y que yo mismo no me creo.

Casos parecidos comienzan a registrarse en Cremona, Novara, Porto Cervo y Sant'Antonio de Gallora, merecedores de suculentas crónicas en los periódicos. El Banco di Sardegna, la Banca Commerciale Italiana di Cinisello, el Banco di Desio pasan a engrosar la lista de damnificados.

Expresiones como «me miraron con ojos magnéticos», «recuerdo que le daba el dinero y no podía parar», «me hipnotizaron con el anillo» o «caí en trance cuando me musitaron al oído: "Dame dinero, pequeño, pequeño, pequeño"» se repiten en los testimonios.

En este mundial paralelo al campeonato de fútbol, en el que no se sabe muy bien qué pintaban indios, pakistaníes, turcos y egipcios, pues ninguno de sus países había logrado la clasificación —detalle que pareció no importar a los italianos—, los orientales poco menos que ganan la copa al juego sucio.

Anteriormente al evento, como acontecería dos años después en los Juegos Olímpicos de Barcelona, la policía primero y luego los periódicos habían creado ese clímax de las grandes ocasiones alertando sobre la posible venida de bandas de falsificadores internacionales, así como de lo más granado de cada casa: descuideros, terroristas, psicópatas, estafadores...

Por lo demás, desde que terminó el mundial de fútbol nada se ha sabido de ellos, aunque pudiera ser que ahora estén desvalijando pisos tras birlarnos el coche e hiponotizarnos con *Tartufo*.

A los ladrones pulcros y ocurrentes siempre sabremos reconocerles méritos, por mal que les pese a algunos. De otro modo no se entiende que sus andanzas hayan dado la vuelta al mundo y cautivado los corazones de personas amantes de la ley, pero no por ello ignorantes de la dificultad que entraña triunfar en cualquier trabajo.

ANTONIO ORTÍ

NUEVOS TESTIMONIOS

Imagina que vas a retirar tu coche, que has dejado estacionado; abres la puerta, entras, pones el seguro a las puertas, te abrochas el cinturón, enciendes el motor y metes la marcha atrás. ¿No lo haces así siempre? Pues imagina ahora que miras la ventana de atrás por el espejo retrovisor y observas una hoja de papel enorme pegada a la luna posterior. Entonces, pones punto muerto, abres la puerta y bajas del coche para retirar el papel (o lo que sea) que te obstruye la visión. Cuando llegas a la parte posterior, aparece el ladrón de la nada, entra y se larga con tu coche (el motor estaba encendido y, dentro, tu maleta con la cartera), arrollándote casi en la huida. Eso fue lo que le pasó a un amigo mío y a más gente según he oído.

ESTEFANÍA GARRIGÓS
Barcelona

Diálogo en un grupo de Internet, 5/10/03

Pobracara: La Policía Nacional está alertando de un nuevo tipo de robos mediante extorsiones basadas en la confianza de la gente. El timo arranca cuando a una familia de clase media de cualquier ciudad le roban el automóvil. Tras poner la correspondiente denuncia, al cabo de dos semanas reciben una carta en su domicilio que dice lo siguiente:

«Ante todo pedirle mil disculpas por el robo de su coche. Yo tan sólo lo tomé prestado ante una situación que de verdad le prometo que era de vida o muerte. Le ruego sepa perdonármelo. El coche está aparcado en la C/ xxxxxx n.º X, con el depósito lleno y recién lavado. De verdad espero que pueda entender cómo una persona ante una situación límite puede actuar como yo he hecho. Para pedirle perdón le remito junto con esta carta dos invitaciones para que acudan usted y su esposa a la representación de *Rigoletto* que tendrá lugar en el Teatro Real el próximo jueves. Espero acepte este presente y pueda perdonar mi falta. Atentamente: Un arrepentido».

El matrimonio se alegra de ver que aún hay gente por el mundo con dignidad y que acepta e intenta arreglar sus malas obras. Recuperan el coche en perfecto estado en la calle indicada y el jueves siguiente acuden al teatro a ver *Rigoletto*. Cuando vuelven a casa después de la ópera descubren que ha sido desvalijada por unos ladrones.

La policía les dijo que era un método muy empleado para asegurarse de que nadie habría en casa durante el robo. Primero roban el coche, y con la documentación del vehículo se hacían con información acerca de la familia, de la casa, etc.

Pues bien, este tipo de robo se ha venido produciendo con relativa frecuencia durante los últimos meses, según las fuentes citadas.

Dome: En cuanto a si esto es un timo que se está realizando recientemente en el sitio que sea, permíteme dudarlo enormemente. El libro *Leyendas urbanas en España* abre precisamente con esta historia el capítulo «Robos ingeniosos» (p. 215). Qué casualidad. A una familia de clase media de cualquier ciudad le roban el automóvil. En cuanto a la psicología de la noticia (el libro abunda en este aspecto), esa «familia de clase media» cumple la función estándar denominada «te podría pasar a ti también». En fin, se agradece la intención, pero me huele a cuento, a no ser que me digáis que salió el señor tal con cargo tal en el cuerpo de policía tal en tal fecha informando de la existencia de denuncias en firme.

SASKIA: Hombre... los cacos siempre pueden coger ideas de estos libros.

YANDROS: Que aparezca en un libro de leyendas urbanas no quita que no fuese cierto. A ver si en una próxima edición de *Leyendas urbanas* va a aparecer algo relacionado con un buque de no se sabe qué país que al pasar cerca de aguas gallegas se partió y hundió... Y ya por eso no sea cierto.

Una variante local del «Robo con las dos entradas de teatro». En este caso, propagado en Pamplona durante las fiestas de San Fermín de 1998: aquí las butacas teatrales eran sustituidas por dos entradas para una corrida de la feria taurina. Mucho más acorde a la ciudad y a esos festivos días de julio. Por lo demás, en nada cambiaba el contenido del asunto, aunque se especificaba que le había sucedido a un matrimonio maduro. Creo recordar que la prensa navarra se hizo eco del supuesto delito, dándolo por cierto.

JESÚS BALDUZ

Tres chavales de Vitoria fueron de vacaciones a Benidorm. Al llegar, alquilaron un cuarto con tres camas, dejaron allí su equipaje, se ducharon y salieron a disfrutar de la noche. Cuando volvieron a la habitación sus pertenencias habían desaparecido. Lo único que los ladrones habían olvidado robar del cuarto fue una cámara de fotos desechable y los tres cepillos de dientes de los amigos. Como afortunadamente tampoco les habían quitado sus carteras con documentación y dinero, tras lavarse los dientes, los tres convinieron en no amargarse las vacaciones. Al día siguiente compraron algo de ropa y disfrutaron de su estancia como si nada hubiera pasado. Sólo cuando, ya en Vitoria, revelaron las fotos de la cámara testigo de esa semana, se sobrecogieron al observar que, en una de ellas, tres desconocidos de espaldas al objetivo se introducían cada uno de ellos en su respectivos y peludos culos uno de los cepillos de dientes.

MAURO ENTRIALGO

Existe una leyenda que me consta que está extendida; por Madrid, al menos. Por su situación geográfica y el racismo subyacente a mí me parece que es típicamente española, y tengo mucha curiosidad por saber su opinión al respecto. A mí me la contaron como cierta, pero sin creérselo mucho.

Un grupo de amigos se van quince días de vacaciones a Marruecos. Nada más llegar al hotel dejan las maletas y se van a comer. Cuando vuelven el equipaje está todo revuelto, pero no falta nada. Incluso han tenido en las manos cosas de valor, como la cámara de fotos, pero no se la han llevado. Deciden que ya que no falta nada, debían de buscar algo que ellos no tenían, que quizá les confundieron con otros, y que lo mejor es olvidarlo. Pasan quince estupendos días de vacaciones, pero al volver a España y revelar las fotos se encuentran con que en ellas aparecen unos marroquíes revolviendo la habitación y metiéndose los cepillos de dientes por el ano.

VÍCTOR GONZÁLEZ

Vivo en el barrio de la Concepción, en Madrid; durante muchos años estuvo abierta una discoteca que era considerada como el templo de la música *heavy*: la Sala Canciller. Os cuento la historia. Me cuenta un amigo que un amigo suyo, que vive en otra parte del barrio, volvía de juerga con su pandilla habitual porque se habían quedado sin dinero. Cuando llegan se encuentran una cartera con un DNI, tarjetas y sin dinero. Siguen su camino (pensando en dejarla en la comisaría o en algún buzón al día siguiente), cuando ven que el dueño de la cartera tiene una larga melena y obviamente es *heavy*. Uno de ellos dice en plan de cachondeo que seguro que el número secreto de la cartera es el 0666 o el 6666, que seguro que casi todos los *heavies* que van a esa discoteca tienen ese número.

Armados con la confianza que les da su estado de embriaguez se dirigen a un cajero y *voilà*; le sacaron las 18.000 pesetas que tenía en su cuenta, porque el número era el 0666. Ni que decir tiene que siguieron de juerga con el dinero. Historias parecidas las llevo oyendo mucho tiempo por la zona, hay ligeras variaciones pero básicamente son iguales. Hasta he escrito un relato corto basado en la historia, tuve que poner que era mentira porque todo el mundo me decía que qué cosas me pasaban. Espero que no se convierta en una leyenda urbana, ¿o sí?

Isaac
Madrid

LAS MIL
CARAS DEL
MONSTRUO

«NOS JUNTÁBAMOS LAS NOCHES DE VERANO Y CONTÁBAMOS HISTORIAS DE MIEDO»

Ocurrió hace unos años. Un chico llevaba a su novia a casa después de salir del cine. Cuando transitaban por el kilómetro cuatro de la carretera nacional 330 se quedaron sin gasolina. El chico cogió una botella que tenía guardada en el capó para un caso de emergencia como éste y se acercó a una gasolinera que hay a unos dos kilómetros. La chica se quedó en el coche, con las puertas cerradas por dentro y escuchando la radio, medio dormida. Unos minutos más tarde unos fuertes golpes en la ventanilla trasera del vehículo la sobresaltaron. Cuando se giró para ver qué ocurría, descubrió con horror que alguien golpeaba con la cabeza ensangrentada de su novio en el cristal...

JOSÉ LUIS
Alicante

Este cuento cruel, que los folkloristas norteamericanos denominan *The Boyfriend's Death* (*La muerte del novio*), forma parte de un ciclo de leyendas urbanas que lleva más de veinte años en el repertorio de relatos terroríficos de los adolescentes. Ajenas al paso del tiempo y a la influencia de lo que el escritor y crítico cinematográfico Carlos Aguilar denomina películas de terror «de discoteca», estas leyendas siguen contándose al pie de la letra en campamentos de verano, en el recreo y en fiestas juveniles.

Ello parece indicar que, por mucho que se diga lo contrario, los jóvenes se encargan a su manera de preservar una serie de relatos que podríamos calificar de tradicionales con toda justicia. Aunque pocos padres y educadores reconocerán el valor «formativo» de semejantes historias ultraviolentas, lo cierto es que constituyen una especie de prolongación realista, secreta, casi *underground*, de los relatos tradicionales homologados por los pedagogos.

Las versiones de que disponemos ubican la acción en escenarios tan dispares como el túnel del Cadí, la playa de El Saler (Valencia) o el valle de Arán, pero ninguna de ellas omite dos detalles clave: el coche se queda sin gasolina o se avería, y el novio, tras dejar desamparada a su chica, termina siempre decapitado.

Antes de analizar la «moraleja» que encierran ambas constantes, conviene que nos detengamos en la interesante difusión de esta leyenda.

Entre 1979 y 1982, Mark Glazer se dedicó a recopilar sobre el terreno las leyendas contemporáneas que se habían incorporado al folklore de la comunidad anglomexicana residente en el sur de Texas. Así logró reunir veinte versiones de *La muerte del novio*, once de las cuales se ajustaban al esquema de los primeros ejemplos documentados de este relato, que recogió el folklorista Daniel Barnes en 1964 designándolos como del tipo A. Hemos de señalar que por nuestra parte no hemos obtenido ni una sola versión de este tipo, lo cual parece sugerir que se trata de una leyenda inédita en España. [Si por fin llega a nuestros pagos, tal vez sea por obra de la mediocre película *Leyenda urbana* (1998), que se sirve de ella para escenificar un asesinato particularmente inverosímil.]

Los relatos del tipo A contienen detalles que los emparentan con las versiones que reproducíamos más arriba, aunque el desenlace difiere considerablemente: una pareja se queda sin combustible en un lugar apartado, debajo de un árbol espléndido. El muchacho decide llegarse a una gasolinera próxima, tras aconsejar a su novia que permanezca en el coche y no abra la puerta a menos que oiga tres golpes y luego su nombre. No bien se queda sola empiezan a sonar ruidos inquietantes. (A veces pone la radio y se entera de que un loco peligroso se ha escapado de un manicomio cercano. Ana Belén Cerezuela, de Bilbao, e Isabel María, de Málaga, nos lo recuerdan en sus respectivos relatos.)

Por fin se queda dormida, hasta que tres golpes en el techo la despiertan bruscamente. Como no oye su nombre prefiere no abrir la puerta. Llega por último la policía. La chica les explica lo ocurrido. Le piden que salga del coche pero que no mire hacia atrás. (Detalle que recoge Jaione Olmos, de San Sebastián, en su versión de los hechos.) Como era de esperar, la chica no puede resistir la tentación, y mientras se aleja del vehículo vuelve la cabeza, emulando a la mujer de Lot. Entonces ve a su novio ahorcado en el árbol, encima del coche. Los golpes los producía la sangre que goteaba de su cuerpo desgarrado. (En algunas variantes se oyen roces y crujidos en el techo, causados por los zapatos del cadáver. En otras, el novio aparece colgado del pie.)

Así concluían las once versiones del tipo A. Lo que Mark Glazer no se imaginaba cuando emprendió su estudio era que iba a encontrarse con nueve variantes inéditas hasta entonces de *La muerte del novio*. Estos relatos, que llamó del tipo B, se habrían formado posteriormente pues el más antiguo databa de 1971. He aquí su argumento: una pareja de novios (a veces un matrimonio) se queda sin gasolina. Mientras la mujer espera en el coche, ocurre lo siguiente: le arrojan un saco desde un vehículo en marcha; un individuo (o varios) deja el saco sobre el capó y se va; o bien un hombre golpea con él la ventanilla y finalmente lo abandona en el suelo. El saco lo abre la policía o la misma mujer, impelida por la curiosidad, descubriendo que contiene la cabeza de su compañero.

[Si sustituimos el saco por un paquete urgente, y la cabeza del novio por la de Gwyneth Paltrow, tendremos el comentadísimo desenlace de la película *Seven* (1997): otro caso flagrante de guionista que bebió de las fuentes del folklore.]

Dejando aparte el saco, que debió de perderse en algún punto del camino, está claro que los relatos del tipo B coinciden a grandes rasgos con los que han llegado a España y otros países europeos.

En una versión italiana de la leyenda, recogida por Titta Cancellieri en su obra *E se capitasse a te?*, la cabeza cortada también aparece sin envoltorio. Lo mismo sucede en la variante que incluye Paul Smith en *The Book of Nasty Legends*: el asesino se sienta en el techo del coche y la hace rebotar como una pelota.

Al analizar el perfil linguístico de las personas que le contaron versiones del tipo B, Mark Glazer llega a una conclusión que no duda en calificar de «sorprendente» y que a nosotros nos parece de lo más interesante: la mayoría de ellos eran bilingües o hablaban solamente castellano. ¿Podría existir una línea directa entre las versiones del sur de Texas y las españolas? ¿Explicaría ello la ausencia de versiones del tipo A en nuestro país? Dejamos la cuestión en el aire, pero valdría la pena investigarla.

En cuanto a la moraleja a que nos referíamos antes, la que propone Mark Glazer es de aplicación universal, pero nos parece que se adapta muy bien a la mentalidad hispana. En nuestra cultura, el tener coche y novia (o viceversa) son dos requisitos fundamentales para ingresar en el mundo de los adultos. A partir de entonces surgen nuevas obligaciones de índole caballeresca: ser galante con la doncella y tratar como Dios manda al automóvil (equivalente moderno de la montura).

El joven que vela por su coche y lo «alimenta» como es debido podrá cruzar velozmente los caminos oscuros donde acechan monstruos y gigantes. Pero si no le ofrece los cuidados necesarios, el coche se rebelará dejándole «tirado». Y si encima comete la torpeza de abandonar a su dama para ir a solventar el despiste, es lógico que reciba un castigo ejemplar. Su muerte por decapitación constituye un símbolo muy elocuente: si el novio pierde la cabeza es porque su «falta de cabeza» le ha llevado a perderla. Al enseñar su «trofeo» a la novia, golpeando con él la ventanilla, el asesino no hace sino remachar esta moraleja de un modo salvajemente expresivo.

Con un relato que nos remite Ainhoa, una informadora de Leioa (Euskadi), abrimos la segunda parte de esta antología de leyendas terroríficas. Se trata de otro clásico universal, del que el folklorista británico Paul Smith ha detectado antecedentes históricos que se remontan al siglo XVI, y que podríamos titular *La ciega y el perro lazarillo*:

Les voy a contar una historia que escuchaba de pequeña en mi pueblo de Extremadura (en Montehermoso, Cáceres). No sé si será cierta o no, supongo que es una historia para asustarnos cuando somos pequeños. Nos juntábamos las noches de verano y contábamos «historias de miedo»... Había una historia que trataba de una joven, ciega, que vivía sola con su perro lazarillo, un pastor alemán. La joven vivía cerca de un psiquiátrico; una noche, escuchando la radio, dijeron en el informativo que un loco se había escapado de allí.

Ella se acostó un poco asustada, pero su perro siempre dormía debajo de su cama. Ella dejaba la mano colgando y el perro se la lamía; así se tranquilizaba y se quedaba dormida. Esa noche se despertó por un ruido que venía de la cocina: toc, toc, toc; lo que sonaba era el grifo goteando, o sea, que lo cerró bien, volvió a la cama, dejó la mano colgando y el perro se la lamió. A la mañana siguiente llamó a su perro, no aparecía. Avisó a sus vecinos para que la ayudasen a buscarlo. Al final lo encontraron debajo de la cama, descuartizado, con una nota que decía: «Los locos también sabemos lamer la mano».

Joan Amades y Andrew Lang, incansables folkloristas de «la vieja escuela», decían que el cuento tradicional podría compararse a un calidoscopio: del mismo modo en que la mezcla de unos pocos cristales produce infinidad de figuras, la combinación de un número reducido de episodios da lugar a una gran variedad de versiones.

Comparando el relato de nuestra narradora de Leioa con otras variantes que nos han llegado, vemos que las leyendas modernas también se rigen por este principio. Hay en él un préstamo de *La muerte del novio*: la noticia radiofónica que advierte de la fuga del loco. Este detalle es asimismo una constante de otra leyenda desconocida en España pero que goza de gran popularidad en los países anglosajones: una parejita oye por la radio del coche que un asesino manco, dotado de una prótesis en forma de garfio, ha huido de un manicomio situado en las inmediaciones del lugar recoleto donde se lo «están montando». A instancias de la chica, se marchan de allí a toda prisa. Luego descubrirán que se han salvado por los pelos, ya que un garfio ensangrentado cuelga del tirador de la portezuela.

El detalle del grifo goteando («toc, toc, toc») parece deberse a un lapsus de nuestra informadora, que no le atribuye su función narrativa «correcta»: insinuar que el perro lazarillo ya ha sido asesinado y se desangra lentamente. (De ahí que esconda su cadáver debajo de la cama porque no sabe muy bien qué hacer con él...) Jaione Salomé Olmos, de San Sebastián, se acuerda mejor del argumento:

(...) De pronto, una gota fría, como venida del cielo, comenzó a resbalar por su frente. Tras ella otra, y otra más, y luego más todavía. A pesar de lo raro del caso la niña se relajaba al notar los lametazos caninos. (...) Fue entonces cuando comprobaron que la cabeza del animal colgaba sangrante del techo, sobre la cabeza de su hija...

Sin embargo, otro lapsus memorístico la lleva a una conclusión «aceptable» pero muy personal:

... mientras un loco le lamía incesantemente la mano.

Otra vuelta de calidoscopio modifica el *modus moriendi* del perro e incrementa el número de víctimas. Lo vemos en una versión que nos envía Olalla Cociña, de Viveiro (Lugo), que termina así:

(...) Ya por la mañana, descubre horrorizada al perro estrangulado, junto a sus hermanos también asesinados y una nota que dice: «Los locos también sabemos lamer».

Semejante escabechina infantil se parece mucho a la que tiene lugar en otra leyenda muy popular en Estados Unidos pero inédita en España. Probablemente la recordarán los que hayan visto la película *Llama un extraño* (1980), donde se utilizaba en los primeros veinte minutos para crear una tensa atmósfera de suspense. Una «canguro» con tres criaturas a su cargo recibe continuamente las llamadas de un individuo que le pregunta si «ha ido a ver a los niños». Por último, la telefonista le da una noticia espeluznante (aunque técnicamente imposible): quienquiera que sea, la está llamando desde una extensión del piso superior, situada precisamente en la habitación de los niños. Cuando interviene la policía ya es demasiado tarde: el asesino ha hecho picadillo a las criaturas.

Una tercera vuelta de calidoscopio combina de nuevo los episodios, llevando a la cieguecita a la tumba y cambiando de lugar la inscripción. Escribe M.ª José Ruiz, de Málaga:

(...) Cuando los padres volvieron, encontraron a la hija muerta, junto al cadáver del perro, y en la pared, con sangre, había escrito: «Los asesinos también sabemos lamer».

Cabría preguntarse si la ceguera de la protagonista no será un añadido posterior, más bien redundante, puesto que la acción transcurre siempre en un dormitorio oscuro. A juzgar por los cuatro siglos largos que lleva circulando esta leyenda, existe alguna posibilidad de que la pequeña invidente sea hija de dos películas muy taquilleras en su momento: *Sola en la oscuridad* (1967) y *Terror ciego* (1971). Ambas partían de la misma premisa: mujer ciega sometida al acoso implacable de un asesino.

La próxima leyenda de la serie parece derivar de la anterior, pero lo contrario también sería posible. Lo que está claro es que el desenlace de ambas se apoya en el mismo golpe de efecto: el asesino que deja una nota. Nos la remite María José Ayllón, de Granada. El título, *La muerte de la amiga*, es de Jan Brunvand:

> Hace unos dos años, en Granada capital, ocurrió un asesinato que llamó mucho la atención. Fue en un piso de estudiantes, donde vivían cuatro chicas. Una noche, dos de las chicas se fueron a sus respectivos pueblos ya que era viernes, para pasar el fin de semana. Las otras dos se quedaron en el piso. Una de ellas decidió irse a dormir al piso de una compañera de clase. Se fue dejando a la otra sola en la vivienda.
>
> Por la noche, la que se había ido a dormir fuera se dio cuenta de que no tenía pijama y volvió al piso a recogerlo. Fue a su habitación y no encendió la luz para no «despertar» a su compañera. Cogió el pijama que estaba en el armario y se fue de nuevo.
>
> A la mañana siguiente, cuando volvió, se dio cuenta de que la policía estaba en el piso y que los vecinos llenaban el pasillo. Se asustó mucho porque no sabía qué había pasado.
>
> Se dirigió a su habitación y vio que un «cuerpo» se encontraba en el suelo tapado con una sábana. ¡Era un cadáver! ¡Su amiga había muerto! ¿Cómo?
>
> Se puso muy nerviosa, un montón de preguntas se atropellaban en su mente y no encontraba ninguna respuesta.

La noche antes un ladrón había entrado en el piso y, estando la chica sola, la mató después de robarle el dinero que tenía.

Cuando la chica protagonista fue al piso a recoger el pijama, el ladrón se encontraba en su habitación y ya había asesinado a su compañera. Dicho hombre dejó escrito en el espejo de la habitación, con pintalabios rojo: «SUERTE QUE NO ENCENDISTE LA LUZ».

La frase escrita con pintalabios rojo en el espejo tampoco es exclusiva de este relato, sino un motivo recurrente en algunas versiones de las leyendas que analizamos en el capítulo *Bienvenidos al mundo del sida.*

¿A qué se debe que los «curtidos» adolescentes de hoy sigan contando esos viejos cuentos de terror químicamente puro?

Pongámonos en su lugar. Remontémonos a la época en que creíamos realmente que Verónica (alias Mary Worth en Estados Unidos) podía aparecerse en el espejo.

De pequeña me horrorizaba la historia de Verónica, una niña que murió apuñalada con unas tijeras, a manos de sus padres —confiesa Ernestina García, residente en un pueblo de la provincia de Málaga—. Se contaba que si a las doce de la noche repetías tres veces su nombre, enfrente del espejo, con velas encendidas y unas tijeras, Verónica se te aparecía. Me daba tanto miedo que nunca llegué a practicarlo.

Tal vez nunca llegara a practicarse el ritual, ni tampoco se entrara en la casa embrujada (bastaba echar un vistazo a las ventanas oscuras para comprender que si entrabas allí ya no saldrías jamás). Al igual que en los antiguos ritos de paso, la clave consistía en «morirse de miedo» para superar el miedo a morirse de miedo.

Oír estos relatos por primera vez, a los doce o trece años, implica experimentar en compañía el terror que hasta entonces padecías a solas en plena noche: un terror impreciso y agobiante que estas leyendas reflejan a la perfección. No bien se comprende que este terror no «mata», sino que puede ser «constructivo», se dan los primeros pasos para dominarlo.

A partir de este momento, uno se convierte a su vez en narrador, adquiriendo el poder de convertir el miedo en un fenómeno estético, del que incluso se puede gozar. He aquí la función «formativa» de las leyendas de terror y el motivo por el cual nunca morirán.

JOSEP SAMPERE

NUEVOS TESTIMONIOS

A finales de los 70 y principios de los 80 corrió por Barcelona un rumor que decía que había unas bandas de delincuentes que se dedicaban a asaltar parejas. Éstos, después de asaltar a las parejas y robarles el dinero, les proponían que escogieran entre o ser «pinchados» (con una navaja, claro está) o ser pellizcados. Buscando el mal menor, la pareja respondía que un pellizco. Entonces estos delincuentes sacaban unas tenazas y arrancaban sin compasión un pezón a la chica. Claro está, siempre se decía que conocían a unos que les había pasado, pero yo nunca encontré a nadie que te lo pudiera explicar porque le había pasado a él. Creo que José Luis Garci hizo una película que, en una pesadilla del protagonista, esto le pasaba, pero no recuerdo el título del filme.

JUAN CARREÑO
Girona

En un semáforo, en la ciudad de Barcelona, un conductor se encuentra detenido con su coche. Tiene la ventanilla bajada y parte de su brazo se apoya en ella. Luce en su mano un vistoso anillo. Antes de que le dé tiempo de reaccionar un motorista se detiene ante él y le corta el dedo para llevarse consigo el anillo. (Al parecer «existe» una organización internacional que opera en diversas ciudades: Milán, Londres...)

JOAN
Igualada (Barcelona)

Al leer vuestro libro he recordado un acontecimiento que acaba de ocurrir en varias ciudades de la provincia en la que vivo: Cádiz (primero en El Puerto de Santa María y después en Jerez de la Frontera) y que no sé si catalogar de leyenda urbana. El título por el que se conoce entre la gente es *La sonrisa del payaso*. A continuación paso a relatarlo:

En fechas muy próximas a las ferias de estas ciudades, que se celebran en dos semanas consecutivas, un amigo me contó, que dos bandas de delincuentes juveniles se habían apostado cuál de ellas asaltaba a más parejas de jóvenes, agrediendo sexualmente a la chica y realizándole al chico la llamada *sonrisa del payaso:* hacerle dos cortes en las comisuras de los labios, o simplemente romperle los dientes.

Este relato constituye una recopilación de todas las variantes que ha ido sufriendo. Resulta interesante que un periódico local de Jerez de la Frontera recogiera en un artículo el temor de padres e hijos de ir a la Feria, e incluso catalogaba el relato como bulo.

SALVADOR SÁNCHEZ BENÍTEZ
Jerez de la Frontera, Cádiz

Los «Smilers» de Chelsea

Oí el rumor por primera vez el 28 de febrero de 1989, cuando mi hija Kate me explicó que había corrido como la pólvora en su escuela de Croydon, ese mismo día y el anterior. (...) A grandes rasgos, el rumor afirmaba lo siguiente:

Una banda juvenil llamada los Chelsea Smilers se dedica a ir a las escuelas y atacar a los alumnos cuando se dirigen hacia su casa.

Les hacen preguntas acerca del club de rugby de Chelsea.

Les hacen dos cortes en las comisuras de los labios, provocándoles una herida en forma de sonrisa grotesca (utilizan cuchillos/hojas de afeitar/tarjetas de crédito).

Hacen otras cosas (p. ej., golpearles en el vientre para que griten, lo cual les abre aún más el corte).

El día X estuvieron en la escuela del barrio, y el día Y vendrán a la nuestra.

Steve Roud, «Chelsea Smilers: Interim Report on a Gang-Violence Rumor».

En *Foaftale News*. N.º 15, septiembre 1989

Del diario mexicano *La Jornada, 28/10/05:*

Un correo electrónico fue el origen de la «alerta» que Interpol Guatemala envió a las autoridades mexicanas y en la que se informa que una supuesta pandilla de ese país centroamericano, denominada Sangre, realizaría «juegos de iniciación» el «próximo fin de semana» en México. Sin embargo, la Agencia Federal de Investigación (AFI) no tiene siquiera un indicio de que exista el grupo, indicaron funcionarios de la Procuraduría General de la República (PGR).

Por medio de la Dirección General de Comunicación Social, la PGR dio a conocer que si bien Interpol México —como se hace con todas las alertas que emite la Policía Internacional— difundió a todas las procuradurías del país la información generada en Guatemala, no se tiene ningún dato seguro de que alguna pandilla guatemalteca de este tipo exista, y no se descartó que se trate de una broma.

Sin embargo, durante la mañana de este jueves, el vocero de la Presidencia de la República, Rubén Aguilar Valenzuela, dijo que la PGR estaba informada de la supuesta presencia de integrantes de la pandilla guatemalteca Sangre y sus supuestas intenciones de realizar actos de iniciación y que en el Gobierno de Vicente Fox se sabía «de esa situación», pero nunca aclaró que las autoridades correspondientes no cuentan con indicio alguno de la existencia de esta banda de pandilleros, como tampoco que todo se hubiera iniciado a partir de la difusión de un correo electrónico.

La «alerta» de Interpol se dio a conocer en México por medio del oficio DGAPII/15485/2005, con carácter de «urgente», que elaboró la Dirección General de Asuntos Policiales Internacionales de la AFI, que es la encargada de los vínculos con Interpol.

En el citado oficio se señala que el 21 de octubre de este año se recibió un mensaje de Interpol Guatemala en el «que se alerta sobre acciones que supuestamente realizarán este próximo fin de semana los miembros de una pandilla denominada Sangre».

En esas fechas, supuestamente se llevaría a cabo un «juego de iniciación de una pandilla que se hace llamar *Sangre*» y su «juego consiste en lo siguiente: el prospecto a ser miembro de esta pandilla tiene que manejar con las luces apagadas y el primer carro que les haga cambio de luces para avisarles que tienen las luces apagadas se convierte en su objetivo; el próximo paso es perseguir al carro que les hizo el cambio de luces para avisarles que las suyas estaban apagadas y matar a todos los pasajeros para poder ser aceptados en la pandilla».

El aviso fue enviado por la AFI a todas las procuradurías del país solicitando que tomen las medidas necesarias o la difusión correspondiente y se les proporcionará información obtenida al respecto.

En Acapulco, Guerrero, a pesar de los informes de la AFI dados a conocer en la ciudad de México, el gobernador Zeferino Torreblanca Galindo aseguró que se informará a la población y se tomarán las precauciones necesarias acerca de la supuesta presencia de la pandilla Sangre.

En tanto, en el estado de México, el procurador de Justicia de esa entidad, Alfonso Navarrete Prida, confirmó haber recibido un comunicado de «alerta» de Interpol para detectar la operación de esa banda, aunque señaló que hasta el momento no existe ningún indicio acerca de su existencia.

El funcionario consideró que, para la procuraduría a su cargo, la «alerta» de Interpol «no tiene ningún fundamento», pero en atención al llamado «estamos atentos» y hemos reforzado medidas de vigilancia en distintos puntos del estado de México.

El funcionario dijo que una vez que recibió el oficio de Interpol, decidió no darlo a conocer para no generar alarma.

Francisco Javier Cortázar Rodríguez
Dpto. de Estudios Socio-Urbanos
Universidad de Guadalajara, México

Un señor, ya de edad avanzada, que era camionero, en sus continuos viajes su esposa lo acompañaba. El camión se había quedado sin gasolina y la radio se había averiado, y sin más remedio el señor fue a conseguir gasolina pues quedaron en un tramo de la carretera muy rural por el cual no pasaban camiones comúnmente. El señor emprendió el camino, pero advirtió a su señora: «No le vayas a abrir a nadie; a lo mejor te dirán que te van a ayudar; sólo diles que gracias, ya fui por ayuda».

La señora puso el seguro a la puerta y se dispuso a dormir en la parte posterior de la cabina. De repente oye que tocan la ventana. La señora, todavía medio dormida, no alcanza a distinguir más que una silueta que le dice: «Señora, abra la puerta». Ella contestó lo que su esposo le dijo. El hombre le responde: «Sabía que usted diría eso. Aquí le dejo algo», poniendo una bolsa de papel en el cofre. Después de que el hombre se fue pensó que era amigo de su esposo y que le había traído algo de comer... Cuando abrió la bolsa vio que era la cabeza de su esposo.

CHRISTIAN LÓPEZ
Guadalajara, México

Un estudiante de medicina tiene que realizar unas prácticas con un cadáver la misma semana en la que su abuela acaba de morir, no quiere ir pero al final sus compañeros consiguen convencerle.

Cuando se encuentra junto al cadáver que tiene que examinar le quita la sábana y se encuentra con el cuerpo sin vida de su abuela, la cual lo había donado en vida.

DAVID CORNEJO

Os cuento una leyenda muy popular en los ambientes universitarios. Me la han contado en varias ciudades, y tanto diciendo que ocurrió «hace poco» como «hace mucho», incluso hay quien afirma haberla leído en la prensa local salmantina:

«Un estudiante que residía en un colegio mayor se despertaba todas las mañanas con un terrible dolor en el ano, hasta que, sin decir nada a nadie, decidió ir al médico. Éste le contó que lo que le pasaba era muy habitual en las relaciones homosexuales; sin embargo, el estudiante adujo que él era heterosexual. Después se enteró (nadie sabe cómo) de que durante las noches, y aprovechando su sueño, su compañero de cuarto le violaba».

Juan María Carreño Díaz

Una chica joven sufre de dolor de muelas y cuando ya no puede más acude al dentista. Éste le aconseja una endodoncia, que por dolorosa y problemática es aconsejable aplicar anestesia total, no local. El dentista acomodaba a la doliente en su espléndido sillón abatible, toda una cama, le aplicaba la anestesia mediante una inyección en la vena del brazo derecho y demostraba mucho tacto y sensibilidad en el trato para despejar temores comprensibles. Lo que la paciente no podía sospechar es que después el curioso médico se abalanzaría sobre ella en ese sillón de veinte millones y sería violada sin sentir nada.

(En alguna de sus versiones el médico además padece sida y se lo contagia a sus inocentes víctimas, que por si fuera poco pagan carísima la endodoncia.)

Teresa Gómez Illana
Madrid

Lo que os voy a relatar es referente a la ciudad en la que he nacido y vivo: Valencia, pero como toda buena leyenda urbana podría tener carácter universal y, de hecho, me agradaría bastante saber que está extendida. De todas formas, las dos únicas referencias que tengo me han sido proporcionadas por habitantes de esta ciudad. La primera se produjo en mi infancia (9 o 10 años), cuando un compañero de colegio nos comentó a varios amigos que en los grandes almacenes de El Corte Inglés (en aquella época sólo existía un edificio de esta empresa en Valencia, el situado en la calle Pintor Sorolla) se soltaban perros por la noche en prevención de robos. Por supuesto, todos dimos crédito a aquello, nos parecía algo lógico y normal desde el punto de vista de nuestra tierna edad, pero no recuerdo que fuera tema de conversación más allá de dos o tres días o quizás hasta el estreno de *La guerra de las galaxias*.

Supongo que la madurez podría haber enterrado este recuerdo de no haberme sucedido algo curioso hace unos años. Teniendo ya la suficiente edad como para ir a la universidad, salía yo con mi amigo Alejandro de ver una película. A mi amigo Alejandro lo conocía de hace poco y no tenía ningún nexo con mis amigos de la infancia, por supuesto gozaba también de la suficiente edad como para afeitarse solito. Pues bien, salíamos de unos cines cercanos, precisamente, al edificio de El Corte Inglés de Pintor Sorolla. Como era de noche éste se encontraba cerrado, y al pasar junto a él mi amigo dice: «¿Sabías que El Corte Inglés suelta perros por la noche por si alguien entra a robar?». Podéis imaginar mi sorpresa en ese momento, primero por el revivido recuerdo de aquella conversación de la infancia, y luego por la expresión en el rostro de mi amigo que denotaba que hablaba totalmente en serio. Alejandro aportó a la historia varios detalles:

Los perros pertenecerían a la raza doberman, y habrían recibido un entrenamiento tan perfecto que serían capaces de rondar toda la noche por las distintas plantas del edificio sin defecar ni orinar y sin romper ningún plato en la sección de cocina. Obviamente sólo una empresa con el volumen de beneficios de El Corte Inglés podría pagar tal adiestramiento. En el caso de que alguien penetrara en el edificio a esas horas, sería atacado por los canes, que o bien lo harían huir o bien lo despedazarían rápidamente. Una hora antes de abrir el gran almacén sus puertas al público, un equipo especializado penetraría en el mismo, donde se haría cargo de los perros y limpiaría los restos de los incautos, así como algún excremento, pues ya se sabe que los aprendizajes no son siempre perfectos. Mi amigo opinaba que, como la mayoría de intrusos eran ladronzuelos de poca monta, la empresa no informaba a las autoridades, sino que hacía desaparecer los restos y el desgraciado pasaba a formar parte de la lista de desaparecidos. Sin embargo, no disponía información sobre si los perros pasaban el día en alguna dependencia oculta de El Corte Inglés o si eran llevados a otra parte.

GONZALO BARCELÓN MORENO
Valencia

Era una noche oscura y tormentosa, y una chica de 16 años se quedó cuidando a los dos hijos pequeños de su vecina. Acostados los críos, bajó al salón para reposar en el sofá y ver la tele. Cuando dieron las doce de la noche en el reloj, alguien (o algo) llamó por teléfono. La chica descolgó y oyó «tam, tam, tam», justamente el mismo sonido que despedía el reloj. Corriendo, colgó. Pero la volvieron a llamar durante todo el tiempo que duraron las campanadas. Al parar, preocupada, salió a ver cómo se encontraban los niños. Pero fue abrir la puerta y observar a un hombre con las cabezas de los críos, una en cada mano. Las tiraba hacia arriba, para luego volverlas a coger, mientras imitaba guturalmente las campanadas del reloj «tam, tam, tam».

MARÍA ROSA
Almería

CALCOMANÍAS CON LSD

En Londres, y en varias capitales de Inglaterra, los directores de cinemas han sido advertidos contra posibles ataques a los espectadores, pues varias personas provistas de jeringas hipodérmicas conteniendo drogas ponían inyecciones a las mujeres que tenían al lado valiéndose de su descuido en la oscuridad de la sala.

El vicio secreto de la droga busca por este medio imprevisto el hacer prosélitos, el dar a probar por este procedimiento viperino una dosis de paraíso artificial que puede producir un secuaz. Ante la voluptuosidad inoculada irremediablemente buscan esos inyectadores solapados nuevas parejas para esa nueva religión oscura y apremiante.

RAMÓN GÓMEZ DE LA SERNA
Automoribundia

Las calcomanías Blue Star. Me enteré a través de unas fotocopias (miles de veces reproducidas, a juzgar por su calidad) que repartían a las puertas de mi colegio. Avisaban a los niños de que no compraran ni aceptaran de extraños unas calcomanías conocidas como Blue Star, fácilmente reconocibles por sus colores azulados. Tenían formas divertidas y atrayentes para los niños, como por ejemplo mariposas. Según las fotocopias, al entrar en contacto con la piel, liberaban LSD. Se hacía para que los niños cogieran adicción a las drogas desde pequeños. Estas fotocopias eran repartidas de vez en cuando.

RODRIGO ORDÓÑEZ
Leioa (Euskadi)

Quiso el destino que hacia finales de julio del presente año (1999), dos fotocopias como las descritas cayeran en nuestras manos procedentes de las comandancias de la Guardia Civil de Ciudad Real y León. Una nota adjunta contenía el siguiente fragmento de prosa policial:

ASUNTO: TATUAJE (SIC) IMPREGNADO EN ESTUPEFACIENTE

Por comunicaciones dimanantes de la 7ª Zona y de las comandancias de Ciudad Real y León, se tiene conocimiento de la posible existencia de un tipo de tatuaje impregnado el (sic) LSD, denominado «estrella azul», que pudiera estar siendo vendido a los niños en los colegios.

A su vez también han sido detectados los panfletos (sic) en las localidades de Sant Joan Despí (B) y Mataró (B).

Dicha información se ha conocido a través de panfletos que advierten a la población del peligro del uso del tatuaje, difundiendo sus características para poder ser identificados (sic).

Los panfletos son de dos tipos, de los que se adjunta copia, apareciendo en uno de ellos emblemas de la Guardia Civil y un llamamiento a la colaboración ciudadana con el Cuerpo, no habiendo tomado parte ninguna Unidad del mismo en su confección.

Hasta el día de la fecha, no se tiene constancia de la veracidad de la noticia y no ha sido detectado ninguno de estos tatuajes. Siendo conveniente que se preste especial atención a la posible existencia y distribución de los mismos, ante la alarma social que la divulgación de los panfletos está causando. Caso de ser detectados tales tatuajes o los panfletos se informará al COS de esta Comandancia.

El primer «panfleto» está encabezado con una súplica patética, escrita en cuerpo 20 y negrita: «LÉEME POR FAVOR». El texto dice así:

LLAMADA DE ATENCIÓN PARA LOS PADRES

Un tipo de tatuaje llamado «estrella azul» está siendo vendido en los colegios a los niños. Su forma es de una pequeña pieza de papel que contiene una estrella azul. Tiene el tamaño de una goma de borrar y ésta (sic) impregnada de LSD. La droga es absorbida a través de la piel simplemente manoseando el papel. También hay tatuajes de colores brillantes que parecen sellos de correos y contienen imágenes de: SUPERMAN, MICKEY MOUSE, PAYASOS, MARIPOSAS, DIBUJOS DISNEY, BART SIMPSON, MARIPOSAS. Cada uno está envuelto en papel de aluminio de forma atractiva para los niños/jóvenes. ESTÁN LLENOS DE DROGA. Son conocidos por reaccionar rápidamente estando algunos de ellos llenos de estricnina. Ésta es una nueva forma de venta de LSD, y en definitiva de crear nuevos adictos. Por favor comenten esto con los niños, jóvenes, etc. Sobre la peligrosidad de este tipo de tatuajes.

El segundo «panfleto», en el que figuran dos emblemas de la Guardia Civil, dice exactamente lo mismo, pero en mayúsculas y enmarcado. Un añadido a pie de página reza: «Si observan algo, pónganlo en conocimiento». Junto a él hay un número de teléfono: el 062.

Como aquellas cartas amenazadoras que exigen ser copiadas tres veces y enviadas a otros tantos destinatarios, el «panfleto» siguió circulando irrefrenablemente y llegó incluso a la prensa. El 29 de julio de 1999, el diario *La Mañana*, uno de los más importantes de Lleida, abría su portada con el siguiente titular: «Bando en Guissona al detectarse el uso de LSD en calcomanías». En la página 24, un redactor anónimo copiaba literalmente el texto del «panfleto» añadiendo alguna precisión indispensable (por ejemplo: «Impregnados de LSD, una droga») y señalando que se había distribuido en forma de cartel por los establecimientos y locales públicos de Guissona. El artículo concluía en términos parecidos a los de la nota de la Guardia Civil: «Los Mossos d'Esquadra indicaron que no les consta ninguna denuncia formal sobre este problema, que ha suscitado la preocupación del consistorio de Guissona».

El día 30 de julio la página 25 de *La Mañana* informaba que el bando de los «tatuajes» con LSD había sido retirado.

La decisión se ha tomado —decía el periódico— por la alarma social que ha generado el bando municipal y debido a que la Guardia Civil ordenó ayer la retirada inmediata del comunicado, según una nota hecha pública por el alcalde de la ciudad, Josep Cosconeva.

El alcalde explicó que el bando se elaboró porque el pasado 22 de julio un miembro de la Guardia Civil, conocido en la población, aportó un folleto en el que se advertía de la posible existencia de tatuajes impregnados de droga, por lo que el agente sugirió que se distribuyera por los lugares públicos.

El consistorio tradujo la información al catalán y colgó el cartel en tablones de anuncios, en las escuelas, en la guardería y los comercios.

El uso del término «tatuaje» y la responsabilidad de un agente de la Guardia Civil en la distribución del folleto indican a las claras que se trataba de una copia del que reproducíamos más arriba, expedido por las comandancias de Ciudad Real y León.

Finalmente, en su número del 30 de junio, otro de los diarios más importantes de Lleida, *El Segre*, ponía las drogas en su sitio con la siguiente aclaración: «Los rumores sobre la existencia de estas calcomanías corren cada verano y son desmentidos por las fuentes oficiales, que también esta vez negaron su existencia».

En efecto, estas fotocopias que alertan de la peligrosidad de ciertas calcomanías imaginarias (y no «tatuajes») impregnadas de LSD constituyen un ejemplo clásico de lo que los folkloristas, desde hace muchos veranos, denominan «xeroxlore», o «folklore en fotocopia». Los adelantos en materia de transmisión de datos han ampliado el concepto con otros dos neologismos, que aluden a sendos métodos para invadir el planeta con cualquier documento dudoso en un abrir y cerrar de ojos: el «faxlore» y el «netlore».

Por muy modernas que sean las vías de difusión, los mensajes distribuidos apenas difieren de las cartas «en cadena» que mencionábamos antes. La única distinción estriba en los motivos de quienes muerden el anzuelo y se toman la molestia de copiarlas. Si antes obraban por un vago temor supersticioso, ahora se dejan llevar por un miedo impreciso que les impulsa a no «romper la cadena» (aunque duden de ella) para evitar con su gesto «solidario» una posible epidemia de corrupción infantil.

Como señala Jean-Bruno Renard en el capítulo «Les décalcomanies au LSD» de su obra *Légendes urbaines*, escrita en colaboración con Véronique Campion-Vincent, todas las variantes de las fotocopias difundidas mundialmente son traducciones de octavillas norteamericanas que ya circulaban en 1987 por Estados Unidos y Canadá. Éstas, a su vez, derivan de otra octavilla que data de 1981, en la que no se mencionaban estrellas azules, mariposas, ni payasos. En ella aparecía un tosco dibujo de Mickey Mouse vestido de «aprendiz de brujo», como en la película *Fantasía* (1940), acompañado del consabido mensaje. La distribución de unas y otras ha provocado regularmente, como veíamos más arriba, pequeños brotes de histeria colectiva en incontables puntos del planeta, y todo parece indicar que seguirá provocándolos.

Vincular el LSD con las calcomanías podría tener su origen en una asociación de ideas errónea. Es bien sabido que el «ácido» suele recogerse en hojas de papel secante, de las que se van cortando minúsculas porciones para su venta. En general, estas hojas llevan estampado repetidamente un dibujo —Mickey Mouse, Snoopy, E.T., Bart Simpson, *estrellas azules*, etc.—, con el que se indica la cantidad y posición de las dosis. La misma práctica han adoptado los fabricantes de drogas sintéticas, quienes suelen grabar en sus pastillas una infinidad de «logotipos» caprichosos, entre los que también figura el ratón Mickey e incluso Popeye.

La utilización de personajes de la cultura infantil y juvenil en el mundo de las drogas pudiera ser una reminiscencia del uso contracultural que se dio a la película *Fantasía*, de Walt Disney, a raíz de su reestreno en los años setenta. Se decía que los psiconautas de aquella época solían ir a verla bajo los efectos de la marihuana o el «ácido» a fin de explotar al máximo el poder alucinógeno de sus imágenes, un auténtico delirio pirotécnico, cuyo hilo conductor era la representación visual de la música clásica.

Sin embargo, los ciudadanos de orden llegaron a conclusiones muy distintas. En su opinión, un papel —secante o no— con un dibujo impreso *era* una calcomanía, y si *era* una calcomanía debía de ir destinada a los niños, porque de lo contrario, ¿a qué venía poner dibujos atractivos para los niños en las drogas, si no era para convertirlos en adictos desde su más tierna infancia? Este obtuso razonamiento dejaba de lado dos hechos fundamentales: en primer lugar, el papel impermeable de las verdaderas calcomanías no podía absorber ninguna droga porque carecía de porosidad, a diferencia del papel secante o los terrones de azúcar. Y en segundo lugar, el LSD no es una droga adictiva como la mayoría de narcóticos y estimulantes.

Aun así, las tergiversaciones continuaron y se fueron perpetuando tenazmente en las infames octavillas. Las versiones que reproducían el texto completo señalaban que la droga pasaba inmediatamente a la sangre cuando entraba en contacto con la saliva «al lamer las calcomanías». Esta frase ha sido eliminada de las variantes actuales, tal vez porque alguien reparó en que los niños saben perfectamente que no deben lamer las calcomanías, porque se les pegarían en la lengua, sino que basta aplicarlas sobre la piel y humedecerlas con agua. La frase que se ha conservado afirma algo todavía más absurdo: «La droga es absorbida a través de la piel simplemente manoseando el papel».

La creencia falsa de que una droga puede penetrar en la sangre a través de los poros tiene su antecedente más directo en un rumor de los años sesenta, recogido en la obra *Vraies ou fausses? Les rumeurs*, según el cual el cantante de rock Jimi Hendrix se colocaba píldoras de LSD debajo de la cinta que llevaba alrededor de la cabeza para que la droga fuera penetrando en su organismo durante el concierto al mezclarse con el sudor. Esta idea carece de base médica: una droga —o el bacilo del tétanos— no puede pasar al torrente sanguíneo por vía cutánea a menos que exista una herida en la piel.

La última advertencia es la más horripilante de todas, pues afirma que algunas calcomanías están «llenas de estricnina».

En este caso la octavilla —fiel como siempre a la verdad— recoge atolondradamente un rumor que nada tiene que ver con el «ácido», sino que forma parte de la subcultura de la heroína. Dicho rumor, difundido a escala mundial, asegura que existen partidas de esta droga adulteradas con estricnina, veneno sumamente mortífero. Huelga decir que envenenar las drogas —o repartirlas gratis con vistas a una futura amortización— supondría para los traficantes la quiebra inmediata de su negocio, con lo cual esta última advertencia cae por su propio peso.

Con ánimo de averiguar si, a pesar de todo, se había dado algún caso de distribución de algo parecido a calcomanías trucadas en las escuelas, nos pusimos en contacto con José Vázquez, portavoz de la Jefatura Superior de Policía de Barcelona. Según su testimonio, jamás se habían producido denuncias de este tipo. Todas las supuestas alegaciones al respecto provenían de simples rumores que contaban algunos padres mientras esperaban la salida de los niños del colegio. En su opinión, los relatos acerca de supuestas calcomanías impregnadas de droga llegaron a su auge hacia 1984, coincidiendo con las muertes por heroína adulterada que saltaron a las crónicas de sucesos. Lo cual, como apuntábamos antes, explicaría la mención de la estricnina en las octavillas.

Sea como fuere, demostrar la falsedad de esta leyenda nunca ha servido para erradicarla. Su aparente verosimilitud se ve reforzada por las frecuentes noticias relativas a la incautación de alijos de droga ocultos en lugares insólitos: bombones, latas de conserva, etc. El motivo de su reaparición cíclica pudiera deberse al estado de alarma social que crean regularmente las campañas prohibicionistas, con su lacrimógena insistencia en la protección de los jóvenes contra el fantasma de la droga. Es muy significativo, por otro lado, que las octavillas en cuestión no circulen de mano en mano entre las personas menos cultivadas, sino que aparezcan a menudo en los tablones de anuncios de escuelas y ambulatorios. Esto demostraría que los guardianes de la educación y la salud se sienten aludidos, por el papel que desempeñan en la formación de ciudadanos ortodoxos, y se valen de una excusa idónea para clamar de nuevo contra las amenazas de la droga.

El tema del veneno oculto en un objeto inocente tiene precedentes tan ilustres como la manzana de Blancanieves (relato que, curiosamente, también llevó Walt Disney al cine...). Lo mismo podría decirse del individuo sin rostro capaz de preparar con sus propias manos toda clase de cebos con los que corromper a las criaturas.

Tradicionalmente llamado «el hombre de los caramelos», o «el hombre del saco», este personaje había ido perdiendo facultades hasta que adoptó atributos más acordes con los nuevos tiempos y pasó a llamarse «traficante de drogas».

Poca diferencia hay entre ambos espantajos: su único propósito continúa siendo llenar de angustia a padres e hijos. Su rastro contaminante no emponzoña tan sólo las calcomanías de los niños, sino también otro objeto de uso cotidiano entre los adultos: los billetes de banco. Edgar Vega nos cuenta un rumor que ilustra gráficamente la tremebunda metáfora del «dinero manchado de sangre de la droga», y que también recogía un programa reciente de *La noche temática*: todos los billetes de dólar que circulan por el mundo tienen rastros de cocaína. Por si esto fuera poco, los ingleses han empezado a «detectar» el mismo polvillo en sus libras esterlinas, como (des)informaba cumplidamente el programa *La 2 Noticias* del 6 de octubre de 1999.

Era de suponer que la agonizante peseta no tardaría en entrar a formar parte de la lista de billetes adictivos. Efectivamente, en noviembre del mismo año, varios informativos citaban un estudio (!) según el cual el 80% de los billetes de 5.000 y 10.000 pesetas registraban rastros de cocaína, cosa que demostraría el gran poder adquisitivo de los consumidores de dicha sustancia (!!). Nuevamente, los medios de comunicación desempeñaban su papel de portavoces involuntarios de rancios temas folklóricos. Esta vez, sin embargo, difundían un rumor que, si bien se mira, parece combinar metafóricamente dos cuestiones que, al decir de algunos, definen la Europa actual: el pensamiento único y la moneda única.

Por otro lado, esta noticia apócrifa no parece un simple cuento admonitorio inspirado en la práctica habitual de «esnifar» la droga mediante billetes enrollados. Diríase que refleja simbólicamente la «suciedad» moral de las personas que se los intercambian (consumidores y traficantes). Las manos de éstos (como la frente de Caín) estarían manchadas de restos indelebles de droga que impregnarían los billetes y contaminarían a los ciudadanos indefensos.

Volviendo al mundo de la infancia, no hay peor pesadilla para los padres ni se concibe peor crueldad que dar un «dulce envenenado» a las criaturas. Tanto es así que en Estados Unidos circula el rumor de que algunos perturbados, durante la noche de Halloween, introducen hojas de afeitar en las manzanas o envenenan los caramelos que regalan a los pequeños. En sus *Ensayos sobre la cultura popular española*, Julio Caro Baroja menciona un equivalente nacional situado en tiempos de la República:

> Corrió por varias capitales de España la noticia —cuenta el eminente estudioso— de que gente de Religión había dado unos caramelos envenenados a unos niños, no recuerdo bien con qué malévolos fines.

Acto seguido no duda en afirmar que el «bulo» del veneno se viene repitiendo desde antiguo, *aunque cambien los acusados o el designio del mismo.*

Porque si se dio en nuestra época en la España de izquierdas —prosigue don Julio—, antes se dio en Madrid entre las llamadas masas liberales, con motivo del cólera de 1834, que ocasionó la famosa matanza de frailes, habiendo incluso hombres de letras, como Gallardo, que creyeron en el envenenamiento.

Tras estas palabras, parece oportuno concluir con la siguiente versión que nos envía la malagueña M.ª Ángeles Martín, saludablemente desmitificadora y sarcástica:

Muchas veces he oído hablar de los caramelos envenenados en las puertas de los colegios. Yo estaba en 3.º, salíamos del colegio y un señor muy simpático te daba un caramelo y te pegaba una pegatina del PSOE en el pecho. Una mujer que se encontraba allí comenzó a gritar como loca diciendo que esos caramelos contenían droga. Nadie se atrevió a cogerlos, menos los que siempre aprovechaban las buenas ocasiones y decían «eso no es verdad, la droga no existe» (hay que matizar, teníamos nueve años). Más tarde me di cuenta, con el paso del tiempo, de que esa mujer era del PP.

Josep Sampere

NUEVOS TESTIMONIOS

Se rumorea que «ciertos fabricantes de lápices se dedican a cubrir parte de los mismos con una droga denominada LSD; lo hacen con el objeto de crear una necesidad de esa droga en los niños a los que va dirigido este tipo de lápices. Esta leyenda la oí hace bastantes años en el colegio. En aquel entonces todo el mundo estaba convencido de que se trataba de un hecho real, e incluso por medio de la dirección del colegio se tomaron medidas de precaución.

DANIEL CANO CONTRERAS
Estepona (Málaga)

Se decía (yo lo sé pero no recuerdo quién) que no compráramos chicles (los de a duro) porque tenían calcomanías con droga. Al chuparlas y pegártelas te tragabas la droga. Imagino que fue una táctica de alguna empresa para acabar con la competencia y a las madres les vino bien porque evitaban caries. Los que más perdieron, sin lugar a dudas, fueron los dentistas.

AINARA MAURIZ
Bilbao

En el colegio La Milagrosa de Llodio (Álava) existía hace años la idea de que en la salida del colegio repartían sobres de cromos que si se rompían «salía polvo que era droga». Ésta era un creencia infantil, pero sin duda creada por alguna mente adulta para que los niños/as no acepten nada de extraños.

MIREN AGURNE ZUBIARNA MURGA
Llodio

¿Recordáis la colección de cromos de La Pandilla Basura? Yo los coleccionaba. Pues bien, en un informativo televisivo especulaban con la posibilidad de que el adhesivo contuviera una potente droga, y de ahí su éxito entre niños y jóvenes. En cierta ocasión, intenté comprarlos en un quiosco de mi localidad y su propietario me echó con cajas destempladas. «¡Gamberro!», «¡drogadicto!», «¡yo no vendo droga!», «¡voy a llamar a la policía!», fueron algunos de los gritos que profirió. A modo de curiosidad, un tiempo más tarde apareció una segunda serie de cromos y ya no eran adhesivos. Desconozco si lo hicieron para abaratar costes o acallar los rumores.

Antonio Villar Preto
Sagunto (Valencia)

Quería hacer alguna apreciación sobre el tema de la estricnina en el LSD. Aunque es cierto que el LSD que se comercializa (reconozcámoslo, se comercializa) no contiene estricnina, que es un potente matarratas que actúa sobre el sistema nervioso (¿y quién es el estúpido que envenena a sus clientes?), a menudo los efectos del LSD incluyen una extraña sensación de que te están llamando por la espalda, de que tienes alguien detrás, o «subido a la chepa». Esa sensación se conoce como «el alien». Se dice, medio en broma, medio en serio, que la provoca la estricnina, atacando la médula espinal y el cerebelo.

Víctor González

ES IMPORTANTE, NOS LO HAN PASADO DE LA DIRECCIÓN GENERAL DE LA POLICÍA QUE SON CLIENTES CORPORATIVOS, Y DEL MINISTERIO DEL INTERIOR.

POR DETERMINADAS CIUDADES ESPAÑOLAS, INCLUYENDO MADRID, BARCELONA Y VALENCIA, SE ESTÁN PREPARANDO ATENTADOS INDISCRIMINADOS CON LOS DETONADORES ROBADOS RECIENTEMENTE EN GRENOBLE POR ETA. EL «MODUS OPERANDI» ES ACOMPAÑARLOS DE UNOS GRAMOS DE DINAMITA E INSERTARLOS EN TELÉFONOS MÓVILES, LLAVEROS, ETC., QUE SE VAN A ABANDONAR POR LAS CALLES. TIENEN POTENCIA SUFICIENTE COMO PARA ARRANCAR UNA MANO. ALERTAD A CUANTA MÁS GENTE PODÁIS.

Cadena difundida por correo electrónico

SATANÁS, REY DEL ROCK AND ROLL

Así como todo policía es un criminal y todos los pecadores son santos, así como la cara es la cruz, llamadme, simplemente, Lucifer porque necesito cierta moderación.

ROLLING STONES
Sympathy for the Devil

Que el diablo acecha en cada esquina es bien sabido por todos aquellos que salieron a comprar tabaco y todavía no han vuelto. Pero que adopte la faz precisa de un disco y pueda salir de su círculo eterno para raptar voluntades es algo que sorprende por lo nuevo.

No analizaremos aquí si una doctrina que se expande es porque así lo quiere el cielo, como sostenía Confucio; simplemente apuntaremos que desde que los profetas aventuran que el hombre tiene otra misión en el mundo que brotar y languidecer como las plantas, la figura del demonio se hace tan necesaria como los espejos.

La sombra de Satanás y su afición por los disfraces está muy presente en la historia del cristianismo. Tal vez por ello, el *Dhammapada* recomiende, para obtener el liberación, sacudirse el doble yugo del Bien y del Mal. Desde otra atalaya, se designa con «tzimtsum» uno de los conceptos mayores de la Cábala. Al respecto, para que el mundo existiera, Dios, que era todo y estaba en todas partes, consintió en encogerse, en dejar un espacio vacío, que no estuviera habitado por él, y fue precisamente en ese «agujero» donde se creó el mundo. Sin embargo, debió de distraerse en algún momento y permitir que el mal se colase, «imperfección» que llevaría a la humanidad en siglos posteriores a contemplar la existencia desde una doble óptica.

Pero nunca hasta ahora la debilidad de Belcebú por travestirse había alcanzado la sofisticación de los camaleones, como atestigua la leyenda que trataremos en este capítulo y que argumenta que cuando ciertos discos se escuchan en sentido inverso al original liberan mensajes satánicos. Empezaremos, pues, por el final.

Gloria Trevi, la exuberante cantante mexicana, se encuentra en paradero desconocido. Se le recrimina ser una emisaria del maligno y «embrujar» a los cinco millones de adolescentes que compraron sus discos. En uno de ellos —*Tu ángel de la guarda* (1991)— un seguidor de la cantante escuchó el vinilo al revés y oyó un mensaje nítido y perverso: «¡Castigado!», «¡Lo hiciste mal!», «¡Debes obedecer!». Los susurros diabólicos correspondían a un hombre y una mujer que daban órdenes y regañaban. Otro tanto sucedía en la balada «Mañana» incluida en el LP *Qué hago aquí* (1994), que, al reproducirse en sentido inverso, desvelaba otro mensaje demoníaco: «Hoy por sexo te das».

Según informaba la prensa mexicana en agosto de 1999, el muchacho que descubrió el infame karaoke del que se servía Trevi para reclutar a sus acólitos obró movido por «la casualidad, el juego o la curiosidad». A decir verdad, al menos la hipótesis de la casualidad puede descartarse de plano.

Desde comienzos del siglo xx, adalides de la recta moral vienen pregonando que Satán, Lucifer, Belcebú y Mefistófeles utilizan el rock para captar a nuevos adeptos. Al menos disponemos de una decena de libros que así lo atestiguan e incluso de una casete editada por Golden Temple que recoge los grandes *hits* en materia satánica. En lo más alto del *ranking* destaca con oscuridad propia el *Himno al Imperio Satánico*, de Anton La Vey, una arenga demoníaca con timbales y campanas invertidas que evoca vagamente al grupo californiano The Residents, mientras que el segundo puesto de la lista lo ocupa por derecho propio *Power*, un monólogo gutural del conocido brujo Aleister Crowley al que acompaña un piano de ultratumba.

A pesar de que en el siglo XIX el compositor Nicolo Paganini fue acusado de vender su violín al diablo, el auténtico interés de Satanás por la música se remonta a 1911, cuando nace fruto de una relación ilegítima con Robert Lee Johnson, el que luego será considerado el inventor del blues.

> En los polvorientos cruces de caminos rurales que bordean arrozales y plantaciones de algodón —indica Jota Martínez Galiana en *Satanismo y brujería en el rock*—, recios jornaleros negros cantan los espirituales aprendidos de sus antepasados para hacer más llevadero su trabajo bajo el sol. Allí, rodeado de lóbregos pantanos, aprende a tocar la guitarra Robert Johnson. Su estilo es tan excitante que pronto su fama llega hasta Willie Brown y Son House, dos reputados *bluesmen* para los que toca en 1932. Al oírlo por primera vez House exclama: «Ha debido vender el alma al diablo para tocar de esa manera».

Nace así la leyenda de Robert Johnson que él mismo tiene a gala propagar al componer *Me and the Devil blues* («Blues de mí y del diablo»). La canción, muy explícita, comienza así: «Esta mañana, temprano, llamaste a mi puerta y yo dije: "Hola, Satán, creo que es hora de irse"», para concluir con «Voy a pegarle a mi mujer hasta quedar satisfecho».

Según corre de boca a oreja, Johnson se cita con Belcebú en un cruce de caminos y sella a medianoche un curioso pacto: tocar la guitarra como nadie a cambio de difundir entre la juventud el ideario de Lucifer: alcohol, juegos y mujeres de mala reputación.

Robert Johnson cumple con creces las expectativas de Satán —sobre todo en lo relativo al alcohol—, sin que éste, tal vez celoso de su discípulo, haga nada por evitar su muerte a la edad de 27 años. No obstante, consigue que algunos adolescentes blancos se interesen por su música y olviden los azucarados aleluyas de los pastores anglicanos. El triunfo de la Bestia está ya cercano: el rock and roll, «el blues de los blancos», va a llevar muy pronto a que se cumpla un viejo dicho: «En cuanto uno empieza a desear cae bajo la jurisdicción del demonio».

Pero tal vez convenga remontarse a siglos anteriores y observar cuál había sido la vida del diablo hasta su repentina pasión por el baile. Mientras en la Biblia las referencias al infierno remiten a un lugar físico, en el Nuevo Testamento el averno comienza a relacionarse con un estado mental de los pecadores. Los griegos, por ejemplo, llamaban Hades a un reino subterráneo gobernado por un rey del mismo nombre, al que era condenado el espíritu del pecador. Éste, después de ser juzgado por Minos, Eaco y Radamanto, debía cruzar el río Estigia en la barca del viejo Caronte con un óbolo en la boca, en un viaje hasta un tormento sin fin.

A su vez, los romanos situaban al infierno debajo del lago Averno, en la campiña de Roma, donde debido a los pestilentes vapores, los pájaros que sobrevolaban el paraje caían muertos en el acto. Según el *Diccionario de Mitología* de J. F. Noël, el purgatorio romano estaba dividido en siete reinos subterráneos: «El primero encerraba a los niños muertos antes de nacer, el segundo a los condenados a muerte. El tercero a los suicidas. El cuarto, llamado Campo de Lágrimas, a los amantes perjuros y a los amantes desgraciados. El quinto a los héroes cuya crueldad había oscurecido el valor, como Tydeo, Partenopeo y Adrasto. El sexto era el Tártaro y el séptimo era, en fin, los Campos Elíseos».

Pero más importante que conocer el emplazamiento exacto del reino del Príncipe de las Tinieblas, tal vez sea averiguar cuándo su «ideología» ejerce mayor atracción en sus pupilos.

La Edad Media es, en este sentido, un período clave. Por aquel entonces la Iglesia y el Estado procrean por doquier demonios imaginarios con forma humana. Tras aplastar todas las herejías existentes, la Santa Inquisición inventa una nueva herejía con una base tan amplia que el suministro de víctimas se torne inagotable: los brujos y las brujas, seres, en apariencia normales, que satisfacen las pasiones profundas que descuida una sociedad austera.

Es entonces cuando más crece el culto al demonio, tal vez como un resentimiento inconsciente contra el cristianismo por ser una religión tan estricta o contra Cristo por ser un conductor tan rígido. El caso es que el diablo comienza a convertirse en un estandarte de libertad para los desposeídos, para todos aquellos que discrepan de un Dios sanguinario e inmisericorde.

Salvando las distancias —que son muchas—, algo parecido puede decirse del momento histórico en que el rock sella su alianza con Satán. La acción trascurrre en el *deep South* —en el profundo sur— estadounidense, en Tennessee, Arkansas y Alabama, lugares en los que se predica con un Colt 45 y una pala. Al margen de diferencias formales —los inquisidores ahora llevan sombrero de ala ancha y camisa a cuadros, en lugar de sotana y crucifijo—, el aprecio por los usos y costumbres del medievo goza aquí de temible jurisdicción.

A pesar de que durante esta investigación hemos recibido testimonios de toda España en los que se nos informa de que si se escucha un disco en sentido inverso se corre el peligro de sufrir la verborrea de Belcebú —y más si uno se tropieza con grupos como The Cramps, Led Zeppelin o Black Sabbath—, el origen de esta leyenda urbana es genuinamente norteamericano.

Tanto es así que, desde un punto de vista estrictamente antropológico, la principal aportación de Gloria Trevi a esta larga saga de nombres ilustres —Beatles, Rolling Stones e incluso los propios Eagles, aunque parezca increíble— es que el Maligno por primera vez en la historia del rock satánico se digna a cantar en español.

La única objeción —y que nos excuse— es que no se le entiende nada. Pero para explicar por qué Satanás canta tan endiabladamente mal que no hay dos personas en el mundo que oigan el mismo mensaje —salvo que estén realmente poseídas— hay que referirse a dos fenómenos anteriores: los bifrontes y la publicidad subliminal.

Según explica Màrius Serra en su *Manual d'enigmística*, se denomina bifronte —«que tiene dos caras»— a una palabra o frase que puede leerse en ambos sentidos con significado pleno. Cuando ambas lecturas coinciden el bifronte es también un palíndrome. Al respecto, el ejemplo más manido de bifronte es el que relaciona la capital italiana con el sentimiento más deseado: Roma/amor.

El origen del bifronte se remonta al siglo VI a. de C. cuando Sótades, un poeta cortesano que vivió en la época de la Biblioteca de Alejandría y, por lo demás, casado incestuosamente con su hermana Arsinoe, nos legó —más a través de las referencias de ciertos autores, caso de Plutarco, que de la obra propia, de la que no hay testimonios— la leyenda de que fue el inventor de los versos retrógrados o sotádicos.

Según nos ha llegado, Sótades escribía versos al rey Ptolomeo Filadelf que cuando se recitaban de izquierda a derecha eran laudatorios, pero que en sentido contrario encubrían chanzas y comentarios satíricos. Al apercibirse de ello, el rey Ptolomeo, que no se caracterizaba por su sentido del humor, encerró a Sótades en un cofre de bronce y, sin mayor dilación, lo lanzó al mar Egeo.

Tal vez Sótades tuviera algo que ver con que durante la Edad Media el diablo pasara a recibir el nombre de Deus Inversus. Como anotaría René Laban al escribir en 1985 *Música rock y satanismo*, un oscuro manual que se cerraba con un dibujo de Albert Einstein sacando la lengua y la pregunta «¿Hemos hecho la obra del diablo?», esto aclararía que artistas como Nina Hagen irrumpan en el escenario con cruces invertidas o que el nombre de Black Sabbath se lea en algunos graffitis en sentido cambiado.

> No sin razón —explicaba Laban— la expresión *free yourself* —¡libérate!— aparece en un gran número de temas de música rock. Nos encontramos, pues, con lo que pudiéramos calificar como el «reverso» del materialismo, de su consecuencia lógica y previsible a la vez que su complemento y consumación: la desintegración que, a todos los niveles, vivimos desde 1945.
>
> Satán, cualquiera que sea la forma que pueda revestir, no es sino la resolución metafísica del espíritu de la negación y de la subversión, por una parte, y, por otra —continuaba un Laban extasiado—, lo que encarna en el mundo terrestre a lo que conocemos como «contra-iniciación» y que conduce forzosamente a lo infrahumano. Si en la iniciación se transmite una semilla de luz, en la «contra-iniciación» lo que se siembran son tinieblas.

Esta oscura labranza tiene su principal granero en la adolescencia, tal y como denota la leyenda que nos envía Marta Costa desde Bellaterra (Barcelona):

> Si a las doce de una noche de luna llena rezas un padrenuestro al revés
> y pones la mano debajo del colchón el diablo te la coge.

Por lo que se refiere a la publicidad subliminal, su repercusión en la mala dicción de Satanás no admite lugar a dudas. Su primer apóstol es James Vicary, un psicólogo que adopta el término para referirse a ciertos estímulos que funcionan por debajo del umbral consciente de percepción.

Según cuenta Vance Packard en su obra *The Hidden Persuaders*, Vicary lleva a cabo en 1950 varios experimentos sobre los hábitos de compra de los norteamericanos, en un momento en que los supermercados comienzan a introducir el régimen de autoservicio.

Pues bien, Vicary descubre que el índice de parpadeos de las mujeres desciende significativamente en los supermercados. También que la «primavera psicológica» dura el doble que el «invierno psicológico» e incluso que la experiencia de una mujer preparando un pastel guarda un raro parecido —que no abordaremos aquí— con el momento del parto.

Como es de suponer, los desvelos de Vicary pasan completamente inadvertidos hasta que en el verano de 1957 apadrina un experimento en el cine Ft. Lee de Nueva Jersey. Se trata de colocar un taquiscopio en la cabina de proyección y de ir insertando dos mensajes cada cinco segundos mientras se proyecta la película *Picnic*. Los fotogramas sólo son visibles durante una tresmilésima de segundo y actúan muy por debajo de la percepción consciente del público. Las sugerencias imperceptibles se resumen en dos: «Bebe Coca-Cola» y «¿Tienes hambre? Come palomitas». Sorprendentemente, Vicary registra un aumento del 18,1% en el consumo de la bebida refrescante y un 57,8% en el de palomitas de maíz, con lo que algunos consumidores comienzan a reparar en que tal vez se les está incitando a comprar artículos no deseados.

Durante más de cuarenta años se mantiene esta leyenda. Tanto es así que la Comisión Federal de Comunicaciones de Estados Unidos prohíbe en 1974 la publicidad subliminal en radio y televisión, muy a pesar de que ningún estudio posterior a 1957 puede ratificar su eficacia.

Por aquel entonces James Vicary está a punto de ser acusado de falsedad. Ocurre cuando el presidente de la Asociación de Psicólogos, el doctor Henry Lynk, lo desafía a repetir el experimento y descubre que no se aprecia ningún incremento sustancial en las ventas de Coca-Cola y de palomitas. Humillado, Vicary confiesa haber falsificado los resultados.

El relevo de Vicary lo toma Wilson B. Key, que reemprende sus desvelos allí donde éste los había dejado. En *Seducción subliminal* Key argumenta que los anuncios modernos están repletos de mensajes y símbolos ocultos que sólo él es capaz de discernir.

Pero por entonces la cuestión ya es otra. Tal y como aprecia en *The Hidden Persuaders* Vance Packard:

> Los publicistas utilizaban mensajes subliminales en los anuncios porque los empresarios se lo creían... y les pagaban bien por eso. Otra cosa, claro está, era su eficacia, nula por completo.

Muy pronto la publicidad subliminal empieza a ser utilizada por algunos artistas de rock, máxime después de que un pastor protestante californiano, Gary Greenwald, que en su juventud había sido músico, descubra que sus antiguos colegas recurren a una técnica conocida por *backward masking* para transmitir «órdenes hipnóticas» a los jóvenes.

Predicadores de diversos estados de Norteamérica —en especial, pastores protestantes de Georgia— comienzan a escuchar en sentido inverso a grupos sospechosos y desatan una fiebre fundamentalista que lleva a la hoguera a grupos como los Beatles y los Rolling Stones. Mientras los discos arden en una enorme pila, un ser, sin duda demoníaco y normalmente con flequillo, incita a las masas, micrófono en mano, a exhumar a «los santos de Satán».

Las hogueras de los fundamentalistas cristianos alcanzan tal virulencia en 1966 que Joseph Viglione, alias The Count, un cantante de rock bostoniano y cristiano practicante, llega a sugerir a sus correligionarios que, en lugar de dedicar sus vidas a descubrir mensajes satánicos grabados al revés, «empleen su tiempo en quehaceres más cristianos».

No obstante, la furia incendiaria de los puritanos responde a causas más profundas. Desde 1960 el viejo orden parece venirse abajo. Los hippies y su *flower power*, la filosofía *beatnik* de Jack Kerouac, William S. Burroughs, Allen Ginsberg y otros «popes» de la contracultura, el naturalismo del folk, las drogas psicodélicas como vía de conocimiento, el interés por las culturas primitivas y orientales y la búsqueda de un mundo en paz ponen en pie de guerra a los puritanos —muy especialmente en Norteamérica—, algunos de los cuales ven ya definitivamente la mano de Belcebú cuando Anton La Vey funda en noviembre de 1968 en Los Ángeles la primera iglesia satánica reconocida oficialmente.

En este contexto, los Beatles publican en 1969 su *White Album (Álbum blanco)*. Misteriosamente se desata el rumor de que Paul McCartney ha muerto en un accidente de tráfico, tal y como informa el *Northern Star,* un periódico de la Universidad de Illinois, y que el cuarteto de Liverpool lo viene sustituyendo por un doble —William Campbell— desde 1966.

Los seguidores del grupo no saben a qué atenerse, máxime cuando comienzan a descubrir misteriosas pistas en los discos. Por lo que respecta a las canciones, al final de *Strawberry Fields Forever (Campos de fresas para siempre)* (1966), muchos creen oír a John Lennon susurrando «I buried Paul» —«Yo enterré a Paul»—, mientras que el guitarrista repite una y mil veces que lo que dijo fue «cranberry sauce» —salsa de arándanos—. En *Revolution n.º 9 (Revolución número 9)* (1968) una voz repite insistentemente: «Number nine, number nine». Si se escucha este segmento hacia atrás lo que se oye es «Turn me on, dead man» («Ponme a tono, hombre muerto»).

«Si es extraña esa coincidencia —explica Jota Martínez Galiana en *Satanismo y brujería en el rock*, a buen seguro el estudio más completo publicado en España—, aún más da que pensar lo que ocurre en el mismo álbum entre el final de *I'm so tired (Estoy tan cansado)* y el inicio de *Black Bird (Pájaro negro)*. Lennon balbucea unas sílabas sin sentido que, escuchadas hacia atrás, forman aproximadamente la frase: «Paul is dead, miss him, miss him» («Paul ha muerto, echadle de menos, echadle de menos»).

Los que defienden la integridad física de Paul se aprestan a señalar que esas «sílabas sin sentido» son en realidad una frase: «Monsieur, monsieur, let's have another one» («Señor, señor, tomemos otra») y que sólo cuando se escucha al revés se convierte en un balbuceo ininteligible.

Por lo que concierne a las portadas de los Beatles, las pistas son, si cabe, más desconcertantes. En *Abbey Road* —donde se observa en una foto a los cuatro Beatles cruzando dicha calle por un paso de cebra— Paul aparece sin zapatos —en los rituales del Tíbet, muy de moda por aquella época, los muertos andaban descalzos— y es el único de los cuatro que camina con el paso cambiado y los ojos cerrados. Además, aunque es zurdo, va fumando con la mano derecha. Por si fuera poco, los cuatro chicos de Liverpool van vestidos de un color y parecen representar la escena de un entierro: John, de blanco, es el predicador; Ringo, de negro, el enterrador; George, con camisa vaquera, es el sepulturero. Ni que decir tiene que Paul es el muerto...

Para más inri, la matrícula del coche estacionado en la calle tiene la combinación «28 IF», es decir, precisamente la edad que tendría Paul McCartney si estuviese vivo —en inglés la conjunción condicional *if* significa *si*.

En *Sergeant Pepper's* sobre la cabeza de Paul aparece una mano —que en algunas religiones orientales simboliza la muerte—, el instrumento que sostiene Paul es negro, mientras que en la contraportada éste luce en un brazo una banda negra con las letras OPD, siglas que en Canadá significan *Officially Pronounced Dead* («Declarado Oficialmente Muerto»), por más que los Beatles sostuvieran que en realidad hacían referencia al Ontario Police Department («Departamento de Policía de Ontario»), iniciales que los cuatro Beatles enarbolaron al efectuar su gira por Estados Unidos en 1965.

Para acabar de rematarlo, en la abigarrada portada del disco puede observarse la cabeza de Aleister Crowley, el brujo más famoso de todos los tiempos —y del que ya hablamos antes— y que fue referencia obligada para muchos grupos británicos.

En total, los fans de los Beatles llegan a descubrir más de cien pistas distintas que refrendan que Paul, efectivamente, ha fallecido al saltarse un semáforo en 1966 y que un doble usurpa su puesto. Tanto es así que cuando Paul McCartney aparece tiempo después en la revista *Life* para desmentir el rumor, éste, lejos de dejar de circular, se recrudece. Se trata del doble. Una conclusión aparentemente lógica si se observaba que al dorso de la página en la que aparecía la foto de McCartney, se publicaba el anuncio de un coche cuya imagen parecía cortarle la cabeza al mirarse a contraluz.

Pero si entre los seguidores de los Beatles había dos facciones enfrentadas —¿cómo puede haber compuesto William Campbell *Let it be*?, se preguntaban los seguidores leales—, los fundamentalistas cristianos lo tenían del todo claro: vivo o muerto Paul McCartney, los Beatles eran un juguete roto en manos de Satanás.

> Una de las principales razones de la animadversión de los cristianos fundamentalistas hacia el rock —explica Jota Martínez— estriba en el hecho de que los jóvenes mitifiquen e idolatren a las estrellas de la música popular, ya que, para ellos, la única persona que merece ser adorada es Jesucristo. Al fin y al cabo, ¿no se comportaron los fans de The Beatles como los apóstoles intentando resucitar a su mesías muerto?

Si a ello unimos que esos mismos jóvenes que escuchaban rock and roll eran los mismos que faltaban a misa los domingos, se comprenderá que los integristas religiosos recurrieran a la figura del coco —llámese Belcebú— para convencer a sus feligreses.

Por no aburrir a los lectores, diremos que desde los Beatles hasta Gloria Trevi un sinfín de grupos han sido acusados de servir al diablo y que sólo algunos de ellos han incluido ex profeso mensajes satánicos, más para aumentar las ventas que por una verdadera cofradía con el diablo.

Por citar sólo a los más destacados, los Rolling Stones publicaron varios discos en los que dieron a entender, por las dudas, en qué bando querían formar. *Their Satanic Majesties Request* (*La llamada de sus Satánicas Majestades*) y *Goat's Head Soup* (*Sopa de cabeza de cabra*), dan pistas al respecto, mismo caso que *Sympathy for the Devil* (*Simpatía por el diablo*), un tema que algunos consideran el himno oficioso de Satanás y que le valió a Jagger el apodo de «El Lucifer del rock».

En lo que respecta a Led Zeppelin, Jimmy Page, guitarrista de la banda, sentía una fascinación casi enfermiza por Aleister Crowley, el brujo más carismático desde la Edad Media. Nacido en 1875 en el seno de una secta irlandesa para la cual la lectura diaria de la Biblia era obligada, Crowley dio desde su tierna infancia buenas pruebas de su naturaleza malvada: para comprobar si era cierto que los gatos tenían siete vidas, intentó matar a uno de siete formas diferentes. A la edad de veinte años, su propia madre lo bautizó como La Bestia, apodo que él adoptó encantado añadiéndole el número 666.

> Muchos exégetas —indica Martin Gardner en *La Nueva Era*— han intentado descifrar el misterioso número. La mayoría cree que es una cifra que vale por un nombre. Este tipo de juego matemático era muy popular entre los griegos y los hebreos, que usaban letras del alfabeto como números en la época en la que el Apocalipsis fue escrito, en el primer siglo después de Cristo. El nombre más probable es el del tiránico emperador Nerón. Como la traslación del nombre se hace a partir del griego, Nerón César se representa en hebreo como Nron Ksr, cuyas letras tienen estos valores numéricos: n=50, r=200, o=6, n=50, k=100, s=60, r=200. Sumados, hacen un total de 666.

Detrás de esta operación arimética se encuentra la fama satánica de la pirámide del Louvre de París. Situada en el antiguo meridiano cero, sus 666 paneles de cristal la han hecho merecedora de todo tipo de comentarios.

Pues bien, La Bestia 666 ingresa en 1898 en la sociedad mágica Golden Dawn —que guarda un asombroso parecido con el sello discográfico que apadrina los grandes *hits* satánicos— y comienza a apostar por una mezcla de magia blanca y negra, de Cábala y Hermética, todo ello aderezado con lo más granado de las tradiciones hindú, budista y taoísta, además de diversos rituales satánicos y sexuales, unos de cosecha propia y otros tomados del mago Abra-Melin. Así, Aleister Crowley desarrolla el Iluminismo Científico o Misticismo Escéptico, que más tarde denominaría «Magick», «la ciencia y el arte de causar el cambio en conformidad con el deseo».

Pero no será hasta 1904 cuando Crowley dé al mundo su obra

más notable: *El libro de la Ley,* que instituye un nuevo principio para la humanidad: «Hacer lo que se quiera será toda Ley».

No es de extrañar, pues, el éxito que cosecha La Bestia 666 —y posteriormente Anton La Vey— entre los grupos rockeros más viscerales, y nunca mejor dicho, con consignas del tipo: «Todo hombre y toda mujer es una estrella», «No hay más dios que el hombre» «El hombre tiene derecho a pensar lo que desee; a hablar lo que desee; a escribir lo que desee; a dibujar, pintar, esculpir, a grabar al agua fuerte, a moldear, a construir como desee; a vestir como desee», «El hombre tiene el derecho de matar a aquellos que puedan frustrar estos deseos», «El amor es la ley. Ama bajo el deseo».

En una época de cambio, donde los jóvenes ya no admitían como antaño la autoridad paterna y la rígida moral puritana, los conjuntos que adoptaron este mensaje se convirtieron para muchos jóvenes en pregoneros de una nueva era donde el fondo era más importante que la forma.

Desde entonces, desde la satánica *Escalera al Cielo* de Led Zeppelin o la estética descaradamente canalla de Black Sabbath, muchos otros grupos —Marilyn Manson, Slayer, Judas Priest, etc.— han conducido a Satanás hasta el final del milenio, renovando, de paso, su estilo musical. El mensaje de todos ellos es bien explícito: si vosotros tenéis el orden, las iglesias, la familia, el trabajo y la policía, nosotros tenemos a Satán.

Pero que nadie piense que ese debate se limita a la música. En la ultraconservadora sociedad norteamericana, numerosas empresas han tenido que enfrentarse desde 1978 a rumores intencionados que sugieren que gran parte de su capital está en manos de la secta Moon, que es como decir del demonio.

Entre las más citadas figuran Procter and Gamble —el primer fabricante mundial de productos de limpieza como Ariel, Pamperss, Bonux, etc.—, McDonald's, el número uno de las hamburguesas, y Entemann's, un gigante de la producción alimentaria.

Como sucediera con Robert Lee Johnson y los Beatles, al final se pudo dar con el origen de estos rumores. Se trataba de los pastores de las comunidades religiosas fundamentalistas del sur de Estados

Unidos, asentadas en una región conocida como Bible Belt —el «cinturón bíblico».

Así, el logotipo de la sociedad Procter and Gamble representa el rostro de un anciano con aspecto de Júpiter en forma de luna creciente que mira hacia las trece estrellas —en recuerdo de las trece primeras colonias norteamericanas. Al principio se dijo que la luna era una alusión evidente a la secta Moon —luna— y a su fundador, el Anticristo en persona. Más tarde, los rumores se cebaron sobre otros aspectos del logotipo todavía más reveladores: las estrellas dibujaban, supuestamente, la cifra 666, es decir, la cifra de Satán según la interpretación de un verso del capítulo trece del Libro de la Revelación:

> El Anticristo hace que todos, pequeños y grandes, ricos y pobres, libres y esclavos, reciban una marca en la mano derecha o en la frente, y que nadie pueda comprar nada ni vender, sino el que lleve la marca con el nombre de la Bestia o con la cifra de su nombre.

En abril de 1985, con la intención de poner fin a tan persistente rumor, Procter and Gamble decidió retirar el logotipo del embalaje de sus productos, por mucho que éste hubiera figurado en ellos desde un siglo antes, cuando naciera esta empresa, por lo demás, profundamente conservadora.

Como aprecia muy atinadamente Jean-Noël Kapferer, «al igual que sucedía en la Edad Media, la Iglesia se ha convertido en la canalizadora de los rumores, los cuales se sustentan además en la interpretación de unos signos que permanecen ocultos a los ojos de los que no son expertos».

De ahí que los obispos mexicanos José Melgoza y José Aguilera declararan el 8 de agosto de 1999 que Gloria Trevi, la cantante con la que se abría esta leyenda, era nada menos que una emisaria del demonio e incluía «mensajes insanos» en sus canciones cuando se escuchaban al revés.

Toda una «revelación» como para plantearse, mal que nos pese, si el bueno de esta película no será precisamente Satán...

Antonio Ortí

NUEVOS TESTIMONIOS

Hacia el año 1976 o 1977, llegó hasta mí el rumor de que el disco de la Electric Light Orchestra (ELO) titulado *Discovery* tenía propiedades satánicas. Un disco con una música muy agradable, de contenido alegre y muy de aquella época, resultaba que escuchado al revés (o sea, haciendo girar el tocadiscos en sentido inverso) contenía también música, una música bien estructurada que estaba realizada para hacerse servir en ritos satánicos. Resultó que un disco inocente se convirtió en un disco peligroso.

JUAN CARREÑO
Girona

Pokemon, además de ser el enemigo público número uno y, por lo demás, culpable de una epidemia masiva de epilepsia, ahora resulta que también envía mensajes subliminales que incitan a la violencia con frases como «mata» que se oyen cuando se ponen las canciones al revés, por lo que no resulta difícil imaginar los devastadores efectos que puede llegar a tener en los inocentes pequeñuelos incondicionales de la serie. Esta historia, como otras similares (por ejemplo, que en las latas de atún uno puede encontrar, además de esta especie, los delfines que quedan atrapados en las redes), fue explicada por Miguel Blanco, presentador del programa radiofónico *Espacio en blanco* de M-80.

ELENA RUBIO THEMELIADA
Barcelona

LOS AÑOS
DE LA
HIPOCONDRÍA

BIENVENIDOS AL MUNDO DEL SIDA

Tras declararse en 1981 los primeros casos de sida, y ante las devastadoras proporciones que iría tomando la enfermedad en años sucesivos, se fue extendiendo una epidemia paralela que un psiquiatra inglés calificó atinadamente de «síndrome de pánico al sida». La presunta ubicuidad de aquel virus desconocido, la rapidez con que actuaba y la falta de recursos para atajarlo suscitaron un miedo irracional al contagio, fomentado de buena gana por los puritanos de turno. El mal llamado «azote de los ochenta» les vino de perlas para invocar la ira divina, predicar la castidad y poner en la picota a una nueva víctima propiciatoria, encarnada esta vez por los homosexuales, cuya circunstancial propensión a la enfermedad los convertía en candidatos idóneos al papel de «agentes transmisores».

Nada nuevo, por otra parte. «Tucídides cuenta que en la gravísima peste por él descrita, más que los demás, caían muertos los melancólicos y los miedosos», escribía en 1721 el cronista italiano L. A. Muratori.

Proféticas palabras: dos siglos y medio más tarde una maestra romana de 39 años se arrojaba de un cuarto piso después de ver un reportaje sobre el sida, instigada por la certeza de haberlo contraído cinco años atrás al pincharse con la aguja de una jeringuilla. (*La Stampa*, 31 de enero de 1987.) Mientras tanto, en Francia, Suecia y la Unión Soviética se abogaba desde diversos frentes por la construcción de «sidatorios» u «hospitales prisiones», modernos lazaretos ubicados en islas donde confinar en masa a seropositivos y enfermos.

Solución esta que ya se barajaba a principios de siglo, aunque los estigmatizados eran entonces los tuberculosos. «Los defensores de la higiene social», cuenta Fernando Álvarez-Uría en su obra *Miserables y locos*, «llevarán tan lejos su celo que llegarán a proponer la creación de una gran ciudad de tuberculosos, alejada y aislada de la sociedad de los sanos (...)».

Un 29% de los estadounidenses, según una encuesta de *Los Angeles Times* (1987), era partidario de soluciones más moderadas: tatuar a los seropositivos para que pudieran ser identificados a simple vista. El enfermo de sida iba entrando poco a poco en la fase de homicida potencial, ya que sus gérmenes letales podían acechar en cualquier parte. «Corremos el peligro de aspirarlos o ingerirlos yendo en tranvía, coche de plaza, ferrocarril; en los restaurantes, cafés, teatros, dormitorios de las fondas, tiendas, etc.», escribía Alfredo Opisso, otro médico que floreció en los albores del siglo XX. Se refería éste a los bacilos de la tuberculosis, pero da lo mismo: la ignorancia y la aprensión suelen generar supersticiones similares.

En pleno apogeo de las enfermedades venéreas, era creencia común que la sífilis o la gonorrea podían contraerse a través de los poros, sentándose en un váter «contaminado», tocando barandillas, utilizando toallas ajenas, besando a personas infectadas, en baños públicos y piscinas, teniendo relaciones sexuales con mujeres que menstruaban o acariciando a perros infectados. «Causas de contagio» que la *vox populi* recuperó del olvido y adaptó inmediatamente al sida, proveyendo a esta enfermedad de un cortejo de rumores que sembraban angustia y recelos a su paso.

Al mismo tiempo, y a falta de teorías convincentes, el folklore tomó el relevo y se ocupó de improvisar unas cuantas para llenar este vacío. Fue así como empezaron a divulgarse explicaciones peregrinas que atribuían la aparición del sida a turbios experimentos llevados a cabo por organizaciones no menos turbias. Paul Smith enumera algunas de las «hipótesis» más cacareadas: se trataría de un virus creado como arma bacteriológica que terminó descontrolándose y escapando a la atmósfera. Lo mezclaron con el flúor del agua potable. Lo creó la CIA. Lo crearon los rusos. Lo crearon en los laboratorios de Hitler. Lo propagó la población de determinados países: Haití, África, etc.

Este empeño por cargar las culpas de nuestros males a los vecinos tiene también antecedentes venerables. Como apunta Susan Sontag en *El sida y sus metáforas* (1988), la sífilis, en el último decenio del siglo XV, se convirtió en *French pox* para los ingleses y en «mal francés» para italianos y paisanos nuestros; los franceses, por su parte, lo llamaban *morbus germanicus*, «mal napolitano» los florentinos y «mal chino» los japoneses.

Entretanto, mientras la epidemia seguía su trágico curso, se iban dando aquí y allá casos de agresiones a homosexuales, expulsiones de alumnos seropositivos, injusticias laborales de todos los calibres, segregación de enfermos en los hospitales y un inexorable rechazo eclesiástico al uso del preservativo.

Este clima de agresividad y prejuicio debía reflejarse necesariamente en el espejo del folklore, vehículo idóneo para poner en imágenes el malestar social. Se renovaban así antiguas leyendas urbanas, entre ellas las referentes a contaminaciones alimentarias, de las que nos ocupamos en los capítulos *La cocina caníbal* y *Los peligros del yantar apresurado*.

El periódico *Daily Star*, en su edición del 3 de septiembre de 1986, recogía por ejemplo una noticia apócrifa según la cual un joven empleado de un Burger King, al enterarse de que tenía el sida, había eyaculado en la mayonesa para contagiar a los parroquianos. En una variante que recopiló en 1989 la folklorista norteamericana Janet Langlois, se empleaba la sangre como fluido infeccioso, pero en ambos relatos el motivo no era otro que la venganza. De este modo, el enfermo de sida pasaba de la fase de homicida en potencia a la de asesino que actuaba hostigado por el resentimiento, como parecía sospechar la facción «sana» de la sociedad que vivía obsesionada por el fantasma del contagio.

Otras leyendas iban dando forma a ese temor hipocondríaco, que se nutría de la desinformación y la escasa confianza en el prójimo. A veces partían éstas de algún suceso verídico, como el del atracador heroinómano que reemplazaba la navaja por la jeringuilla, pero pronto lo incorporaban a una serie de relatos anteriores más bien abstractos —las trampas en objetos cotidianos—, dotándolos de una aparente actualidad. Núria, una informadora de Barcelona, nos ofrece un ejemplo extraído de Internet:

> Me llegó vía e-mail. Era uno de esos mensajes que se mandan de 30 en 30, a todos los conocidos que tienes. (...) El texto decía que fuéramos con cuidado con los teléfonos públicos y los cines. Decía que había historias que contaban que en el cine un chico se sentó cuando todo ya estaba a oscuras y en la butaca había una aguja infectada de sida y se la clavó. Lo mismo con las cabinas telefónicas: al ir a recoger el cambio (al levantar la «solapa»), había una aguja también infectada y se la clavó en la mano. A mí me envió la historia un amigo mío y sé que a él se la envió otro amigo suyo.

De agresiones más directas eran objeto los protagonistas de otros relatos que coexistían con el anterior en la fantasía colectiva. En algunos de ellos, la víctima recibía el mordisco de un borracho que luego declaraba tener el sida, o bien terminaba hecha un acerico a manos de una pandilla de desalmados provistos de jeringuillas repletas de sangre contaminada. La inseguridad ciudadana, pesadilla de todo buen contribuyente, se veía empeorada por el peligro de toparse con un nuevo tipo de vampiro, cuya «mordedura», como la del personaje tradicional, era capaz de transmitirle a uno su condición.

A la circulación de estos rumores contribuían gustosos los periódicos sensacionalistas, y con ello, en palabras de Paul Smith, «sembraban la semilla para nuevos relatos y creencias». Una de las leyendas contemporáneas más persistentes nacidas a la sombra del sida pudiera haberse formado en torno a una serie de noticias con un fondo de verdad. Periódicos de todo el mundo han informado repetidas veces de que ciertas personas portadoras del virus se habían acostado con incautos/as para contagiarles la enfermedad. En su ensayo *Sex Death and Punishment* (1990) el historiador inglés Richard Davenport-Hines menciona el caso de unos «chicos de alquiler» londinenses a quienes «alguien» habría inducido a contar a unos reporteros que intentaban transmitir el VIH a sus clientes como «venganza» por haber contraído la enfermedad. A su vez, un artículo del *New York Times* del 21 de febrero de 1987 daba cuenta de la detención en Nuremberg (Alemania Occidental) de un ex sargento bisexual del ejército norteamericano, sospechoso de haber contagiado deliberadamente a sus parejas. El mismo periódico, en su edición del 4 de marzo, se refería al inminente proceso de un individuo que asesinó a su amante cuando éste le reveló, después de tener relaciones sexuales, que padecía el sida. Rematadamente absurdo, en cambio, era el artículo de George Glidden publicado en *The Examiner* el 24 de marzo de 1987, donde se alertaba sobre una supuesta red de «terroristas del sida» formada por «gigolós» árabes que habrían penetrado clandestinamente en Estados Unidos con la consigna de transmitir la enfermedad a los clientes de «bares de solteros» y clubes *gays*, así como a toxicómanos y prostitutas.

De esta clase de noticias parece derivar el melancólico ejemplo que nos remite Encarnación Rodríguez desde Málaga:

> Una joven había contraído la enfermedad por descuido e intentaba vengarse. Se trataba de una prostituta que propagaba el sida en una pequeña población para, por lo menos, hallar consuelo.

Las primeras versiones de la leyenda que mencionábamos más arriba empiezan a circular en Estados Unidos a finales de 1986 y de ahí emigran velozmente a Europa. En su obra *La casa encantada: estudio sobre cuentos, mitos y leyendas de España y Portugal*, Eloy Martos y Víctor M. de Sousa resumen así el argumento, tras indicar que se trata de una leyenda urbana difundida en Madrid:

> La chica que hace el amor con un chico al que encuentra en una discoteca, van al hotel, y al día siguiente desaparece dejando este mensaje en el espejo: «Bienvenido al club del sida».

El mensaje en cuestión suele estar escrito con lápiz de labios rojo en el espejo del lavabo, detalle que refuerza el efectismo del trágico desenlace y, al mismo tiempo, se halla revestido de un potente substrato simbólico. Lo señala elocuentemente Laura Bonato en *Trapianti sesso angosce*:

> En la simbología popular —escribe la antropóloga italiana— el rojo es el color del amor, pero también se considera como un color agresivo, cargado de energía y asociado estrechamente al principio de la vida, que el hombre de la historia, seducido y contagiado, está a punto de perder.

Corresponde además, añadimos nosotros, al color del fluido vital que utiliza el virus para invadir el organismo: la sangre.

Inaferrables como el mercurio, las leyendas modernas se modifican sin cesar. David Fernández, de Barcelona, da fe de ello explícitamente en una variante en la que la víctima es una prostituta y el mensaje cambia de ubicación, despojando así al clímax de su dramatismo. La presencia de una prostituta da pie a un curioso efecto de espejos enfrentados, pues implica que el cliente *tal vez* pretenda vengarse de otra prostituta que *tal vez* le contagió el sida también como venganza:

> Lo leí hace un par o tres de años en un diario, concretamente en *El Periódico de Catalunya*. Pero la historia no era exactamente así. Se trataba de un reportaje sobre turismo sexual en Cuba. Entre otras cosas, el artículo explicaba que una «jinetera», una de esas chicas que se ofrecen a los turistas, contactó con un canadiense. Fueron al hotel del turista y al día siguiente, cuando ella se despertó, él ya no estaba. En la mesita de noche, sin embargo, había un sobre en el que, al abrirlo, pudo leer: «Bienvenida al club del sida».

La modernidad de esta leyenda, como de muchas otras, es también aparente. Cualquier estudiante de inglés que haya consultado la *British Encyclopaedia* para averiguar el significado de la expresión «Typhoid Mary» conocerá la etimología de un nombre propio que pasó a utilizarse como adjetivo para describir a cualquier persona causante de la propagación de algo indeseable. La dama que se ganó el apodo de «tifoidea» era una tal Mary Mallon, cocinera norteamericana de origen irlandés, quien al parecer contagió la fiebre tifoidea intencionadamente a más de cincuenta personas mientras trabajaba en la ciudad de Nueva York, a principios de 1900. Fue detenida en 1915 tras burlar a la policía durante ocho años, y falleció en 1938. En homenaje a tan funesta cocinera, algunos folkloristas han dado el nombre de «AIDS Mary» y «AIDS Harry» a la mujer o al hombre anónimos que figuran en estos relatos como siniestros transmisores del sida.

Otro antecedente lo encontramos en un cuento de Guy de Maupassant titulado *La cama n.º 29* (1884). La acción se sitúa en la guerra franco-prusiana, y la protagonista, la bella Irma, esposa de un militar francés, es una joven sifilítica que saca provecho de su enfermedad acostándose sistemáticamente con soldados enemigos para causar tantas bajas como pueda entre sus filas.

Más antiguo todavía es un ejemplo que hemos localizado en el *Barzaz Breiz*, recopilación pionera de cuentos tradicionales de la cultura bretona y celta en general, que publicó en 1867 el vizconde de Villemarqué. Se trata de una canción anterior al siglo XV, de los tiempos en que la lepra hacía estragos en Bretaña. Cuenta la balada la trágica historia de María, una joven leprosa que suspira por un apuesto campesino. Rendido ante sus encantos, éste no tarda en corresponderla. Pero cuando María se presenta en casa del padre de su enamorado para anunciarle que su hijo le ha prometido tomarla por esposa, el anciano le responde con tono burlón: «No tendrás a mi hijo, ¡ni tú ni ninguna hija de leproso como tú!». «María sale llorando y jura vengarse» —continúa la canción—. «En efecto, se hace un corte en el dedo, y con la sangre que emana de la herida contagia la lepra a catorce personas de la familia que la ha rechazado, y su propio enamorado muere de la enfermedad.»

El «corte» y la «sangre», dos símbolos de fuerte contenido sexual, parecen sugerir que la muchacha se sirvió de un método de contagio que, como hace la balada, dejaremos para la imaginación del lector. El tema no sólo recuerda la leyenda de «AIDS Mary», sino también la del camarero que infecta los alimentos para transmitir el sida a sus clientes.

El último antecedente que damos fue publicado en la antología *Anécdota americana* (1927), de J. Mortimer Hall. Con él recuperamos de nuevo el tema de las enfermedades venéreas.

Un hombre entró corriendo en una casa de mala nota.

—Tráiganme a una chica que tenga gonorrea —exigió.

La patrona le miró indignada y le espetó que en su establecimiento no contrataban a esa clase de chicas.

—Pues tendré que ir a otro sitio —repuso el hombre.

Una de las muchachas, al oír la conversación, llamó aparte a la patrona.

—Dígale que tengo gonorrea —le pidió—. No seré yo la que deje escapar a un cliente —así pues, la patrona llamó al hombre, que ya se marchaba, le señaló a la chica, y los dos se fueron al piso de arriba. Cuando hubieron terminado, la chica le miró y le dijo con una sonrisita:

—Le he tomado el pelo, señor. Resulta que no tengo gonorrea.

—Ahora sí —repuso él.

El motivo del hombre infectado por una prostituta que se venga contagiando a otra parece quedar implícito en este relato, como en el de la «jinetera» que comentábamos antes.

En la versión más temprana de la leyenda siempre es una mujer la que seduce a un hombre y luego deja el funesto mensaje anunciándole que acaba de ingresar en el club del sida.

Diríase que en esta constante del relato se perciben reminiscencias de un tema clásico de la literatura tradicional, registrado con la referencia T332 en el *Índice* de Stith Thompson: *Un hombre es tentado por un demonio en forma de mujer.*

En la Edad Media, a estos seres diabólicos con apariencia de hermosas jóvenes se les denominaba «súcubos». Su misión consistía en tener relaciones sexuales con los hombres *mientras dormían*. Subrayamos estas dos palabras porque nos parece muy significativo que la víctima masculina siempre descubra el mensaje «al despertar». Ello parece sugerir que, hasta aquel preciso instante, el hombre vivía en un sueño tejido arteramente por su seductora, durante el cual «ignoraba» la verdadera personalidad de ésta. Si el súcubo encubría su monstruosidad bajo una belleza ilusoria, la enferma de la leyenda disimula su «corrupción interior» tras una capa de engañosa lozanía.

En la jornada décima del *Manuscrito encontrado en Zaragoza*, de Jan Potocki, clásico indiscutible de la literatura fantástica, encontramos un ejemplo magistral de nuestra hipótesis. El joven Thibaud se prenda de una hermosa muchacha, Orlandina, quien finalmente le invita a pasar la noche con ella en una cabaña lujosamente amueblada. Cuando se dispone a llevarla al lecho, Thibaud «siente como si unas garras se hincaran fuertemente en su espalda». En aquel momento advierte que Orlandina ya no está en la cama. «En su lugar había un ser horrible de formas repugnantes y desconocidas.» Con una voz terrible, el monstruo dice: «Yo no soy Orlandina. Soy Belcebú, y ya verás mañana el cuerpo que he animado para seducirte». Thibaud, condenado para siempre, ni siquiera puede invocar el nombre de Jesús, puesto que Satán se lo impide cogiéndole la garganta con los dientes. Al día siguiente, unos campesinos oyen gemidos en una cabaña abandonada que había junto al camino (el súcubo había creado un decorado suntuoso para reforzar la ilusión). Al entrar, encuentran a Thibaud «tendido sobre una carroña medio podrida». El desgraciado joven consigue finalmente confesarse ante un ermitaño y muere «con un crucifijo entre las manos».

Más adelante, un confesor vuelve a referirse a los súcubos con las siguientes palabras: «Cuando un hombre lleva mucho tiempo sin recibir los sacramentos, los demonios adquieren un cierto poder sobre él, tomando la apariencia de mujeres e induciéndole a tentación». Esta prédica, oportunamente adaptada a los tiempos del sida, podría ser un aviso contra los peligros a que se exponen quienes porfían en el libertinaje y se resisten a practicar la castidad y el «sexo seguro».

De fecha más reciente y de origen europeo parece ser una variante de la leyenda en la que se invierten los papeles y la víctima es, invariablemente, una mujer. Rocío, una informadora de Málaga, nos envía una versión típica de la misma:

Un amigo me contó que le habían contado amigos suyos una historia que había sucedido en Palma de Mallorca. Por lo visto, una chica de Málaga se había ido de vacaciones a Mallorca, donde conoció a un chico extranjero. Se enamoraron y pasaron todo el verano juntos. Cuando terminaron las vacaciones, la chica estaba muy apenada porque el chico se marchaba a su país. Él le dijo que no se preocupara, que la quería mucho, y le dio una caja y le pidió que no la abriera hasta que hubiera subido al avión. Ella se despidió de él muy triste, pero a la vez intrigada por ver qué contenía la caja. Esperando encontrarse un anillo de compromiso, abrió la caja y se encontró una rata muerta y una nota que decía que lo sentía mucho pero que tenía el sida y que se lo pegaba como venganza porque una novia a la que él había querido mucho se lo había contagiado a él.

La venganza vuelve a ser el móvil de la tragedia, pero el relato se enriquece con dos innovaciones de honda raigambre tradicional: la caja cerrada y la rata muerta. Consultando de nuevo el *Índice* de Stith Thompson localizamos tres referencias que lo atestiguan: A1337.0.1.1. *El hombre recibe la peste en una caja traída por un mensajero del creador.* C321. *Tabú: mirar en el interior de una caja.* C321.2. *Abrir prematuramente una caja que contiene un regalo.* Los tres temas aluden, en definitiva, al riesgo que se corre abriendo una caja cuyo contenido se ignora. Lo que encuentra la víctima en su interior no es exactamente la peste bubónica, pero sí un animal que, siguiendo a Cirlot, fue la deidad maléfica de esta plaga en Egipto y China. «La rata —sigue diciendo el autor del *Diccionario de símbolos*— se «halla en estrecha relación con la enfermedad y la muerte». En efecto, fue este animal el propagador de la pestilencia en la Edad Media, triste papel que le valió para los siglos venideros el estigma de alimaña infecciosa. Una rata, pues, parece ser un emblema muy apto para una enfermedad que ha dado en llamarse popularmente, con fatalismo medieval, la «peste de los ochenta». Teniendo en cuenta que la rata siempre aparece muerta, el símbolo adquiere un significado aún más irrevocable, tanto para la víctima como para el vengador: la suerte de los dos está echada, del mismo modo en que la rata terminaba sucumbiendo a la epidemia que le había tocado transmitir.

Cirlot percibe un significado aún más oscuro en la rata, cerrando con él su análisis: «Se le superpone significado fálico, pero en su aspecto peligroso y repugnante». Muy apropiada parece esta interpretación, si recordamos que el contagio del sida se produjo a través del falo.

En otras variantes de que disponemos, como la que nos remite María Pilar Arnás desde Monóvar (Alicante), la caja no contiene una rata, sino un pájaro muerto, una rosa negra y una nota que dice: «Bienvenida al club del sida». Carlos Cabrera, de Málaga, pone en el paquete una jaula con un canario muerto. En algunos casos se trata de un objeto, como un ataúd en miniatura, y en un ejemplo único procedente de Reus y firmado por Silvia Bartolomé, la rata muerta lleva nada menos que «el lazo del sida rojo». El sentido sigue siendo el mismo: la flor simboliza la fugacidad de la vida y el pájaro representa el alma en casi todas las tradiciones. La rosa negra y el ave muerta evocan la calavera y el reloj de arena de los pintores clásicos: ejemplos elocuentes de *memento mori*: «Recuerda que has de morir».

Si en las versiones más recientes de la leyenda predominan las víctimas del sexo femenino, debe de ser porque, como dice Gary Alan Fine, «todos vivimos en el mundo del sida».

Estadísticas aparte, lo que está claro es que las leyendas que envuelven el sida reflejan los mismos pánicos que las que circulaban en siglos pasados a propósito de otras epidemias, como la lepra o la peste.

En las leyendas acerca del sida (son palabras de Paul Smith) predomina el miedo, la violencia, la venganza, el recelo y los prejuicios. Por el mundo que describen no sólo merodean súcubos, sino también íncubos, su equivalente masculino, demonio que reviste la forma de hermoso joven y hace creer durante el sueño a sus víctimas femeninas que han conocido al hombre de su vida..., hasta que al día siguiente, al «despertar», encuentran una rata muerta en una caja. El universo que pintan estos relatos es un lugar donde los sueños románticos han sido desterrados, porque apenas cerremos los ojos a la cruda realidad, vendrá el ángel de la muerte para seducirnos. Así pues, desconfiemos profundamente los unos de los otros, no sea que algún demonio disfrazado pretenda convertirnos en socios forzosos del siniestro club del sida.

JOSEP SAMPERE

NUEVOS TESTIMONIOS

En Los Cristianos hay una zona conflictiva, que ha dado origen a muchas leyendas. Se cuenta, por ejemplo, que un chico conoció a una chica en la discoteca El Templo. Allí entablaron una conversación, pero el ruido de la música les impedía oírse mejor, por lo que decidieron irse a un hotel. Al día siguiente, al levantarse el chico, ella ya no estaba. Cuando el chico fue al cuarto de baño, encontró en el espejo un mensaje escrito en pintalabios rojos donde podía leerse: «Lo peor es no usar precaución. Por ello, bienvenido al club del sida». Un poco más abajo, y en letra pequeña, ponía «socio número 1.745».

ESTHER ELIZABETH HERRERA
Santa Cruz de Tenerife

Me lo contó una amiga un año menor que yo, que estudia en un instituto de Málaga. Me dijo que una amiga suya conocía a una chica que viajó a Italia con el instituto y se enamoró perdidamente de un maravilloso italiano. Indudablemente él se la llevó a su casa y os podéis imaginar lo que sucedió. Al día siguiente se despidieron felizmente y al cabo de una semana le llegó a su casa, aquí ya en Málaga, un paquete con una rata muerta y con una tarjeta que decía: «Cariño, te he pegado el sida». No os puedo demostrar la veracidad porque tal vez es una historia inventada de padres y profesores para espantar de las cabezas locas de las adolescentes viajeras la idea de un «italian lover».

M.ª ÁNGELES MARTÍN REQUENA
Málaga

Querría comentar una historia que es reciente y que no está demostrado que sea leyenda, como tampoco me consta que sea verdad, sólo sé que se dice y punto. Y lo que se dice es que en Londres la comunidad gay ha inventado un nuevo pasatiempo: grandes orgías en la *dark room* en las que uno tiene sida; la nueva ruleta rusa. Me faltan datos para saber en qué consiste, pero algunas cosas parecen lógicas: intentémonos organizar algo así mañana mismo, ¿cómo sabemos quién tiene sida? (sólo puede haber uno), una vez lo sabemos, ¿cómo hacemos para dejar de saberlo en plena orgía? No paso por alto que es la *dark room,* que imagino que hace a todos los hombres iguales; pero me sigue faltando por saber si se organiza con un master del juego que es el único que sabe quién es el que «la lleva», o si son los amigos de toda la vida que apagan las luces, en cuyo caso sigo pensando: 1) que si son colegas se pueden reconocer igual, y 2) por muy «pasada de rosca» que suene la historia (y me consta que se pueden hacer cosas pasadas, no leyendo mierdas como *Historias del Kronen,* sino yendo a cualquier fiesta de estudiantes de periodismo, las más atrevidas) me sigue pareciendo en las antípodas de la calidad de vida dejarse contagiar de esa manera cuando la comunidad homosexual, si bien sufre mucho los embates del sida, no es menos cierto que son los que más se han protegido una vez lo han visto venir. Con todo, puede ser cierto, pero mi opción personal es desconfiar.

GABRIEL GÓMEZ BARRO
Viveiro (Galicia)

Una amiga mía bastante cercana me contó hace apenas un año que conocía a una chica en La Colina (Torremolinos) que había estado manteniendo relaciones sexuales con su novio sin preservativo durante bastante tiempo (ya que llevaban saliendo durante una larga temporada). Varios meses después de cortar, le llegó un paquete con una rata muerta y una nota que decía: «Tienes el sida, puta».

MARCO TERZÍN
Torremolinos

ADITIVOS QUE RESTAN

He adquirido en supermercados y tiendas de comestibles, leche, bebidas, zumos de fruta, margarinas, precocinados, etc. El envase de cada uno de ellos detalla sus ingredientes, además de una indicación en clave de sus conservantes o mejorantes. También he averiguado que las sustancias añadidas a estos productos se clasifican en inofensivas, a evitar, peligrosas y cancerígenas. Son cancerígenas, según investigaciones realizadas en el hospital del Villejuif, el mayor centro para el estudio del cáncer en Francia, las que se citan a continuación: E-102, E-120, E-123, E-124, E-127, E-150, E-220, E-226, E-230, E-250, E-251, E-252, E-311, E-330, E-339, E-407 y E-450.

Sebastián Palou
Barcelona

Esta carta, publicada en *La Vanguardia* el 8 de marzo de 1986, sería contestada días después por Agustín Contijoch, a la sazón presidente de la Asociación de Fabricantes y Comercializadores de Aditivos y Complementos Alimentarios, más tarde por Roberto Mercader —13 de marzo de 1986— y finalmente, dado que la polémica iba en aumento, por Pere Mercader, director general de Salut Pública de la Generalitat de Catalunya —4 de abril de 1986.

Tanto ellos como millones de españoles habían tenido en sus manos una lista fotocopiada que detallaba los efectos secundarios de una serie de aditivos. En la referida relación, hasta un total de 34 conservantes eran considerados «perjudiciales para la salud», desde el E-220, «que destruye la vitamina B-12 y produce trastornos en la piel», hasta el E-223, «que provoca trastornos intestinales y se encuentra en las galletas María Fontaneda», pasando por el E-330, «el más peligroso de todos. Perturba la digestión. Se encuentra en la Schweppes de limón, aperitivos y quesitos La Vaca que Ríe». La leyenda sobre estos abominables productos químicos se había gestado en 1976 en Francia, cuando comenzó a circular una octavilla —más detallada que su homónima española— donde se sugería que un buen número de marcas eran potenciales asesinas.

Según algunos estudios efectuados en Francia, la lista cancerígena llegó a siete millones de franceses, muchos de los cuales quedaron «envenenados» por el infundio.

Desde 1976, cuando se tiene por primera vez constancia del suceso, hasta 1986, cuando la polémica irrumpe en España, lo que al principio era un rumor se había convertido en una leyenda urbana de la que estaban al corriente en Amsterdam, Berlín, París y Praga.

Curiosamente, la mayoría de los aditivos prohibidos en Francia, y, por tanto, no utilizados en la producción alimentaria, aparecían descritos como inofensivos. Por el contrario, algunas sustancias completamente anodinas eran consideradas cancerígenas, caso del E-330, «el más peligroso», el inocente ácido cítrico de limones y naranjas.

Por tal motivo, nos pusimos en contacto con diversos químicos —entre ellos Joaquim Font—, que nos apuntaron una buena razón: la despiadada competencia entre laboratorios farmacéuticos en la década de los setenta, causante de la proliferación de rumores como que la aspirina infantil era dañina —noticia que coincidió con la invención del paracetamol—. Según esta hipótesis, algunas empresas químicas de escaso tamaño podían haber maquinado esta estrategia para desafiar al *statu quo* existente, sembrando dudas sobre una serie de aditivos cuyas patentes no controlaban.

La segunda opción apuntaba directamente a los ecologistas, a quienes muchos químicos identifican con seres paranoicos, ignorantes de sus fórmulas y, por extensión, de lo que hablan, y que ya por entonces comenzaban a ganarse a la opinión pública —en la actualidad se plantea un debate similar con la biotecnología y los alimentos transgénicos.

Tal vez por ello, la octavilla inicial comenzó a citar como fuente al prestigioso hospital de Villejuif, por más que su presidente, Maurice Tubiana, manifestara muy pronto: «Todos los científicos que han leído la lista no han podido reprimir la risa ante tal sarta de tonterías».

En realidad, los desmentidos que efectuó el Instituto Gustave-Roussy de Villejuif no sirvieron de nada, hasta el extremo de que fueron varios los periódicos que publicaron la lista sin verificarla. Incluso se llegó al punto de que un médico que escribió en 1984 una obra divulgativa sobre el cáncer la incluyó íntegra, tejiendo una larga sombra sobre productos inofensivos como los quesitos de La Vaca que Ríe o la mostaza Amora.

En España ocurrió otro tanto y lectores como Santiago Alaez siguieron publicando cartas durante 1986 donde se imploraba a las autoridades para que «el organismo competente y responsable haga una declaración oficial, en castellano corriente, sobre el peligro o inocuidad de los aditivos».

Lo del «castellano corriente» no tenía que ver con ningún nacionalismo exacerbado, sino con una jerga que remitía a cónclaves de brujos —«el comité de expertos mixto FAO-OMS que sirve de base al comité de Codex Alimentarius Mundi» (sic)—, cuya naturaleza y composición no estaban del todo claros.

Por dicha razón, al apagarse esta polémica, surgieron otras nuevas, como que el teflón o material antiadherente que incorporaban las nuevas sartenes era igualmente cancerígeno. Hacia 1955 se había publicado en Estados Unidos que un maquinista había muerto después de fumar un cigarrillo contaminado por una pequeña cantidad de resina de teflón. «Sus pulmones —decía la noticia— se llenaron de gas y falleció a los cinco minutos». Otro tanto sucedió con otros productos nuevos, como los microondas, los rayos UVA o las lentes de contacto.

Como indicaba J. B. R. en relación al teflón, «en la mentalidad colectiva pareció nacer un sentimiento de culpabilidad tras el abandono de los métodos de limpieza tradicionales que nos habían legado nuestros antepasados». En Francia y Canadá, donde más estragos causó el teflón, se oyeron variantes de esta leyenda que hacían portador al nuevo elemento del mal de Alzheimer, una consecuencia lógica de haber olvidado nuestro pasado.

Algo parecido sucedió con los caramelos Space Dust, una especie de compuesto granulado que al contactar con la saliva crepitaba como si se tratara de una traca valenciana.

> No pocos padres —decía Jean-Noël Kapferer—, deseosos de inculcar a sus hijos valores como la discreción, moderación y utilitarismo, se enfrentaban con campañas publicitarias que proponían la frivolidad, el escándalo y la dispersión siempre latente en los niños. Space Dust era una provocación más que venía a sumarse a la larga serie de agresiones de la publicidad, el comercio y sus productos de confitería con colorantes, edulcorantes, aditivos, etc.

Tanto es así que pronto prendió la leyenda de que a un niño que se había tragado dos paquetes de Space Dust le había explotado el estómago. Otro tanto se decía de los caramelos Pop Rocks, fabricados por General Foods, y del chicle Bubble Yum, producido por Life Savers. En el caso de los caramelos efervescentes se contaba que un niño se había zampado un paquete entero y había entrado en ebullición interna, antes de morir. Por lo que se refiere a los chicles, o bien contenían huevos de araña o bien provocaban cáncer, o ambas cosas a la vez.

De hecho, este tipo de noticias siempre encontrará un público nuevo, ya no sólo porque los caramelos no son los de antes, sino porque la fruta no tiene el sabor que antaño y qué decir de las vacas y los pollos. En medio de tanta locura y de tanto avance precipitado, quedamos nosotros, cada vez más recelosos de que, efectivamente, le estén poniendo puertas al campo.

Antonio Ortí

NUEVOS TESTIMONIOS

Vayan a casa y revisen su *shampoo*. Cámbienlo antes de que sea demasiado tarde. Revisen la lista de ingredientes en el reverso de la botella y vean si figura una sustancia llamada *sulfato de sodio Laureth* o SLS. Este componente se encuentra en la mayoría de los *shampoos*; los fabricantes lo usan porque produce mucha espuma y es barato. El hecho es que el SLS se emplea también para limpiar el piso de los garajes, y es muy fuerte. También está comprobado que puede causar cáncer a largo plazo. No es broma. Yo fui a casa y revisé mi *shampoo* (Vidal Sasoon) y no lo tiene. Sin embargo, otros como Vo5, Palmolive, Paul Mitchel, etc., sí contienen esta sustancia. Por ejemplo, es el primer ingrediente que figura en Herbal Essences de Clariol's, lo que significa que es la sustancia predominante. Lo hallé también en el Flex de Revlon. Llamé la atención a clientes de esta empresa. Les dije que su producto contenía una sustancia que podía causar cáncer, a lo cual contestaron: «Sí, lo sabemos, pero no podemos hacer nada, ya que hace mucha espuma». De igual forma, la pasta de dientes Colgate también contiene la misma sustancia para producir las burbujas. Dijeron que me enviarían más información. La posibilidad de contraer cáncer era hace unos años de uno entre 8.000, y en los 90 fue de uno entre tres. Esto es realmente serio. Espero que ustedes tomen esto en consideración y transmitan esta información a toda la gente que conozcan.

GABRIELA DE CICCO E IRENE OCAMPO
Coordinadoras de RIMA (Red Informativa de Mujeres de Argentina)
Ciudad de Buenos Aires
Cadena difundida por correo electrónico

Esas rayitas horizontales finas que surcan los cigarros (fijaros) llevan, en realidad, pólvora y sirven para que el pitillo arda más deprisa. Por eso, de vez en cuando, al dar una calada, salta una chispa y la punta chisporrotea. Es una explosión, en realidad.

JORDI GRANADA
Barcelona

Nota de los autores: las leyendas urbanas, como puede comprobarse, corren como la pólvora. Creemos recordar que Antonio Escohotado, autor de la colosal *Historia general de las drogas*, entre otras, afirmó en una entrevista que añadir tenues filamentos de fósforo al papel aceleraba el proceso de combustión del cigarrillo.

MÁQUINAS INFERNALES

A finales del siglo XIX, una serie de pensadores creyeron ver en las máquinas un remedio eficaz para erradicar la esclavitud o, mejor dicho, para canalizarla hacia artefactos sin alma. No en vano, el término «robot» fue tomado de la palabra checa «robota», que designaba y designa a aquel que está sometido a una servidumbre involuntaria. Pero resultó ser que las máquinas crecieron y se multiplicaron hasta tal extremo que fue imposible conocerlas a todas, cada cual con sus habilidades, con sus teclas, por no decir alegrías y enfados.

En palabras de Isaac Asimov, «desde el inicio, la máquina ofreció dos caras a la humanidad: mientras estuvo completamente bajo el control del hombre, fue útil y buena al hacer posible una vida mejor. Pero conforme se fueron sofisticando y apartándose de nuestro control, se volvieron terribles y peligrosas».

La palabra «terrible», derivada de terror y sinónima de sombrío, tétrico y torvo, nos viene como anillo al dedo para referirnos a una serie de accidentes domésticos, plausibles pero raros, que gentes de bien cuentan con fervor para alertarnos de la esencia maligna que ocultan determinados aparatos.

El relato más chocante de una larga serie de desgracias y malentendidos tiene por protagonista a una mujer a la que accidentalmente se le moja su gatito —a menudo se trata de un caniche y muy esporádicamente de un bebé— y tiene la luminosa idea de meterlo «cinco minutos» en el microondas para que se seque más rápido. Ni que decir tiene que el minino ya no maullará más y que la mujer demandará al fabricante por no detallar en el manual de instrucciones la inconveniencia de semejante proceder.

Curiosamente el enviado del diario *El País* en Washington, Javier del Pino, recogía, sin saberlo, esta leyenda urbana en un artículo publicado el 1 de marzo de 1999 que llevaba por título «Abogados de sí mismos en el paraíso de los litigios»:

> (...) Y es el mismo miedo el que ha provocado que la mayoría de los productos que se venden en EE. UU. lleven incorporadas etiquetas en las que el fabricante se declara exento de responsabilidad por cualquier mal uso del producto. Tiene su explicación: una señora bañó a su gato y decidió secar al animal metiéndolo en el microondas, donde perdió inmediatamente sus siete vidas. La señora demandó al fabricante porque «en ningún sitio ponía que el microondas no sirve para secar animales». Y ganó. Por eso una compañía que vende disfraces de Batman ha cosido una etiqueta en la capa en la que se aclara: «Esta capa no sirve para volar».

A falta de tiempo para emprender una investigación que dilucide si, realmente, un fabricante ha cosido semejante etiqueta en la capa de Batman, lo que podemos afirmar es que ninguna mujer ha ganado juicio alguno relacionado con un gato achicharrado.

Si bien se trata de un suceso que entra dentro de lo posible, la infinidad de países que ha visitado esta leyenda desde que en 1970 se inventan los microondas —curiosamente, antes de éstos, corría la historia de un niño que había querido lavar a su gato o perrito en la lavadora, con el resultado previsible— y la abundancia de variantes recogidas nos invitan a pensar que no hay más verdad que la ciencia es un pozo sin fondo.

Tal vez convenga recordar que, tras sustituir al tradicional horno, que es como decir a la forma de cocinar de toda la vida, los microondas han estado marcados por una serie de leyendas negras, la más conocida de todas que provocan cáncer, pero también que —tal y como recoge Jan Brunvand— algunos fabricantes han reducido la puerta de los aparatos tras constatar que ciertos particulares ensayaron secar el cabello en su interior o lo poco conveniente que es calentar allí la leche para los bebés.

Como ocurre con la leyenda que cuenta que a algunas mujeres les explotan sus senos de silicona, que tratamos en otra parte del libro, también existen versiones, caso de la recogida por Paul Smith en *The Book of Nasty Legends,* que retoman la hipótesis del zambombazo:

> Hace tiempo oí hablar de una anciana que criaba a gatos de raza para exposiciones. Se dedicaba sobre todo a los persas, y a causa de su largo pelo siempre le costaba mucho lavarlos y cepillarlos para que tuvieran el mejor aspecto posible. A fin de ahorrarse esfuerzos, aquella señora había adquirido la costumbre de lavar primero al gato, secarlo con una toalla y dejarlo calentar unos momentos en el horno eléctrico. Un día, en vísperas de Navidad, se le estropeó el horno, por lo que su hijo decidió regalarle un microondas. Cuando llegó su próxima exposición, la anciana, que no comprendía la diferencia básica entre un horno normal y un microondas, lavó aplicadamente a su gato persa ganador de varios premios y lo metió en el microondas durante unos segundos. El pobre gato no tuvo tiempo ni de maullar, ya que explotó en el acto tan pronto su dueña encendió el aparato.

A decir verdad, la leyenda negra de los microondas ha circulado generosamente por España, dando pábulo a un sinfín de variantes, como que sus radiaciones provocan cáncer o males todavía peores, como «cocernos el cerebro», en palabras de Lola Ortí, una informadora de Valencia.

Por las investigaciones que se han llevado a cabo hasta la fecha, se conoce que los microondas pueden provocar ocasionalmente fatiga, vértigo y dolor de cabeza, pero no en cambio cocernos la materia gris. En realidad, esta historia entronca con otras leyendas que afirman más de lo mismo: que las líneas de alta tensión emanan vibraciones negativas, que los rayos X provocan cáncer, que los rayos UVA fagocitan las entrañas y que los despertadores eléctricos producen insomnio.

En el caso de los rayos UVA han circulado profusamente por España una serie de leyendas que, en ocasiones, detallan el nombre de la víctima y la casuística del suceso. Valga la versión recopilada por Jan Brunvand en 1989 y que utilizan como ejemplo Véronique Campion-Vincent y Jean-Bruno Renard para familiarizarnos con el relato más extendido:

> Una jovencita que deseaba un bronceado rápido decidió acudir a un salón de belleza para someterse a varias sesiones de rayos UVA. Muy pronto comenzó a sentirse mal. Decidió entonces poner su caso en manos de un médico que le anunció que sus entrañas estaban cocidas por una exposición demasiado prolongada a las lámparas de bronceado.

Normalmente esta chica muere, pero aunque no sea así, queda marcada para siempre por su vanidad desmedida —como le ocurría a la mujer a la que le explotaban los pechos de silicona—, por pretender beneficiarse de un magnetismo —«electromagnetismo», sería más correcto— casi brujeril o por ir en contra de la madre naturaleza y ansiar estar morena cuando no luce el sol.

Tal vez, como sugiere Jean-Bruno Renard, la idea de que los rayos UVA pueden producir una podredumbre interior, por más que en la fachada se observe a una mujer bonita y bronceada, remita en su árbol genealógico a la leyenda del microondas, que sí incorpora en su manual de instrucciones la función de cocer —no confundir con dorar.

Solamente así puede entenderse que la historia de que alguna vez una mujer fue literalmente cocinada con rayos UVA tenga tantos amigos en la geografía española. Curiosamente, en Estados Unidos y Francia la víctima es invariablemente una mujer, también en España, por más que hayamos recogido alguna versión que debería servir de advertencia a los hombres sobre los peligros de las falsas apariencias. Nos la manda desde Valencia Sonia Francés, poniendo el dedo en la llaga donde más duele, en la virilidad masculina:

> Parafraseando a Paul Newman —se refiere a la película *El efecto de los rayos gamma sobre las margaritas*—, el efecto de los rayos UVA sobre el aparato reproductor masculino es devastador. Este problema, que hasta hace poco

tiempo era inapreciable, pronto pasará a marcar el destino de la humanidad, por cuanto tiene de importancia la creciente impotencia del género masculino, provocada por las radiaciones de los rayos UVA sobre tan delicada zona. Antiguamente, poca gente realizaba esta práctica, pero en la actualidad se unen dos factores: los cada día más denostados rayos solares y que cada sesión de rayos UVA sólo cuesta 500 pesetas, cuando hace dos años valía 2.000.

Los que desconfíen del folklore tal vez crean ver en nuestra informadora una persona que desvaría, juicio extensible a cuantas personas nos han confiado generosamente los relatos que recoge este libro y, por supuesto, a sus autores. No somos de la misma opinión. A nuestro entender, las nuevas tecnologías, cuando incorporan cambios sustanciales en el *modus vivendi,* crean recelos en amplias capas sociales y sirven de sustento narrativo, como sucedió en el pasado y ocurrirá en el futuro, a una serie de historias de corte tradicional.

En la Ilíada se cuenta que Hefaístos, el dios griego de la forja, tenía unas mujeres mecánicas de oro que tenían tanta movilidad e inteligencia como las mujeres de carne y hueso, y que lo ayudaban en su palacio. Pero nunca las consideró igual de «buenas» que a las otras.

También Talos, el guerrero de bronce concebido por el Steven Spielberg de los mitos griegos, Dédalo, vigilaba las costas de Creta y mantenía alejados a los intrusos. Cada día daba una vuelta a la isla para evitar que así fuera. Un tapón en su talón evitaba que saliera de su cuerpo el líquido que lo mantenía en vida. Cuando los argonautas desembarcaron en Creta, Medea usó su magia para arrancarle el tapón y Talos perdió toda su fuerza al desvanecerse el armazón.

Algo parecido puede afirmarse de la leyenda de los rayos UVA y de los implantes de silicona en los pechos: cuando recurrimos al engaño contra natura, puede suceder que el «fraude» o artificio salte a la vista en cualquier momento, y eso en el mejor de los casos, pues existe la posibilidad de que seamos castigados con la ira de Zeus.

En ocasiones, los propios gobiernos se ven desbordados por el galopar del progreso y solicitan a sus científicos que comprueben qué hay de cierto en historias muy parecidas a las recogidas en este capítulo. Sucedió, por ejemplo, en abril de 1999 —véase la contraportada del diario *El País* del día 25 de abril de 1999, «Los móviles al banquillo»—, cuando Tessa Jowell, secretaria de Estado laborista de Sanidad, se autoproclamó «campeona de la salud nacional» y encargó que el Consejo Nacional de Protección Radiológica investigara qué había de cierto en la leyenda que sostenía que los teléfonos móviles provocaban pérdidas de memoria, aumento de la temperatura del cuerpo y fallos en la capacidad cognitiva.

Esta investigación recibió un generoso tratamiento informativo en España, ya no sólo porque los teléfonos celulares habían pasado de ser un millón escaso en 1995 a más de doce millones en 1999, sino porque en nuestro país se sabía perfectamente de este posible riesgo. Sirva como botón de muestra la historia que nos hacía llegar Teresa Ruiz Mateos, natural de Valencia y de 28 años de edad:

> Dícese que se dice que ese aparatito, avance tecnológico de nuestros días, está totalmente integrado en nuestra cultura y, para algunos, resulta imprescindible. Otras personas tienen un miedo terrible a poseerlo. ¿Por qué? Porque dícese que se dice que los teléfonos móviles emiten cierta radiación, ondas que afectan al cerebro. Según otras fuentes orales, se puede hacer un experimento que consiste en poner un huevo cerca de un teléfono móvil en funcionamiento y al cabo de un tiempo se obtiene un huevo duro. Las radiaciones del teléfono hacen que se cueza.

Retomando la investigación que lleva a cabo el Gobierno laborista británico, Michael Clark, portavoz científico del organismo antes citado, que en su día desaconsejó retirar los bolígrafos láser del mercado, similares a los punteros utilizados en las conferencias para señalar imágenes proyectadas en una pantalla, al demostrarse que eran dañinos si se dirigían a los ojos, declaró lo que sigue:

> Las dudas son legítimas, pero la información que llega ahora al consumidor no está contrastada. Por ejemplo, es evidente que producen calor y estudiaremos sus consecuencias en el organismo. Sin embargo, sin saber aún a qué atenernos, circulan ya teorías acerca de supuestos tumores cerebrales, pérdidas de memoria y alteraciones del pensamiento.

Lo que el científico Michael Clark llama «teorías», en este libro lo denominamos leyendas contemporáneas. En Gran Bretaña, como en España, gozan de magnífica salud y, lo que más sorprende, han empezado a ser tomadas en consideración por el poder.

Desde aquí nos congratulamos de que así sea. Sin embargo, en el ánimo de la gente siempre quedará la duda de si la «ciencia es neutra» o responde a oscuros galimatías.

Por eso, aventuramos, aunque la investigación del Gobierno británico concluya con que no hay peligro alguno, no les quepa la menor duda de que seguiremos oyendo que los móviles aplatanan el cerebro y que «un amigo de un amigo» sabe del caso de una mujer cuyo ojo derecho resultó chamuscado tras manipular una cámara digital.

Antonio Ortí

PASAJEROS
CLANDESTINOS

LAS VÍBORAS CAÍDAS DEL CIELO

En el verano de 1998 se comentaba en Ferrol —A Coruña— que algún tipo de organismo oficial estaba arrojando, valiéndose de avionetas, reptiles sobre las playas. Con estas culebras y víboras se pretendía acabar con una supuesta plaga de insectos. El revuelo fue tal que los teléfonos de las emisoras locales se colapsaban a diario con llamadas de ciudadanos que aseguraban haber visto serpientes e incluso haber tenido que escapar de ellas ante un inminente ataque.

Martina Fernández Bañobre
Ferrol

Aunque se desconozca en España, las víboras voladoras tienen un accidentado pasado aéreo. En la década de los años setenta corrió el rumor en Francia de que grupos ecologistas habían lanzado víboras desde el aire con el fin de repoblar las regiones donde escaseaban y así, de paso, alimentar a las aves rapaces. La emisora Sud-Radio recogía testimonios como éste: «El avión volvió al cabo de veinte minutos. En su panza albergaba una especie de caja con una trampilla que se abría a escasos metros del suelo». Meses después, la región del Perigord, el Lot y la Vauclase —según recoge Jean-Noël Kapferer— estaban inundadas de culebras, dando lugar a un encendido debate entre agricultores hartos de conspiraciones maquiavélicas, periodistas en bermudas a la caza de «serpientes de verano» y autoridades seudocientíficas ávidas de *Expedientes X*.

Pronto llegaron los detalles. A raíz de un testimonio recogido por el etnólogo Bruno Soulier, se desprendía que los reptiles eran soltados desde helicópteros que volaban muy bajo en bolsas de plástico de color blanco, hábiles para albergar hasta veinte ejemplares.

Al tiempo, Verónique Campion-Vincent y Jean-Bruno Renard recogían el alegato de particulares anónimos que afirmaban haber descubierto cajas con el matasellos del Ministerio del Medio Ambiente. Por aquel entonces la lista de sospechosos incluía a los ecologistas —que habían promovido, años atrás, la introducción de linces en la región de los Vosgos—, la Administración y ciertos laboratorios farmacéuticos interesados en producir sueros antiveneno a partir de estos animales zigzagueantes que por aquel entonces se importaban de la URSS.

En 1989 el rumor había corrido ya por amplias zonas rurales de Francia y había llegado, aunque debilitado, a Sion —Suiza— y al norte de Italia —el 13 de octubre de 1989 *La Stampa* publicaba la fotografía de un carabinero con una caja que, presumiblemente, contenía serpientes—. Unos años más tarde, el rumor aterrizaba en Galicia y en algunas zonas del País Vasco.

A decir de los que más se han destacado en el estudio de esta leyenda —Veronique Campion y Jean-Baptiste Harang—, la historia tiene algunos ingredientes de interés. Por una parte, la serpiente, símbolo del mal y la traición, por otra, potentes helicópteros, viva imagen de la ciencia menos accesible, y, por último, nuevas leyes para amparar a las especies protegidas. Este cóctel, bien batido, daba lugar a una noticia inquietante: ¿no será, acaso, que, en estos tiempos que corren, las autoridades se decantan antes por los animales que por los propios hombres y mujeres...?

Antonio Ortí

NUEVOS TESTIMONIOS

Uno de mis hermanos mayores, que es biólogo, me contó el otro día, a raíz de estar comentando vuestro libro, que conocía la historia de las serpientes que caían del cielo como bulo del que era imposible convencer a mucha gente sobre su inverosimilitud. Sino que además había oído otro todavía más demencial. Parece ser que o bien unos ecologistas o el Gobierno lanzaban ratones desde un avión con paracaídas. Y el colmo del absurdo, los lanzaban de dos en dos porque al caer en tierra uno moría aplastado, permitiendo amortiguar el golpe del otro.

EDUARDO JIMÉNEZ PÉREZ
Valencia

EL PERRO EXTRANJERO

Una pareja se fue con su perro a Alemania. Allí encontraron a otro perro abandonado, muy débil. Decidieron traerlo a España. Poco a poco se fue recuperando. Un día volvieron a casa y vieron que su perro estaba destrozado: se lo había comido el perro que recogieron. Lo llevaron al veterinario y resultó que no era tal, sino la mutación de una rata. Me lo contó una amiga; le había pasado a unos amigos de una conocida.

Elena Pradas
Barcelona

En otoño de 1983, Jan Brunvand empieza a recibir versiones de esta leyenda procedentes de varios estados. Casi todas describen a una turista que viaja a México, adopta a un supuesto chihuahua callejero y lo introduce clandestinamente en los Estados Unidos. En una de ellas, el animal amanece «con los ojos rodeados de mucosidad y arrojando espuma por la boca», es decir, con síntomas evidentes de rabia. El veterinario será el encargado de revelar la naturaleza del animal con estas contundentes palabras: «En primer lugar no es un perro, sino una rata de alcantarilla mexicana. Y en segundo lugar, se está muriendo». En algunas variantes la rata mexicana actúa como en la versión de nuestra informadora: atacando a los perros o gatos de la familia. En dos ocasiones el veterinario será incluso más expeditivo: se limitará a romper el cuello al falso chihuahua.

Los ejemplos europeos del relato siguen el mismo esquema, con la salvedad de que la rata suele proceder de países tropicales o africanos. En las versiones italianas recopiladas por Cesare Bermani se la describe a veces como una rata gigante «típica» de Filipinas, Tailandia, Kenia, o Pakistán. Su naturaleza agresiva la impulsa a devorar sin piedad perros, gatos e incluso bebés. Ennio Rota cuenta cómo una familia milanesa se fue de vacaciones a Filipinas, compró un perrito por unas cuarenta o cincuenta mil liras,

> se lo llevaron consigo a Milán y el animalito fue creciendo. Un día volvieron a casa y encontraron muerto a su hijo pequeño, mutilado y devorado por el perro. Cuando intervino el veterinario descubrieron que era una rata de un género particular que se cría en las Filipinas, voraz, agresiva y muy peligrosa.

En ciertas ocasiones el veterinario dictamina que la rata exótica es portadora de «todas las enfermedades del mundo», por lo cual la familia es puesta inmediatamente en cuarentena.

Las versiones alemanas y suecas reiteran el origen africano, asiático o tropical de la bestia, pero amplían el catálogo geográfico con la inclusión de España, concretamente Mallorca, como país productor de voraces roedores.

En esta versión anónima, de un estudiante de Barcelona, ni siquiera se menciona a la omnipresente rata. El animal se reduce a un lovecraftiano «aquello», confirmando así su naturaleza estrictamente «demoníaca», es decir, metafórica:

> Una familia se va de vacaciones a un país tropical. Se encariñan con un animal desconocido, pero que es muy afectuoso con los niños. (...) Se lo traen, le dan de comer, le preparan un rincón para él, todo muy bien, se adapta perfectamente. A los pocos días se presenta un amigo. Es entendido en animales. Al ver al bicho se asombra de que tengan allí aquello. Que es un cruce muy raro. (...) que además son crueles carnívoros, que si les faltase comida atacarían a los dueños sin pensarlo dos veces, hasta devorarlos para asegurarse así la comida. Que se sorprende que les hayan permitido traerlo

con lo peligrosísimo que es. A pesar del cariño de los niños hacia el animal y de lo bueno que parecía ser, se deshacen de él.

En las páginas de *Opio, diario de una desintoxicación*, escrito en 1928-30, Jean Cocteau incluye un genuino precedente de esta leyenda:

> Le habían vendido, en los bulevares, un perro minúsculo a Mme A. D... Vuelve a casa, coloca al perro en el suelo para buscar agua. Vuelve y encuentra al perro encaramado en el marco de un cuadro. Era una rata con una piel de perro. De ira había conseguido roer sus falsas patas.

Sería difícil describir con mayor elocuencia el rechazo a la personalidad postiza que intenta imponer la «civilización» a lo irremediablemente salvaje.

Gary Alan Fine lleva a cabo un penetrante análisis de esta parábola, que con amargo sarcasmo hemos titulado «El perro extranjero». No es por azar, según él, que el relato cobre tanta difusión a partir de 1983, ya que es la fecha en que Norteamérica y otros países empiezan a maquinar las primeras leyes de extranjería, espoleados por el incipiente problema de la inmigración clandestina. Si aceptamos su tesis, el «perro mexicano» viene a ser un extranjero indocumentado. En algunas ocasiones, el animal en cuestión es recogido del océano, con lo que se nos ofrece un amplio catálogo de «mojados» a quienes poner el collar: inmigrantes mexicanos, cubanos, haitianos, polizones asiáticos..., una nutrida selección de perritos extranjeros «con los que no debemos encariñarnos, por muy inocentes que parezcan, pues en el fondo no son más que ratas carroñeras, agresivas y peligrosas, que no pintan nada en Estados Unidos» (ni en Europa).

En el espejo deformante del folklore moderno, el así llamado Tercer Mundo encarna lo primitivo en estado puro: es un lugar amenazador donde las ratas, animales nocturnos y subterráneos, han emergido a la luz del día y conviven igualitariamente con los nativos, transmitiéndoles toda clase de infecciones que los hacen tan peligrosos (y escasamente exportables) como ellas. Resulta sintomático que en el relato de nuestra informadora la pareja protagonista no traiga un simple roedor autóctono de un país como Alemania (modelo de progreso), sino la «mutación de una rata». Lo mismo ocurre en una variante recopilada por Cesare Bermani: la rata, que procede de Japón o China, sufre «modificaciones genéticas».

El sentido que podría extraerse de esta distinción es que los países del Tercer Mundo poseen, por decirlo así, la fauna natural que corresponde a su grado de subdesarrollo, mientras que los más adelantados, como Alemania o Japón, han de padecer una fauna accidental que es un efecto secundario (terrible o justificable, según como se mire) de su prodigiosa técnica: la misma que les permite hacer malabarismos con el código genético.

JOSEP SAMPERE

NUEVOS TESTIMONIOS

Tras las huellas de la rata asesina

Una familia de argentinos se va de vacaciones con sus niños a una villa veraniega situada vagamente en algún lugar del Caribe. Una vez allí, alquilan una cabaña situada a pocas cuadras del mar. Una tarde, al regresar de la playa, los chicos encuentran junto a una palmera a un pequeño y encantador perro callejero, probablemente un chihuahua, y enseguida se encariñan con él. Los niños convencen a los padres y llevan el animal a la cabaña. Al finalizar el tiempo de descanso, la familia emprende el camino de regreso; no quieren abandonar al perrito a su suerte, así que lo ocultan en una canasta para eludir las restricciones de la Aduana y lo llevan con ellos a Buenos Aires.

Una noche la familia en pleno sale de paseo. En la casa, como siempre, se quedan el perro y un gato que ya tenían antes. Cuando vuelven del paseo encuentran señales evidentes de que hubo una pelea brava entre las mascotas. El gato está literalmente despedazado, y el perro presenta heridas por todos lados. El dueño de la casa decide llevar el perro al veterinario, y éste, tras revisarlo cuidadosamente, le pregunta alarmado: «¿De dónde diablos sacó este animal?». Desconcertado, el hombre le cuenta la historia del viaje al Caribe y la consiguiente adopción del chihuahua. «Nos pareció un perrito encantador», balbucea a falta de otras justificaciones. El veterinario, muy serio, le advierte entonces de que eso que han traído no es un perro, sino, en realidad, una rata asesina. «Hay que sacrificarla de inmediato», agrega el profesional muy seguro de lo que está diciendo.

Cuando escuché esta historia por primera vez resolví que mi incredulidad no podía ser eterna. Así que al menos esta vez decidí recorrer el espinel e interrogar directamente a quienes conocieron los hechos de cerca. Mi objetivo declarado era llegar al primer eslabón de la cadena; estaba resuelto a ir tras las huellas del probable mito hasta atraparlo en su propia cueva. Si lo conseguía, lograría que la leyenda se desvaneciera ante mis ojos de la misma manera en que se desmontó la maga de los títeres el primer día que espié detrás del biombo en el que se ocultaban los sagaces manipuladores.

Debo adelantar de entrada que el desenlace de esta búsqueda me deparó unas cuantas sorpresas. El decidido cazador en que yo me había convertido terminó siendo cazado, a su vez, por una cada vez más amplia y confusa red de relatos y narradores. En cierto escalón de mi investigación encontré incluso a un supuesto «testigo» que había oído el rumor dos veces y a través de personas que no tenían vínculo alguno entre sí. Esta virtual división en «afluentes» me produjo una lógica desorientación, ya que los periodistas, como se sabe, estamos acostumbrados a investigar siguiendo el método de comprobar las fuentes. Pero cuando esas fuentes se multiplican infinitamente como los espejos y laberintos imaginados por Jorge Luis Borges, todo se torna muy oscuro y difícil.

Ya cuando advertí que la «fuente original» del relato sobre la rata asesina se tornaba inalcanzable, decidí interrumpir las entrevistas. Era evidente que tenía una muestra significativa de los mecanismos a través de los cuales se propaga un rumor, así como de los permanentes desplazamientos y malentendidos que luego se producen. Lo hice, desde luego, sabiendo que en ningún momento se puede dar con el testimonio de un mito. Esa posibilidad, por lo demás, borraría de un plumazo las leyes básicas del género.

Jorge Halperín
Mentiras verdaderas. Buenos Aires: Atlántida, 2000, pp. 17-19

Mundo animal

Una mujer se encontró en la calle, malherido, a un perrito chiquitito, y decidió llevárselo a casa para curarlo. Al cabo de unos días, visitó al veterinario para vacunarlo y, sorprendida, escuchó el veredicto del profesional.

—¿Sabía usted que esto no es un perro? Por cierto, ¿tiene usted por casualidad un gato?

A lo que ella le respondió que sí, que tenía un gato, pero que desde hacía días no sabía por dónde paraba. A lo que el veterinario le explicó que el gato estaba en el estómago del supuesto perro, y que estaba entero. También le dijo que no era un perro, sino una mutación de una rata procedente de Brasil. Luego él le preguntó si tenía niños pequeños (ella respondió afirmativamente). El doctor le dijo que mirase si les faltaba alguna parte del cuerpo, ya que las ratas mutantes eran capaces de tragarse a un recién nacido entero.

Al perro lo acabaron matando.

Esther Elizabeth Herrera
Santa Cruz de Tenerife

TARÁNTULAS EN EL TRONCO
DEL BRASIL

A mediados de 1996, un brote de aracnofobia perturbaba la balsámica paz de las floristerías españolas. La *draconea fragans* o «tronco del Brasil» perdía su decorativa inocencia y se transformaba en un ejemplar más peligroso si cabe que la planta carnívora de *La tienda de los horrores*. He aquí lo que podía suceder a los incautos que se atrevían a importarla por su cuenta y riesgo, en palabras de un informador anónimo:

> Una chica vuelve de un país tropical con una planta de tronco grueso (una dragonera). Al cabo de unos días se oyen unos ruidos extraños en el interior, como si alguien lo raspase. Al día siguiente el tronco está hinchado, se rompe y sale una enorme tarántula. Ella, asustada, va corriendo a la casa de la vecina para que llame a la policía, los bomberos, etc., para que le quiten de allí a tan horripilante animal.

Una florista de Barcelona, M.ª del Mar Serra, nos confirma que por esas fechas algunas clientas (la mayoría de extracción humilde) solían inquietar a los empleados de su gremio con relatos similares. ¿Era posible que el tronco del Brasil (o la yuca) pudiera estar infestado de huevos de tarántula? Nuestra florista no tiene noticia de que algo así haya ocurrido jamás, a menos que las tarántulas en cuestión sean las «arañas rojas», unos bichitos inocuos que genera el tronco del Brasil al pudrirse, debidamente agigantados por un acceso de *delirium tremens*.

Sugiere M.ª del Mar Serra que la noticia podría haberla difundido algún saboteador dispuesto a reducir las ventas de esta planta

—una de las de mayor longevidad, si se sabe cuidar bien—. Sea como sea, lo cierto es que otras versiones internacionales de la leyenda llevan etiquetas que se aferran tenazmente a su forma narrativa. El año 1985, por ejemplo, se convirtió en una especie de *annus horribilis* para la cadena de supermercados británicos Marks & Spencer. Por todo Londres cundió una variante aumentada y corregida de la leyenda, que acusaba a dichos establecimientos de vender yucas que «siseaban, gemían, temblaban, se estremecían e incluso aullaban cuando uno las regaba». Se decía incluso que un equipo de especialistas de Marks & Spencer, vestidos con trajes protectores, habría tenido que llevarse las plantas infectadas mediante brazos metálicos extensibles.

Jan Brunvand ofrece algunos ejemplos en que los cactus reemplazan a la yuca como refugio de mortíferos artrópodos (tarántulas o escorpiones). En tales variantes, fechadas en los años noventa, la «víctima» suele adquirir las plantas en sucursales norteamericanas de los almacenes Ikea.

Resueltos a poner las arañas en su sitio de una vez para siempre, los directivos de Ikea y Marks & Spencer terminaron recordando al consumidor que sus plantas no eran ni mucho menos silvestres; antes bien, se cultivaban en invernaderos, se regaban como Dios manda y no se enviaban a la tienda sin cambiarlas previamente de tiesto.

A pesar de las ampollas que levanta, la referencia a establecimientos concretos no es una constante del relato; más bien parece un añadido (malintencionado o no) que se incorpora a la trama según las circunstancias en que resurge la leyenda.

Las versiones más «fieles», como las que circularon por Finlandia, Suecia y Alemania a partir de 1970, coinciden a grandes rasgos con la de nuestro informador. Una de ellas, sin embargo, constituye una rareza que no podemos pasar por alto. La recoge en 1985 el folklorista sueco Bengt af Klintberg y se puede condensar en una frase desgarradora: «*¡Mamá, el plátano me ha mordido!*». La víctima que la profiere, antes de morir, es un chiquillo que se disponía a comerse un plátano «en el que una serpiente venenosa había puesto huevos».

Como argumenta Gary Alan Fine, el tema central de estos relatos es el conflicto entre la peligrosa «jungla» y el ambiente urbano domesticado. Los troncos del Brasil, yucas, plátanos y cactus provienen de América Central, África y México, es decir, del inhóspito Tercer Mundo. Al igual que en la leyenda de *El perro extranjero*, su objetivo primordial no es otro que advertirnos de la amenaza que supone para nuestra aséptica cultura la importación de ciertos productos escasamente homologados.

Josep Sampere

NUEVOS TESTIMONIOS

Me ha encantado vuestro libro, pero creo que hay una leyenda que no está bien situada cronológicamente. Respecto al capítulo que menciono, datáis la historia «a mediados de 1996» y os puedo asegurar que es mucho más antigua, como poco de 1985. El tronco del Brasil lo conocimos en mi casa de Sant Boi cuando se lo regalaron a mi madre. Era una planta que había que meter en un bol con agua y, cuando salía la hoja, trasplantarla a una maceta con tierra. Mi madre así lo hizo. Pero un buen día entró una vecina y, al verlo, le contó a mi madre la historia de que en esa planta se criaba una araña enorme. Inmediatamente la tiró.

María José Velázquez
Lebrija (Sevilla)

EL OTRO
LADO

APARECIDOS ITINERANTES

En 1986, la agencia Europa Press difundió la noticia de que entre Bilbao y San Sebastián los fantasmas de jóvenes fallecidas en accidentes de tráfico aterrorizaban con sus apariciones a los automovilistas que circulaban por aquella zona.

Unos diez años antes, un hombre llamaba a la redacción del diario *Cataluña Exprés* para contar una experiencia escalofriante: mientras circulaba de noche por una carretera desierta, había recogido a una joven que hacía autoestop bajo la lluvia. Al cabo de pocos kilómetros, la muchacha desapareció del vehículo en plena marcha y haciendo caso omiso de las puertas cerradas. Aurora Segura, periodista de dicho rotativo, se citó con él para entrevistarle. «Tuve la impresión de que decía la verdad», recuerda. «Sin embargo, no sé por qué motivo, se echó atrás y prefirió no darme más detalles.»

Xavier Fàbregas, en su libro *Les arrels llegendàries de Catalunya*, describe otro caso parecido, situado en las inmediaciones de Manresa (Barcelona). Un conductor invita a subir a una joven que hace autoestop. Cuando se acercan a una curva, la muchacha murmura con voz angustiada: «Vaya con cuidado. Este tramo es muy peligroso. Hay muchos accidentes». Acto seguido se esfuma silenciosamente. El hombre, muy alterado, acude a un puesto de la Guardia Civil. Allí le muestran una foto de la autoestopista, le dicen que se mató en aquella misma curva cosa de un año atrás, y que tienen archivadas casi una docena de denuncias. «Hará siete u ocho años, esta historia gozó de mucho crédito», termina diciendo Fàbregas. «Algún periodista se propuso investigarla a fondo. Luego lo dejó correr.»

A pesar de la frecuencia con que la prensa española y extranjera se ha hecho eco de tales apariciones, nadie ha publicado todavía un atestado auténtico, con fotos incluidas, procedente de los archivos de la benemérita. Para encontrar una ficha completa de esos pálidos espectros que embrujan la red viaria, debemos remitirnos a los índices de motivos tradicionales. En ellos figuran desde hace unos cincuenta años bajo la clave E332.3.3.1 y el nombre genérico de *The Vanishing Hitchhiker*: la autoestopista que desaparece.

Ejemplo clásico de «cuento de fantasmas» tradicional adaptado a un marco contemporáneo, la autoestopista del más allá ha visto renacer su fama planetaria al ser utilizada nada menos que de fantasma-anuncio en *spots* de coches y pantalones tejanos.

Como sucede con los santos locales y sus ermitas, cada municipio dispone de una autoestopista particular, cuyas apariciones se vinculan a una «curva de la muerte» de las cercanías. Enumeremos al azar algunos de estos tramos malditos: el puerto del Ragudo (Castellón), las curvas de l'Arrabassada (Barcelona), la «curva de la Viuda» (Ceuta), la carretera de Ojén (Málaga), la curva de Majadahonda (Madrid), La Laguna (Tenerife), las Siete Revueltas de Navacerrada (Madrid), el puerto de El Bruc (Barcelona), la curva de La Palanca (Álava).

A diferencia de los espectros de la literatura gótica, truculentas sombras ensangrentadas, las autoestopistas del otro mundo poseen una corporeidad capaz de engañar al conductor más pintado. Es más, incluso pueden dejar vestigios de su presencia, como un tenue perfume o un charco de agua si han perecido ahogadas. Aunque suelen ser de pocas palabras, el comportamiento que muestran nunca delata su origen «sobrenatural». Matías Morey, socio de la Fundación Anomalía, nos envía amablemente un retrato hiperrealista de una de ellas, extraído del libro *Mallorca mágica* (1987) de Carlos Garrido. En esta ocasión, la joven se aparece en la carretera vieja de Sineu (Mallorca):

> (...) Era una muchacha con un abrigo de corte militar, muy ancho y desgarbado, que aparentemente le hacía señas para que la recogiera. (...) Al arrancar, nuestro hombre la miró de reojo, sólo contando con las leves luces del tablero de mando. Tenía los cabellos en gran desorden. Una de las man-

gas estaba rota por dos sitios, y la expresión de sus ojos, aunque no tenía nada extraordinariamente anormal, era como de miedo sordo. (...) Tenía unas manos muy delgadas y blancas que dejaba caer sobre el asiento delantero como si estuviese en alerta constante. Entonces, el conductor se percató —y ese detalle no lo olvidaría nunca— de que entre la mata de pelo desgreñado que a ella le caía a ambos lados del rostro, había una hoja seca de pinaza confundida entre sus cabellos. (...)

La personalidad y conducta de los aparecidos itinerantes están sujetas a variaciones. La catalogación más temprana de todas ellas la debemos a los folkloristas norteamericanos Richard K. Beardsley y Rosalie Hankey. En un estudio imprescindible que data de 1942/43, publicado en la revista *California Folklore Quarterly*, ambos estudiosos analizaron a fondo un total de 79 relatos procedentes de diversos puntos de los Estados Unidos. Finalmente llegaron a la conclusión de que las leyendas de autoestopistas fantasmales se presentaban en cuatro formas básicas. A su entender, habría una versión «originaria», de procedencia ignota, de la cual descenderían las demás variantes. Ellos la denominan Versión A y la describen en los siguientes términos: «La autoestopista da una dirección, mediante la cual el conductor descubre que ha recogido a un fantasma».

Este enunciado podría ampliarse ligeramente para dar cabida a las numerosas versiones españolas y europeas que difieren algo de él. Como en el relato de Xavier Fàbregas citado más arriba, la mayoría de las veces el conductor toma la iniciativa y descubre la identidad fantasmal de la autoestopista gracias a una foto de los archivos policiales. Otra divergencia respecto a los relatos norteamericanos es que las autoestopistas del viejo continente suelen avisar, antes de esfumarse, de que se aproxima una curva peligrosa o bien revelar directamente que encontraron allí la muerte. Lo volvemos a ver en el ejemplo que nos manda la malagueña Rocío Vázquez, situando el encuentro en un fatídico punto negro de la carretera de Ceuta:

Una misteriosa chica con el rostro pálido y los vestidos raídos es recogida por un conductor. Tras una breve conversación, la chica le avisa de que tenga mucho cuidado, momentos antes de llegar a la famosa «curva de la Viuda», porque ella se había matado allí mismo. En ese mismo instante, la joven desaparece ante la mirada perpleja del conductor.

Con la reglamentaria visita al cuartelillo culmina también el relato que nos manda Mónica Gracia, de Rentería (Gipúzkoa), basándose en el «testimonio» de un hombre que se dirigía de Zarautz a Orio, por una carretera de la costa guipuzcoana donde se habían producido numerosos accidentes mortales:

(...) De repente, a dos metros de su coche y bajo la lluvia, apareció una chica joven, con el cabello largo hasta la cintura, empapada de arriba abajo. El hombre paró bruscamente y salió del coche. Extrañado, se acercó hasta la chica; ella tenía la mirada perdida y el conductor supuso que estaba en estado de shock. ¿Te puedo ayudar? —le dijo— ¿Puedo acercarte a algún sitio? Ella, sin mediar palabra, hizo un gesto afirmativo con la cabeza y accedió a montarse en el coche. (...) En una de las rectas de la carretera, un coche se aproximó de frente a gran velocidad (...) y deslumbró fuertemente al conductor. Éste dio un volantazo y frenó justo en el instante antes de caer en un barranco. Cuando se recuperó del susto, miró hacia la derecha para preguntar a la chica cómo se encontraba, pero ella había desaparecido. En su lugar había un pequeño bolso, que ella llevaba en la mano. Al día siguiente se acercó a la comisaría para devolver el bolso y todo lo que contenía. Dentro había un pasaporte a nombre de una chica. Tras buscar su nombre le dijeron que había fallecido años atrás en un accidente de circulación. Posiblemente en la carretera entre Orio y Zarautz (...) Actualmente, el conductor lleva internado desde hace dos años en la clínica mental Santa Águeda, de Mondragón.

Este ejemplo es particularmente minucioso, ya que contiene el detalle del «objeto olvidado en el coche» (referencia 3.3.1 en el *Índice de tipos y motivos de cuentos tradicionales de Inglaterra y Norteamérica*, de Ernest Baughman), e insinúa el carácter ambivalente del personaje de la autoestopista.

En algunas ocasiones, como en la adaptación literaria de la leyenda que incluye el folklorista y escritor Bienve Moya en su libro *Lle-*

gendes i contes catalans per ser explicats, el objetivo primordial del fantasma parece ser el de evitar un accidente. En otras, como en el relato de nuestra informadora, se deja entrever su condición maléfica, puesto que el conductor enloquece a raíz del encuentro. Hay casos en que la malignidad del fantasma se halla en estado latente, como en este ejemplo anónimo de Badajoz:

> En una de las curvas más peligrosas que existen en la M-30 madrileña dicen que se aparece el fantasma de una joven vestida de blanco que hace autoestop. Si el conductor no la recoge, será víctima de un accidente mortal a los pocos metros.

Y hay otros casos en que se trata claramente de una dama diabólica. Nos lo confirma el escritor Alfredo Bryce Echenique, en su novela *Reo de nocturnidad*, ubicando el encuentro en el puente de Palavas, de Montpellier (Francia):

> (...) me repetía con voz amenazadora la leyenda de aquella mujer de larga túnica blanca, que paraba a los autos en aquel puente y pedía ser transportada a algún determinado lugar. Todos los hombres que la invitaban a subir, seducidos por sus encantos, se estrellaban antes de llegar a Montpellier y morían. De la famosa dama, en cambio, no se volvía a saber hasta su próxima aparición.

Acaso no sea ninguna coincidencia que los espectros más diabólicos de la familia vistan de blanco. Este detalle parece sugerir que ciertas autoestopistas de la leyenda podrían haber sufrido la aciaga influencia de la «Dama de Blanco», figura del folklore universal que merodea por puentes, acantilados y otras elevaciones e invita a los viajeros a bailar con ella. Si se niegan a concederle el favor, el siniestro personaje los arroja al vacío sin contemplaciones.

Sea como sea, lo cierto es que las leyendas de aparecidos itinerantes recogen y modernizan diversos temas y personajes del mundo imaginario tradicional. «Los fantasmas de las autoestopistas», nos indica Victoria Cirlot «son el equivalente contemporáneo de las hadas». En efecto, al igual que las hadas, estas visiones de la carretera se hallan revestidas de facultades mágicas: pueden aparecer y desaparecer a voluntad, evitar accidentes o provocarlos. Ello las convierte en personajes ambiguos, en deidades benéficas o maléficas, según el humor de que se encuentren. Asimismo, desempeñan el papel de intermediarias entre el mundo de los vivos y el de los muertos, poseyendo así el temible poder de anunciar la existencia del «más allá», noticia que puede afectar gravemente la cordura de muchos «testigos». En lugar de aparecerse en bosques lúgubres, como las hadas de cuento, se dejan ver en noches lluviosas, por carreteras oscuras y serpenteantes: espacio de sombras entre luces, paisaje igualmente idóneo para la manifestación de lo fantástico.

La antropóloga italiana Laura Bonato establece una ingeniosa correspondencia entre la lluvia y la mítica «agua de la vida», sugiriendo que el baño en este elemento alquímico parece indispensable para devolver el soplo vital a la difunta. De guiarnos por su razonamiento, advertiremos que las *vanishing hitchhikers* recuerdan también a los espíritus de los cuentos de fantasmas tradicionales: ánimas en pena condenadas a vagar por los parajes donde encontraron la muerte; jóvenes fallecidas el mismo día de su cumpleaños o de su boda, que conmemoran la fecha con un fugaz regreso a este mundo; madres espectrales que piden ayuda para salvar a sus hijos atrapados en el coche donde ellas acaban de morir. O hermosos y becquerianos espectros femeninos que se esfuman tras hacer el amor con el automovilista, dejando una nostalgia incurable en su pobre corazón. Variantes todas ellas clasificadas minuciosamente en el *Índice* de Ernest Baughman.

Volvamos al estudio de Beardsley y Hankey. La Versión B de la leyenda engloba una serie de espectros algo más circunstanciales: ancianas, monjas o santas que se aparecían para vaticinar catástrofes o anunciar el fin de la Segunda Guerra Mundial.

En un artículo de la revista *Communications*, Frédéric Dumerchat cita numerosos ejemplos de esta índole y los compara con sus variantes modernas, donde abundan los profetas viajeros que predicen el fin del mundo. Por su parte, Lydia M. Fish analiza el peregrinaje de un fantasma visionario que recorría Norteamérica a principios de los años setenta: se trataba de un joven vestido de blanco, con indumentaria hippy, que pronosticaba la inminente segunda venida del mismísimo Jesús.

La Versión D comprende casos aún más limitados: la aparición de autoestopistas que resultan ser divinidades locales, como la diosa Pele de la mitología de las islas Hawai, a la que nadie debe dejar en la cuneta bajo pena de terribles desgracias.

La Versión C, en cambio, coincide punto por punto con una serie de leyendas que han circulado ampliamente por Europa y el mundo entero. Vale la pena reproducir el resumen que hacen de ellas Beardsley y Hankey, puesto que las múltiples versiones que nos han llegado lo siguen al pie de la letra: «Un joven conoce a una chica durante una fiesta, en una discoteca, etc., en lugar de encontrarla en la carretera; ella deja alguna prenda (a menudo la chaqueta que le prestó el joven) sobre la tumba donde está enterrada, para corroborar la experiencia y probar su identidad».

> Durante uno de los múltiples guateques que se celebraban en casa de una familia acomodada (que habitaba por aquel entonces en la zona de Carranquer), el hijo menor de la familia se fijó en una joven que iba completamente vestida de blanco...

Así empieza una Versión C que nos manda Sonsoles García, de Málaga. La pareja estuvo bailando sin parar,

> pero ella no dijo ni una palabra en toda la velada. Cuando llegó la hora de la despedida, el joven llevó a la chica hasta su casa en la moto, y como tenía frío, le dejó la chaqueta. Al día siguiente el joven acudió a la casa donde la noche anterior dejara a la chica, con la intención de recuperar su chaqueta, pero la madre de la chica le informó de que ésta había fallecido hacía ya diez años. El joven no podía creerlo, así que fue al cementerio de San Miguel para convencerse. Allí encontró su chaqueta, correctamente doblada sobre la tumba de la chica.

En su libro *99 leggende urbane* Maria Teresa Carbone recoge una variante digna de Edgar Allan Poe: el protagonista conoce a la joven en un bar y le salpica de café la ropa. Más adelante, cuando abran su ataúd, descubrirán que el cadáver tiene una mancha en el vestido.

Dos autores españoles harto dispares nos ofrecen aún más pruebas del arraigo de esta versión en nuestro acervo folklórico. El primero es el escritor Max Aub, que la convierte en un relato cuyo título ya suelta prenda del desenlace: *La gabardina*. Lo encabeza una dedicatoria que también habla por sí misma: «A mi novia, que me lo contó».

El segundo es el padre José María Pilón, infatigable parapsicólogo ya citado en otros lugares de esta obra. En su libro *Lo paranormal, ¿existe?* (1996), nuestro detective de lo sobrenatural asegura haber oído el relato, como si fuera verídico, de boca de un «íntimo amigo del protagonista». Finalmente, el misterio se resolverá de un modo prosaico: «Mientras esperaba en la antesala de un dentista», cuenta el padre Pilón, «encontré sobre la mesita de revistas un número atrasado de *El Caso* —aquel periódico que, por entonces, se publicaba con historias truculentas y hechos espeluznantes— y en la página segunda, en un recuadro, aparecía esta misma historia, inventada por un lector que la presentaba al concurso que dicho periódico había convocado, y que en aquella ocasión había resultado premiada (...)».

Sin ánimo de pecar de impertinentes, querido padre Pilón, nos parece como mínimo disparatado atribuir la autoría de una Versión C a un lector de *El Caso*...

Tras este repaso de las andanzas españolas de los aparecidos itinerantes, es nuestro deber constatar la abrumadora universalidad de la leyenda. En la lista de países visitados por las autoestopistas evanescentes figuran Estados Unidos, Canadá, Cuba, México, Guatemala, Argentina, Italia, Suiza, Suecia, Finlandia, Francia, Alemania, Austria, Inglaterra, Yugoslavia, Rumanía, Argelia, Egipto, Israel, Sudáfrica, Guam, Hawai, India, Malasia, Pakistán, Japón, Corea y Taiwán.

Si la difusión de estos relatos es abrumadora, aún lo es más su antigüedad. En un importante estudio titulado *The Phantom Hitchhiker: Neither Modern, Urban, Nor Legend?* Gillian Bennet aporta datos decisivos que ponen en tela de juicio el carácter «urbano», «moderno» y «legendario» de las historias de fantasmas autoestopistas:

> Un repaso a la literatura «de fantasmas» pone en evidencia que el relato
> del «espectro que hace autoestop» ha venido transmitiéndose sin descanso

—argumenta Bennet—, pero despierta la duda de que sea esencialmente urbano, y demuestra que no se cuenta invariablemente como si de una leyenda se tratase. Algunos indicios sugieren asimismo que tampoco es una historia particularmente moderna. La encontramos, por ejemplo, en *Lord Halifax's Ghost Book*, antología que contiene otros cuentos (y por razones intrínsecas nos inclinamos a pensar que el que nos ocupa no es otra cosa) que ya se narraban unos cien o ciento cincuenta años antes de la publicación del volumen. Un episodio muy parecido figura en una larga narración incluida en las *Miscellanies de Aubrey* (1969) y en el *Pandemonium: Or the Devil's Cloister de Bovet* (1684).

En otro estudio fundamental, titulado precisamente *The Vanishing Hitchhiker*, el profesor Jan Brunvand redunda en las conclusiones de Bennet, al afirmar que las historias de autoestopistas espectrales son de las pocas leyendas de género sobrenatural que derivan claramente de antiguos cuentos de fantasmas errantes. Según su tesis, la incorporación del automóvil parece haber sido decisiva para convertir dichos cuentos del pasado en relatos contemporáneos de una movilidad y un atractivo enormes. Tras consignar numerosos ejemplos modernos, Jan Brunvand localiza una leyenda que constituye otro claro antecedente de los relatos de autoestopistas que desaparecen. La recogió Catherine S. Martin en 1943, al oírla contar a su madre, quien de niña vivía en las inmediaciones de Nueva York. El relato, sin embargo, ya circulaba allá por 1890. Los protagonistas no eran conductores, sino jóvenes jinetes que se dirigían a una fiesta. Cuando pasaban por cierto bosque de las proximidades de Delmar (Nueva York), el fantasma de una muchacha se montaba de un salto en la grupa de su caballo y desaparecía al terminar el viaje. La muchacha, en vida, tenía fama de celosa, pero nunca causaba ningún daño, salvo agarrarse fuerte a los jinetes y echarles al cuello su aliento glacial.

En la obra *The Evidence for Phantom Hitch-hikers*, un intento curioso —y convincente— de demostrar que algunos casos contados de autoestopistas fantasmales pudieran ser experiencias auténticas, el escritor británico Michael Goss menciona un precedente aún más antiguo de la leyenda. Se trata de un texto de 1602 que figura en un manuscrito de Joan Petri Klint conservado en la biblioteca de Linköping (Suecia). Los viajeros, en este caso, son un vicario y dos granjeros que se desplazan en trineo y recogen a una joven «encantadora» que viste como una sirvienta. Cuando se detienen a comer en un albergue, la chica pide tan sólo una cerveza. A partir de entonces empiezan los portentos: las bebidas del trío se transforman respectivamente en malta, bellotas y sangre. Acto seguido, la muchacha vaticina un año de prosperidad, pero al mismo tiempo «de guerras y peste». Dicho esto, desaparece.

Como desapareció también el apóstol Felipe unos dos mil años atrás, convirtiéndose posiblemente en el primer aparecido itinerante de la historia. El episodio —lo señala Lydia M. Fish— se encuentra en Hechos de los Apóstoles, 8,26-39:

> El ángel del Señor habló a Felipe diciendo: «Levántate y marcha hacia el mediodía por el camino que baja de Jerusalén a Gaza. Es desierto». Se levantó y partió. Y he aquí que un etíope eunuco, alto funcionario de Candace, (...) regresaba sentado en su carro, leyendo al profeta Isaías. El espíritu dijo a Felipe: «Acércate y ponte junto a ese carro». Felipe entonces (...) se puso a anunciarle la buena nueva de Jesús.
>
> Siguiendo el camino llegaron a un sitio donde había agua. El eunuco (...) mandó detener el carro. Bajaron ambos al agua, Felipe y el eunuco; y lo bautizó, y en saliendo del agua, el Espíritu del Señor arrebató a Felipe y ya no le vio más el eunuco, que siguió gozoso su camino.

Josep Sampere

NUEVOS TESTIMONIOS

La persona que me contó esta historia me aseguró que se la había oído contar a un par de camioneros de un bar de carretera de la zona de Valencia. Una chica vuelve del trabajo en coche. Por el camino recoge a una autoestopista que dice llamarse Luisa. Es joven, de cabello largo y oscuro, y viste una minifalda y una blusa blancas. Charlan sobre cosas triviales hasta que Luisa pide a la conductora que pare, ya que su lugar de destino está cerca. Tras despedirse la chica continúa conduciendo y vuelve a casa, con sus padres y su hermano. Poco tiempo después la conductora vuelve a recoger a Luisa en la misma zona de la carretera. Sin embargo, hay algo que ha cambiado. La autoestopista parece ahora más vieja, aunque viste la misma ropa que en la ocasión anterior. Esta vez no hablan tanto, y la chica vuelve a pararse en el mismo sitio. Al cabo de pocas semanas la conductora vuelve a encontrar a la autoestopista. Esta vez realmente aparenta ser una mujer mayor. Vuelven a hacer el camino juntas, y al ser preguntada sobre su cambio, Luisa responde que es la conductora la que «la mira con malos ojos». Poco después se apea en el lugar de siempre. La siguiente vez que la conductora ve a Luisa se encuentra con una anciana ante sus ojos. Para el coche, pero esta vez discuten y no hacen el viaje juntas. Cuando la conductora vuelve a casa, sus padres cuentan que una anciana les ha preguntado por ella a la misma hora del encuentro.

Anónimo
Málaga

Un chico joven coge el metro para volver a su casa después de las clases en la facultad de Biológicas en la Universidad Complutense de Madrid. Durante el trayecto una chica muy guapa le mira fijamente, con interés, como si le gustara, y él se acerca a ella y entablan conversación.

Bajan en una estación del centro para tomar unas copas y continuar charlando. El chico está entusiasmado con la chica, le gusta muchísimo y no quiere que pase el tiempo. No quiere perderla. Pasan más de tres horas. Se hace tarde y ella comienza a estar nerviosa, tiene que irse.

Salen del local donde primero han tomado cervezas, luego café. Él quiere acompañarla e intenta convencerla por lo tarde que se ha hecho. Hay poca gente ya por la calle. Hace frío. Ella se zafa, no quiere que él la acompañe, ya se verán otro día. Él le pide el teléfono. Ella contesta que no tiene, pero que apunte el de él para así llamarle y poder quedar al día siguiente. Se despiden. Él le da un beso suave en la boca y ella se aparta un poco pero le roza los labios. Parece que tiembla. Él se quita la bufanda y la coloca con ternura alrededor del cuello de ella. Ella no la rechaza. Sonríe. Te la devolveré pronto. No te preocupes por eso. Bajan al metro y cada uno toma una línea diferente. Adiós. Hasta mañana, ¿sí?... Sí.

Él llega a su barrio. Camina hacia su casa embobado, pensando en ella, cómo le gusta. Pocos metros antes de su vivienda le despiertan de su ensoñación luces azules, amarillas y rojas que ciegan los ojos. Oye el sonido de sirenas y ve coches de bomberos, policía, ambulancias. Corre. No le dejan pasar. Un incendio ha destruido su casa. Su familia ha sido trasladada al hospital en un estado grave, le dicen, aunque después supo que no sobrevivieron ni su padre, ni su madre ni su hermano. Él vivió. Se quedó solo, pero vivió.

La chica nunca le llamó por teléfono. Él se acordó de ella a pesar del tremendo golpe y de la gran tristeza que le invadía. Un día, fue a visitar las tumbas de sus allegados. Algo le llamó la atención: algo visible de color marrón oscuro estaba en una tumba cercana. Se acercó con cierta curiosidad. Y allí estaba, la cara de su amada en una fotografía presidiendo la lápida, junto a un nombre, su nombre, Sonia, muerta tres años atrás, con 20 años, estudiante de Biológicas, en la flor de la vida, no te olvidamos. Encima del mármol que cubría su tumba estaba bien doblada, inconfundible, con las dos iniciales de él, F. C., la bufanda de lana suave, marrón oscura, la que le regaló su madre la última Navidad.

Nota. Esta historia me la contó un amigo mío y le pasó a él.

Ana Isabel Pérez
Madrid

Hay una versión de la desaparecida que no encuentro en vuestro libro. La historia se sitúa en L'Ateneu Santboià, una sala de baile donde se escoge todavía a la *pubilla* (especie de Miss Sant Boi), que, a la vez, hace las veces de discoteca. Una noche un chaval estaba en el baile y se le acercó una chica guapísima que lo sacó a la pista. Estuvieron juntos toda la noche. La chica le pidió la chaqueta a él (era una americana a cuadros) para ponérsela sobre los hombros. Al despedirse, ella le propuso que fuera a buscarla a su casa al día siguiente para devolverle la prenda. Cuando el chico fue a buscarla, le abrió la puerta su madre y le contó que su hija llevaba dos años muerta. Él no podía dar crédito a sus palabras y la madre menos a la historia del chaval, así que decidieron ir juntos a visitar la tumba. Al llegar, vieron que la lápida estaba movida. Cuando terminaron de abrirla se encontraron a la chica como si estuviera dormida y con la chaqueta de cuadros puesta.

MARÍA JOSÉ VELÁZQUEZ
Lebrija (Sevilla)

La historia que me contaron trata de una mujer, de mediana edad, morena, que circulando como pasajera de un taxi en la carretera de Ojén, cerca de Marbella (Málaga), tuvo un accidente en el que supuestamente murió. Después de esto, desde su muerte, que ocurrió hace bastantes años, no recuerdo cuántos, en la curva en la que su coche se salió de la carretera, se aparece a determinadas personas de vez en cuando. Siempre aparece cuando el día es lluvioso. En los días de tormenta, en los que la visibilidad es prácticamente nula, se instala en la parte trasera del coche como una pasajera más. Permanece un rato en el coche sin hablar, hasta que rompe su silencio cuando llega al lugar en el que tuvo el accidente y dice: «¡Ten cuidado con esa curva, porque aquí fue donde vi la muerte!». Entonces, en ese momento, dicen que un rayo aparece en el cielo y después la mujer desaparece. Es un relato que he escuchado siempre en la zona donde vivo, y se ha utilizado como aviso ante los múltiples accidentes que se han dado en ese tramo de carretera. La mujer aún continúa apareciéndose a los conductores que conducen de madrugada en una noche de tormenta... Este relato me lo contó un viejo amigo de mi padre justo cuando pasamos por primera vez por la llamada «curva de Ojén».

SARA ROMERO TORTOSA
Marbella

TELETRANSPORTADOS
A DONDE VIDAL

El 3 de junio de 1968, el diario *La Razón* informaba que un matrimonio de apellido Vidal-Raffo, que viajaba en automóvil desde Chascomús hasta Maipú —en la provincia de Buenos Aires (Argentina)—, había perdido la conciencia al entrar en un banco de niebla. Cuando volvió en sí, la pareja se encontraba en Ciudad de México.

Según información facilitada por Matías Morey, miembro de la Fundación Anomalía, pese a que nadie logró entrevistar al matrimonio, *La Razón* comenzó a publicar noticias cada vez más detalladas sobre el suceso. Así, el caso se relacionó con Martín Rapallini, supuesto familiar de los Vidal, quien declaró desconocer el asunto. Pero el diario tomó la negativa de Rapallini como una confirmación de sus fundadas sospechas, pues «existe una estricta prohibición de difundir lo sucedido».

Al parecer, el único «testigo» indirecto de lo acontecido era un joven —presunto pariente de los Vidal— que fue entrevistado en el *talk show Sábados circulares de Mancera*, uno de los programas de televisión más populares de Argentina.

Durante años, el matrimonio Vidal alcanzó tal notoriedad que su viaje fantástico se hizo célebre, ya no sólo en Buenos Aires, Mendoza o Córdoba, sino también en San Miguel de Tucumán, Puerto San Julián o Santa Rosa. De aquí y de allá surgían personas que decían haber conocido en vida a los Vidal y que culpaban a los ovnis de su viaje relámpago. Estaban en lo cierto.

En 1996 el cineasta Aníbal Uset reconocía haber fabricado la noticia con la ayuda de un periodista y de dos amigos vinculados al mundo del espectáculo con el propósito de promocionar la película *Che, ovni,* una comedia que se estrenaría ese mismo año (1968).

En el filme dirigido por Uset, un cantante de tangos era secuestrado por un platillo volante que lo teletransportaba —con coche y todo— hasta Madrid. El protagonista, papel que recayó en el actor Jorge Sobral, iba acompañado por una deslumbrante autoestopista a la que había recogido con su Peugeot 404 blanco —como en el «caso Vidal»—, mientras que el «testigo» que había dado la cara en el programa *Sábados circulares de Mancera* era en realidad un actor secundario.

Por lo demás, la trama no tenía desperdicio. El interés extraterrestre por el cantante argentino y su bella acompañante no era banal: los alienígenas, programados para trabajar sin descanso, necesitaban de cierta cuota de haraganería para equilibrar su temperamento.

La película fue un fracaso y sólo años después fue encumbrada por algunos cinéfilos por su desmedido surrealismo y su «humor involuntario». Su director, Aníbal Uset, tras ser requerido por Alejandro Agostinelli —el argentino que llevó a cabo la investigación que aquí se relata— para que explicara por qué había ocultado la invención de esta leyenda durante treinta años, manifestó: «Vino tanta gente a contarme que había conocido a los Vidal que empecé a dudar. Es más, la confusión fue tan grande que llegué a pensar que nuestra historia coincidió con algo que realmente había pasado».

Desde entonces, las variantes de esta leyenda urbana se han multiplicado por doquier —sobre todo, en España y Sudamérica—, con lo que modestos utilitarios han superado con creces las expectativas de sus fabricantes y recorrido enormes distancias economizando combustible al máximo.

El alucinante padre José María Pilón, una especie de jesuita que combate con ardor a los replicantes que a veces nos manda el cielo, recogía el siguiente testimonio en su libro *Lo paranormal, ¿existe?*:

Un matrimonio de recién casados decidió hacer su viaje de novios a Granada. Al llegar a Bailén, decidieron repostar gasolina. Al intentar pagar, el empleado de la estación de servicio les rechazó el dinero aduciendo que tenían que hacerlo con la moneda del país. Asombrados por estas palabras, preguntaron en qué lugar se encontraban. «En Santiago de Chile», les respondió el señor. ¡Asombro total! Recordaban cómo, al superar Despeñaperros, se vieron envueltos en una extraña niebla, por otra parte bastante frecuente a esas alturas de Derroñadas. (...) A consecuencia tuvieron que ser internados durante una temporada en una clínica aquejados de un fuerte shock nervioso.

Es más —continuaba el infatigable padre Pilón—, en cierta ocasión, en una cena con unos amigos, me aseguraron que en la embajada de España en Santiago de Chile se encontraba, precintado, el automóvil en cuestión. ¡Hubiera sido una prueba absolutamente fehaciente de la autenticidad del hecho! Como, por entonces, un antiguo alumno mío del colegio de Areneros de Madrid se encontraba de secretario en la embajada de dicha capital, le escribí pidiéndole que me confirmara el «hecho». ¡Absolutamente falso! No había ni noticias del tal automóvil ni de la realidad del suceso en cuestión. Todo pura fabulación... Es decir, un caso más de contagio psíquico.

Pues bien, la lista de «contagiados» es mucho más extensa de lo que podría pensar el padre Pilón. Según hemos constatado a lo largo de la realización de este libro, la historia del automóvil fantástico se conoce en Madrid, Barcelona, Bilbao, Castellón y Málaga. Desde la capital vizcaína, por ejemplo, Joana Artega nos hace llegar el siguiente relato:

Un matrimonio de recién casados comienza su luna de miel. Van en coche en dirección norte desde un pueblo del sur de León. Al llegar a La Bañeza les sorprende una densa niebla que les impide ver más allá de dos metros. Apenas pasan cinco minutos dentro de esta niebla pero, al salir, sorprendentemente, se hallan en la región portuguesa de El Algarve.

Otra versión parecida nos la ofrece José Manuel Vigo Sánchez desde Benamocarra (Málaga):

Un joven matrimonio circula con su coche por una carretera de una zona rural de Sevilla en dirección a la capital hispalense. El coche comienza a tener problemas hasta que se avería. Como es de noche, deciden continuar andando hasta algún lugar donde solicitar ayuda. A los pocos minutos, empieza a soplar un fuerte viento y se ve un gran resplandor en el cielo. La pareja se asusta, pero, al poco tiempo, desaparece tanto el fuerte viento como el resplandor y reanudan la marcha. Poco después ven a lo lejos las luces de una ciudad y una indicación que dice: Santiago de Chile 5 km. La pareja, al carecer de dinero para volver a España y presa de una fuerte conmoción, decide acudir a la embajada española en Chile en busca de ayuda.

Otras versiones, igual de precisas, sitúan al automóvil en la carretera que une Madrid con Toledo o en la que enlaza Onda y Castellón, mientras que el destino oscila entre México y Santiago de Chile. Normalmente los vehículos atraviesan un túnel o son envueltos por una densa niebla. En ocasiones, para tranquilizarse, deciden parar en una gasolinera y descubren que hay que pagar con cruceiros, esto es, que acaban de aterrizar en Brasil.

El hecho de que esta leyenda se muestre muy resistente al paso del tiempo tal vez pueda relacionarse con el folklore popular y el auge de la ciencia ficción. Joan Guillamet, en *Bruixeria a Catalunya,* cuenta en *Un viaje rápido* cómo una bruja llamada Savanna se introdujo en una barca de pescadores que iba de Cadaqués a Rosas a vender fruta, para al poco tiempo desaparecer. Al volver, se encontraron con que Savanna ya había estado en Rosas y había vendido sus peras.

Para averiguar si, brujas al margen, este tipo de viajes tenían precedentes históricos fuimos a hablar con Victoria Cirlot, profesora de Literatura Medieval en la Universidad Pompeu Fabra de Barcelona e hija de Juan Eduardo Cirlot, autor del imprescindible *Diccionario de símbolos.* Victoria, efectivamente, había oído la leyenda del automóvil prodigioso en Perú y su narración coincidía con el resto de relatos recopilados, sólo que en este caso el «aterrizaje» se había producido en Brasil, razón por la que se exhortaba a los ocupantes del vehículo a pagar la gasolina con cruceiros.

Para Victoria Cirlot, esta leyenda informa sobre la necesidad de transgredir las fronteras de lo real. Bajo ese punto de vista y, sin pretender emular a Freud, el insólito destino de la luna de miel no dejaba de ser el viaje soñado —El Algarve, Brasil, Santiago de Chile,

México—, un lugar a la altura de la felicidad que embargaba a los cónyuges y que abría de par en par las puertas de un «nuevo mundo».

Por otra parte, Stith Thompson recoge en su índice de los motivos más recurrentes de la literatura tradicional que «la niebla mágica que provoca invisibilidad», «la niebla mágica que lleva a una persona a perderse» o «el ascenso al cielo en una nube» tienen precedentes en el folklore irlandés e indio.

De hecho, su periódica puesta al día guarda relación con el auge de un género, la ciencia ficción, que ha sabido sacar partido como nadie de puertas dimensionales, extrañas tormentas, nieblas que envían barcos al pasado y túneles que conectan con el cielo.

Valga recordar al respecto a *Star Trek* y a su famosa campana de vidrio o a una película más reciente como *Julia y Julia* (1987), en la que una mujer ignorada por su marido es transportada a otra dimensión en la que conocerá a un hombre muy fogoso con el que mantendrá un apasionado idilio.

También en *El experimento Filadelfia* (1984) se recoge la historia de un barco que, tras una aparatosa tormenta, es transferido al pasado, mismo caso que *El final de la cuenta atrás* (1980), cuando un moderno portaviones norteamericano es atrapado por una distorsión temporal y aparece en 1941 en vísperas del ataque japonés a Pearl Harbour.

En resumidas cuentas, la idea de proyectarnos mentalmente hacia el pasado o hacia el futuro, de hacer volar nuestros sueños más allá del presente, es casi una necesidad vital a la que sólo muy recientemente se le ha puesto un pero: no tener dinero con que pagar la gasolina.

Antonio Ortí

NUEVOS TESTIMONIOS

Alguna vez he oído en la TV o igual me lo ha dicho alguien. No recuerdo exactamente; pero el caso es que alguien iba en su coche conduciendo y de repente se encontraba en la situación de que estaba en otro país o en otro lugar diferente al que la persona se dirigía. Si por ejemplo iba por una carretera de Madrid a Toledo, se daba una especie de lapsus espacial (sic) y aparecía en México. Y se bajaba del coche y preguntaba a la gente si en realidad estaba allí. Cuando llamaban a su familia, no se lo podían creer, porque en cuestión de minutos estaba en otra parte del mundo. Incluso luego tenía de volver (sic) a España, o donde fuese, en avión, barco, etc.

AINHOA
Leoa

Nota de los autores: el lector interesado en la casuística de la «teleportación» puede consultar el exhaustivo trabajo realizado a cuatro manos por Alejandro César Agostinelli y Luis R. González Manso: *Coches voladores a estrenar: fraudes, rumores y ciencia-ficción.* Lo encontrará en el archivo de la revista electrónica *Micromegas,* editada por la Fundación Anomalía:

http://micromegas.webcindario.com/agostinelli01.pdf

MISCELÁNEA

ROBOS POR EQUIVOCACIÓN

Estamos en el comedor estudiantil de una universidad alemana. Una alumna rubia e inequívocamente germana adquiere su bandeja con el menú en el mostrador del autoservicio y luego se sienta en una mesa. Entonces advierte que ha olvidado los cubiertos y vuelve a levantarse para cogerlos. Al regresar descubre con estupor que un chico negro, probablemente subsahariano por su aspecto, se ha sentado en su lugar y está comiendo de su bandeja. De entrada, la muchacha se siente desconcertada y agredida; pero enseguida corrige su pensamiento y supone que el africano no está acostumbrado al sentido de la propiedad privada y de la intimidad del europeo, o incluso que quizás no disponga de dinero suficiente para pagarse la comida. (...) De modo que la chica decide sentarse frente al tipo y sonreírle amistosamente. A lo cual el africano contesta con otra blanca sonrisa. A continuación, la alemana comienza a comer de la bandeja intentando aparentar la mayor normalidad y compartiéndola con exquisita generosidad y cortesía con el chico negro. Y así, él se toma la ensalada, ella apura la sopa, ambos pinchan paritariamente del mismo plato de estofado hasta acabarlo y uno da cuenta del yogur y la otra de la pieza de fruta. Todo ello trufado de múltiples sonrisas educadas, tímidas por parte del muchacho, suavemente alentadoras y comprensivas por parte de ella. Acabado el almuerzo, la alemana se levanta en busca de un café. Y entonces descubre, en la mesa vecina detrás de ella, su propio abrigo colocado sobre el respaldo de una silla y una bandeja de comida intacta. Dedico esta historia deliciosa, que además es cierta, a todos aquellos españoles que recelan de los inmigrantes y les consideran individuos inferiores. (...)

Rosa Montero
«El negro». En *El País, 17/5/05*

COMPARTIR POR EQUIVOCACIÓN

He elegido este título para designar un relato que Brunvand denomina *El paquete de galletas*. (...) Lo mencionaba un lector en una carta publicada en 1975 en la revista *Folklore*. La trama se puede resumir del modo siguiente: en la cafetería de una estación, o en un vagón restaurante, una viajera inglesa se sienta a la mesa de un inmigrante, por regla general pakistaní. La señora ve cómo el extranjero coge una galleta del paquete que ella cree haber dejado sobre la mesa hace sólo un momento. Decidida a no dejarse robar impunemente, ella también coge una galleta del paquete. Ambos comparten las galletas en silencio hasta llegar a la última, que el emigrante parte en dos trozos. Más tarde, la indignada viajera descubre su paquete intacto, en el bolso o debajo de un periódico, y comprende que ha sido ella la que ha robado al emigrante.

La historia aparece como una variante de un tema más antiguo: «El robo por equivocación». En su índice de tipos y motivos de los cuentos ingleses y norteamericanos, Ernest Baughman atribuye la clave N 360(a) a este tema, poniendo un ejemplo extraído del *Indianapolis Sunday Star* del 3 de marzo de 1946: «Una mujer almuerza en el restaurante con una persona que acaba de conocer en el tren. Va al baño, vuelve, y su compañera de mesa también va al lavabo. La primera busca en el bolso un billete de 50 dólares y no lo encuentra. Inspecciona el bolso de la desconocida, encuentra el billete, lo coge y abandona el restaurante. Esa misma noche encuentra el billete que le faltaba encima del tocador, justo donde lo había dejado por la mañana (...)».

Véronique Campion-Vincent
«Quelques légendes contemporaines antiracistes».
En *Réseaux, n.º 74* (1995)

Una leyenda contada por una de mis hermanas (tengo seis...), que vive en Bilbao. Hace ya unos años, y no me llegaron más versiones.

Una señora, con bastante clase y dinero. Iba en el tren que lleva a Guecho, haciendo punto, sentada junto a un joven algo desarrapado. De repente, nota que le falta el reloj, que hacía un momento había visto en su muñeca. Estas señoras a veces son muy guerreras, y ésta lo era. Decidida a recuperarlo sin más demora, coge la aguja de punto, disimuladamente la aprieta contra su vecino y le dice:

—Cabronazo, vas a dejarme el reloj inmediatamente dentro de la bolsa, te vas a levantar y te vas a bajar en la próxima estación. Si no lo haces, te atravieso de parte a parte.

El chico, obedientemente, deja el reloj en la bolsa, y un tanto apresuradamente se levanta y se va.

El cuento acaba cuando la señora revuelve en la bolsa para encontrar el reloj que le había robado y devuelto el chico. Encuentra el suyo, y también un magnífico Lotus del chico. Su reloj se había caído, y el pobre chaval era inocente, creyó estar en manos de una atracadora.

Anónimo

Narraré esta historia tal como me la contó mi hermana, en primera persona tal como se la contó su conocido (narrado en Avilés):

Mi suegra es de esas que recogen cosas de la basura. Que ve una silla desfondada, ya está incordiando para que bajemos a por ella, para arreglarla y dejarla preciosa. Bueno, bastante típico. Un día tuve que llevarla en coche a Madrid. Por el camino, en una recta, me dijo:

—¡Para, para, para!

Sin preguntar mucho, me paré en la cuneta, pacientemente.

—Acabo de ver tirada una parrilla preciosa.

—¿No querrás cogerla, eh?

—Sí, tenía muy buena pinta.

Ya sabes cómo son esas señoras, no se les pone nada por delante. Se bajó, cogió el trasto ese, y lo metió en el maletero. Arranqué sin preguntar más.

Al cabo de un rato, me adelanta una pareja de la Guardia Civil, y me pide que me detenga a un lado.

—¡Usted qué se ha creído!

—¿Yooo? Pero ¿qué hice?

—¿Qué lleva en el maletero?

—Las maletas de mi suegra.

—Y eso que acaban de robar de la cuneta, ¿qué?

—Eso era una parrilla vieja que le apeteció a mi suegra. No creí que tuviera dueño.

—Era nuestro radar.

Nota del autor: La del radar, que mi hermana había contado como «al que le pasó, me lo contó a mí»... bueno, pues también lo normal. Cuando se tira del hilo, éste es cada vez más largo. Ahora parece que se lo había contado alguien, y le había sucedido a un cliente suyo. Concretando (sin dar muchas pistas), a mi hermana se lo contó un empresario cuyos clientes son trabajadores de Aceralia (hasta aquí, estoy seguro de que es verdad), y a ese empresario se lo contó el prota, un trabajador de Aceralia. De esta segunda parte de la cadena, ni idea de la fiabilidad.

El autor solicita el anonimato

BUENA SUERTE, MISTER GORSKY

El rumor dice que cuando Neil Armstrong, el astronauta de la Apolo, se convirtió en el primer humano en pisar la Luna, lanzó al control espacial de Houston una expresión muy extraña: «Buena suerte, Mr. Gorsky».

Se dijo que la frase que el público no pudo captar fue grabada por la NASA. La incógnita permaneció durante años y resistió todas las especulaciones.

Pasaron 25 años hasta que Armstrong decidió echar luz sobre el tema. Según habría dicho en una charla pública en Tampa Bay, en los EE. UU., ahora podría aclararlo porque Mr. Gorsky había muerto.

No se trataba de un rival soviético en la carrera espacial; por el contrario, el astronauta se remontó a un episodio de su infancia. Un día jugaba al béisbol con su hermano en el fondo de su casa y fue a buscar la pelota junto a la ventana de la casa vecina. Allí escuchó por accidente un diálogo «subido de tono», en el que la señora Gorsky respondía a un reclamo amoroso de su marido: «¿Querés sexo oral, Gorsky? ¡Vas a tenerlo el día que el chico de al lado pise la Luna!».

El jefe de Prensa de la NASA, Brian Welch, escuchó esta historia y recibió tres o cuatro llamadas de personas que la leyeron en Internet. Un amigo, especialista de esa organización, buscó en todas las grabaciones de aquella Apolo pionera y no encontró la menor referencia a Gorsky. Tres años atrás volví a escuchar la historia de labios del escritor español Manuel Vicent, en una sobremesa en Buenos Aires. Le aclaré que sólo era un mito que circulaba por la red.

Jorge Halperín
«Buena suerte, Mister Gorsky».
En *TecTimes*, 5/12/2000

LEYENDAS ESCOLARES

Cuatro estudiantes deciden ir a esquiar el fin de semana aun sabiendo que el lunes a mediodía tienen un examen importante. La tarde del domingo empieza a nevar y deciden regresar el lunes por la mañana, total el examen es a las 12.00. Pero al levantarse y ver el montón de nieve virgen que ha caído durante la noche no pueden resistir la tentación de un día de esquí con la nieve perfecta y sin gente en las pistas. Piensan que ya se les ocurrirá algo para camelar al profesor. A eso de las 15.00 se presentan sofocados y nerviosos a la salida del examen y le piden al profesor que les deje examinar al día siguiente porque han tenido un pinchazo regresando de la montaña y no han podido llegar a tiempo. El profesor, comprensivo, acepta. Al día siguiente, satisfechos y orgullosos de su argucia, se presentan a la prueba. El profe los sitúa en aulas separadas y les da una hoja a cada uno con la misma pregunta:

«¿Cuál fue la rueda pinchada y quién la cambió?».

Suspenso generalizado... Y es que sabe más el diablo por viejo que por diablo.

David Corbera

La increíble historia de un examen increíble (y su respuesta).

En 3.º de BUP, un chico que se sentaba a mi lado, Miguel Ángel, durante un descanso en el que no nos salimos al pasillo a fumar, como hacían todos, nos quedamos hablando dentro de la clase. La siguiente clase era Filosofía, y Miguel Ángel me dijo:

—¿Sabes que una vez pusieron en un instituto un examen de Filosofía que sólo tenía una pregunta?

—Pues no...

—La pregunta era, solamente, «¿por qué?»... Y nadie sabía qué contestar. Y a uno se le ocurrió responder: «¿Y por qué no?», y le pusieron sobresaliente.

—Ah.

No había más datos. Dónde, cuándo, quién... nadie lo sabe.

Y sonó el timbre. Empezaba la clase.

A los tres años, ya en la facultad, volví a oír esta misma historia de boca de un amigo de Toledo. También llamado Miguel Ángel.

Mota

Todas las facultades de todas las universidades tienen sus mitos y leyendas. Yo entré en la facultad de Económicas de la Universidad de Barcelona en octubre de 1989. Por aquel entonces, los ancianos del lugar (es decir, los repetidores de cuarenta y pico años de edad con la econometría de 5.º curso aún colgada) contaban un cuento de mucho miedo que había tenido lugar entre esas viejas paredes.

Hace años existió un individuo, el alumno X, de nombre anónimo pero conocido por un amigo de un amigo de un curso superior. En esos tiempos, cuando los cursos se aprobaban por asignaturas y no por créditos, los alumnos disponían de cuatro convocatorias para aprobar una materia. Si fallaban en las cuatro oportunidades el castigo era la ignominiosa expulsión del centro y la consiguiente bronca familiar. Para no asustar demasiado a los novatos recién llegados cabía la opción de retirarse con dignidad. Si una vez leído el examen el alumno en cuestión creía que el grado de exigencia estaba muy por encima de sus limitados conocimientos, simplemente recogía sus cosas y se largaba esperando una ocasión más propicia. Durante un examen de matemáticas o de teoría económica (existía en ambas versiones) el alumno X comprobó que el nivel del examen sobrepasaba ampliamente sus horas de estudio y de la mayoría de compañeros, produciéndose un gran número de abandonos, entre los que se incluyó él mismo. Abatido y cabizbajo se dirigió a la biblioteca para meditar sobre su pésimo aprovechamiento del curso y su próximo verano dedicado al estudio de tan espesa materia. Pero mientras reflexionaba sobre su conducta se le encendió una luz. Pidió a ese amigo empollón que todos tenemos que le hiciera el examen en un momento. En apenas 45 minutos lo terminó. Mientras tanto, en el aula, los alumnos estaban terminando el examen e iban entregando cuidadosamente doblados sus ejercicios al profesor, que a su vez los apilaba encima de la mesa formando una extraña columna. Cuando apenas quedaban una docena de personas en la clase sucedió lo imprevisto. Una silueta embutida en una gabardina y con un casco integral con visera negra entró como un relámpago en la clase. Se acercó a una velocidad endiablada a la mesa, metió un examen entre el montón y, para asegurar su plan, desparramó todos los exámenes por el suelo, esparciéndose por la clase en un radio de cinco metros. El profesor, con los reflejos muy mermados por la edad, no pudo hacer nada para impedirlo y el alumno salió disparado por donde había entrado. La paradoja estaba servida. Evidentemente no podía suspenderse a toda la clase y nadie sabía quién era el alumno furtivo. ¿Qué opción quedaba? Actuar como si nada hubiese sucedido, resultando que el alumno X no sólo aprobó sino que sacó notable.

Anónimo

Lo que voy a relatar es una simple aunque graciosa anécdota que me contaron hace ya bastantes años. Me lo contó mi mejor amiga y compañera del colegio cuando estábamos en 7.º de EGB, dando clase de no sé qué, pero que era bastante aburrido (hace unos seis años). Echaron de clase al más travieso del curso por no atender y hacer ruidos extraños burlándose del profesor, y fue entonces cuando mi compañera de pupitre me contó lo siguiente: un compañero de clase del mejor amigo de su primo (si mal no recuerdo), estando un día armando jaleo en clase, la profesora le gritó literalmente:

«¡Coge la puerta y vete!», y el chico este, que era el graciosillo de la clase, descolgó la puerta de las bisagras, «cogió» la puerta y se fue tan tranquilo caminando por el pasillo (tal cual le dijeron). Yo, lógicamente, me lo creí todo y me hizo mucha gracia. Se lo conté a mis padres, mi hermana y a muchas otras personas. Pero años después, en Barcelona (y esto había sucedido en Málaga), escuché en el metro cómo alguien le contaba exactamente lo mismo a la persona que le acompañaba. Podía ser que estuviesen hablando de la misma persona, pero tampoco lo pregunté (y lo dudo), así que comencé a dudar de la historia, y pensé que era una curiosa anécdota, o quizá un simple juego de palabras que alguien mencionó un día, y otro, alguien que la escuchó se la incluyó en su repertorio de historias para contar a sus colegas en días de reunión. Y supongo que así correría de boca en boca, hasta que llegó a mi amiga y más tarde a mí. Lo peor de todo es que un día, en una cafetería de unos amigos de confianza, el camarero y dueño del local me dijo de broma las mismas palabras que aquella profesora gritó a aquel alumno, y yo, aprovechando la ocasión y el momento de «guasa», «cogí» la puerta e hice amago de largarme con ella, conmemorando aquella vieja historia de hacía años. El problema es que, ahora, todo el que estaba en la cafetería y me vio hacer aquello relata la anécdota a sus conocidos, poniéndome a mí como protagonista, y como la ocurrente (sic) de tal disparate que a todo el mundo hizo gracia.

Así que si algún día llega a vuestros oídos esta historia urbana, o alguna semejante con una protagonista que se llama BEA, que sepáis que no os están mintiendo, pero que no fui yo la pionera de esta leyenda. ¡Ah!, y se me olvidaba contar que un día, no hace mucho, en un programa de radio nocturno dedicado a contar anécdotas (y no era el *Hablar por hablar*) también escuché cómo alguien narraba esta historia como algo curioso que le había sucedido a él mismo en una conferencia de su facultad (Granada); y ni era el amigo del primo de mi amiga ni, lógicamente, yo.

BEATRIZ GARVI MARÍN
Arroyo de la Miel (Málaga)

LEYENDAS SOBRENATURALES

Por mi profesión (soy enfermero) he conocido historias asombrosas. Para empezar, todo hospital tiene su fantasma. El que os relato a continuación se «hospeda» en el hospital de Puerto Real (Cádiz).

En la Unidad de Cuidados Intensivos (UCI), un paciente se debate entre la vida y la muerte. Sus familiares están desolados en la sala de espera, aguardando el rápido desenlace de su larga enfermedad. Son, aproximadamente, las dos o las tres de la madrugada y apenas nadie circula por los pasillos del hospital.

De pronto, se oyen unos pasos que se aproximan por el larguísimo pasillo que comunica la UCI con la sala de espera. Se trata de una mujer, ataviada con el uniforme propio de un «auxiliar de clínica», de unos cuarenta años, regordeta, rubia teñida y de cara amable.

Se acerca a la hija del enfermo y le dice:

—Pepe (por darle un nombre al paciente...) está muy malito, hija.

La chica asiente triste con la cabeza. A lo que la señora le pregunta:

—¿Por qué no entras para verlo? Pepe quiere verte. Ven conmigo, yo te acompaño.

Dicho esto, se encaminan por el pasillo, hasta llegar a la puerta de la UCI. La chica llama a la puerta con los nudillos. Un ATS le abre y le pregunta qué desea.

—Pepe, mi padre, quiere verme.

—¿Cómo lo sabes?

—Me lo ha dicho esta señora.

—¿Qué señora?

Al darse la vuelta, repara en que allí no hay nadie. El pasillo es largo y sin puertas.

El ATS le dice:

—De todas formas iba a avisarla, porque su padre está agonizando. Pase.

Nada más entrar, el padre le dirige una mirada y una dulce sonrisa a la hija, le coge la mano y expira.

La hija había llegado (gracias a la «auxiliar fantasma») a tiempo para despedirse del padre.

Hay personas en el hospital donde trabajo que dicen conocer a alguien que a su vez conocía a la auxiliar. Sin embargo, también conozco a personas veteranas que jamás habían oído esa historia. Los más crédulos dicen que se trata del fantasma de una auxiliar que murió allí poco después de inaugurarse el hospital, a la que se le atribuyen otras apariciones de similares características.

Alberto Puyana Domínguez
Puerto Real (Cádiz)

Nota de los autores: a continuación se reproduce una noticia fechada en Lima y que divulgó en su día (hacia 1985) la agencia Efe y posteriormente algunos periódicos españoles (caso de La Voz de Avilés*). El texto, precedido por el título entre comillas, es el que sigue: «Un "muerto" salió del ataúd y mató a su yerno con un candelabro del velatorio».* LIMA, 5 (Efe). Un muerto encolerizado, que resucitó inesperadamente, atacó ferozmente a su yerno con un candelabro y le mató ante el pánico y horror de quienes asistían al velatorio.

El hecho ocurrió en la localidad de Naranjal, departamento amazónico de Iquitos, según relata en el día de la fecha el diario *Hoy*.

Eudocio del Águila Cifuentes era un próspero comerciante de Naranjal y los médicos habían diagnosticado que padecía de narcolepsia, una clase de sueño en el que caía a veces, pero nunca más de tres horas. Sin embargo, esta vez Del Águila sufrió un ataque de catalepsia y un enfermero, ya que en el pueblo no hay médico, le declaró clínicamente muerto.

Pero al salir de su estado y del ataúd, Del Águila pensaba aparentemente que su hijo político le quería enterrar vivo para quedarse con su dinero, por lo que tomando uno de los candelabros que rodeaban al féretro, arremetió contra su yerno César Augusto Rengifo, matándolo a golpes.

Nota del remitente: respecto a la noticia de la «resurrección» he de señalarles que la he vuelto a ver publicada recientemente (finales de 1999 o principios de 2000) en *La Nueva España* de Oviedo. Esta vez el hecho se situaba en un país islámico, Pakistán, creo recordar. La diferencia estriba en que el «susto» provocó la muerte de la suegra del «falso muerto» y la posterior verdadera muerte del mismo. También encontrarán ustedes un caso parecido en la novela *El bandido adolescente*, de Ramón J. Sender. En ella, un fingido muerto provoca la muerte de un amigo en pleno velatorio al dirigirle la palabra, conmovido por sus lágrimas.

Luis Antonio Zamarrillo Suárez
Avilés (Asturias)

Esta historia («hecho real») me la contó Consuelo, una señora que trabajó en mi casa once años, y que además le pasó a ella. Un día estaba en su casa haciendo la comida, y de repente vio una mariposa negra; le pareció preciosa e intentó cogerla pero no pudo, así que siguió con sus quehaceres. Varios días después, su marido murió trágicamente... Quedó viuda y con cuatro hijos. Transcurridos un par de años, estaba también en su casa, limpiando y arreglando las cosas, cuando vio otra mariposa negra. Como no le dio importancia a la primera, y además no era supersticiosa, le volvió a llamar la atención porque era grande y bonita; así que cogió un frasco y consiguió capturarla. Al poco tiempo murió uno de sus hijos con dieciocho años... y algo más tarde su casa se incendió con otro de sus hijos dentro. Por suerte, aunque con graves quemaduras, consiguió salvarse. Revisando la casa, intentando ver qué podía salvar, encontró el bote con la mariposa intacta. Desde entonces, creo que

es una de las personas que más temen a los animales de color negro. Consuelo intentó suicidarse tirándose de la terraza de su casa para abajo
(sic), pero debido a la poca altura consiguió sobrevivir.

MARÍA D. GUTIÉRREZ SOSA
Badajoz

Alguien, jugando a espiritismo, habló con un espíritu. El espíritu estaba allí. De repente una silla se movió y unas tijeras abiertas que había
encima de la mesa se desplazaron solas hasta clavarse en el pecho de
una de las chicas.

ANDREA
Barcelona

Un grupo de chicas practicaban espiritismo sin previa experiencia,
aunque un amigo les advirtió del peligro que comportaba. Ellas le
ignoraron. Un día, una de ellas decidió invocar al mismísimo Diablo.
Al intentar invocarlo todas las luces se apagaron y las chicas corrieron asustadas. Al día siguiente, la chica que había llevado a cabo la
invocación encontró en una mesa un lazo rojo. Asustada, consultó
con un amigo. Éste le dijo que era la advertencia de un espíritu ofen-
dido, pero la chica volvió a ignorarle, creyendo que se quería reír de
ella. A la semana siguiente, volvió a encontrar un lazo rojo en un oso
de peluche, y enojada llamó a su amigo, imaginándose que intentaba
asustarla. Él le respondió que no había puesto allí ningún lazo ni
nada. La chica, enfadada, se volvió a su casa. Allí encontró un lazo
rojo atado en la barandilla de la terraza. Cuando trató de desatarlo,
la barandilla cayó al vacío, y la chica tras ella.

JUAN MANUEL ORTIZ PAREDES
Berlanga (Badajoz)

Esta historia trata de un loco, creo que se llamaba Anselmo, que murió en un hospital situado donde ahora está el Museo de Arte Contemporáneo Reina Sofía. Cuento esta leyenda porque me la contaron en una visita que hice a dicho museo no hace mucho. La raíz de la historia está en que la mujer que limpiaba la planta baja del museo empezó a oír ruidos extraños; decía que las puertas se cerraban o se abrían solas y ocurrían más cosas paranormales, a las que ella no encontraba explicación. La mujer se despidió y dejó de trabajar allí; además tuvo que ir a sesiones con psicólogos y especialistas en este tema.

M.ª Amparo
Almendralejo (Badajoz)

En la calle Viladomat, esquina derecha, tal y como se baja, en el cruce con Provenza, había una casa/obra que se decía que estaba encantada, más o menos a finales de la década de los 80. La gente rumoreaba que se trataba de un obrero al que habían despedido recientemente. El caso es que cada día, sobre todo en las noches de verano, una multitud de gente se congregaba en los alrededores. Al parecer el espíritu, que se manifestaba en forma de misteriosas luces, que aparecía en «la casa del fantasma», se interpretó como una venganza del despedido, es decir, una forma de desacreditar a la empresa constructora con el fin de que la gente no comprara pisos de la inminente promoción.

Albert Bassols
Barcelona

Recuerdo que en mi colegio, cuando tenía 11 o 12 años, cundió el pánico entre los niños porque decían que en el aula de artes plásticas se movían los lápices de colores, se cerraban las puertas, y que incluso una niña había desaparecido (creo que dijeron que había atravesado un espejo cuando seguía una luz que flotaba en el aire).

SILVIA COMESAÑA RODRÍGUEZ
Vigo

Esta historia le ocurrió a la familia de mi padre, según él cuenta. Mi padre tenía un tío que escondía el dinero bajo una loseta del salón de su casa. La mujer del mismo no sabía exactamente de qué loseta se trataba, pero sospechaba que la suma era elevada. Al morir el tío, su esposa hizo levantar a un albañil todas las losetas de la casa antes de derribarla, pero hubo una, en el centro del salón, que nadie pudo levantar. Se alquiló una excavadora con el propósito de remover la tierra cercana a la loseta, y se excavó hasta nueve metros sin conseguir romper la loseta ni el pilar de tierra que ésta tenía debajo. La esposa desistió en su empeño.

SONSOLES GARCÍA RODRÍGUEZ
Málaga

Es la historia de un matrimonio recién casado, sin amor por parte del marido, que sólo buscaba la riqueza de la esposa. Transcurrido un tiempo, la esposa enferma y muere. El marido hereda toda su fortuna, pero ella lleva consigo un anillo de diamantes muy costoso, el cual su marido, por mucho que lo intenta, no puede quitárselo. Hasta que se le ocurre cortarle el dedo.

Los años pasaban como si de días se tratasen, y una noche muy fría llaman a la puerta insistentemente. El señor de la casa abre y se encuentra a una señora mayor perdida y sedienta. El generoso hombre le dice que pase a calentarse y le ofrece una taza de leche caliente. La señora acepta. Mientras se bebe la leche, el dueño de la casa se fija en que le falta un dedo de la mano derecha, y le pregunta cómo lo perdió. Al cabo de un rato de silencio, la vieja le mira y le dice: «Tú fuiste el que me cortaste este dedo».

Esta historia le ocurrió a un señor hace mucho tiempo, debido a que me la contó un abuelo de ochenta y cinco años, al cual se la contaron cuando era muy joven.

EMILIA DUELT APARICIO
Fte. del Maestre (Badajoz)

Muere una rica viuda. Su criado se da cuenta, una semana después del funeral, de que fue enterrada con un anillo valiosísimo. Decide ir al cementerio a desenterrarla para cogérselo, pero cuando la tiene desenterrada descubre que alguien se le ha adelantado: no sólo se han llevado el anillo de la viuda, sino que le han cortado el dedo entero.

OLALLA COCIÑA LOZANO
Viveiro (Lugo)

Esta historia se cuenta que ocurrió en una casa de Andalucía y es famosa en todos los pueblos del entorno:

En un lugar próximo al circuito de velocidad en la carretera que une Arcos de la Frontera con Jerez, existe una casa solitaria en la que entró a vivir una pareja joven de recién casados provenientes de Jerez. La primera noche que pasaron allí desaparecieron y nunca más se volvió a saber de ellos. No puedo dar la fecha aproximada en que pudo pasar el suceso, pero la gente de 60 años recuerda la historia «de toda la vida». Actualmente la casa está cerrada, pero por las ventanas se pueden ver todavía los muebles cubiertos con sábanas.

FÉLIX RENÉ JUBERÍAS HERNÁNDEZ

Hace casi un mes que se murió mi abuelo. Una tía mía aseguró que el día anterior había muchísimas moscas en la cocina y que fuera chillaban los cuervos de una forma extraña. Para ella, la muerte siempre avisa de alguna u otra forma. También me dijo que una vecina suya, el día anterior a que muriera su hijo, sacó de la lavadora unos pantalones vaqueros manchados de sangre. Por mucho que le dijésemos que aquello no podía ser verdad, ella decía que sí, que esas cosas pasaban siempre, que eran señales o avisos de la muerte.

OLALLA COCIÑA LOZANO
Viveiro (Lugo)

Nota de los autores: una lectora de Valencia («aunque seguidora del Levante UD», precisión que su paisano, Antonio Ortí, no ha querido dejar de incluir en este libro) nos ha hecho llegar una esquela de un ciudadano chino, episodio que, por lo que cuentan nuestros «informadores», hemos considerado oportuno incluirlo en la categoría de «leyenda sobrenatural». A continuación reproducimos la esquela que publicó el diario *Las Provincias*, que debería reconciliar a los paladares más exquisitos con la «nueva cocina» y tender lazos entre las diversas culturas a sabiendas de cuál es el final común que nos tiene reservada esa leyenda urbana llamada «muerte».

Descanse en paz.

R.I.P.
Rogad a Dios en caridad por el alma de
Don Seung Woong Hoong Lee
18-4-1944/31-5-2002
Su esposa, Myeong Hee Kim; sus hijos, Susana, David y Pol, y demás familia, ruegan una oración por su alma.

El entierro y funeral por su eterno descanso serán oficiados mañana, día 3 de junio, a las 11 horas, en la capilla del Tanatorio de Catarroja y posteriormente se trasladará al Cementerio General de Valencia, donde se le dará sepultura.

TERETE APARISI RIVAS
Valencia

OBRAS CITADAS Y BIBLIOGRAFÍA

AGUILAR, CARLOS. *Guía del cine.* Cátedra, Madrid, 2004.

ALLEN, FREDERICK. *Secret Formula.* Harper Collins, Nueva York, 1994.

ALONSO DEL REAL, CARLOS. *Superstición y supersticiones.* Espasa-Calpe, Madrid, 1971.

ÁLVAREZ-URÍA, FERNANDO. *Miserables y locos: medicina mental y Orden social en la España del siglo XIX.* Tusquets, Barcelona, 1983.

AMADES, JOAN. *Auca de les faules d'Isop. Auca de les bèsties.* Selecta, Barcelona, 1981.

—, *Folklore de Catalunya. Rondallística.* Selecta, Barcelona, 1982.

—, «Los ogros infantiles». En *Revista de Dialectología y Tradiciones Populares.* CSIC, tomo XIII, 1957.

American Folklore. An Encyclopedia. Jan Harold Brunvand (ed.). Garland, Nueva York/Londres, 1996.

Anécdota americana. J. Mortimer Hall (ed.). Humphrey Adams, Boston, ca 1920.

Antología española de literatura fantástica. Alejo Martínez Martín (ed.) Madrid, Valdemar, 1994.

ARDANUY DELLÀ, ANTONI; ARDANUY BARÓ, JORDI. *El misterios riu subterrani de Montserrat.* Ardanuy & Ardanuy, Hospitalet de Llobregat, 1995.

ARENS, W. *El mito del canibalismo: antropología y antropofagia.* Siglo XXI, México, 1981.

ARONA, DANILO. *Tutte storie: imaginario italiano e leggende contemporanee.* Costa & Nolan, Génova, 1994.

ATXAGA, BERNARDO. *Obabakoak.* Ediciones B, Barcelona, 1995.

BAROJA, PÍO. *El árbol de la ciencia*. Cátedra, Madrid, 1996.

BAUGHMAN, ERNEST W. *The Type and Motif Index of the Folktales of England and North America*. The Hague, Mouton, 1966.

BEARDSLEY. R. K.; HANKEY, ROSALIE. «A History of the Vanishing Hitchhiker». En *California Folklore Quarterly*, n. 2, 1943.

BENNET, GILLIAN. «The Legend of the Bosom Serpent». En *Dear Mr Thoms...*, n. 22, august 1991.

—, «The Phantom Hitchhiker: Neither Modern, Urban, Nor Legend?» En *Perspectives on Contemporary Legend*. Paul Smith (ed.) CEC-TAL, Sheffield, 1984.

—, *Traditions of Belief: Women and the Supernatural*. Penguin, Londres, 1987.

BENNET, GILLIAN; SMITH, PAUL. *Monsters with Iron Teeth. Perspectives on Contemporary Legend III*. Sheffield Academic Press, Sheffield, 1988.

BENET, JUAN. *El aire de un crimen*. Planeta, Barcelona, 1980.

«Benvingut/da al club de la sida» i altres rumors d'actualitat. Josep M. Pujol (ed.). Generalitat de Catalunya. Departament de Cultura, Barcelona, 2002.

BERGSON, HENRI. *La risa: ensayo sobre la significación de lo cómico*. Espasa-Calpe, Madrid, 1973.

BERMANI, CESARE. *Il bambino è servito: leggende metropolitane in Italia*. Dedalo, Bari, 1991.

—, *Spegni la luce che passa Pippo: voci, leggende e miti della storia contemporanea*. Odradek, Roma, 1996.

BERTRAN i BROS, PAU. *El rondallari català*. Barcelona, Alta Fulla, 1989.

BETTELHEIM, BRUNO. *Psicoanálisis de los cuentos de hadas*. Crítica, Barcelona, 1986.

BISHOP, AMANDA. *The Gucci Kangaroo & Other Australian Urban Legends*. Australasian, Hornsby, 1988.

BONALDI, JERÔME. *Llibre d'enigmes: el gran joc de les neurones*. Pòrtic, Barcelona, 1999.

BONAPARTE, MARIA. *Mythes de guerre*. Presses Universitaires de France, París, 1950.

BONATO, LAURA. *Trapianti sesso angosce: leggende metropolitane in Italia*. Meltemi, Roma, 1998.

BREDNICH, ROLF WILHELM. *Die Maus im Jumbo Jet: neue Sagenhafte Geschichten von heute.* Beck, Múnich, 1991.

—, *Die Rate am Strohhalm: Allerneueste sagenhafte Geschichten von heute.* Beck, Múnich, 1996.

—, *Die Spinne in der Yucca-Palme: Sagenhafte Geschichten von heute.* Beck, Múnich, 1990.

BRENAN, GERALD. *Al sur de Granada.* Tusquets, Barcelona, 1997.

BRIGGS, KATHARINE M. *A Dictionary of British Folktales in the English Language.* Routledge and Kegan Paul, Londres, 1971.

BROWN, FREDRIC. *Pesadillas y Geezenstacks.* Miraguano, Madrid, 1990.

BRUNVAND, JAN HAROLD. *The Baby Train and Other Lusty Urban Legends.* Norton, Nueva York/Londres, 1993.

—, *The Choking Doberman and Other «New» Urban Legends.* Norton, Nueva York/Londres, 1986.

—, *Curses! Broiled Again!* Norton, Nueva York/Londres, 1989.

—, *The Mexican Pet. More «New» Urban Legends and Some Old Favorites.* Norton, Nueva York/Londres, 1986.

—, *Too Good To Be True: The Colossal Book of Urban Legends.* Norton, Nueva York/Londres, 1999.

—, *The Vanishing Hitchhiker: American Urban Legends & Their Meanings.* Norton, Nueva York/Londres, 1981.

—, *Encyclopedia of Urban Legends.* Norton, Nueva York/Londres, 2002.

—, *El fabuloso libro de las leyendas urbanas.* Alba, Barcelona, 2002. 2 vols.

—, *Tened miedo, mucho miedo: el libro de las leyendas urbanas de terror.* Alba, Barcelona, 2004.

—, *The Truth Never Stands in the Way of a Good Story.* University of Illinois, Urbana/Chicago, 2000.

BURGESS, ANTHONY. *Els que toquen el piano.* Edicions 62, Barcelona, 1991.

BURNAM, TOM. *The Dictionary of Misinformation.* Thomas Y. Crowell Company, Nueva York, 1975.

—, *More Misinformation.* Lippincot & Crowell, Nueva York, 1980.

CAMPION-VINCENT, VÉRONIQUE. *La légende des vols d'organes.* Les Belles Lettres, París, 1997.

CAMPION-VINCENT, VÉRONIQUE; RENARD, JEAN-BRUNO. *Légendes urbaines: Rumeurs d'aujourd'hui*. Payot, París, 1992.

—, *De source sûre: nouvelles rumeurs d'aujourd'hui*, Payot, París, 2005.

CANCELLIERI, TITA. *E se capitasse a te? Leggende urbane vecchie e nuove*. Theoria, Roma/Nápoles, 1993.

CARANDELL, LUIS. *Celtiberia Show*. Maeva, Madrid, 1994.

CARBONE, MARIA TERESA. *99 leggende urbane*. Mondadori, Milán, 1990.

CARDÍN, ALBERTO. *Lo próximo y lo ajeno*. Icaria, Barcelona, 1990.

CARO BAROJA, JULIO. *Ensayos sobre la cultura popular española*. Dosbe, Madrid, 1979.

La casa encantada: estudios sobre cuentos, mitos y leyendas de España y Portugal. Eloy Martos y Vitor Manuel de Sousa (eds.) Editora Regional de Extremadura, Mérida, 1997.

CATALÁN, MIGUEL. *Diccionario de falsas creencias*. Ronsel, Barcelona, 2001.

CATTERMOLE-TALLY, FRANCES. «Male Fantasy or Female Revenge: A Look at Modern Rape Legends». En *A Nest of Vipers: Perspectives on Contemporary Legend V*. Gillian Bennet and Paul Smith, (eds.) Sheffield Academic Press, Sheffield, 1990.

CHATWIN, BRUCE. *Los viajes*. Península, Barcelona, 2005.

CIRLOT, JUAN EDUARDO. *Diccionario de símbolos*. 3.ª ed. Siruela, Madrid, 1998.

COCTEAU, JEAN. *Opio*, Bruguera, Barcelona, 1981.

COLL, PEP. *Muntanyes maleïdes*. Empúries, Barcelona, 1994.

Contemporary Legend: The First Five Years. Abstracts and Bibliographies from the Sheffield Conferences on Contemporary Legend. Gillian Bennet y Paul Smith, (ed.) Sheffield Academic Press, Sheffield, 1990.

DALE, RODNEY. *It's True, it Happened to a Friend: A Collection of Urban Legends*. Duckworth, Londres, 1984.

—, *The Tumour in the Whale*. Duckworth, Londres, 1978.

DALEY, ROBERT. *The World Beneath the City*. Lippincott, Filadelfia/Nueva York, 1959.

DANSEL, MICHEL. *Nuestras hermanas las ratas*. Tusquets, Barcelona, 1979.

DAVENPORT-HINES, RICHARD. *Sex, Death and Punishment: Attitudes to sex and sexuality in Britain since the Renaissance*. Collins, Londres, 1990.

Davies, Christie. «Nasty Legends, Sick Humour and Ethnic Jokes about Stupidity». En *A Nest of Vipers: Perspectives on Contemporary Legend V*. Gillian Bennet and Paul Smith (eds.). Sheffield Academic Press, Sheffield, 1990.

Dégh, Linda. «Legend and Belief». En *Genre*, n. 4, 1971.

—, «The Memorate and the Proto-Memorate». En *Journal of American Folklore*, n. 87, 1974.

—, «The Runaway Grandmother». En *Indiana Folklore*, n. 1, 1968.

Des fauves dans nos campagnes. Légendes, rumeurs et apparitions. Véronique Campion-Vincent (ed.). Imago, París, 1992.

Diccionario temático de antropología. Ángel Aguirre Baztán (ed.). 2.ª ed. Boixareu Universitaria, Barcelona, 1993.

Dickson, Paul; Goulden, Joseph. *There Are Alligators in Our Sewers and Other American Credos*. Dell, Nueva York, 1983.

Dorson, Richard M. *America in Legend*. Pantheon Books, Nueva York, 1973.

Dracs, Ofèlia. *Deu pometes té el pomer*. Tusquets, Barcelona, 1980.

Dumerchat, Frédéric. «Les auto-stoppeurs fantômes». En *Communications*, n. 52, 1990.

Dundes, Alan. *Cracking Jokes: Studies of Sick Humor Cycles and Stereotypes*. Ten Speed Press, Berkeley, 1987.

—, «On the Psychology of Legend». En *American Folk Legend: A Symposium*. Wayland D. Hand (ed.). University of California Press, Berkeley, 1971.

Dundes, Alan; Pagter, Carl R. *Sometimes the Dragon Wins: Yet More Urban Folklore from the Paperwork Empire*. Syracuse University Press, Syracuse, 1996.

—, *Sometimes the Dragon Wins: Yet More Urban Folklore from the Paperwork Empire*. Syracuse University Press, Syracuse, 1996.

Work Hard and You Shall Be Rewarded: Urban Folklore from the Paperwork Empire. Indiana University Press, Bloomington, 1978.

Elgart, J. M. *More Over Sexteen*. Grayson Publishing, Nueva York, 1953.

Eliano, Claudio. *Historia de los animales*. Gredos, Madrid, 1984.

Ellin, Stanley. «La especialidad de la casa». En *Dedos verdes y otros relatos de horror*. Christine Bernard (ed.). Molino, Barcelona, 1969.

ELLIS, BILL. «When is a Legend?: An Essay in Legend Morphology». En *The Questing Beast: Perspectives on Contemporary Legend IV*. Gillian Bennet and Paul Smith (eds.). Sheffield Academic Press, Sheffield, 1989.

ESLAVA GALÁN, JUAN. *Tumbaollas y hambrientos*. Plaza y Janés, Barcelona, 1999.

EVANS, BERGEN, *The Natural History of Nonsense*. Michael Joseph, Londres, 1947.

—, *The Spoor of Spooks and Other Nonsense*. Alfred A. Knopf, Nueva York, 1954.

EVANS, CHRISTOPHER. *Cults of Unreason*. Farrar, Straus and Giroux, Nueva York, 1974.

FÀBREGAS, XAVIER. *Les arrels llegendàries de Catalunya*. La Magrana, Barcelona, 1987.

FARMER, PHILIP J. *La imagen de la bestia*. Anagrama, Barcelona, 1981.

FERRÁN, JOSEP; FERRANDO, TRINITAT. *Els remeis de l'àvia*. La Llar del Llibre, Barcelona, 1983.

FEYNMAN, RICHARD P. *¿Está usted de broma, Sr. Feynman?* Alianza, Madrid, 1984.

FINE, GARY ALAN. *Manufacturing Tales: Sex and Money in Contemporary Legends*. University of Tennessee Press, Knoxville, 1992.

FISH, LYDIA M. «Jesus on the Thru'way: The Vanishing Hitchhiker Strikes Again». En *Indiana Folklore*, IX, n. 1, 1976.

Folklore. An Encyclopedia of Beliefs, Customs, Tales, Music, and Art. Thomas A. Green (ed.). Abc-Clio, Santa Bárbara (California), 1997. 2 vols.

Folktales of England. Katharine M. Briggs; Ruth M. Tongue (eds.). University of Chicago Press, Chicago/Londres, 1965.

GARDNER, MARTÍN. *La nueva era: notas de un observador de lo marginal*. Alianza, Madrid, 1990.

GLAZER, MARK. «The Cultural Adaptation of a Rumour Legend: The Boyfriend's Death in South Texas». En *Perspectives on Contemporary Legend II*. Gillian Bennet, Paul Smith and J. D. A. Widdowson (eds.). Sheffield Academic Press, Sheffield, 1987.

GOLDSTUCK, ARTHUR. *The Rabbit in the Thorn Tree: Modern Myths and Urban Legends of South Africa.* Penguin Books, Londres, 1990.

GÓMEZ DE LA SERNA, RAMÓN. *Cinelandia.* Valdermar, Madrid, 1995.

GOSS, MICHAEL. *The Evidence for Phantom Hitch-Hikers.* The Aquarian Press, Wellingborough, 1984.

GUILLAMET, JOAN. *Bruixeria a Catalunya.* Edicions del Cotal, Barcelona, 1983.

HALPERÍN, JORGE. *Mentiras verdaderas.* Atlántida, Buenos Aires, 2000.

HAWTHORNE, NATHANIEL. «Egoísmo, o la serpiente en el pecho». En *Wakefield y otros cuentos.* Alianza, Madrid, 1985.

HOBBS, SANDY. «The Social Psychology of a 'Good' Story», en *Perspectives on Contemporary Legend II.* Gillian Bennet, Paul Smith and J. D. A. Widdowson (eds.), Sheffield Academic Press, Sheffield, 1987.

JACOBSON, DAVID J. *The Affairs of Dame Rumor.* Rinehart & Company, Nueva York/Toronto, 1948.

JIMÉNEZ, ÍKER. *Leyendas urbanas: ¿qué hay de verdad en ellas?* Edaf, Madrid, 2005.

KAPFERER, JEAN-NOËL. *Rumores: el medio de difusión más antiguo del mundo.* Plaza y Janés, Barcelona, 1989.

KAPPLER, CLAUDE. *Monstruos, demonios y maravillas a fines de la edad media.* Akal, Madrid, 1986.

KEY, WILSON BRYAN. *Seducción subliminal.* Vergara, Buenos Aires, 1991.

KLINTBERG, BENGT AF. *Rattan i pizzan. Folksänger i var tid.* Stockholm, Norstedts, 1986.

—, *Die Ratte in der pizza und andere moderne Sagen und Grosstadt Mythen.* Kiel, W. Butt, 1990.

LABAN, RENÉ. *Música rock y satanismo.* Obelisco, Barcelona, 1990.

LASCAULT, GILBERT. *Un monde miné: Mensonges et menaces de l'endessous.* Christian Bourgois, París, 1973.

LEACH, MARÍA. *The Thing at the Foot of the Bed and Other Scary Tales.* Collins, Ohio, 1959.

LEGMAN, GERSHON. *No Laughing Matter: Rationale of the Dirty Joke.* Second Series. Breaking Point Inc., Nueva York, 1975.

—, *The Rationale of the Dirty Joke.* Grove Press, Nueva York, 1968.

LE QUELLEC, JEAN-LOÏC. *Alcool de singe et liqueur de vipère*. Geste, Vouillé, 1991.

LÉVI-STRAUSS, CLAUDE. *Historia de lince*. Anagrama, Barcelona, 1992.

MALACHEVARRÍA, IGNACIO. *Bestiario medieval*. Siruela, Madrid, 1986.

MARTÍNEZ BALIANA, JOTA. *Satanismo y brujería en el rock*. La Máscara, Valencia, 1997.

MAUPASSANT, GUY DE. *Mademoiselle Fifi y otros cuentos de guerra*. Alianza, Madrid, 1979.

MEHEUST, BERTRAND. *En Soucoupes Volantes. Vers une ethnologie des récits d'enlèvements*. Imago, París, 1992.

MINTON, JR. SHERMAN A.; MINTON RUTHEFORD, MADGE. *Giant Reptiles*. Scribner's, Nueva York, 1973.

MORGAN, HAL; TUCKER, KERRY. *More Rumor!* Penguin Books, Nueva York, 1987.

—, *More Rumor!* Penguin Books, Nueva York, 1987.

—, *Rumor!* Penguin Books, Nueva York, 1984.

MORGAN, HAL; RUCKER, KERRY; VOLINE, MARC. *Vraies ou fausses?: les rumeurs*. First, París, 1988.

MORIN, EDGAR. *La Rumeur d'Orléans*. Le Seuil, París, 1970.

MOYA, BIENVE. *Llegendes i contes catalans per ser explicats*. El Mèdol, Tarragona, 1997.

MURATORI, L. A. *Li tre governi politico, medico ed ecclesiastico, utilissimi, anzi necessari in tempo di peste...*, Vigoni e Cairolo, Milán, 1721.

NEUBAUER, HANS-JOACHIM. *The Rumour: A Cultural Story*. Free Association Books, Londres, 1999.

NOËL, JEAN FRANÇOIS MICHEL. *Diccionario de mitología universal*. Edicomunicación, Barcelona, 1991.

ORTÍ, ANTONIO; SAMPERE, JOSEP. «Mentira, mentira». En *La Vanguardia*, 21/II/99.

OVEJERO, JOSÉ. *China para hipocondríacos*. Ediciones B, Barcelona, 1998.

OVIDIO. *Las metamorfosis*. Espasa-Calpe, Madrid, 1963.

PACKARD, VANCE. *The Hidden Persuaders*. David McKay, Nueva York, 1957.

PARK, ROBERT L. *Ciencia o vudú: de la ingenuidad al fraude científico*. Grijalbo, Barcelona, 2001.

PEDROSA, JOSÉ MANUEL. *La autoestopista fantasma y otras leyendas urbanas españolas*. Páginas de Espuma, Madrid, 2004.

PENDERGRAST, MARK. *Dios, patria y Coca Cola*. Vergara, Buenos Aires, 1993.

Performance, arte verbal y comunicación. Cristina Sánchez Carretero y Dorothy Noyes (eds.). Sendoa, Guipúzcoa, 2000.

PEYREFITTE, ROGER. *Las embajadas*. Buenos Aires, Sudamericana, 1953.

PILÓN, JOSÉ MARÍA. *Lo paranormal, ¿existe?* Temas de Hoy, Madrid, 1996.

POGGIO-BRACCIOLINI, GIOVANNI FRANCESCO. *Facetie traducte de latino in vulgare ornatissimo del secolo XV*, 1450.

PORTNOY, ETHEL. *Broodje Aap. De folklore van de post-industriele samenleving*. Amsterdam, 1987.

POTOCKI, JAN. *Manuscrito encontrado en Zaragoza*. Alianza, Madrid, 1993.

PYNCHON, THOMAS. *V.* Tusquets, Barcelona, 1987.

QUEVEDO, FRANCISCO DE. *Los sueños*. Cátedra, Madrid, 1991.

RANDOLPH, VANCE. *Pissing in the Snow and Other Ozark Folktales*. University of Illinois Press, Urbana/Chicago, 1977.

RAY, JEAN. *Los veinticinco mejores relatos negros y fantásticos. Los últimos cuentos de Canterbury*. Aguilar, Madrid, 1980.

RENARD, JEAN-BRUNO. «Le tract sur les signes de reconnaisance utilisés par les cambrioleurs: rumeur et réalité». En *Le Réenchantement du monde: la métamorphose contemporaine des systèmes symboliques*. Patrick Tacussel (ed.). L'Harmattan, París, 1994.

ROBBE-GRILLET, ALAIN. *La casa de citas*. Barcelona: Anagrama, 1989.

ROMI. *Histoire des faits divers*. Pont Royal, París, 1962.

SALILLAS, RAFAEL. *Hampa: Antropología picaresca*. Librería de Victoriano Suárez, Madrid, 1898.

SÁNCHEZ VIDAL, AGUSTÍN. *Sol y sombra*. Planeta, Barcelona, 1990.

SÁNCHEZ CARRETERO, CRISTINA: «Llegendes urbanes i minories». En *Revista d'Etnologia de Catalunya*, n. 19 (2001).

SANDERSON, STEWART F. «The Folklore of The Motor-car». En *Folklore*, n. 80, 1969.

SASTRE, ALONSO. *Necrópolis o los amigos de Bram Stoker.* Grupo Libro, Madrid, 1993.

SCHECHTER, HAROLD. *The Bosom Serpent: Folklore and Popular Art.* University of Iowa Press, Iowa, 1988.

SERRA, MÀRIUS. *Manual d'enigmística.* Columna, Barcelona, 1991.

SERRANO GARCÍA, PEDRO. *Delincuentes profesionales contra la propiedad.* Imp. de Justo López, Madrid, 1935.

SCOTT, BILL. *Pelicans & Chihuahuas and Other Urban Legends: Talking About Folklore.* University of Queensland, Australia, 1996.

SHIBUTANI, TAMOTSU. *Improvised News: A Sociological Study of Rumour.* The Bobbs-Merril Company, Indianápolis/Nueva York, 1966.

SMITH, ALAN. «The Double Theft: A variant Form». En Folklore, n. 84.

SMITH, PAUL. «"AIDS... Don't Die of Ignorance": Exploring the Cultural Complex». En *A Nest of Vipers: Perspectives on Contemporary Legend V.* Gillian Bennet and Paul Smith, (eds.), Sheffield Academic Press, Sheffield, 1990.

—, *The Book of Nastier Legends.* Londres, Routledge and Kegan Paul, 1986.

—, *The Book of Nasty Legends.* Londres, Routledge and Kegan Paul, 1983.

SLADEK, John. *The New Apocrypha.* Stein and Day, Nueva York, 1974.

SONTAG, SUSAN. *El sida y sus metáforas.* Muchnik, Barcelona, 1989.

STEIN, GORDON. *Encyclopedia of Hoaxes.* Gale Research, Detroit/Washington D.C./Londres, 1993.

THIGPEN, KENNET A. «Folklore in Contemporary American Literature: Thomas Pynchon's *V.* and the alligators in the sewers legend». En *Southern Folklore Quarterly*, n. 43, 1979.

THOMPSON, STITH. *The Motif-Index of Folk Literature.* New enlarged and revised ed. Indiana University Press, Bloomington/Londres, 1955-58.

TOMEO, JAVIER; ESTADELLA, JUAN M.ª *La brujería y la superstición en Cataluña.* Géminis, Barcelona, 1963.

TOPOR, ROLAND. *La cocina caníbal.* Mondadori, Madrid, 1988.

TORQUEMADA, ANTONIO DE. *Jardín de flores curiosas.* Castalia, Madrid, 1982.

TOSELLI, PAOLO. *La famosa invasione delle viperi volanti e altre leggende metropolitane dell'Italia d'oggi*. Sonzogno, Milán, 1994.

TRAIN, JOHN. *True Remarkable Occurrences*. Clarkson N. Potter, Nueva York, 1978.

TURNER, PATRICIA A. *I Heard it Through the Grapevine: Rumor in African-American Culture*. University of California Press, Berkeley, 1993.

TULEJA, TAD. *Fabulous Fallacies*. Stonesong, Nueva York, 1982.

VICTOR, JEFFREY, S. *Satanic Panic: The Creation of a Contemporary Legend*. Open Court Publishing Company, 1993.

VICENT, MANUEL. «Fiesta en Nueva York». En *No pongas tus sucias manos sobre Mozart*. Debate, Madrid, 1988.

VILLEMARQUÉ, HERSART DE LA. *El misterio Celta*. José de Olañeta, Palma de Mallorca, 1999.

VIRTANEN, LEEA. *Varastettu isoäiti. Kapungin kansantarinoita*. Tammi, Helsinki, 1987.

WARD, PHILIP. *A Dictionary of Common Fallacies*. The Oleander Press, Nueva York, 1978. 2 vols.

WHATLEY, MARIAMNE H.; HENKEN, ELISSA R. *Did You Hear About the Girl Who...? Contemporary Legends, Folklore & Human Sexuality*. New York University, Nueva York/Londres, 2000.

WOOLLCOTT, ALEXANDER. *While Rome Burns*. Viking Press, Nueva York, 1934.

ZHENG, YI. *Scarlet Memorial. Tales of Cannibalism in modern China*. Boulder, Colorado, 1996. Westview.